# ¿Cómo sería mi iglesia si Jesús fuera el pastor?

## UN ANÁLISIS SOCIO-CONTEXTUAL
### DEL MINISTERIO DE JESÚS Y SU APLICACIÓN EN EL SIGLO XXI

**PABLO MARZILLI**

EDITORIAL CLIE
C/ Ferrocarril, 8
08232 VILADECAVALLS
(Barcelona) ESPAÑA
E-mail: clie@clie.es
http://www.clie.es

© 2025 por Pablo R. D. Marzilli

«*Cualquier forma de reproducción, distribución, comunicación pública o transformación de esta obra solo puede ser realizada con la autorización de sus titulares, salvo excepción prevista por la ley. Diríjase a CEDRO (Centro Español de Derechos Reprográficos) si necesita fotocopiar o escanear algún fragmento de esta obra (www.conlicencia.com; 917 021 970 / 932 720 447)*».

Queda expresamente prohibido todo uso no autorizado de esta publicación para entrenar cualquier tecnología de inteligencia artificial (IA) generativa, sin limitación a los derechos exclusivos de cualquier autor, colaborador o editor de esta publicación. CLIE también ejerce sus derechos bajo el Artículo 4(3) de la Directiva 2019/790 del Mercado Único Digital y excluye esta publicación de la excepción de minería de textos y datos.

© 2025 por Editorial CLIE. Todos los derechos reservados.

¿CÓMO SERÍA MI IGLESIA SI JESÚS FUERA EL PASTOR?
Un análisis socio-contextual del ministerio de Jesús y su aplicación en el siglo XXI
ISBN: 978-84-19779-68-7
Depósito Legal: B 11485-2025
Meditaciones bíblicas / Nuevo Testamento
REL006130

Impreso en Estados Unidos de América / *Printed in the United States of America*

25 26 27 28 29 30 31 32 33 34 / TRM / 14 13 12 11 10 9 8 7 6 5 4 3 2 1

# Acerca del autor

**Pablo Marzilli** es argentino, está casado con Claudia y tiene 3 hijos. Está en el ministerio pastoral desde hace más de 35 años y fue presidente del área legal y técnica de la Confederación Bautista Argentina. Tiene un doctorado y una maestría en Sociología por la Pontificia Universidad Católica Argentina. Es además abogado por la Universidad de Buenos Aires, tiene un posgrado en Derecho de las Telecomunicaciones por la Universidad Austral de Buenos Aires. Posee una licenciatura en Ministerio por el Seminario Internacional Teológico Bautista de Buenos Aires. Actualmente es docente de la Word Mission University y la America Evangelical University, y fue docente del Seminario Internacional Teológico Bautista y otras instituciones teológicas. Adicionalmente es autor de varios libros y artículos académicos.

# ÍNDICE

Agradecimientos ........................................................................ 11

Introducción ........................................................................... 13

## PRIMERA PARTE
## ¿CÓMO FUE EL MINISTERIO DE JESÚS?
## CONTEXTO SOCIOCULTURAL

1. Aspectos principales del mundo sociocultural en
la época de Jesús ................................................................. 27

   El mundo judío en la época de Jesús. El cumplimiento
   del tiempo ........................................................................ 29

   La dominación romana. Israel sojuzgado, pero rebelde .............. 35

   El judaísmo del primer siglo. Organización espiritual ................ 40

   Multidiversidad cultural, una realidad de mixturas
   y sincretismos .................................................................. 46

2. Jesús frente a la religión. Un ministerio disruptivo que marcó
la historia de la humanidad para siempre ............................... 53

   Jesús era diferente, no encajaba en el entorno religioso
   del primer siglo ................................................................. 55

   Jesús y la Ley. Verdadero cumplimiento conforme al
   corazón de Dios ................................................................ 60

   La irrupción del reino de Dios, la cultura de Jesús: una
   auténtica contracultura ...................................................... 63

   Jesús dejó al descubierto la falta de misericordia y la
   hipocresía de los religiosos de su tiempo .............................. 77

3. Jesús frente a la tentación y los poderes del mundo ................. 89

   La tentación de Jesús: principios para resistir el mal ................. 91

   La autoridad de Jesús no provenía del mundo, sino de
   Dios. ¿Cuál es la fuente de nuestra autoridad y de
   nuestro poder? ................................................................. 97

El advenimiento del reino de Dios: una limitante al avance
del mal. La iglesia como luz y sal de la tierra...................... 104
Jesús y las autoridades políticas y religiosas ..................... 111

4. **Jesús ante la enfermedad. La manifestación del poder de Dios marcaba la diferencia**......................................**117**

Las enfermedades más comunes de la época de Jesús.
La situación social de los enfermos ............................... 119
Jesús sanó a todos los enfermos: una renovada
manifestación del poder de Dios en medio de las personas ..... 123
El acercamiento de Jesús a los enfermos: un modelo a seguir...... 127
La iglesia y los enfermos. Cuestiones esenciales que
debemos considerar ...................................... 138

5. **Jesús frente a la opresión demoníaca: la presencia del reino de Dios en medio de los hombres**.........................**143**

El poder de Jesús sobre las tinieblas y el mal ........................ 145
La verdad nos hace libres, la santidad y la obediencia
nos dan la victoria.......................................... 149
Función de la iglesia frente a las potestades del mal.
Subir al monte a orar es esencial ........................... 156

6. **Jesús reaccionó frente a la pobreza y la marginalidad** ..................**159**

Judea durante el primer siglo era pobre y estaba
plagada de desigualdades ................................... 160
Jesús sació la necesidad urgente de las personas sin pasar
por alto lo importante para ellos. Los pobres seguían
a Jesús ...................................................... 165
Jesús se acercó a los pobres. Desafíos para la
cosmovisión actual............................................ 169

7. **Jesús delineó los límites de la autoridad y la política** ....................**173**

Relación de Jesús con las autoridades judías y romanas.............. 175
Jesús ejerció una verdadera autoridad, tomó distancia del
autoritarismo y la ambición de los gobernantes .................... 181
Satanás y sus demonios reconocían la autoridad de Jesús.......... 185
La autoridad de Jesús delegada en la iglesia.
Principios rectores ......................................... 187

# ÍNDICE ∎ 9

8. Jesús se acercó a los invisibilizados por la sociedad y les devolvió la dignidad .................................................................................193

    Jesús y los invisibilizados sociales (leprosos, prostitutas, recaudadores de impuestos, mujeres y niños, entre otros) ....... 195

    Jesús restauró la dignidad humana. El evangelio de Jesucristo transforma la realidad de las personas y es fuente de derechos .................................................................................. 198

    La relación de la iglesia con los marginados ........................... 202

9. Jesús frente al pecado: amor, misericordia, firmeza y santidad ........205

    Un principio central del ministerio de Jesús: *los sanos no tienen necesidad del médico, sino los enfermos* ..................... 207

    Jesús recorría las ciudades permanentemente y misionó a partir del amor y la misericordia .......................................... 214

    Firmeza innegociable frente al pecado, amor incondicional hacia el pecador. La santidad como regla incondicional ........ 221

10. Jesús y la misión. Un llamado de Dios para la transformación ........225

    Jesús: una misión encarnada, cercana y obediente ................... 230

    Sin encarnación no hay evangelio y sin evangelio no hay misión posible ............................................................... 234

    *Venga a nosotros tu reino*. Solo la realidad del reino de Dios puede transformar la realidad ...................................... 236

    *Hasta lo último de la tierra*. Un mandato con plena vigencia y obligatoriedad trascendental .................................. 240

## SEGUNDA PARTE
## DE ACUERDO A SU MINISTERIO, SI HOY JESÚS FUERA PASTOR, SU IGLESIA SERÍA...

11. Sería una iglesia encarnada en la sociedad ....................................249

    Tensión entre influenciar o ser influenciados. ¿Cómo influenciar eficazmente a nuestra comunidad? ...................... 254

    El rol de la iglesia en la sociedad, consideraciones para influenciar y servir ............................................................... 260

    Estamos en el mundo, pero no somos del mundo ................... 264

    Sería una iglesia disruptiva ................................................... 268

Las nuevas batallas culturales internas y externas a librar
por la iglesia en el entorno de la hipermodernidad ............... 274
Hacia un ministerio reflexivo y humilde ................................. 278

12. **Sería una iglesia centrada en la cruz** ............................................283
El peligro de la ambición de poder y el populismo religioso ...... 286
Sería un ministerio encarnado y sacrificial................................ 290
Sería una iglesia que no cambia el mensaje, pero adapta
su forma de transmitirlo y comunicarlo. Importancia
del lenguaje .............................................................................. 292

13. **Sería una iglesia centrada en la santidad, la misericordia
y el amor** ................................................................................297
El desafío del amor y la santidad como prioridades
de la iglesia .............................................................................. 299
La novedad de una iglesia para todos, incluso para
los exiliados evangélicos........................................................... 301
¿Por qué las personas deberían venir a nuestra iglesia? .............. 306

14. **Sería una iglesia que viviría en la plenitud del Espíritu Santo** ........311
Relación entre obediencia, plenitud y la gloria de Dios............. 312
Sería una iglesia que se refugiaría en el poder de Dios............... 315
Sería una iglesia centrada en la adoración y la oración
como prioridades ...................................................................... 318
El peligro de centrarnos en la cultura de la plataforma y el
entretenimiento religioso .......................................................... 323

15. **Sería una iglesia sacrificial y de servicio** ....................................327
Una iglesia de profundo impacto social. Sería la voz de
los que no tienen voz ................................................................ 329
Una iglesia que entendería la realidad social y tendría
creatividad................................................................................ 332
Una iglesia de servicio encarnado y sacrificial........................... 335

**Conclusiones** .................................................................................337
**Bibliografía**....................................................................................345

# AGRADECIMIENTOS

Agradezco a Dios en primer lugar, quien me dio la posibilidad de escribir el presente libro inspirado en los principios espirituales que a mi juicio surgen del ministerio de Jesús a lo largo de los cuatro Evangelios. A Claudia, mi esposa, y mis hijos, Franco, Chiara y Marco, quienes me alentaron a realizarlo. A las personas que directa o indirectamente compartieron conmigo sus vivencias de fe a partir de sus realidades cotidianas y finalmente a cada uno de los lectores que comenzarán a transitar la presente aventura de lectura, reflexión y análisis.

# INTRODUCCIÓN

En el presente libro busco hacer un recorrido neotestamentario con énfasis en los Evangelios explorando contextualmente el ministerio de Jesús, a fin de establecer aquellos principios espirituales que, en mi opinión, necesitamos resignificar para aplicar con pertinencia en el presente siglo y modelar desde nuestro rol pastoral la iglesia que está en el corazón de Dios. Sobre la base de esos principios, y a partir de un título que tiene por finalidad ayudarnos a reflexionar, intentaremos pensar juntos y responder a una pregunta singular: *¿Cómo sería mi iglesia si Jesús fuera el pastor?*

En efecto, nosotros solemos suponer, simplemente por la inercia de la acción o de nuestros ministerios, que sabemos todas las cosas o que haciéndolas tal como lo venimos haciendo en los últimos diez o veinte años seguirán dándonos resultado, sin advertir que el mundo cambió y continúa cambiando permanentemente, tal como dijo Heráclito (550–480 a. C.). *Lo único constante es el cambio*, y, por ende, nuestra metodología de comunicación y predicación del evangelio debe ir cambiando y ajustándose para ser eficaz sin alterar los principios y el mensaje de vida. Esto es lo que hacía Jesús. Él no hablaba con todos de la misma manera, ni a partir de las mismas temáticas, aunque a todos les decía: *el reino de los cielos se ha acercado.*

En este contexto, los principios espirituales tienen una importancia vital, ya que, más allá de las técnicas, los métodos y las estrategias —que, sin lugar a dudas, deben acompañar o al menos considerar los cambios sociales para ser efectivos—, debemos estar firmemente fundamentados en los compendios espirituales eternos para no vulnerar la Palabra de Dios y ser fieles al cumplimiento de la Gran Comisión. Estos ejes puestos en práctica por Jesús nacieron en el corazón de Dios y deben ser como luces inalterables que nos sirvan como una guía indeleble para nuestro accionar ministerial cotidiano.

Por ende, analizaré desde una perspectiva netamente sociológica el ministerio de Jesús y el contexto económico y sociocultural en el cual se dio su ministerio. En efecto, comprender y conocer el contexto será central para ver las motivaciones y razones que impulsaron cada una de las acciones y dichos del Señor. Jesús no solamente es el eterno Hijo de Dios, sino además un hito histórico, nos dicen Gerd Theissen y Annette Merz: «Al personaje histórico hay que entenderlo siempre en su contexto histórico. [...] Su movimiento es parte de un judaísmo en transformación que, pese a algunas constantes incluye muchas direcciones y corrientes».[1] Jesús actuó en un momento de la historia y bajo el signo de una cultura particular; esto nos da luz al respecto de sus pensamientos, enseñanzas y acciones.

En la época de Jesús, en la tierra de Israel del primer siglo, coexistían diversas subculturas que conformaban una gran amalgama unida por la cultura grecorromana. Judíos, griegos, romanos, gentiles de distintas ciudades, enfermos, leprosos, recaudadores de impuestos, mujeres, soldados, autoridades políticas y religiosas, entre otros, todos formaban parte de esta sociedad. Jesús se relacionó e involucró con cada uno de ellos, permitiéndoles no solo vislumbrar la novedad del reino de los cielos, sino, sobre todo, ser testigos del amor, la misericordia y el poder de Dios obrando en medio de ellos. A lo largo de las páginas de este libro, varias veces hablaremos de cómo la santidad, la misericordia, el amor y la obediencia atravesaron el ministerio de Jesús y, aunque suene repetitivo, la forma como el Señor aplicó dichas cualidades día a día para transformar la vida de las personas. Estas son mucho más que palabras lindas: son parte del fruto que deben mostrar todos los cristianos en su cotidiano caminar con Cristo.

Teniendo en cuenta lo señalado, analizaremos de manera detallada en la primera parte del libro el ministerio de Jesús y remarcaremos los énfasis que debemos tener en cuenta para la construcción de nuestra ejecución ministerial. Consecuentemente, en el primer capítulo

---

[1]  Theissen & Merz, 1999, pp. 151-152.

examinaremos los principales aspectos del mundo sociocultural de la época de Jesús, lo cual incluye sin duda los rasgos distintivos de la dominación romana y, en contraposición, la pertinaz reacción rebelde de los grupos judíos revolucionarios, la organización espiritual del judaísmo del primer siglo y la diversidad multicultural imperante con sincretismos de todo tipo en la Judea del primer siglo.

En el segundo capítulo, estableceré de manera más precisa la relación de Jesús con la religión y sus representantes. Nos esforzaremos por resaltar que Jesús fue diferente, no encajaba en ninguno de los moldes o rótulos de su época. No podemos, por ende, encuadrarlo de manera directa o lineal dentro de los fariseos, los sacerdotes, los saduceos, los zelotes o los esenios. Jesús tenía una identidad propia, particular, y sus actos estaban motivados no por la tradición meramente, sino fundamentalmente por el amor al Padre, el cumplimiento certero de la Ley y la entrega incondicional por amor para darnos vida. El Señor dejó al descubierto escandalosamente a los religiosos y poderosos de su tiempo, algo que en gran parte motivó su muerte en la cruz y nos dio un ejemplo acabado para que nosotros podamos hacer tal como Él hizo, esto es, vivir los valores del reino practicando el amor y la misericordia, lo cual es mucho más que un mensaje a declamar. Es una forma de vida.

En el tercer capítulo me dedicaré a explorar cómo Jesús venció la tentación y los poderes del mundo. A partir de la incitación sufrida por Jesús en el desierto por parte del enemigo, estableceremos algunos importantes principios a considerar para resistir el mal y fundamentalmente veremos de qué manera ejerció Jesús la autoridad recibida por el Padre, cómo entendía dicho concepto, sus alcances y la forma en que se lo enseñó a sus discípulos. Asimismo, estudiaremos cómo se relacionó Jesús con las autoridades políticas y religiosas de la Judea del primer siglo, los límites que les impuso y las distancias que tomó.

En el cuarto capítulo, nos dedicaremos a explorar el ministerio de Jesús frente a la enfermedad. Sin lugar a dudas, la manifestación del poder de Dios marcaba la diferencia entre las personas, pero no como una simple manifestación de dominio sobre la naturaleza y las leyes naturales, sino como el ejercicio de una autoridad que a partir del amor producía un profundo cambio real y sobrenatural que todos podían observar anonadados; había una verdad irrefutable: los ciegos veían, los paralíticos caminaban, los sordos oían, los leprosos eran limpiados y los muertos revivían. Esto era algo que todo el pueblo veía; como dicen los apóstoles, era algo palpable, visible, comprobable (1 Jn 1:1-3). Jesús estableció modelos, patrones básicos de acercamiento a los enfermos y delineó ante dichas circunstancias parámetros para nuestro ejercicio ministerial. En este sentido, nunca debemos olvidar que a lo largo de las Escrituras y hoy mismo, la fuente primigenia del poder de Dios siempre es el amor y no la unción.

En el capítulo quinto, analizaré la relación de Jesús con Satanás y sus huestes y cómo atravesó la opresión demoníaca, la presencia del mal y en definitiva el poder del Señor sobre todo principado y potestad del mal. El enemigo y sus demonios reconocían a Jesús, sabían perfectamente quién era, y lo respetaban en consecuencia, pero dicha autoridad tenía una sólida raíz en la santidad, la obediencia y la fidelidad a Dios. Hoy la iglesia debe redescubrir que subir al monte a orar e interceder sigue siendo una poderosa arma contra las potestades del mal. De hecho, la mayor parte del ministerio de Jesús estuvo dedicada a la oración, pero no menos importante es una vida de consagración, santidad y obediencia. Satanás no es omnipresente ni omnisciente, pero nos conoce, sabe nuestro pasado, lo que hicimos, nuestras debilidades. Por ende, la principal arma que tenemos contra él viene del Espíritu del Señor en nosotros, pero también de una vida consagrada que no le dé lugar al pecado; cuando minimizamos esto, el Enemigo da cuenta de nuestra vulnerabilidad (1 Jn 5:18).

Vivimos en un mundo signado por la desigualdad, la exclusión y la pobreza. Analizaremos cómo Jesús reaccionó frente a la pobreza y la marginalidad. Ante este dramático entorno, debemos considerar que, si bien los datos de aumento de la pobreza en el mundo son dinámicos y van variando constantemente, podemos a modo de ejemplo mencionar que el Programa de Naciones Unidas para el Desarrollo (PNUD) publicó el 14 de julio de 2023 un nuevo informe en el que señaló que, entre los años 2020 y 2023, unos 165 millones de personas han caído debajo del umbral de pobreza. La ONU subraya que la situación se ha disparado en los últimos años en medio de crisis como la pandemia del COVID-19 y las guerras en Ucrania o el Medio Oriente.

Si bien los datos que menciono a continuación irán modificándose de manera permanente, es bueno citarlos, aunque sea a modo de foto temporal. En ese sentido, el preocupante panorama actual significa que más del 20 % de la población global, alrededor de 1650 millones de ciudadanos, actualmente viven con menos de 3,65 dólares por día, por lo que luchan por conseguir alimentos a diario. En virtud de lo expuesto y considerando que esta cruda realidad no es ajena a nosotros, a nuestras ciudades, a nuestras comunidades de fe, es que debemos analizar los principios que surgen a partir del ministerio de Jesús y su relación con los pobres y marginados. Jesús no solo se identificó con ellos, sino que se acercó e involucró con ellos, no simplemente saciando su necesidad, sino, por sobre todas las cosas, brindándoles la esperanza del reino de Dios, el cual se había acercado a través de Jesús a sus vidas. Hoy la iglesia tiene un desafío no menor con esta cuestión y lo abordaremos en el capítulo sexto.

En el capítulo séptimo, exploraré el manejo de la autoridad por parte de Jesús y particularmente su relación con las autoridades políticas y religiosas de su tiempo, la forma en la cual Jesús tomó distancia del autoritarismo y vivenció la autoridad en términos espirituales, prácticos y cotidianos. Jesús conocía a la perfección la fuente, el propósito y la finalidad de su autoridad; adicionalmente tenía una percepción y conocimiento de las distorsiones que habían hecho de la autoridad las castas políticas y religiosas, respecto de las cuales supo mantener una prudente distancia para poder advertir sobre sus peligros sin caer en sus lazos. Por ende, hoy es fundamental para la iglesia entender cómo ejercer la autoridad delegada por Jesús y el rol que esta tiene en la proclamación del evangelio de Jesucristo. Esto implica marcar una distancia significativa al respecto de sus posibles desviaciones y adoptar un comportamiento adecuado, comprendiendo que no poseemos una autoridad propia, sino únicamente la que nos ha sido delegada por la obra del Espíritu de Dios en nosotros

Por otra parte, en el octavo capítulo trataré de ahondar en las diferentes formas en las cuales Jesús se acercó a los desprotegidos de la sociedad con el propósito de devolverles la dignidad perdida. Estos que yacían al costado de las miradas sociales, literalmente en la periferia urbana (leprosos, prostitutas, recaudadores de impuestos, endemoniados, enfermos, pobres, marginales), fueron los destinatarios, no solamente del amor y el poder de Dios en acción, sino de una parte importante del accionar ministerial de Jesús. De hecho, Jesús reescribió la historia personal de miles de personas que se acercaban a Él como única esperanza de vida. Así lo narran los Evangelios. Esto nos permite considerar las formas más adecuadas de relacionarnos con los excluidos actuales en cada una de nuestras comunidades. La iglesia no fue llamada a autoexcluirse, sino a *ir*; no fuimos convocados a refugiarnos en los templos, sino a ser embajadores de un reino que se acerca a todos, sin distinción alguna y sin prejuicios de ninguna especie.

En el noveno capítulo, voy a resaltar el círculo virtuoso del amor, la misericordia, la firmeza y la santidad con los que Jesús enfrentó al pecado y restauró al pecador. Jesús a lo largo de su ministerio se manejó bajo una premisa elemental: «Los sanos no tienen necesidad del médico, sino los enfermos» (Mt 9:12). Asimismo, no se observa un Jesús estático en los Evangelios, sino a alguien que iba de una ciudad a la otra de manera constante y reiterada (Mt 4:23; 9:35). El Señor no estaba apoltronado en su oficina de Belén, sino que iba a donde estaban las personas, recorría las ciudades, se acercaba a los necesitados, hablaba al aire libre en las cercanías de los caminos y los mares, desprovisto de todo signo de religiosidad y de la opulencia del legalismo. No obstante, Jesús mostró una consistente firmeza contra el pecado, exigiéndoles a sus discípulos: «Sed, pues, vosotros perfectos, como vuestro Padre que está en los cielos es perfecto» (Mt 5:48). Es más, llegando casi al final de su ministerio, les dijo que si sus palabras eran fuertes, podían dejar de seguirlo, dando a entender que sus principios eran innegociables (Jn 6:67). Jesús nunca se desdibujó al respecto de su santidad, pero a partir de los principios que veremos, reaccionó con una invariable firmeza frente al pecado y con insondable misericordia y amor al respecto de los pecadores y los pobres de espíritu que reconocían su necesidad.

En el décimo capítulo, considero los aspectos principales de la misión encarnada, cercana y obediente al Padre que desarrolló Jesús a lo largo de su ministerio. Es que, en efecto, sin una encarnación adecuada, no hay posibilidad de desplegar una misión integral y multidimensional que transforme nuestra comunidad y de manera sostenible la vida de las personas. Como iglesia, debemos recordar que la única manera en que se puede transformar el escenario de las personas y la sociedad es cuando la realidad del reino viene a nosotros. No es por la expectativa mediática o la ocasional esperanza que puede provenir de un político carismático, sino cuando nos esforzamos por vivenciar los valores de la cultura de Jesús en medio nuestro y cuando la gente es transformada por el poder del Espíritu Santo. El mandato dado por Jesús implica ir hasta lo último de la tierra, lo cual es mucho más que solamente una consideración desde el punto de vista geográfico; incluye también los aspectos culturales y sociales.

En la segunda parte del presente libro, consideraré concretamente las premisas que como iglesia debemos tener en cuenta a partir del ministerio de Jesús. En conformidad con lo analizado en la etapa inicial, entraremos de lleno en el tratamiento de la pregunta clave que nos ayudará a reflexionar sobre nuestro accionar ministerial: *¿Cómo sería mi iglesia si Jesús fuera el pastor?* Cuando estudiamos la actual imbricación de los fenómenos más significativos del tercer milenio —por citar algunos: la modernidad líquida (hipermodernidad), la posverdad, los exiliados evangélicos crecientes, la progresiva desigualdad socioeconómica, la alta y volátil espiritualidad,[2] la generación Z, la pospandemia, la virtualidad de la cotidianidad a través de las redes sociales, el uso intensivo de la tecnología, la relativización de los valores cristianos y el avance de la ideología de género en casi todas

---

[2]   Se puede decir que la religiosidad obedece principalmente a los marcos externos de la religión (ritos, prácticas, liturgia), en tanto que la espiritualidad es de carácter más interno y subjetivo. En este sentido, Leónides del C. Fuentes afirma: «El Instituto Nacional de Investigaciones en el Cuidado de la Salud […] definió la espiritualidad como la búsqueda de lo sacro o lo divino a través de cualquier experiencia de vida. En este mismo período de tiempo, la Asociación Americana de Consejeros (1995) señala que, en cualquier caso, afirmada la independencia entre el desarrollo espiritual y el hecho de ser o no religioso, la dimensión espiritual se descubre como una más, entre otras, inherentes a la evolución humana desde el nacimiento hasta la muerte» (Fuentes, 2018, p. 112).

las áreas sociales—, nos damos cuenta de que debemos resignificar[3] muchos conceptos ministeriales, revalorizar la santidad como único modelo de vida posible para el cristiano, volver a la aplicación simple y sencilla del evangelio en todo su esplendor, y ser guiados y renovados por el Espíritu Santo para ser imitadores cabales del ejemplo de Jesucristo.

Por ello, en el capítulo undécimo reflexionaré sobre la tensión real y vigente entre la activa participación de la iglesia en la problemática social y la opacidad de la misma ante los cambios vertiginosos que estamos presenciando. Veremos que, si Jesús fuera pastor de nuestra iglesia, esta sería una comunidad realmente encarnada en la sociedad. Por años hemos vivido nuestro avivamiento puertas adentro, en lugar de llevarlo a las personas, puertas afuera de nuestros templos; es una especie de templolatría que violentó y volvió algo meramente formal la tarea de la Gran Comisión por años. Realmente da que pensar el hecho de que, pese al crecimiento de la iglesia evangélica en toda Latinoamérica (entre un 20 % a un 22 % de la población se declara evangélica), no hemos sido capaces de, en la misma proporción, permear los valores del reino en nuestras comunidades; en algunos aspectos, la sal ha dejado de salar y la luz de alumbrar adecuadamente. Veremos más adelante que, desde mi punto de vista, nos hemos concentrado excesivamente en lo que llamo *cultura de la plataforma* en detrimento de la cultura de la misión y el sacrificio.

Por su parte, en el capítulo duodécimo veremos que la iglesia de Jesús, sin lugar a dudas, sería una iglesia centrada en la cruz. El mensaje central sería el de la cruz, el de la obediencia, el sacrificio y el amor, no precisamente el que apela a la autoayuda o al *coaching* motivacional para atraer mayor cantidad de personas. La iglesia debe transitar en una línea delgada: influenciar al mundo o ser influenciada por él; en ese sentido, debemos considerar de manera correcta la premisa bíblica de que estamos en el mundo, pero no somos del mundo. La

---

[3]  *Resignificar* significa, en líneas generales, dar un nuevo significado a una cosa o situación, o sea, adjudicarle una idea mental diferente, distinta de la que hasta entonces se había tenido tanto a nivel personal como colectivo. Es reinterpretar qué significa algo en nuestro contexto.

iglesia de Jesús sería disruptiva, innovadora al respecto de la misión y sumamente creativa a la hora de pensar cómo llegar a todas las personas y combatir adecuadamente contra lo que llamo *batallas culturales internas y externas a la iglesia*. No debemos olvidar que estamos bajo el signo de la hipermodernidad y esto impone el ritmo a seguir, pero también, bajo la dirección del Espíritu Santo, podemos enfocar la estrategia a utilizar. No es correcto extrapolar métodos y formas que dieron resultado en un lugar y tiempo determinado; Dios tiene una estrategia para alcanzar nuestra comunidad. El tema es dejar que nos la haga saber bajo la dirección de su Espíritu y arbitremos los medios para llevarla adelante.

Avanzando en nuestro recorrido, en el capítulo decimotercero analizaremos por qué entiendo que si Jesús fuera pastor de nuestra iglesia, la misma estaría marcada por la santidad, la misericordia y el amor. Es menester tener en cuenta que, lo aceptemos o no, estamos inmersos en un mundo en constante cambio, atravesado por la hipermodernidad y la tecnología. Estamos en un mundo que ha decidido devolverle al hombre una vigorizante centralidad, basada en un orgullo que nunca ha abandonado la naturaleza humana. Estamos en una época marcada por el cuestionamiento de los valores que dieron origen al mundo occidental tal como lo conocemos, incluidas sus instituciones fundantes (familia, iglesia, universidad, justicia, entre otras). Hoy se enarbolan las banderas del poscristianismo y la ideología de género como prácticas esenciales o necesarias. Por ende, debemos reconocer que la iglesia tiene frente a sí el desafío del amor y la santidad como ejes centrales de nuestro estilo de vida, pero debe involucrarse en los procesos sociales. El desafío es ser la voz de los que no tienen voz e ir hacia una misión integral, multidimensional y comprometida con el otro, sin el cual no podemos ser ni hacer (otredad).

Tenemos frente a nosotros el desafío de ser pertinentes y, sin modificar un ápice del evangelio y los principios escriturales, transformar los términos comunicacionales de trasmisión del mensaje a fin de que sean fácilmente comprendidos y asimilados por las personas. Además, tenemos el desafío de crecer y construir la Gran Comisión como un cuerpo, unido bajo la dirección del Espíritu, que se esfuerza con el fin de que el evangelio sea predicado hasta lo último de la tierra en nuestra generación. Las Escrituras nos enseñan que Satanás vino a robar, matar y destruir; es padre de engaños y mentiras e incluso puede imitar el obrar de Dios. Sin embargo, hay cosas que no puede copiar porque van en contra de su propia naturaleza: no puede tener amor, no puede ser santo y no puede tener misericordia. Estas tres cosas, que son contrarias a su esencia de maldad, deben por ende marcar el ritmo de la iglesia actual.

Continuando con nuestra línea de trabajo, en el capítulo decimocuarto reflexionaré sobre cómo la iglesia en la que Jesús serviría sería una iglesia que viviría en la plenitud del Espíritu Santo; esto trasciende las manifestaciones de dones, ministerios e incluso el hablar en lenguas. Una iglesia que vive bajo la plenitud del Espíritu de Dios es obediente y sumisa a su autoridad y fundamentalmente se deja dirigir por Él para manifestar la gloria de Dios, no para levantar ministerios egocéntricos. Sería una iglesia que se refugia en el poder de Dios para alcanzar sus objetivos y pasar los tiempos de crisis. Sería una iglesia centrada en la adoración y la oración como prioridades eclesiales en oposición a una cultura de la plataforma que termina tornando a la iglesia en un mero ámbito lúdico que menosprecia el sacrificio de la cruz.

Finalmente, en la conclusión trataré de explicar por qué entiendo que la iglesia en la que Jesús fuera el pastor sería una congregación sacrificial y de servicio. Debemos ser conscientes de que todo lo que sabemos y tenemos no es suficiente para ser una iglesia de impacto en la sociedad de este tiempo. Necesitamos de un renovado obrar del Espíritu Santo en nuestros ministerios y su invaluable dirección en cuanto a estrategias, formas, maneras y acciones para dotarnos de creatividad. Fundamentalmente, me imagino una iglesia que sirve más allá de las circunstancias personales, que se extiende más allá de la mera obligación con tal de alcanzar a la oveja que se perdió, curar a la perniquebrada o sanar a la enferma. Una iglesia más parecida a Cristo, que cada día deje de ser un poco menos como nosotros a fin de que nuestras vidas exalten únicamente a Dios, que se levante el nombre de Jesucristo (Jn 3:30; Gl 2:20) y, en definitiva, el mundo pueda creer.

Te invito a reflexionar juntos y en oración acudir al trono de la gracia para encontrar el oportuno socorro y auxilio que nos ayude a hacer la tarea que Cristo nos encomendó, esperando que finalmente y luego de todo el trabajo, el esfuerzo y el sacrificio, recordando que no hicimos más que lo que correspondía, Jesús nos pueda decir: «Bien, siervo bueno y fiel; en lo poco fuiste fiel, sobre mucho te pondré; entra en el gozo de tu señor» (Mt 25:23).

# PRIMERA PARTE

# ¿CÓMO FUE EL MINISTERIO DE JESÚS? CONTEXTO SOCIOCULTURAL

# CAPÍTULO I

# Aspectos principales del mundo sociocultural en la época de Jesús

Como dijimos, Jesús no solo transformó la historia de la humanidad, sino que previamente se encarnó, fue una realidad histórica (Jn 12:46). En ese sentido, señala el apóstol Juan en su Evangelio: «Aquel Verbo fue hecho carne, y habitó entre nosotros (y vimos su gloria, gloria como del unigénito del Padre), lleno de gracia y de verdad» (Jn 1:14); a lo cual agregará san Pablo, hablando de la encarnación del Señor: «Se despojó a sí mismo tomando forma de siervo, haciéndose semejante a los hombres» (Flp 2:7). Jesús se encarnó y habitó entre nosotros cuando vino el cumplimiento del tiempo (Gl 4:4) establecido por Dios en su soberana voluntad. Ahora bien, Jesús nació en un contexto histórico y cultural determinado, en un tiempo preciso de la historia del Israel del primer siglo, con características sociales, económicas, políticas, culturales y religiosas determinadas que es necesario conocer a fin de comprender de manera más certera el ministerio de Jesús, su significado e importancia. Jesús no nació en el vacío, sino en un medio social dado; al analizar sus acciones, palabras y ministerio debemos tener claridad sobre dicho contexto para apreciar más nítidamente lo que Jesús realizó.

En virtud de lo señalado en el párrafo anterior, cobra una notable importancia conocer el contexto del mundo judío del primer siglo; con este fin, expondremos en el presente capítulo las características que tuvo la dominación romana sobre la tierra de Israel en la época de Jesús, los intermitentes espasmos de rebelión llevados a cabo por los judíos de tinte revolucionario, todos ellos infructuosos y, por supuesto, la cosmovisión judía en torno a la esperanza liberadora que traería el Mesías esperado. Por otra parte, debemos considerar que, cuando el pueblo judío comenzó a ver y palpar el ministerio de Jesús, algunos pretendieron transformarlo en un líder político que propiciara la liberación tan ansiada; ante esta situación, Jesús prefirió no participar ni directa ni indirectamente: «La gente, entonces, al ver la señal que Jesús había hecho, decía: "Verdaderamente este es el Profeta que había de venir al mundo". Por lo que Jesús, dándose cuenta de que iban a venir y por la fuerza hacerle rey, se retiró Él solo otra vez al monte» (Jn 6:14, 15).

Asimismo, y a fin de tener una perspectiva más amplia, daremos cuenta de la estructura política del Imperio romano, sus gobernaciones, particularmente al respecto de la región de Galilea, y su estructura social y económica. Esto, como dijimos, nos permitirá conocer el contexto socioeconómico en el cual Jesús desarrolló su ministerio y entender las aglomeraciones de personas pobres, enfermos, desvalidos y excluidos que lo seguían, y su permanente vinculación ministerial con personas con recursos limitados y sin esperanza. Cabe decir en este sentido que la tierra de Israel era una región básicamente pobre, con serios problemas políticos, pero con una economía que estaba relativamente en movimiento, fundada en la explotación agrícola intensa, la pesca y el negocio de los artesanos. Dice Rostovtzef:

> Basta leer los Evangelios para observar hasta qué punto Palestina era aún un país rural y cuán rústica era todavía la vida del pueblo. Las llamadas ciudades de Judea, Jerusalén inclusive, eran meros centros religiosos y administrativos, cabezas de distritos rurales estrechamente afines a los de Egipto y Tracia, y llevaban el nombre griego de toparquías.[4]

Por otra parte, veremos con precisión la organización del judaísmo del primer siglo, sus clases y particularidades. Como dijimos, Jesús no se desarrolló en el vacío, fue parte de la cultura judía de su tiempo y del multidiverso eje que modeló la época; veremos la interacción de Jesús con cada una de las subculturas que rodearon su ministerio. El movimiento de Jesús emergió a partir del judaísmo, una de las muchas

---

[4]   Rostovtzef, 1981, Tomo II, p. 22.

culturas que conformaban el complejo entramado étnico del Imperio romano. A su vez, los territorios de la provincia siria eran mayoritariamente habitados por judíos, y las comunidades de la llamada *diáspora* estaban conformadas por inmigrantes gentiles de todo tipo, libertos, comerciantes, esclavos y ciudadanos romanos.

Lo que hemos reseñado se completa con un rasgo no menor que termina de delinear al Israel del primer siglo: su legalismo, espiritualidad y efervescencia religiosa y, por lógicas razones, el sincretismo imperante. Jesús, en dicho marco, vino a traer una exacta dirección de lo que significaban el cumplimiento de la Ley y el ejercicio de la voluntad de Dios. En síntesis, era diferente, no encajaba dentro de ninguno de los rótulos de la época, no podía ser asimilado a ninguna de las corrientes religiosas del judaísmo. Este es un primer punto a tener en consideración para reflexionar: hasta qué punto somos distintos, diferentes, tenemos una impronta que claramente viene del Espíritu Santo. Me permito resumirlo en una frase de Alistair Begg: «Cuando Jesús se mezcló con los pecadores, nunca fue confundido con uno de ellos». En efecto, al igual que Él, nosotros estamos en el mundo, pero no somos del mundo. Este es un principio que debemos recordar permanentemente: habitamos en el mundo y somos llamados a ir al mundo, pero nunca debemos ser como el mundo.

## El mundo judío en la época de Jesús. El cumplimiento del tiempo

Jesús era judío, no solo por nacimiento, sino fundamentalmente por su cosmovisión del mundo. Su forma de entender y comprender la realidad de Dios era parte esencial de su vida, la cual tenía profundas raíces semíticas. Por medio del Evangelio de Lucas tenemos constancia de que Jesús era un judío de profundas convicciones; esto está dado por el rito de la presentación y circuncisión. Vivió la ceremonia del *Bar Mizvah*[5] a la edad de doce o trece años, a partir de lo cual,

---

[5]   Mediante la ceremonia del *Bar Mitzvah*, el joven adquiría los derechos y responsabilidades de un judío adulto. Desde ese momento, era responsable del seguimiento de los mandamientos de la Torá y de ponerse los Tefilín todos los días.

como todos los judíos, fue al templo de Jerusalén y comenzó a vivir conforme establecía la Ley en su integralidad. En este sentido, escribe Geza Vermes:

> El retrato general de Jesús que se desprende de los Evangelios sinópticos es más bien el de un Jesús que se atiene a las principales prácticas religiosas de su nación. [...] Jesús está relacionado habitualmente con las sinagogas, los centros de culto y enseñanza y hay alusiones generales a que las frecuenta en Galilea y concretamente en sábado.[6]

Debemos tener en cuenta que la tierra de Israel, después del exilio que padecieron los judíos en Babilonia, siempre fue objeto de deseo por parte de los grandes imperios que la rodeaban o estaban cerca. Hacia su interior, estaba mayormente dominada por la clase terrateniente agraria hasta que, en el siglo II a. C., se potenció el proceso de helenización y la región sufrió la revuelta de los macabeos y el principio de una mayor diversidad y estratificación social. Sería el Imperio romano, bajo el mando de Pompeyo, el que, en el año 63 antes de nuestra era, conquistara Jerusalén y estableciera la tierra de Israel como una provincia romana para contribuir al Imperio con su producción y comercio, al igual que el resto de sus colonias.

La tierra de Israel estaba conformada por aquel entonces por dos grandes provincias o regiones. En primer lugar, Judea, territorio que rodeaba Jerusalén y, por supuesto, el templo. Era una zona montañosa y árida en su mayoría, aunque se cultivaban diversas frutas y olivos. La otra era la región de Galilea, atravesada básicamente por dos grandes vías comerciales, con eje en la ciudad de Damasco; una iba hacia el mar y la otra hacia la ciudad de Jerusalén. Era una región sumamente fértil, caracterizada por latifundios con cultivos de trigo y grandes extensiones para el ganado; además, la pesca se desarrollaba como una importante economía sumamente dinámica, con epicentro en su amplio lago. Al respecto de la fertilidad de la tierra, decía Flavio Josefo: «La región de Galilea es totalmente fértil, tiene abundantes pastos y está llena de árboles de todo tipo, de forma que incluso una persona a quien no le gustara la agricultura se sentiría atraído por estas ventajas».[7]

---

[6]   Vermes, 1996, p. 29.
[7]   Flavio Josefo, 1997, Tomo III, p. 42.

Aspectos principales del mundo sociocultural en la época de Jesús ▌ 31

En los puntos que mencionaremos a continuación estaremos siguiendo básicamente a Alfred Edersheim.[8] En este sentido, hay que destacar que, al respecto de la tierra de Israel, son célebres varias expresiones contenidas en el Talmud, que dan cuenta de lo que significa dicha región para la fe y la esencia de Israel. De hecho, en el mismo nunca se la llama "santa", sino que esto se da por entendido; se la considera *la tierra*, lo que señala su trascendencia material y espiritual. Dice Edersheim:

> Era un dicho que «vivir en Palestina era igual a la observancia de todos los mandamientos». El que tiene su morada permanente en Palestina, enseñaba el Talmud, tiene la certidumbre de la vida venidera. «Tres cosas», leemos en otra autoridad, «son de Israel por medio del sufrimiento: Palestina, la sabiduría tradicional, y el mundo venidero».[9]

Si avanzamos un poco más, debemos señalar que en los días del Señor Jesús era muy popular una frase entre los judíos, que decía que quien quería enriquecerse debía ir al norte (Galilea), pero si quería adquirir sabiduría debía dirigirse al sur (Judea); de allí las despreciativas palabras de Natanael en el Evangelio de Juan —«¿Puede algo bueno salir de Nazaret?» (Jn 1:46)—, o la reprensión de los fariseos a Nicodemo —«Escudriña y ve que de Galilea nunca ha surgido ningún profeta» (Jn 7:52)—.

En los tiempos de Jesús, la tierra de Israel estaba dominada por Herodes el Grande; dicha región era prácticamente un reino independiente, pese a ser formalmente una provincia romana. Herodes fue rey de Judea, Galilea, Samaria e Idumea entre los años 37 a. C. y 4 a. C. en calidad de vasallo de Roma. Hacia el año 3 a. C., el emperador Augusto dividió la región de la Siria romana entre los sucesores de Herodes el Grande en cuatro tetrarquías. Herodes Arquelao fue nombrado tetrarca de Judea y Samaria; Herodes Antipas fue nombrado tetrarca de Galilea y Perea; y Herodes Filipo fue nombrado tetrarca de Batanea, Gaulanítide, Traconítide y Auranítide. Salomé, hermana de Herodes el Grande, recibió en el testamento de su hermano la

---

[8]  Cf. Edersheim, 1990.
[9]  *Ibid.*, p. 27.

toparquía de tres ciudades: Yavne, Asdod y Fasayil, lo que fue refrendado por Augusto.

Ahora bien, la manutención de todo el aparato cívico y político romano acarreaba el cobro de importantes impuestos en la época del Señor, los cuales eran realmente agobiantes para todos los habitantes de Israel; en ese sentido, podemos precisar, siguiendo a Jan Herca:

> Cada división administrativa tenía aplicadas unas rentas anuales. Arquelao estaba obligado a pagar 600 talentos o 3,6 millones de denarios (según menciona Flavio Josefo en *AJ* 17, 318); Herodes Antipas 200 talentos o 1,2 millones de denarios; Filipo 100 talentos o 600 000 denarios, y Salomé 60 talentos. Sin embargo, estas fueron las cantidades a la muerte de Herodes el Grande, cuando su reino fue dividido por Augusto en tetrarquías. Muy posiblemente, en tiempos del Jesús adulto, treinta años después, estos impuestos fueran bastante mayores. Podemos deducir esto al comprobar que los 960 talentos exigidos entre todas las tetrarquías pasaron a ser 2000 talentos (¡más del doble!) con Agripa I, en tiempos de Calígula, 38 d. C. (Josefo *AJ* 19, 352). Por tanto, hacia el año 30 d. C., los 960 talentos seguramente habían pasado a ser ya unos 1500.[10]

A lo dicho, debemos añadir los impuestos de carácter religioso.[11] Anualmente correspondía pagar el impuesto sobre la tierra y el ganado, además del impuesto para el mantenimiento del culto, también conocido como "medio siclo", y otros menores, como el destinado a la compra de leña para el altar, sin dejar de contar las primicias o *bikkurim*, el diezmo y el *terumah*, que incluía las especias, además del fruto de los árboles, el trigo, el vino y el aceite, entre los principales.

Siguiendo a Stegemann y Stegemann, no hay certezas sobre la fecha en la cual se impuso el impuesto al templo; cierto es que

---

[10]  Herca, 2013, p. 2.

[11]  Solo a modo de ejemplo, vale mencionar lo señalado por Schürer: «Hasta la época del exilio, los emolumentos que recibían del pueblo los sacerdotes para su sustento eran muy modestos e incluso regulares. Después del exilio, se incrementaron notablemente. Este simple hecho es indicio claro de lo mucho que ganó en poder y prestigio el sacerdocio con la reorganización de los asuntos de la nación después del exilio» (Schürer, 1979, Tomo II, p. 343).

seguramente fue introducido por los asmoneos, pero de conformidad con lo señalado por el Talmud, los saduceos lo mantuvieron, siguiendo Nm 28:4, en relación con las ofrendas habituales que debían ser hechas por cada uno de manera libre. Por su parte, los fariseos, con base en Nm 28:2, lo sostuvieron como parte de la obligación de todos los judíos de realizar la ofrenda de *tamid*.[12] Señala el autor mencionado: «A partir del año 70 d. C. la tasa del templo fue sustituida por el humillante *Fiscus Judaicus* para Júpiter Capitolino a cargo de hombres y mujeres, entre los 3 y los 62 años de edad».[13]

Al respecto de las cuestiones económicas de la sociedad judía del primer siglo, cabe destacar que la misma estaba conformada principalmente por tres grandes ejes o polos económicos: la agricultura, la ganadería (incluida la pesca) y la producción artesanal. Los judíos eran esencialmente un pueblo agrícola, pero no de manera exclusiva, dado que eran además excelentes artesanos y orfebres. Los padres tenían la carga de enseñarle el oficio familiar a los hijos y estos la de darle continuidad a la profesión familiar; en este sentido y siguiendo la Mishná, recuerda Edersheim: «Dijo el rabí Meir: Que un hombre enseñe siempre a su hijo un oficio ligero y limpio; y que ore a Aquel quien hace suyas la abundancia y las riquezas».[14] Por el contrario, y siguiendo al mismo autor, era muy mal visto por la comunidad el hecho de no enseñar el oficio a los hijos: «Era un principio rabínico que todo aquel que no le enseña un oficio a su hijo hace lo mismo que si le enseñara a ser un bandido».[15]

Entre los oficios más populares de la época se encontraban el del alfarero, dada la amplia necesidad de vasijas en la época, y el trabajo del bronce que, aunque era costoso, era sumamente difundido y usado. No solo había familias artesanas, sino también agrupaciones de alfareros que se encargaban de difundir y promover el oficio y establecer

---

[12] El tratado talmúdico del Tamid aborda el servicio diario que tenía lugar en el templo de Jerusalén, particularmente al respecto de los sacrificios, el incienso y las bendiciones sacerdotales que se hacían para el pueblo.

[13] Stegemann & Stegemann, 2001, p. 165.

[14] Edersheim, 1990, p. 197.

[15] *Ibíd.*, p. 204.

reglas para el ejercicio del mismo. Varios son los documentos que hablan de la forma genérica o los principios generales que se aplicaban a la tarea; el alfarero ejercía su oficio en la mayoría de las regiones de oriente de la misma manera en que por siglos lo hicieron sus predecesores. En líneas generales, el taller era de aspecto básico, y el alfarero trabajaba en una banca de madera rústica. El equipo consistía en dos discos o ruedas de madera, con un eje que se paraba verticalmente, desde el centro del disco inferior. La rueda superior giraba así horizontalmente cuando la de abajo era movida por el pie; a partir de dichos movimientos básicos, el artesano modelaba la vasija o el elemento a realizar. Señala el libro apócrifo de Eclesiástico, capítulo 38, versículos 29-31:

> Lo mismo pasa con el alfarero, sentado junto a su obra, mientras hace girar el torno con sus pies: está concentrado exclusivamente en su tarea y apremiado por completar la cantidad; con su brazo modela la arcilla y con los pies vence su resistencia; pone todo su empeño en acabar el barnizado y se desvela por limpiar el horno. Todos ellos confían en sus manos, y cada uno se muestra sabio en su oficio.

El otro oficio popular en aquellos días era el que tenían por tradición familiar tanto Jesús como su padre José, el de carpintero, el cual se ejerció casi sin cambios durante siglos en la tierra de Israel. Marcos dice que «se burlaban: es un simple carpintero, hijo de María…» (Mc 6:3), precisando la profesión de nuestro Señor. El profeta Isaías menciona las cuatro herramientas principales que usaban los carpinteros: «El carpintero tiende la regla, lo señala con almagre, lo labra con los cepillos, le da figura con el compás, lo hace en forma de varón, a semejanza de hombre hermoso, para tenerlo en casa» (44:13). La regla era sin duda una línea de medir; el almagre era un instrumento para marcar, que tomaba el lugar del lápiz; el cepillo, un instrumento para raspar; y el compás era usado para hacer círculos, como se usa actualmente.

Finalmente, es dable mencionar el oficio de varios de los apóstoles de Jesús, el de pescadores. Los lugares más frecuentes para el ejercicio de este oficio en la tierra de Israel eran la costa a lo largo del Mediterráneo, el mar de Galilea y sus afluentes de agua dulce. El método más frecuente era el de la pesca con caña; de hecho, era probablemente el más difundido entre los discípulos en la región de Galilea. Seguramente el apóstol Pedro lo usó muchas veces, según lo que dice el texto bíblico en la instrucción que le da Jesús: «Para no ofenderles, ve al mar, y echa el anzuelo, y el primer pez que saques, tómalo, y al abrirle la boca, hallarás un estatero; tómalo, y dáselo por mí y por ti» (Mt 17:27). Isaías también habla al respecto de la pesca en los ríos: «Los pescadores se lamentarán porque no tienen trabajo; se quejarán los que lanzan sus anzuelos al Nilo y los que usan redes se desanimarán» (Is 19:8). También el profeta Amós se refiere a esta clase de pesca cuando dice: «He aquí, vienen sobre vosotras días en que os llevarán con ganchos, y a vuestros descendientes con anzuelos de pescador» (Am 4:2). Esta forma de pesca se usaba desde los tiempos de esplendor del Imperio egipcio. El segundo método más usado era el de echar la red de mano al mar, también llamada *atarraya*, para capturar la mayor cantidad posible de peces. Por los Evangelios, sabemos que este método era usado por los discípulos:

> Cierto día, mientras Jesús caminaba por la orilla del mar de Galilea, vio a Simón y a su hermano Andrés que echaban la red al agua, porque vivían de la pesca. Jesús los llamó: «Vengan, síganme, ¡y yo les enseñaré cómo pescar personas». (Mc 1:16, 17)

Como hemos visto de manera muy general, el territorio de Israel en la época de Jesús era un espacio intercultural, con una amplia población pobre y sojuzgada por los romanos pese a los esporádicos e infructuosos raptos de rebelión de algunos líderes judíos de tracción revolucionaria. Su economía era hasta cierto punto pujante, pero la alta carga impositiva erosionaba los potenciales márgenes de las familias que veían cómo sus esfuerzos se desvanecían para pagar distintos tipos de tributos. En ese contexto, ante crisis política y tensiones religiosas con una espiritualidad sincretista y en ebullición (lo veremos más adelante), el Mesías transitó por sus caminos y habitó en sus ciudades mostrando el amor, la misericordia y el poder de Dios.

## La dominación romana. Israel sojuzgado, pero rebelde

Bajo el Imperio persa (538–331 a. C.) se puso fin al angustiante exilio del pueblo judío; los persas eran bastante tolerantes con las prácticas y creencias religiosas de los pueblos dominados, algo similar a lo que luego harían los romanos. Esto trajo un lento proceso de restauración para Israel, de la mano de la reconstrucción del templo y la ciudad de Jerusalén. Sin embargo, la época de esplendor persa llegaría a su fin en el año 333 a. C., cuando Alejandro Magno con su ejército, que superaba ampliamente los 100 000 hombres (macedonios y griegos), cruzó el Helesponto e inició la conquista del Imperio persa. Más precisamente, en noviembre del 333 a. C., Alejandro venció a las tropas persas comandadas por Darío III en la batalla de Issos; tras la importante victoria, Alejandro, en su avance por Asia, derrotó definitivamente a Darío en Gaugamela y posteriormente sometió a Siria conquistando Tiro. Luego entró en Egipto, donde fundó la ciudad de Alejandría, y llegó incluso hasta la India.

Alejandro Magno, a pesar de su temprana muerte, cambió decisivamente el mapa del Antiguo Oriente[16] y renovó múltiples aspectos de la cultura global. Los generales de Alejandro se repartieron sus conquistas e iniciaron en sus respectivos dominios procesos de helenización de las poblaciones. En algunos casos, se trataba solamente de extender el atractivo de la cultura griega, que era percibida como superior por algunos pueblos conquistados; en otros casos, se daba un proceso de imposición por la fuerza. Esto es lo que sucedió en Judea bajo el dominio de los seléucidas. Antíoco IV saqueó el templo de Jerusalén en el año 169 a. C., dictó un decreto estableciendo la abolición de las costumbres tradicionales judías y, en el año 167 a. C., instaló el culto de Zeus en el templo de Jerusalén, lo cual fue considerado por los judíos como una severa profanación.

En este contexto, se originó la rebelión de los macabeos (*makabim*, movimiento judío de liberación), la cual logró la purificación del templo en el año 164 a. C. y terminó consiguiendo la plena independencia en el año 141 a. C. De este modo, Israel se volvió a constituir

---

[16] El 13 de junio de 323 a. C. (algunas fuentes apuntan al 10), murió a los 33 años Alejandro Magno en su lujoso palacio de Babilonia. Hasta la fecha, las causas de su muerte siguen en debate; algunos dicen que murió por una fuerte fiebre y otros, que fue envenenado.

como un estado nacional gobernado por los asmoneos,[17] descendientes de los revolucionarios macabeos. Los asmoneos no eran de estirpe davídica, sino sacerdotal, y normalmente gobernaron uniendo las funciones de sumo sacerdote y de rey en una cosmovisión teocrática. En muchos aspectos, los asmoneos absorbieron o fueron permeables a la cultura helénica que tanto combatieron y terminaron envueltos en luchas intestinas que facilitaron la dominación romana, que finalmente se produjo en el año 63 a. C., con la entrada triunfal del general romano Pompeyo a la ciudad de Jerusalén, que quedó así nuevamente bajo la dominación de un imperio de envergadura global. Señala Néstor Míguez al respecto de la dominación romana:

> No cabe duda que la presencia política del Imperio es un factor determinante del mundo vital de la Palestina del primer siglo. La influencia romana en la política de la región llevaba ya cierto tiempo, cuando confirmaron su dominio a partir del 63 a. C. Tras la ocupación de Jerusalén por parte de Pompeyo, los romanos ejercieron su gobierno en forma directa (mediante pretores o procuradores) o indirecta, a través de reyes vasallos (como Herodes y sus sucesores).[18]

Bajo la dominación romana, será Herodes, conocido como Herodes el Grande, de la región de Idumea, un oficial de los asmoneos que no era judío de origen, sino prosélito, quien logrará ir ascendiendo hasta ser confirmado por los romanos como rey vasallo de Judea y quien finalmente, en el año 3 a. C., terminará dividiendo la región siriorromana entre sus sucesores. No obstante, la famosa *pax romana* no fue vivenciada en la tierra de Israel en tiempos de Jesús debido a las constantes rebeliones y refriegas militares que obviamente despertaba la opresión romana y un contexto de violencia permanente. Escribe Klausner sobre el papel de los esclavos en las frecuentes rebeliones en la tierra de Israel:

> Los esclavos no eran tan numerosos en Palestina, pero de todos modos constituyeron un factor importante en los cataclismos políticos y espirituales de la época de Jesús. Sin ellos no podemos explicar las

---

[17] La palabra "asmoneo" viene del *griego* Ἀσαμωναῖος, que se traduce como "descendientes de Asmón", antepasado de los macabeos, sacerdote del grupo de Joarib.

[18] Míguez, 1996, p. 22.

frecuentes rebeliones y los muchos movimientos religiosos que tuvieron lugar desde el tiempo de Pompeyo hasta después del de Poncio Pilato. Donde no hay multitudes de pequeños propietarios, desposeídos y empobrecidos, no son revueltas populares las que maduran, sino conspiraciones políticas dentro del ejército y los poderes gobernantes.[19]

La maquinaria de dominación del Imperio romano hacia los diferentes pueblos sojuzgados tenía una cara visible constituida por su poderoso ejército, la casta política que hacía resaltar sus fuertes principios clasistas y arbitrarios, y por supuesto, como hemos señalado, una excesiva carga tributaria exigida a lo largo y ancho de la geografía imperial. Dice Fernández Ubiña al respecto: «Roma llevó al límite la extracción de beneficios para una reducida minoría a costa de amplias masas de población, en especial los pueblos conquistados o bajo su jurisdicción. Las clases dirigentes del Imperio nunca ocultaron esta realidad».[20] La jerarquía militar no solamente era sangrienta, sino que fundamentalmente era corrupta y llena de pequeños feudos que a su voluntad y discreción administraban el poder imperial. Nos dice el mismo autor mencionado:

De las legiones romanas y de su oficialidad son sobradamente conocidos sus comportamientos brutales y arbitrarios. El trato dado a Jesús durante su proceso y ejecución o los juicios de Juan Bautista en Lucas 3:14 así lo avalan. Los testimonios al respecto son innumerables.[21]

Por otra parte se debe resaltar que, pese a los constantes abusos y el miedo que provocaba el ejército romano, fue uno de los mecanismos de difusión de la cultura romana más eficientes en términos prácticos. Esto se debió básicamente a que sus efectivos tenían una gran movilidad a lo largo y ancho de todo el Imperio romano y un sistema de rotación permanente; y, en segundo lugar, porque cuando les llegaba la época del retiro aquellos que habían constituido una familia se quedaban en las ciudades donde estaban las mismas, desconcentrando la forma de vida por todo el imperio. Asimismo, el ejército era un centro de producción de ciudadanos, «una fábrica de ciudadanos, pues a

---

[19] Klausner, 1989, p. 176.
[20] Fernández Ubiña, 2006, p. 85.
[21] *Ibid.*, p. 86.

los centenares de miles de cautivos y esclavos capturados, con el paso del tiempo fueron manumitidos y acabaron alcanzando la ciudadanía romana»;[22] otra opción era la obtención de la ciudadanía luego de 25 años de servicio en el ejército, lógicamente si lograban sobrevivir.

De resultas de la férrea dominación romana en la tierra de Israel surgió como movimiento reaccionario frente al poder imperial el grupo revolucionario conocido como zelotes, *zeµloµteµs*. Hay dos referencias bíblicas al respecto de ellos. La primera está en Lucas 6:15 y la segunda en Hechos 1:13, aunque también lo hallamos como "cananista" (Mt 10:4; Mc 3:18). En la primera referencia, Lucas está narrando el episodio en que Jesús escogió a sus doce discípulos cercanos, entre ellos a Simón, al que llamaban el zelote. La palabra viene del griego *zelotai* que significa "celoso". Será Flavio Josefo, el conocido historiador judío, quien usa la designación de zelotes para describir a una secta o partido judío formado antes del año 66 a. C, en el periodo intertestamentario, por Judas el galileo. Eran conocidos por su integrismo extremo, la rigidez, la radicalidad y la vehemencia de sus manifestaciones y, por supuesto, el uso de la violencia, incluso para imponer sus convicciones y lógicamente en avanzadas de combate (símil grupos de guerrillas) a fin de luchar contra el opresor romano.

Como dijimos, ante la muerte de Herodes el Grande (4 d. C.), su reino queda dividido en varios territorios comandados por sus hijos; entre ellos pugnaron intensamente por el liderazgo principal. Mientras las intrigas políticas y militares entre los hijos de Herodes fructificaban, en paralelo surgió un grupo de disidentes violentos: los zelotes. Dentro del ideario de los mencionados, su eje principal era la lucha contra Roma, la cual era vital no solo para su subsistencia, sino como columna medular del movimiento en toda la provincia de Judea. Las revoluciones puntuales y los movimientos de guerras de guerrillas fueron siempre contenidos tanto por Augusto como por sus sucesores, pero la relación llegó al límite de la tensión militar en la época del gobernador Gesio Floro, lo que dio a luz a la primera gran rebelión contra Roma en el año 66 d. C.

---

[22] *Ibid.*, p. 90.

Solo para tener en cuenta las derivaciones de las distintas rebeliones judías, debemos considerar (dada la fase histórica de contexto), la llamada *primera guerra judeo-romana* (en heb. המרד הגדול, ha-Mered Ha-Gadol). En efecto, fue la primera de las tres principales rebeliones de los judíos de la provincia de Judea contra el Imperio romano, y tuvo lugar entre los años 66 y 73 d. C.[23] Comenzó en el año 66 a causa de las tensiones religiosas entre griegos y judíos, y terminó cuando las legiones romanas, comandadas por Tito, en el año 70 d. C., destruyeron casi por completo la ciudad de Jerusalén, saquearon e incendiaron el templo de Jerusalén, demolieron las principales fortalezas judías, especialmente Masada, y en el año 73 masacraron a gran parte de la población judía.

## El judaísmo del primer siglo. Organización espiritual

Formaba parte del primer grupo de élite que fue exiliado al Imperio babilónico en el año 597 a. C. (primera deportación) un sacerdote llamado Ezequiel, sin duda uno de los profetas más importantes del Antiguo Testamento, quien se esforzó por transmitir una verdad inalterable: la única salvación real procede de parte de Jehová y se obtiene mediante la pureza religiosa, la obediencia y el cumplimiento de sus mandamientos. En definitiva, los tronos, los imperios y los hombres pasarán y serán juzgados por Dios. Solo Él permanece inalterable y, por supuesto, aquellos que hacen su voluntad, los creados a su imagen y semejanza que guardan el pacto.

El exilio supuso el fin de la era tribal de Israel; Ezequiel, Jeremías, Oseas e Isaías habían insistido en que la suma de calamidades que estaba atravesando Israel era fruto de su pecado, de haberse alejado de Dios. Dios le había dicho a Ezequiel que ya no castigaría colectivamente al pueblo por el pecado de sus jefes, y a los hijos por el pecado de sus padres (Ez 18:2). Dios le dice concretamente al profeta: «Vivo yo, dice Jehová el Señor, que nunca más tendréis por qué usar este refrán en Israel. He aquí que todas las almas son mías;

---

[23] La segunda fue la guerra de *Kitos* (115–117 d. C.) y la tercera la rebelión de *Bar Kojba* (132–135 d. C.).

como el alma del padre, así el alma del hijo es mía; el alma que pecare, esa morirá» (Ez 18:3, 4). En la ley mosaica, la importancia del individualismo siempre había estado presente, dada la esencial afirmación bíblica de que el hombre y la mujer habían sido hechos a imagen y semejanza de Dios. No obstante, con Ezequiel el concepto de la responsabilidad individual adquiere un significado definitivo y se convierte prácticamente en la esencia de la religión judía. Siguiendo a Johnson, podemos decir que entre los años 734–581 a. C. hubo seis deportaciones diferentes de israelitas, y que esta fue la chispa principal del judaísmo tal como lo conocemos. Señala el autor mencionado:

> A partir de dicho período, una mayoría de judíos viviría siempre fuera de la Tierra Prometida. Así pues, dispersos, sin jefes, sin estado ni ningún otro aspecto de la estructura normal de apoyo proporcionada por su propio gobierno, los judíos se vieron forzados a hallar otros medios para preservar su identidad especial. De modo que dirigieron la atención hacia sus propios escritos: sus leyes y las crónicas del pasado. [...] Así fue precisamente durante el exilio cuando se impuso por primera vez a todos los judíos la práctica regular de su religión.[24]

A partir de las diferentes deportaciones y la vida judía en el exilio se fue construyendo e imbricando, como si fuera un tapiz de múltiples colores, una compleja trama de influencias y permeabilidades por parte de las culturas circundantes a la nación judía, particularmente de la cultura griega, con la primera experiencia globalizadora encabezada por Alejandro Magno, en una especie de amalgama sedimentaria que atesoró muchas de las tradiciones originales y particularmente la Ley.

> Aunque toda comparación entre períodos históricos tenga sus obvias limitaciones, pues la historia nunca se repite, el período grecorromano tiene importantes similitudes con los tiempos modernos. Podríamos decir que fue la primera experiencia de "globalización" cultural, iniciada por Alejandro de Macedonia y consolidada por los siglos de *Pax* romana. Hasta que el poder imperial romano transforma el cristianismo en religión de estado se constituyó un espacio que incluía todo el Mediterráneo y Oriente Medio, donde convivían, interactuaban e interinfluenciaban las más diversas tradiciones culturales, bajo la égida del helenismo. El resultado de esta experiencia fue el surgimiento de

---

[24] Johnson, 2010, p. 125.

nuevas versiones sincréticas de viejas culturas y religiones, inclusive del judaísmo, y el surgimiento de nuevas religiones a partir de viejas culturas, como fue el cristianismo.[25]

Será a partir de estas oleadas sincretistas, y en el contexto del exilio (entre los años 587 y 536 a. C.), donde aparecerán en escena los *fariseos*, un grupo político y religioso cuyo nombre procede del hebreo *perushim*, que significa *los segregados*: uno de los grupos religiosos de mayor influencia en la época de Jesús. Se dedicaron básicamente a las cuestiones relativas a la observancia de la Ley, la tradición y los rituales dentro y fuera del Templo, creando múltiples y puntillosas observancias y recomendaciones —tradiciones que hasta llegaron a ser consideradas como una especie de Torá oral, atribuida también a Dios—. Las mismas, en palabras de Jesús, terminaron poniendo sobre las personas una carga mayor que la que ellos mismos podían llevar, malinterpretando, por ende, el espíritu de la ley divina con sus ritualismos (Mt 23:1-36; Lc 11:46).

Dentro de los fariseos se encontraban además los *escribas*, que en el antiguo Israel eran hombres sabios, cuyo trabajo era estudiar la Ley, transcribirla y escribir comentarios de la misma. A veces eran contratados, cuando se presentaba la necesidad de un documento escrito o se requería una interpretación de un asunto jurídico. Esdras, por ejemplo, era un «escriba diligente en la ley de Moisés, que Jehová Dios de Israel había dado» (Esd 7:6). En verdad, el propósito original de los escribas era transcribir, conocer, preservar la Ley y alentar a otros a que la observaran o cumplieran. Pero con el correr del tiempo, el oficio se fue entremezclando con tradiciones paganas que paulatinamente fueron eclipsando la Palabra de Dios; la pretensión de una santidad ritualista reemplazó la vida cotidiana de verdadera piedad. Los escribas, cuyo objetivo era conservar la Palabra, realmente la anularon por las tradiciones que ellos habían transmitido y agregado (Mc 7:13).

Otro grupo, uno de los principales actores de la escena israelita en los tiempos de Jesús, fue el de los llamados *zelotes*. Estos básicamente hicieron pie en la tracción de la política revolucionaria de tinte

---

[25] Sorj, 2011, p. 13.

ultranacionalista; se sentían impulsados o compelidos a expulsar a los opresores romanos, y de este quehacer hicieron su propósito. El término *zelote*, seguramente acuñado por ellos, hace referencia a su celo y observancia de la Ley,[26] y a la esperanza que tenían en que el Mesías vendría a libertarlos de la opresión romana. Fueron fundados por un tal Judas el Galileo en el primer siglo de nuestra era; incluso uno de los discípulos de Jesús había pertenecido a dicho movimiento: Simón el cananeo o el zelote (Mt 10:4). Según diversos historiadores, el origen de los zelotes se puede ubicar en el año 6 d. C., momento en el cual se llevó a cabo una violenta rebelión dirigida por Simón el Galileo a causa de un censo impulsado por el Imperio romano con el propósito de cobrar mayor cantidad de impuestos. Por años trabajaron para tornarse en un grupo armado que, bajo la técnica de lo que hoy conocemos como guerra de guerrillas, pudiera de alguna forma hacer mella en la autoridad romana en la tierra de Israel. Así, tomaron el control de Jerusalén en la gran revuelta judía del 66–73 d. C., hasta que la ciudad fue retomada por los romanos, quienes a su vez destruyeron el Templo. El último refugio zelote fue en la fortaleza de Masada; en el año 76 d. C., tras el suicidio de sus defensores, los romanos finalmente la recuperaron.

Los saduceos (en hebreo צדוקים, *tsedduqim*, conocidos como *zadokitas*) también eran parte del paisaje espiritual del Israel del primer siglo de nuestra era. En su mayoría eran miembros de la alta sociedad, miembros de familias sacerdotales, cultos y aristócratas.[27] Descendían de Sadoc, el sumo sacerdote de la época del rey Salomón. Tuvieron una interpretación sobria de la Torá, sin caer en las numerosas cuestiones casuísticas de los fariseos y sus múltiples complejidades; por

---

[26] Del latín eclesiástico *zelōtes*, y este del griego ζηλωτής (*zelotai*), que significa "sectario". En arameo, *qanayya*, que proviene del hebreo קנא (*qanaim*), significa "celar", es decir, tener celo.

[27] Escribe Lancaster Jones: «En tiempos de Jesús, los sacerdotes eran los encargados de realizar los rituales del judaísmo. Además, eran las autoridades religiosas, y con ello, tenían el deber de interpretar la Ley. Para ser sacerdotes, las personas tenían que estar libres de defectos físicos y descender de la tribu de Aarón. El resto del personal del templo pertenecía a la tribu de Leví, y eran designados con el nombre de levitas. Todos ellos vivían de un impuesto que pagaba el resto del pueblo» (Jones, 2020, p. 50).

ende, en un punto subestimaron la llamada *Torá oral* difundida por los fariseos. A diferencia de estos, no creían en la resurrección de los muertos, los milagros o las cuestiones escatológicas. Cabe destacar que, por ser predominantemente parte de la clase más alta o adinerada, no gozaban del favor del pueblo ni de la simpatía del mismo. Sobre ellos señala Houtart: «Grupo social en decadencia, se aferraba a su rango social, defendiendo tenazmente la tradición, oponiéndose a los escribas y a las nuevas concepciones de la clase ascendiente que había asimilado los elementos culturales de Grecia y Roma».[28]

La amplia mayoría de las fuentes bíblicas identifica a los saduceos como un grupo poderoso, al que posiblemente no pertenecían los sacerdotes rurales, ni tampoco necesariamente toda la aristocracia sacerdotal (Hch 4:1); sin embargo, con frecuencia el sumo sacerdote provenía de las familias saduceas, y sus actitudes políticas estaban caracterizadas por un pragmatismo que aceptaba y se adaptaba a la dominación romana y la convivencia con ellos, motivo por el cual eran rechazados por los zelotes y la amplia mayoría del pueblo.

Si bien en la época de Jesús había en la tierra de Israel profusos grupos autónomos de revolucionarios, filósofos varios, escuelas rabínicas, creyentes sincretistas de todo tipo y más, es dable señalar otro grupo importante, los esenios, quienes también tenían un origen sacerdotal. Los inicios del grupo se sitúan en la época de la llamada monarquía asmonea.[29] Tras lograr la independencia nacional frente a los seléucidas, los asmoneos unieron las funciones de sumo sacerdote y las de rey, y se convirtieron rápidamente en unos gobernantes helenistas. Esta situación les llegó a parecer intolerable a los esenios, hasta el punto de considerar que el Templo de Jerusalén había perdido toda su legitimidad. Hoy en día, la mayor parte de los estudiosos consideran que el grupo de los esenios dio origen al famoso "monasterio" de Qumrán.

---

[28] Houtart, 2014, p. 36.

[29] Periodo de la historia de Israel desde que accede al sumo sacerdocio Juan Hicarno I, sucesor de los macabeos, hasta la anexión de la tierra de Israel como provincia romana (134 a 63 a. C.).

En Qumrán crearon a partir del año 100 a. C. una comunidad alternativa, que se consideraba a sí misma como el resto del verdadero Israel y el verdadero templo de Dios. Allí practicaban el celibato y una cierta propiedad común de los bienes de la comunidad, que al parecer no excluía la propiedad privada. En la comunidad se rechazaban los juramentos, no se practicaban sacrificios, no había esclavos y se llevaban armas solamente con motivos de defensa. Pero no todos los esenios vivían en Qumrán; había otros que vivían en aldeas y ciudades, y que practicaban el matrimonio. De la comunidad de Qumrán tenemos una amplia información de primera mano gracias a la recuperación arqueológica de sus textos en el siglo XX. Los esenios se consideraban como un grupo distinto y exclusivo, separado de los demás judíos, a los que consideraban violadores del pacto de Israel con Dios. Las esperanzas del grupo de Qumrán se dirigían hacia un inminente cambio en la historia, realizado por Dios, quien usaría a dos Mesías: un Mesías sacerdotal y otro Mesías regio. Esta dualidad entre los dos Mesías se debe remontar posiblemente a los orígenes mismos del grupo: la unificación por parte de los asmoneos de los oficios regio y sacerdotal. Como grupo disidente, los esenios cultivaban la literatura apocalíptica, con una visión especialmente dualista de su propia época, entendida como el tiempo decisivo de la confrontación entre la verdad y la mentira, entre la luz y las tinieblas.

La mayor parte de la vida religiosa del pueblo giraba exclusivamente en torno al Templo y su legitimidad, que era ciertamente un símbolo nacional importantísimo y el lugar "normal" de la presencia de Dios en medio de su pueblo. No menos importante resultó ser, a partir del exilio, la sinagoga.[30] Como sabemos, todos los años los peregrinos recorrían la tierra de Israel en dirección hacia el Templo, donde era posible ofrecer los sacrificios obligatorios, especialmente los sacrificios por el pecado. Sin embargo, muchas de las actividades religiosas de tinte más cotidiano, como la celebración de la Pascua o la lectura de la Torá, tenían lugar en la familia y en la sinagoga; allí se

---

[30] Nos dice Edersheim: «Así cuando se mencionan el número de sinagogas —en Jerusalén— como 460 a 480, se explica que este último número es el equivalente numérico de la palabra "llena" en Isaías 1:21» (Edersheim, 1990, p. 104).

recordaban las grandes acciones de Dios con su pueblo, especialmente la liberación de la esclavitud en Egipto, y se recordaban las promesas de una nueva liberación, que no se percibía como ya realizada, sino como pendiente de ser realizada en el futuro.

Los primeros testimonios de las sinagogas datan del siglo III a. C. en la diáspora, y posiblemente en el siglo I era ya una institución muy popular en las aldeas judías y galileas. El líder que presidía la sinagoga, y por tanto también las reuniones comunitarias, era conocido como archisinagogo (heb. *rosh haknesset*), del que se nos habla en diversas inscripciones y, por supuesto, también en el Nuevo Testamento (ver, por ejemplo, Mc 5:22; Lc 8:49; etc.).

## Multidiversidad cultural, una realidad de mixturas y sincretismos

Estamos bajo el signo de la hipermodernidad y esto facilita lo que Lipovetsky llama *proceso de la personalización*, que consiste en que el individualismo contemporáneo no cesa de minar los fundamentos de lo divino, de lo religioso institucionalizado, para vivenciar la fe de manera más autónoma, en los márgenes, pero con énfasis en su propio yo, en lo que le gusta, le hace bien o le agrada, independientemente de las miradas y conceptualizaciones establecidas. En efecto, el avance de la secularización no necesariamente conduce a un mundo totalmente racionalizado o contrario a la fe o la espiritualidad; escribe el autor mencionado: «Secularización no significa irreligiosidad, ya que es también lo que reorganiza la religiosidad en el mundo de la autonomía terrenal, una religiosidad desinstitucionalizada, subjetivada y afectiva».[31] Principalmente la hipermodernidad pone en el centro de la experiencia religiosa al ser humano y al dios que él construye con su práctica, vivenciando la fe a su manera y con los matices que le parecen más adecuados para su individualidad y para vivenciar su creencia de manera más libre y fuera de los marcos institucionales religiosos. Agrega Lipovetsky:

---

[31] Lipovetski, 2004, p. 99.

En Occidente, por ejemplo, hay muchos que se presentan con rasgos totalmente acordes con la cultura liberal del individuo legislador de su propia vida. Lo prueban las famosas «religiones a la carta», los grupos y redes que combinan las tradiciones espirituales de Oriente y Occidente, que utilizan la tradición religiosa como medio de realización subjetiva de los adeptos.[32]

A esta nueva realidad espiritual, mutada, privatizada, desacralizada, con centro en el individuo, se la ha tratado de conceptualizar de diferentes maneras, tanto a nivel global como continental: *religión invisible* (Luckmann, 1973); *la revancha de Dios* (Pierucci, 1978); *bricolaje religioso* (Luckmann, 1979); *espiritualismo de evasión* (Documento de Puebla, 1979); *religión emocional, diseminada, de bienestar, cesta de creencias* (Mardones, 1996); *cuentapropismo religioso* (Mallimaci, 1999); *religión difusa* (Herviue-Léger, 2005); *dios personal* (Beck, 2009); *religión a la carta* —self service religioso— (Lenoir, 2005); *fe sin creencias* (Corbí, 2007); *religión emocional* (Mallimaci, 2008); *religión de dios personal* (Beck, 2009), entre otras. Nos parece apropiada la tesis de que, lejos de un proceso de secularización, lo que se está produciendo es un fenómeno de desacralización. Sostiene Frigerio al respecto:

> La idea de que la religión estaba perdiendo fuerza fue uno de los dogmas más aceptados en la sociología. […] Sin embargo, [aunque] los investigadores perciben que la religión puede haber perdido importancia en varias áreas de la vida social, no necesariamente ha disminuido su relevancia para las personas.[33]

La pluralidad de ofertas religiosas ha fructificado a partir de una multiplicidad de necesidades individuales y sociales en un intento de brindar respuestas; esto conlleva una variada oferta de fe que puja por atraer mayor cantidad de adeptos y formar identidades compartidas. Dirá Mallimaci que no estamos en presencia de *nómadas* —criterio que, al respecto del campo evangélico, no comparto plenamente, dado que entiendo que son selectores conscientes que eligen según sus preferencias—, que recorren una y otra experiencia emocional, sino de personas que, frente al asedio de la modernidad, usan la experiencia

---

[32] *Ibid.*, p. 98.
[33] Frigerio, 2000, p. 43.

religiosa para crear espacios de libertad individual que les permite tener alivio. Dirá Semán: «La espiritualidad es parte del arsenal cotidiano que tienen las personas a la hora de enfrentar sus problemas».[34]

Ahora bien, necesitamos tener en cuenta que la gente no actúa ni cree de forma tan lineal como a veces suponemos; las personas tienden a imbricar creencias, prácticas y experiencias que fueron acumulando a lo largo de la vida. Esto va formando o modelando su ser religioso. En este sentido, los pastores solemos tener una mirada muy rígida y presuponemos que las personas obedecen y actúan según lo enseñado, conforme a lo esperable, y omitimos que la conversión es un proceso, y como tal no es automático; necesita aprendizaje, cuidado, seguimiento e involucramiento. Tendemos a enfatizar la conversión, pero no el proceso de desconversión (de las antiguas creencias y prácticas), sobre la cual debe apoyarse aquella. Analizaremos esto más adelante.

Ahora bien, esta espiritualidad vivida como experiencia a la carta y mixturada con prácticas modernas y creencias tradicionales no es nueva. Ya en la época de Jesús había un particular sincretismo y superposición de creencias que conformaban el abanico de prácticas espirituales de la tierra de Israel del primer siglo de nuestra era en el contexto más amplio del Imperio romano.[35] Debemos recordar que para Roma la religión correcta era solamente la del imperio; todas las demás creencias de sus pueblos conquistados eran lo que llamaban

---

[34] Semán, 2000, p. 157.

[35] Señala González Echegaray, hablando del sincretismo del Imperio romano: «Una ciudad como Roma veneraba especialmente a la tríada capitolina: Júpiter, Juno y Minerva. Pero ese gran dios de la tormenta, llamado Júpiter por los latinos, era similar al Zeus que tenía su santuario principal en Olimpia, y al que, a su vez, se habían asimilado incluso otros dioses del mundo semítico como Baal o Hadad. Entre tanto, Juno equivalía a la Hera de los griegos, y la Minerva romana coincidía en sus contornos esenciales con la Palas Atenea, que se veneraba en la acrópolis ateniense. Lo mismo sucedía con Neptuno en relación a Poseidón, con Venus respecto a Afrodita, con Febo por lo que respecta a Apolo, con Diana en relación a Artemisa, con Marte respecto a Ares, con Mercurio referido a Hermes, etc. Esto suponía, una vez más, una gran unidad de fondo que daba consistencia al Imperio romano» (González Echegaray, 2002, p. 237).

*superstitio* (superstición) —aunque, en algunos casos, paulatinamente se incorporaron ciertas prácticas y dioses—. La única religión que siempre fue combatida fue el cristianismo. Sobre esto escribe Pericás:

> Los romanos llamaban *religio* a la relación correcta con los dioses y consideraban que sus propias prácticas rituales ejemplificaban en grado máximo dicha corrección. Por contraste llamaban *superstitio* a todos aquellos ritos foráneos que chocaban con la noción romana de "corrección". A lo largo de su historia, Roma fue incluyendo en la noción de *religio* bastantes formas de culto provenientes de los territorios sometidos.[36]

Siguiendo a Gil Arbiol,[37] podemos señalar que la identidad judía (como las de otras pertenencias a grupos definidos a nivel nacional, religioso, social) se definía por un conjunto de caracterizaciones, entre las cuales se pueden mencionar creencias (los judíos eran monoteístas y basaban su fe en la Ley), prácticas (circuncisión, rituales de purificación, observancia del sábado, sacrificios expiatorios, matrimonios endogámicos, separación física) y etnicidad (nacer de padres judíos, ser ciudadano de la nación judía). El conjunto mencionado constituía a grandes rasgos lo que llamamos *identidad judía*.

Ahora bien, la práctica de la fe judía imponía mantenerse puro al respecto de otras creencias y prácticas religiosas o rituales, apegarse a la Ley y reflejar la santidad de Dios; ellos no eran como el resto, eran el pueblo escogido, la nación santa. Sin embargo, debemos mencionar que había ciertas mixturas que influenciaron la fe judía, provenientes principalmente del proceso de helenización que había acontecido en la tierra de Israel y de un cruce interesante con la fe de los diversos pueblos conquistados o dominados por el Imperio romano, como así también y principalmente, adiciones realizadas por los escribas y fariseos que vinieron a tornar sumamente complejo el cumplimiento diario de la práctica religiosa. Nos recuerda Alfred Edersheim:

> Un romano, un griego o un asiático podía llevar consigo sus dioses adondequiera que fuese, o bien hallar ritos afines a los suyos. Pero para el judío era muy distinto. Tenía solo un templo, el de Jerusalén: solo un

---

[36] Pericás, 2010, p. 79.
[37] Cf. Gil Arbiol, 2017.

Dios, aquel que se hallaba entronizado entre los querubines, y que era asimismo Rey en Sion.[38]

No obstante, no era fácil mantener la pureza de la fe, dado que la tierra de Israel estaba bajo una importante influencia del mundo griego y de la cultura y los dioses que traían consigo los soldados romanos y los miembros militares de otras regiones del imperio. Los soldados, a este respecto, eran importantes difusores de sus dioses, sus creencias y sus prácticas, y esto no siempre era esquivo al pueblo de Israel. En síntesis, los judíos no podían sustraerse del todo del amplio abanico de ofertas espirituales del primer siglo.

Adicionalmente, debemos considerar que, al igual que hoy,[39] pero con sus matices propios, la época de Jesús estaba atravesada por el pensamiento mágico. En el extremo opuesto encontramos lo que se denomina pensamiento objetivo, que no es ni más ni menos que una respuesta de la inteligencia humana a las demandas reales que enfrentamos a diario en el plano interno o externo, utilizando las experiencias que tenemos en la memoria, incluso las que obran en la memoria social. Fue Bertrand Russell quien elaboró las diferencias entre la realidad y la apariencia agregando que en definitiva la realidad no existe, solo existen los modos de interpretarla; usó la distinción entre apariencia y realidad (ejemplificándola con una mesa y cómo la percibimos con nuestros sentidos, en contraste con cómo es realmente vista con un telescopio) como un problema metafísico no resuelto y señaló que la realidad es generalmente mejor descrita cuando la percibimos con nuestro mundo sensorial. Por su parte, fueron Nemeroff y Rozin quienes definieron el pensamiento mágico como percepciones o creencias que trascienden el límite usual entre la realidad mental/simbólica y la física/material, siguiendo el principio de similitud y contagio.[40]

---

[38] Edersheim, 1988, p. 27.
[39] Aunque más relegado a los niños o al pensamiento menos estructurado.
[40] Cf. Petra-Micu & Estrada-Avilés, 2014.

Desde que hubo preguntas o interrogantes que no podían ser explicados por el conocimiento evolutivo o la ciencia, el ser humano recurrió al pensamiento mágico para intentar dar respuestas; de allí su universalidad y transversalidad cultural. Esas respuestas especulativas y fantasiosas han acompañado a la humanidad a lo largo de su recorrido histórico; por supuesto, en el Israel del primer siglo había pensamientos mágicos o presuposiciones infundadas conforme a la Torá, que trataban de dar respuestas o soluciones a las situaciones por las que estaba atravesando el pueblo judío, fundamentalmente abrevadas de otras creencias paganas (Jn 4:5, 6; 9:2, 3).

En síntesis, la época en la que tuvo que ejercer su ministerio Jesús no solamente tuvo como característica importante una multiculturalidad favorecida por el Imperio romano —y más concretamente por sus amplias redes de caminos que iban de un lado al otro del imperio, y sus vías navegables seguras y custodiadas que favorecían un importante intercambio comercial—, sino además por la transitoriedad de los soldados romanos que eran asignados a cada una de las ciudades del imperio. Al ser la tierra de Israel una zona altamente conflictiva, había por ende una importante rotación de fuerzas militares. En medio de dicho espectro cultural, económico y espiritual, Jesús ejerció su ministerio y logró transformar a miles de personas con el mensaje del reino y su propia entrega en la cruz.

Como iglesia, y especialmente como ministros, debemos ser conscientes de que las personas están atravesadas y conformadas por un conjunto de valores, creencias, experiencias, educación, formación e incluso genética que los definen como lo que son; somos el resultado de todo lo mencionado. De allí que sea muy difícil para las personas, salvo por la obra del Espíritu Santo, abandonar su bagaje de vivencias para experimentar el evangelio con plenitud, de conformidad con lo que Dios desea. Por ende, veremos más adelante la importancia del proceso de desconversión, que debe ser tan importante y vital como el proceso de conversión para que las personas puedan desarrollarse en Cristo (tienen que desaprender aquellas cosas contrarias a la Palabra que practican naturalmente porque nadie les enseñó a hacerlo de otra manera) y aprender a interpretar a las personas y su espiritualidad, no ya con el filtro de la religión institucionalizada, sino con el de la religión vivida. En otras palabras: aprender a detectar aquellas pequeñas cosas que las personas creen y vivencian en lo cotidiano más allá de los mandatos institucionales esperados. Esto nos dará una perspectiva adecuada de cómo estamos desarrollando nuestra tarea ministerial, dado que somos llamados a formar discípulos, no creyentes.

# CAPÍTULO II

## Jesús frente a la religión. Un ministerio disruptivo que marcó la historia de la humanidad para siempre

Toda la Escritura, desde el libro de Génesis hasta el libro de Apocalipsis, anuncia, señala, exalta, muestra y atestigua que Jesús es Dios, el Señor y el Salvador prometido que vino para que tengamos vida y vida en abundancia, pero particularmente en los Evangelios se puede vislumbrar además, a partir de la cotidianeidad de la vida de los habitantes de la tierra de Israel del primer siglo, que era absolutamente diferente, distinto del perfil de los religiosos de su tiempo. Podemos afirmar sin temor a equivocarnos que Jesús no encajaba dentro del entorno religioso del Israel del primer siglo. En efecto, incluso su relación con los religiosos fue particularmente tensa y conflictiva (Mt 12:13, 14; Jn 11:47, 48; 12:19), fundamentalmente debido al alto contraste que provocaba el accionar de Jesús al respecto de los mencionados, quienes terminarían conspirando para que Jesús muriera de manos de Poncio Pilato (Mt 27:18).

Al analizar su ministerio, sus enseñanzas y fundamentalmente sus actos más simples, nos damos cuenta de lo que significa vivenciar el evangelio desde la perspectiva de Dios. Jesús fue más allá de las cosas o conceptos que parecían sagrados para los hombres (ritualismo y legalismo), pero eran insignificantes, un mero frontispicio para el Señor de los cielos. Lo invisible a los ojos cobró un nuevo sentido, pasó a tener una dimensión trascendental a tal punto que las personas se dieron cuenta de que era más importante el amor que los sacrificios y la misericordia que los ritos. Jesús se atrevió a amar incondicionalmente, se acercó a los menesterosos, enfermos y endemoniados, restauró a todo tipo de pecadores que genuinamente se arrepintieron y transformó la forma de experimentar la presencia de Dios. Lo mismo pasó con nosotros a partir de la pandemia reciente: nos dimos cuenta de lo etéreo y vano que es el esfuerzo humano para agradar a Dios por nuestros propios medios o recursos, por el tamaño y la opulencia de nuestras reuniones. El Espíritu Santo nos mostró lo mismo que Jesús a sus discípulos: más importante que el rito es la obediencia y más fructífera que las repeticiones es la santidad. Los que aman a Dios guardan su Palabra y Él se manifiesta a ellos (el secreto del avivamiento permanente); los que no guardan su Palabra, dice Jesús, sencillamente no me aman (Jn 14:21-24).

Veremos en este capítulo que Jesús no vino a abrogar la Ley, pese a sus aparentes acciones, sino a darle un cabal cumplimiento conforme al corazón de Dios (Mt 5:17-20). Las Escrituras tomaron una dimensión apropiada a partir del ministerio de Jesús; sus palabras, enseñanzas, actos, pensamientos y gestos vinieron a manifestar de manera contundente que Dios sigue rigiéndose en su relación con el hombre por el amor y la misericordia, pero con una característica principal, esencial, que permitió nuestra salvación: pese a las múltiples tentaciones y posibilidades, Jesús no tuvo pecado. Jesús caminó junto a los pecadores más viscerales de su tiempo, pero no se lo confundió con el pecado (ni siquiera sus enemigos).

Jesús planteó una verdadera contracultura, como nos recuerda el famoso libro de John Stott: una dimensión superadora de la Ley que avanzó un paso más y fue capaz de poner al hombre ante el desafío de un nuevo umbral de obediencia y santidad, el de ser iguales a Jesús (Jn 13:15). Hacer lo que Él hizo y vivir como Él vivió no es un deber ser utópico o cargado de buenos anhelos, sino que debe ser una realidad concreta y palpable que la gente debe reconocer a cada paso que damos. La cultura de Jesús está sustentada en su ejemplo, además de en la Palabra de Dios, la cual nos permite —más allá de nuestras culturas, contextos, idiosincrasias y aprendizajes— tender a un único punto de unidad que está por encima de cada uno de nosotros. Pese a nuestras diferencias, tenemos una misma fe, un mismo bautismo, un Padre y Dios de cada uno de nosotros (Ef 4:5-7).

Todo lo mencionado y lo que analizaremos en este capítulo deja al descubierto la hipocresía y falacia de los escribas y fariseos, desnuda el macabro poder de los sumos sacerdotes y la casta religiosa; los negociados económicos a partir de la liturgia y los ritos fueron puestos en evidencia, pero fundamentalmente, se expuso la falta de amor y misericordia por parte de los que supuestamente debían ser ejemplo de inspiración, consuelo y fortaleza en tiempos de necesidad para el pueblo de Israel. Recordemos que, por aquel entonces, Israel era mayoritariamente una población pobre. No es menor para la iglesia de la actualidad mantener el compromiso de la fe y materializarlo con acciones que expresen la misericordia de Dios a todas las personas. Debemos replantearnos nuestros ministerios y actos a la luz de las acciones de Jesús, su conducta, templanza y sacrificio. Esto debe desafiarnos, debe confrontarnos para que, vistos como en un espejo donde se refleja la obra de Jesús, podamos seguir creciendo, como diría san Pablo, hasta alcanzar la estatura de la plenitud de Cristo.

## Jesús era diferente, no encajaba en el entorno religioso y cultural del primer siglo

Como hemos señalado someramente en la Introducción, a la luz de las características de la espiritualidad del Israel del primer siglo, debemos reconocer y aceptar que Jesús no encajaba dentro de ninguno de los múltiples grupos de aquellos días (fariseos, escribas, saduceos, filósofos, sacerdotes, esenios, zelotes, paganos, entre otros). Él era distinto, diferente, no se ajustaba a los patrones y cánones religiosos y culturales de la época; su ministerio vino a transformar no solamente la historia de la humanidad, sino que fundamentalmente nos puso un nuevo desafío al respecto de lo que significa cumplir la Palabra conforme al corazón de Dios. Elevó la vara del verdadero amor a Dios y al prójimo.

Cuando analizamos su ministerio, sus enseñanzas y fundamentalmente sus acciones, nos damos cuenta de lo que significa vivenciar el evangelio desde la perspectiva de Dios. Jesús paso por alto aquellas cosas que supuestamente eran sacrosantas para los hombres, pero insignificantes y meramente ritualistas para el Señor. Nos dimos cuenta de lo necesitados que somos de una vida de obediencia real centrada en la Palabra de Dios y la plenitud del Espíritu Santo.

Basta recorrer con atención el Sermón del Monte para darnos cuenta de lo que estamos mencionando. Cada una de las enseñanzas y palabras de Jesús confrontaba y dejaba al descubierto la intención de todos los grupos religiosos y espirituales que se vieron desafiados, no solo por su oratoria, sino fundamentalmente por su vivir cotidiano desprovisto de prejuicios y cargado de amor y poder. A tal punto esto fue visibilizado que, de manera directa o indirecta, los líderes religiosos se vieron coadyuvando entre ellos para conspirar contra Jesús. Era un ejemplo, un modelo que los dejaba vulnerables frente a las personas: un líder que los ponía en jaque, los cuestionaba y los desafiaba a cumplir la Torá de manera adecuada y sin legalismos vacíos, algo que no podían tolerar. Veamos algunos ejemplos prácticos:

**Tabla 1**: Reflexiones en torno al Sermón del Monte

| Cuando Jesús decía: | Qué hubieran dicho: |
| --- | --- |
| Bienaventurados los pobres en espíritu porque de ellos es el reino de los cielos. | Los altivos SADUCEOS. |
| Bienaventurados los que lloran, porque ellos recibirán consolación. | Los violentos ZELOTES. |
| Bienaventurados los mansos, porque ellos recibirán la tierra por heredad. | Los violentos ZELOTES. |
| Bienaventurados los que tienen hambre y sed de justicia, porque ellos serán saciados | Los puntillosos FARISEOS. |
| Bienaventurados los misericordiosos, porque ellos alcanzarán misericordia. | Los violentos ZELOTES. |
| Bienaventurados los de limpio corazón, porque ellos verán a Dios. | Los PAGANOS. |
| Bienaventurados los pacificadores, porque ellos serán llamados hijos de Dios. | Los violentos ZELOTES. |

| | |
|---|---|
| Bienaventurados los que padecen persecución por causa de la justicia, porque de ellos es el reino de los cielos. | Los REVOLUCIONARIOS. |
| Porque os digo que, si vuestra justicia no fuere mayor que la de los escribas y fariseos, no entraréis en el reino de los cielos. | Los ESCRIBAS y FARISEOS. |
| Oísteis que fue dicho: No matarás; y cualquiera que matare será culpable de juicio. Pero yo os digo cualquiera que se enoje contra su hermano, es culpable de juicio. | Los puntillosos FARISEOS. |
| Oísteis que fue dicho: No cometerás adulterio. Pero yo os digo cualquiera que mira a una mujer para codiciarla, ya adulteró en su corazón. | Los ESCRIBAS y FARISEOS. |
| A cualquiera que te obligue a llevar carga por una milla, ve con él dos... bendecid a los que os maldicen, haced bien a los que os aborrecen. | Los violentos ZELOTES. |
| Ni se enciende una luz y se pone debajo de un almud, sino sobre el candelero, y alumbra a todos los que están en casa. | Los ascetas ESENIOS. |
| Pero yo os digo: Amad a vuestros enemigos, bendecid a los que os maldicen. | Los violentos ZELOTES. |
| Y si saludáis a vuestros hermanos solamente, ¿qué hacéis de más? | Los puntillosos FARISEOS. |

**Fuente:** Elaboración propia sobre la base del Sermón del Monte (Mt 5–7).

Cabe señalar que todas y cada una de las enseñanzas de Jesús no solo dieron un genuino cumplimiento a la Ley conforme a la voluntad de Dios, sino que fundamentalmente sus acciones fueron una realidad disruptiva que los líderes religiosos no podían soportar, ya que incomodaban su estatus. Al avanzar en los Evangelios pareciera que Jesús se había propuesto hacer exactamente lo contrario de lo que hacían los escribas y fariseos; pero ese no era el propósito de Jesús, sino el de darnos ejemplo para que, como Él hizo, nosotros podamos hacer, con el fin de que el reino de Dios se acerque a las personas. El accionar de Jesús era incomparable, desestructurado, cercano a las personas, vaciado de prejuicios, santo; hablaba con autoridad, rechazaba enfáticamente el pecado, pero abrazaba al pecador. El poder de Dios se manifestaba en Él y, por sobre todas las cosas, su amor era un distintivo esencial. Estas eran acciones que el pueblo no estaba acostumbrado a ver en los líderes religiosos. Nos dicen los Evangelios que, desde el inicio del ministerio de Jesús, los líderes conspiraron contra Él (Mt 12:38-42; 22:15-22; Mc 3:6; 8:11, 12; Lc 11:29-32, entre otros), pero lo hicieron particularmente luego de que Lázaro volviera a la vida tras haber estado cuatro días muerto. Veamos particularmente el Evangelio de Juan, que así lo señala:

> Entonces muchos de los judíos que habían venido para acompañar a María, y vieron lo que hizo Jesús, creyeron en él. Pero algunos de ellos fueron a los fariseos y les dijeron lo que Jesús había hecho. Entonces los principales sacerdotes y los fariseos reunieron el concilio, y dijeron: ¿Qué haremos? Porque este hombre hace muchas señales. Si le dejamos así, todos creerán en él; y vendrán los romanos, y destruirán nuestro lugar santo y nuestra nación. Entonces Caifás, uno de ellos, sumo sacerdote aquel año, les dijo: Vosotros no sabéis nada; ni pensáis que nos conviene que un hombre muera por el pueblo, y no que toda la nación perezca. Esto no lo dijo por sí mismo, sino que como era el sumo sacerdote aquel año, profetizó que Jesús había de morir por la nación; y no solamente por la nación, sino también para congregar en uno a los hijos de Dios que estaban dispersos. Así que, desde aquel día acordaron matarle. Por tanto, Jesús ya no andaba abiertamente entre los judíos, sino que se alejó de allí a la región contigua al desierto, a una ciudad llamada Efraín; y se quedó allí con sus discípulos. (Jn 11:45-54)

Así las cosas, había dos problemas esenciales que los religiosos debían enfrentar al respecto de Jesús y su desafiante comportamiento: el primero, que la gente siguiera creyendo en Él y lo percibiera como el Mesías, ya que la fama de Jesús iba en constante aumento y los había desplazado del centro de atención; el segundo, que los romanos pensaran que era un conspirador al que el pueblo proclamaba como Mesías y lo autoproclamaran rey por encima del César, lo cual podía detonar en una mayor presión militar sobre la tierra de Israel. De cualquier forma, insisto, lo que más molestaba de Jesús eran sus diferencias visibles; se acercaba a toda clase de persona, iba donde estaban los leprosos, sanaba en el día de reposo, dialogaba con mujeres y recaudadores de impuestos,[41] no seguía los ritualismos farisaicos, dominaba las fuerzas de la naturaleza, era cercano a las personas en necesidad, alimentaba a las multitudes, resucitaba muertos, sanaba ciegos, paralíticos y sordos, libertaba endemoniados, perdonaba pecados, todas acciones que marcaban un distintivo notorio y contrastable con la realidad. Las multitudes no seguían a los demás fariseos, ni iban tras ellos pidiendo ser sanados, libertados, restaurados o perdonados. Iban detrás de Jesús.

En este punto es dable preguntarnos: ¿A dónde van los necesitados, los marginados, los pobres, los necesitados de nuestra ciudad? ¿Nos ven a cada uno de nosotros como verían a Jesús? ¿Somos cercanos presencialmente a ellos o nos asimilan a una casta de religiosos de la ciudad marcada por la indiferencia y el ritualismo? ¿Se acercan a nosotros pidiendo socorro, ayuda y esperanza o solo nos confunden con los demás? ¿Les dedicamos tiempo o nos enfocamos más en las actividades litúrgicas y ministeriales que en ellos? ¿Pasamos más tiempo en nuestras oficinas que en las calles? Notemos que una y otra vez el texto de los Evangelios es insistente en decir que Jesús recorría las ciudades, iba de un lugar a otro, incluso a las fronteras —zonas siempre conflictivas y en necesidad— (cf. Mt 9:35-38; Mc 1:35-39, Lc 8:1-3; 17:11-19, entre otros). No estaba quieto ni estático, sino que donde había una necesidad, allí estaba Jesús. Esto, como dijimos, lo hizo diferente, distinto al resto. Las personas saben distinguir cuando nuestro interés por ellos es real o simplemente mecánico o religioso; podemos tener muchos asistentes a la iglesia, miles incluso, pero si los pecadores no perciben amor, estamos incumpliendo el ejemplo que Jesús nos dejó.

---

[41] Recordando la historia de Zaqueo narrada por el Evangelio de Lucas, capítulo 19, en torno a la ciudad de Jericó, nos dice Edersheim: «Roma había puesto allí una oficina central de recaudación de impuestos y derechos aduaneros, conocida en el Evangelio como el lugar en el que el principal de los publicanos, Zaqueo, se había enriquecido» (Edersheim, 1990, p. 84).

# Jesús y la Ley. Verdadero cumplimiento conforme al corazón de Dios

Antes de comenzar debemos recordar que la *Tanaj* (del acrónimo hebreo תנ״ך), también conocida como *Mikrá*, era el conjunto de los veinticuatro libros sagrados del judaísmo. Se divide en tres grandes partes: la *Torá* (Ley), los *Nevi'im* (Profetas) y los *Ketuvim* (Escritos). Los textos están escritos mayoritariamente en hebreo antiguo, aunque también hay pasajes en arameo antiguo (Daniel, Esdras y otros); esto era básicamente a lo que se refería Jesús cuando decía que Él vino a cumplir *la Ley y los profetas*.[42] Sin embargo, adicionalmente, los escribas y fariseos[43] habían recargado con tantas interpretaciones ritualistas la observancia de la Ley que se había formado un espiral de imposible cumplimiento para los judíos, incluso para los religiosos. Jesús, no obstante, vino a poner en su justo término interpretativo y vivencial la Palabra de Dios; de esa manera arrojó luz sobre la voluntad divina y cómo debemos acatarla. Jesús mismo declara:

> De manera que cualquiera que quebrante uno de estos mandamientos muy pequeños, y así enseñe a los hombres, muy pequeño será llamado en el reino de los cielos; más cualquiera que los haga y los enseñe, este será llamado grande en el reino de los cielos. (Mt 5:19)

Ahora bien, en función de lo señalado en el punto anterior, es necesario que tengamos claro y reafirmemos que ninguna de las acciones y enseñanzas de Jesús vulneró la Palabra de Dios; por el contrario, expresaron un cabal cumplimiento de la misma. Jesús encarnó la

---

[42] *La Ley*: Génesis, Éxodo, Levítico, Números y Deuteronomio. *Los Profetas*: profetas anteriores (Josué, Jueces, Reyes y Samuel) y posteriores (Isaías, Jeremías, Ezequiel y el Libro de los doce —es decir, Oseas, Joel, Amós, Abdías, Jonás, Miqueas, Nahúm, Habacuc, Sofonías, Hageo, Zacarías, Malaquías—). *Los Escritos*: Salmos, Proverbios, Job, los Megilot —Cantar de los Cantares, Rut, Lamentaciones, Eclesiastés y Ester—, y finalmente Daniel, Esdras-Nehemías y Crónicas.

[43] Dice Castellani: «Los "separados", *Pherishajja*, que eso significaba fariseo, contaron con hombres como el sabio Hillel, el que formuló la máxima de "no hagas a otro lo que no quieras hecho a ti", a Gamallel el viejo, maestro de san Pablo; a Simón amigo de Cristo, Nicodemus, José de Arimatea, y numerosos conversos cristianos con los cuales argüirá más tarde San Pablo: ¿Fariseos sois? Y yo más» (Castellani, 1999, p. 71).

verdadera observancia de la Torá. Sin duda, resuenan en nuestros oídos sus palabras dichas a la multitud y especialmente a los escribas y fariseos al respecto de la Ley:

> No penséis que he venido para abrogar la ley o los profetas; no he venido para abrogar, sino para cumplir. Porque de cierto os digo que hasta que pasen el cielo y la tierra, ni una jota ni una tilde pasará de la ley, hasta que todo se haya cumplido. De manera que cualquiera que quebrante uno de estos mandamientos muy pequeños, y así enseñe a los hombres, muy pequeño será llamado en el reino de los cielos; mas cualquiera que los haga y los enseñe, este será llamado grande en el reino de los cielos. Porque os digo que si vuestra justicia no fuere mayor que la de los escribas y fariseos, no entraréis en el reino de los cielos. (Mt 5:17-20)

Jesús dice: «No penséis que he venido a abrogar la Ley o los profetas»; utiliza el verbo *kataluo* (destruir totalmente, derrumbar), puntualmente *καταλῦσαι*, en el sentido de derrumbar o tirar una pared o una construcción (Mt 26:61). En sus propias palabras, Jesús no venía a invalidar la Ley, sino a ponerla en valor, a cumplirla tal como Dios la había dado y bajo su verdadero propósito, a facilitar que las personas vieran en Él un genuino cumplimiento de la Torá, pero no lo entendieron. En ese sentido, somos llamados nosotros a ser cabales cumplidores de la voluntad de Dios expresada en la Palabra inalterable y eterna. Pero Jesús amplía el concepto y menciona el propósito de su ministerio utilizando otro verbo, "cumplir" (*plerosai*), que significa literalmente "llenar", "rebosar"; indica John Stott, siguiendo a Crisóstomo, que sus dichos «no eran abrogación de los anteriores, sino ampliación y culminación de ellos».[44] En otras palabras, cumplir fielmente, acabadamente.

Hay un importante contraste entre las palabras *abrogar* y *cumplir*. El contraste presentado por Jesús habla de la certeza del cumplimiento de la ley, lo que ocurrió en Él. Cuando Jesús dijo esto sabía que iba a cumplir la Ley y los profetas; toda la profecía apuntaba a Él, lo señalaba, y por ende consumó al pie de la letra las Escrituras (Lc 24:27, 44; Hch 3:24; 8:30-35; 13:27). Nos dice el apóstol Pablo en Romanos

---

[44] Stott, 1998, p. 77.

10:4 que «el fin de la ley es Cristo»; en dicho contexto, la palabra "fin" significa propósito. El propósito de la Ley era hacer justo al hombre, pero «todos pecaron, y están destituidos de la gloria de Dios» (Rm 3:23). La justicia demandada por la Ley se realiza en Cristo, porque ahora todos, tanto gentiles como judíos, pueden ser justos por medio de Él. Por su sacrificio, todos los que se acercan al Padre por medio de Jesús en fe son justificados de pecados, limpiados, perdonados y transformados. Cada uno de los libros de la Palabra, cada uno de sus textos, mensajes y profecías apuntan a Cristo. Él es su cumplimiento perfecto. También Jesús se refirió a la vigencia y permanencia de la Palabra de Dios; todo se cumplirá conforme Dios lo dijo a través de los santos hombres que hablaron inspirados por el Espíritu Santo (2 P 1:21), incluso las profecías referidas al final de los tiempos.

El Nuevo Testamento sentencia que Jesús «no conoció pecado» (2 Co 5:21); fue «tentado en todo como nosotros, pero sin pecado» (Hb 4:15). Él era santo, puro, inocente, inmaculado, apartado del mal y del pecado (Hb 7:26). El hecho de que Jesús no haya pecado significa que mantuvo la exigencia de la Ley, la cumplió acabadamente y por eso su sacrificio se tornó eficaz y eficiente para todas las personas que lo reciben como Señor y Salvador. Pero, aparte de su santidad, al leer los Evangelios notamos que las acciones, palabras y actitudes de Jesús interpretaron de manera perfecta lo establecido por Dios; en ese sentido, había un abismo de distancia entre la rigurosidad hipócrita de los escribas y fariseos y el ministerio de Jesús tal como veremos más adelante.

Cada uno de nosotros debería guardar (obedecer) la Palabra de Dios en la cotidianidad de la vida, a fin de demostrar que amamos a Dios no solamente cuando obedecemos un rito, seguimos la liturgia o realizamos algún acto de servicio, sino cuando nos desafiamos a poner por obra los mandamientos de Dios en todos los aspectos y áreas de nuestra vida. Pese a lo que marca la corriente de este mundo, la cultura hipermoderna, las nuevas formas o modismos sociales, lo que la gente espera o lo que indica el común denominador de las personas, pese a todo, deberíamos afirmar nuestro rostro y hacer la voluntad de Dios en todo tiempo, momento y lugar.

Quisiera presentarles un desafío: leamos con atención los Evangelios, particularmente el Sermón del Monte, y anotemos en una hoja dos columnas: de un lado, todo lo que Jesús enseña y pide que hagamos —por ejemplo: Mateo 5:48—; en la segunda columna, luego de haber orado y examinado con atención nuestras acciones cotidianas, escribamos las cosas que efectivamente cumplimos y las que no. Sin duda veremos que hay cosas que nos cuestan más que otras, y algunas que directamente no cumplimos. El diferencial entre una columna y la otra es el punto de mejora que tenemos por delante y debemos cumplir bajo la guía y dirección del Espíritu Santo. De eso se trata vivir la cultura de Jesús: de esforzarnos por poner por obra lo que Jesús hizo, actuar como Él actuaría y pensar como Él lo haría en nuestro lugar. Lo grafico para que sea más claro.

**Figura 1:** Guardar la Palabra, puntos de mejora

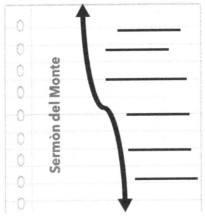

**Fuente:** Figura realizada por el autor.

## La irrupción del reino de Dios, la cultura de Jesús: una auténtica contracultura

Jesús es el punto de unión entre el cielo y la tierra, entre el poder de Dios y la fragilidad humana, entre la vida eterna y la muerte; no solamente vino a transformar la realidad de un mundo caído y cargado de pecado, sino que, por su santidad, obediencia y sacrificio, acercó el reino de Dios a los hombres (Hb 5:7). En ese sentido, el Evangelio de Lucas refiere la oportunidad en la cual Jesús, haciendo pie en el libro del profeta Isaías, describe el propósito de su ministerio de manera certera:

> El Espíritu del Señor está sobre mí, por cuanto me ha ungido para dar buenas nuevas a los pobres; me ha enviado a sanar a los quebrantados de corazón; a pregonar libertad a los cautivos, y vista a los ciegos; a poner en libertad a los oprimidos; a predicar el año agradable del Señor. (Lc 4:18, 19)

Como dijimos, Jesús se atrevió a ser diferente, pero no como si fuera alguien que pretendía llamar la atención, sino en virtud del cumplimiento de la voluntad de Dios.

Debido a la naturaleza caída del hombre, su quehacer está cargado de pecado y maldad; por ende, salirse de dicho molde necesariamente llamará la atención, ya que no es lo usual. Pretender obedecer a Dios y guardar sus mandamientos es contrario a la naturaleza humana no redimida por Cristo. Pero aquellos que genuinamente recibieron a Jesús como Señor de sus vidas van hacia un destino de marcada diferencia con los patrones del mundo; esta nueva situación espiritual que trasciende al mundo de la realidad cotidiana se va profundizando a medida que nos tornamos más semejantes a Cristo por la obra del Espíritu Santo (Jn 13:15).

Entendemos prudente abrir un paréntesis para señalar un tema que ha sido ampliamente trabajado entre los cientistas sociales, el de la *conversión*; coincidimos con la afirmación de Rambo: «En todo ser humano existe el anhelo por alcanzar la plena significación [...]; la conversión religiosa ofrece esta esperanza y proporciona esta realidad a millones de personas».[45] Si bien los estudiosos del tema lo han abordado desde distintas aristas y posiciones, hay muchas definiciones sobre lo que es la conversión,[46] incluso modelos, tales como el paulino (que es

---

[45] Rambo, 1993, p. 25.

[46] Afirma Rambo: «Para muchas tradiciones cristianas conservadoras la conversión se define como la confesión del pecado. [...] Un sometimiento a la voluntad de Dios, la afirmación de la genuina creencia de que Jesucristo es el Hijo de Dios, el salvador del mundo y una invitación a Cristo para ocupar el corazón» (*Ibid.*, p. 29).

repentino y al cual adherimos) o el asimilable a un proceso progresivo o por fases; hay pocos trabajos donde se trata de entender la psiquis de las personas que cambian su fe o se adhieren a una religión particular.

Lewis Rambo nos ayuda a complementar los estudios sociológicos con una mirada psicorreligiosa adicional sobre la temática. El autor propone un modelo holístico de conversión, que incluye componentes culturales, personales, sociales y religiosos. Dicho modelo tiene al menos siete fases que se interrelacionan y confluyen en un vínculo dinámico en el proceso de la conversión religiosa. Amplía el autor: «El modelo que estoy proponiendo no solo es multidimensional e histórico, sino también está enfocado como un proceso, es decir se considera como una serie de elementos interactivos que se acumulan en el tiempo».[47] Cada una de las siete fases es analizada por el autor mencionado, pero no nos detendremos en ellas por no ser el foco central del presente trabajo; las enunciaremos solo con el fin de que el lector pueda tomar conocimiento de la compleja superposición de incidencias que acontecen en el interior de un individuo que decide optar por una filiación religiosa nueva y abandonar otra previa. Las siete fases constitutivas del proceso sistémico son: «Contexto, crisis, búsqueda, encuentro, interacción, compromiso y consecuencias».[48]

Como ya señalamos, partimos de la premisa de que para nosotros la conversión es repentina, pero el proceso de santificación es progresivo; por ende, impacta gradualmente en la vida de las personas, las cuales pueden llegar a partir de sus diferentes capas sedimentales de creencias anteriores a lograr una aproximación personal e individualizada en su relación con la divinidad, la cual se materializa en una primera fase en un cambio de conducta, y luego en costumbres y comportamiento. Pero, por otra parte, debemos reconocer, siguiendo a Rostas y Droogers, que «la gente tiene sus propias estrategias y prioridades al sumarse a la religión que escoge y tiende a producir su propia versión de ella».[49] Claro está, nuestra vida en Cristo no es una religión, sino una relación marcada por la fe y la obediencia.

---

[47] *Ibid.*, p. 40.

[48] *Ibid.*, p. 42.

[49] Rostas & Droogers, 1995, p. 2.

Ahora bien, cuando nos convertimos a Cristo, si realmente lo hicimos en fe y con arrepentimiento genuino, lo primero que se modifica es nuestro obrar, nuestro comportamiento, aquellas cosas pecaminosas que hacíamos y ya no hacemos, dado que Cristo nos transformó. En segundo lugar, como si fuera una cebolla que Dios va pelando capa a capa, se modifican nuestras costumbres, aquellos hábitos y conductas heredados y adquiridos que nos dieron forma y modelaron a lo largo de los años para permitirnos ser lo que éramos y tendemos a seguir siendo (el "viejo hombre"). A partir de nuestra conversión, esas costumbres van cambiando progresivamente; ya no vivimos bajo el yugo del pecado, sino, por el contrario, bajo el gobierno del Espíritu Santo y en la luz. Finalmente, se debe producir el cambio o la transformación de la cáscara más profunda de nuestro ser, nuestra cosmovisión, esto es: la manera de ver y entender el mundo conforme a los parámetros que Dios estableció en su Palabra. En este punto pasamos a tener la cultura de Cristo en nosotros y hacemos las mismas cosas que Él hacía: pensamos como Él, actuamos como Él, vivimos como Él. Este proceso sin duda nos llevará toda la vida; hasta el último minuto que estemos en este mundo, la obra santificadora del Espíritu Santo no se detendrá en nosotros si es que genuinamente anhelamos ser como Jesús (Flp 3:1-14). Lo graficamos para una mejor ejemplificación:

**Figura 2:** Impacto progresivo del evangelio

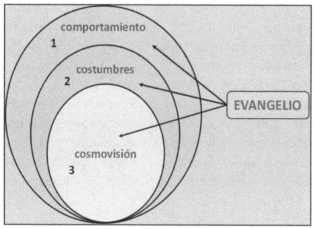

**Fuente**: Elaboración propia del autor.

Este proceso de transformación que comienza con nuestra entrega y rendición incondicional a Jesús va a ir modificando nuestro accionar cotidiano, nuestra perspectiva de la vida y el propósito de nuestro ser; iremos adquiriendo lo que varios teólogos llaman *la cultura de Jesús*. Para algunos, incluso, es una verdadera contracultura, dado que siempre, a lo largo de la historia de la humanidad, hacer la voluntad de Dios fue algo contrario al accionar mayoritario de las personas; pensemos en los hombres y mujeres que Dios usó, que desafiaron los esquemas y modelos de su tiempo y cultura. En este punto nos detendremos un poco más.

La palabra "cultura" es polisémica. El Diccionario de la Real Academia la define en una de sus acepciones como: «Conjunto de modos de vida y costumbres, conocimientos y grado de desarrollo artístico, científico, industrial, en una época, grupo social». Adicionalmente, debemos reconocer que hay múltiples definiciones del concepto "cultura" y corrientes teóricas que lo han interpretado desde diferentes posiciones; nosotros abordamos nuestro trabajo desde la perspectiva de la definición de cultura brindada por Clifford Geertz: «Un sistema ordenado de significaciones y símbolos en virtud de los cuales los individuos definen su mundo».[50] En este sentido, el conjunto de nuestras creencias, ritos, prácticas y elaboraciones grupales e individuales van nutriendo y significando nuestro *ethos*. Señala el autor mencionado: «En la creencia y en la práctica religiosas, el *ethos* de un grupo se convierte en algo intelectualmente razonable al mostrárselo como representante de un estilo de vida idealmente adaptado al estado de cosas descrito por la cosmovisión».[51]

Siguiendo la línea diacrónica trazada por Josep Marc Laporta,[52] podemos ver la evolución principal del concepto de *contracultura cristiana* a lo largo del tiempo. En ese sentido, podemos rastrear los trabajos de Richard Niebuhr en 1951, en su libro *Christ and Culture*,[53] donde elaboraba un recorrido histórico de las distintas posiciones

---

[50] Geertz, 2001, p. 69.
[51] *Ibid.*, p. 89.
[52] Cf. Laporta, 2015.
[53] Niebuhr, 1968.

# 68 | ¿CÓMO FUE EL MINISTERIO DE JESÚS?

adoptadas por la iglesia en relación con la cultura y sus reacciones al respecto de ella. Niebuhr describe cinco visiones principales que ha ido adoptando la iglesia: 1) Cristo contra la cultura; 2) el Cristo de la cultura, 3) Cristo sobre la cultura; 4) Cristo y la cultura; y finalmente, 5) el Cristo que transforma la cultura. Cada uno de los abordajes mencionados tiene que ver con contextos y visiones que han ido modificándose a lo largo del tiempo, pero todas ellas son significativas.

Adicionalmente, debemos mencionar al historiador y sociólogo americano Theodore Roszak,[54] quien, en 1968, teorizó por primera vez sobre el concepto de contracultura en relación con la cultura inglesa y norteamericana durante la década de 1960. Para dicho autor, el cristianismo no era una contracultura, sino una cultura absolutista que permeó valores como la tolerancia, el espiritualismo, la moral, entre otros. La contracultura era para él un abanico de nuevas prácticas sociales que se iban imponiendo paulatinamente, marcando cierta tendencia.

Luego sería el teólogo británico John Stott quien haría más conocido en el mundo evangélico el termino contracultura a partir de su conocido trabajo *El Sermón del Monte. Contracultura cristiana.*[55] En dicho libro hace un recorrido por el famoso sermón de Jesús, llegando a la conclusión de que al discípulo de Cristo no le queda otra opción que vivir según los lineamientos dados por el Señor y poner en práctica la verdadera contracultura cristiana. Otros autores —como Donal Kraybill (*El reino al revés*) o Juan Driver (*Contracorriente*)— siguieron con la misma tendencia de ver el cristianismo como una contracultura.

Desde mi perspectiva, el término "contracultura", aunque es gráfico en su descripción y conceptualización, puede resultar insuficiente para describir el ministerio desarrollado por Jesús y su impacto en la

---

[54] Profesor emérito de Historia en la Universidad Estatal de California, East Bay. Roszak saltó a la fama pública por primera vez en 1969 con la publicación de *The Making of a Counter Culture*; dicho libro explicaba la contracultura europea y norteamericana de la década de 1960. Generalmente se le atribuye el primer uso del término "contracultura".

[55] Cf. Stott, 1998.

historia de la humanidad. En efecto, lo que Jesús instauró a partir del verdadero cumplimiento de la Ley y su autoridad superadora para enseñar al respecto de lo establecido en ella por medio de sus palabras y ejemplos vino a constituirse en una cultura nueva, distinta, de profundidad y alcance mayores a las concebidas por el hombre. Fue una "nueva cultura", la cultura de Jesús, la cual debe permear en cada cultura humana independientemente de la nación o la época.

La cultura de Jesús vino a romper esquemas, patrones, conductas, cosmovisiones, alcances y va mucho más allá de la mera producción de bienes culturales o pautas de conducta sociales establecidos por el hombre. Vino a significar el vivir conforme a un nuevo estándar: desafiantes parámetros de vida que son absolutamente rupturistas al respecto de los que nos rodean sin importar, repito, dónde estemos o en qué momento vivamos, dado que son opuestos a las reacciones, conductas y esquemas humanos naturales.

> A cualquiera que te hiera en la mejilla derecha, vuélvele también la otra; y al que quiera ponerte a pleito y quitarte la túnica, déjale también la capa; y a cualquiera que te obligue a llevar carga por una milla, ve con él dos. (Mt 5:39-41)

Es sin duda un desafío renovado cada día de parte de Dios para cada uno de nosotros. Jesús vino a subir la vara, a ponernos un nuevo peldaño en el deber ser del cristiano: «Cualquiera que se enoje contra su hermano es digno de juicio», «cualquiera que mira a una mujer para codiciarla, ya adulteró», «no juréis de ninguna manera». Todas estas no son opciones para nosotros, no son alternativas que tenemos delante, sino un imperativo mandato que debe modelar nuestras vidas, nuestros pensamientos y acciones para poder ser genuinamente cristianos (semejantes a ese que llaman el Cristo).

En cierto punto, la normalidad del mundo se transformó en la normalidad de la iglesia, y eso es inaceptable para el evangelio. Cada uno de nosotros fue llamado a ser diferente, tal como lo fue Jesús, a ser sal y luz y no meros religiosos ritualistas que se conforman con cumplir tal o cual rito. De hecho, si pensamos por unos instantes nos daremos cuenta de que el COVID-19 vino a poner las cosas en "foja cero"; de pronto nos dimos cuenta de lo importante que es el aire que respiramos, los afectos, la centralidad de la familia. Nos confrontó con la fragilidad del hombre y su vulnerabilidad, que siempre están delante de nosotros. De pronto nos dimos cuenta de que la adoración es mucho más que una plataforma con músicos, el servicio más que el activismo y el ser cristiano mucho más que ir a un templo. El amor y la misericordia son mucho más que palabras usadas en un contexto religioso.

Por décadas, muchos cristianos perdieron de vista la importancia de vivir conforme al Sermón del Monte, ser auténticos seguidores de Jesús que muestren el amor a Dios no por los ritos que cumplen, sino por el amor, la misericordia y la compasión que dan a las personas. Es allí donde se pesan nuestros corazones. Jesús lo dice de manera muy práctica; así lo expresa en el Evangelio según san Juan:

> El que tiene mis mandamientos, *y los guarda, ese es el que me ama*; y el que me ama, será amado por mi Padre, y yo le amaré, y me manifestaré a él. Le dijo Judas (no el Iscariote): Señor, ¿cómo es que te manifestarás a nosotros, y no al mundo? Respondió Jesús y le dijo: El que me ama, mi palabra guardará; y mi Padre le amará, y vendremos a él, y haremos morada con él. *El que no me ama, no guarda mis palabras*; y la palabra que habéis oído no es mía, sino del Padre que me envió. (14:21-24; énfasis añadido)

Sin duda, estas palabras resonaron una y otra vez en la mente del apóstol Juan, motivo por el cual vuelve a escribir en su primera epístola sobre lo mencionado por Jesús, esta vez con su impronta y señalando en esencia lo mismo que había impactado su corazón:

> Y en esto sabemos que nosotros le conocemos, si guardamos sus mandamientos. El que dice: Yo le conozco, y no guarda sus mandamientos, el tal es mentiroso, y la verdad no está en él; *pero el que guarda su palabra, en este verdaderamente el amor de Dios se ha perfeccionado*; por esto sabemos que estamos en él. El que dice que permanece en él, debe andar como él anduvo. (1 Jn 2:3-6; énfasis añadido)

Por años no nos dimos cuenta de la simpleza de estas palabras y su profundidad para nuestro caminar diario. Si preguntara *cuántos de nosotros amamos a Dios*, sin duda todos contestaríamos que lo amamos; pero si preguntara *cuántos de nosotros guardamos o ponemos en práctica su Palabra según Jesús lo hizo*, las respuestas serían más imprecisas. Es que no se trata solamente de lo que hacemos, sino, en primer lugar, de lo que somos (Mt 7:21-23); no se trata de nuestros ministerios, sino de exaltar únicamente el nombre de Jesús (Jn 3:30); no son las marquesinas, sino la conciencia de ser solo siervos; no se trata de nuestra capacidad, sino de nuestra humildad; no se trata de nuestras intenciones, sino de nuestra santidad; no se trata de nuestras palabras, sino de nuestro amor. Eso es lo que marca la cultura de Jesús.

Si le preguntara a cada uno de ustedes *qué héroe de fe, hombre o mujer, fuera de Jesús, los conmueve o sorprende por su fe y amor a Dios*, muchos quizás contestarían que Pablo, Pedro, Juan, Abraham, Moisés, David, Josué, María, Ana, etc. Estoy seguro de que casi nadie diría Juan el Bautista. Muchas veces me pregunté por qué Jesús dice de él que «entre los que nacen de mujer no se ha levantado otro mayor que Juan el Bautista; pero el más pequeño en el reino de los cielos, mayor es que él» (Mt 11:11). Solo dejo planteada la pregunta, dado que lo analizaremos más adelante. Cuando observamos a Juan el Bautista, no vemos un ministerio cargado de estridencia ni de portentos visibles, pero sí una profunda convicción de quién era él y quién era Jesús, motivo por el que abrazó la humildad y el servicio como estilo de vida, antepuso el bienestar de los demás al suyo y cumplió el propósito más importante de su vida: señalar, mostrar a Jesús. No fue exitoso a los ojos de los hombres, pero tuvo éxito delante del Señor; claro está, sus parámetros son muy distintos de los del mundo.

De esto se trata la cultura de Jesús, una cultura diferente, nueva, atemporal, que se torna notoriamente visible cuando vivimos conforme a ella, produce cambios profundos y modela el caminar de sus seguidores aun en los más mínimos detalles. Va mucho más allá del quehacer humano y establece una cosmovisión conforme a la del reino de Dios. En la medida en que como Juan el Bautista seamos humildes, carentes de ego, santos y estemos de manera activa despojándonos de nosotros mismos y permitiéndole a Jesús crecer por su Espíritu en nosotros cada día, la realidad de Dios se acercará a las personas y ellas verán una diferencia que será incontrastable; la aceptarán o no, pero nunca podrán negarla.

Lo que estamos diciendo no es simple de llevar a la práctica, máxime teniendo en cuenta nuestro contexto atravesado por un tejido social signado por la indiferencia, la ausencia de valores y la *ceguera moral* (en palabras de Zygmunt Bauman),[56] con necesidades crecientes que se potencian en un contexto pandémico: hambre, pobreza, desocupación, enfermedades, catástrofes climáticas, luchas de todo tipo, diferencias de toda clase, yuxtaposiciones de creencias por doquier, conquistadores más sofisticados que los antiguos, pero igual de dominantes (aunque debamos salvar las lógicas distancias). Es vital reconocer y tener presente que vivimos bajo la hipermodernidad, no es un dato menor. Recordemos las palabras de Gilles Lipovetsky:

> Es una sociedad liberal, caracterizada por el movimiento, la fluidez, la flexibilidad, más desligada que nunca de los grandes principios estructuradores de la modernidad, que han tenido que adaptarse al ritmo hipermoderno para no desaparecer. El hipernarcisismo, época de un Narciso que se tiene por maduro, responsable, organizado y eficaz, adaptable, y que rompe así con el Narciso de los años posmodernos, amante del placer y las libertades. [...] Los individuos hipermodernos están a la vez más informados, más desestructurados, son más adultos, más inestables, están menos ideologizados y son más deudores de las modas, son más abiertos y más influenciables, más críticos y más superficiales, más escépticos y menos profundos. Lo que ha cambiado sobre todo es el clima social y la relación con el presente.[57]

Ahora bien, recordemos que la Palabra del Señor ya anticipó las características del hombre moderno, el hombre de los últimos días; fue el apóstol Pablo quien lo describió con una precisión asombrosa:

> En los últimos días vendrán tiempos difíciles. Porque los hombres serán amadores de sí mismos, avaros, jactanciosos, soberbios, blasfemos, desobedientes a los padres, ingratos, irreverentes, sin amor, implacables, calumniadores, desenfrenados, salvajes, aborrecedores de lo bueno, traidores, impetuosos, envanecidos, amadores de los placeres en vez de amadores de Dios; teniendo apariencia de piedad, pero habiendo negado su poder. A los tales, evita. (2 Tm 3:1-5)

Si a las complejidades del mundo pospandémico les sumamos nuestros propios filtros (educación familiar, formación, experiencias,

---

[56] Cf. Bauman & Donskis, 2017.
[57] Lipovesky, 2004, pp. 27-28.

vivencias personales, traumas o conflictos, entre muchos otros) que terminan modelando la realidad percibida por nosotros y nuestra aproximación a ella, nos daremos cuenta de que no es lineal el cumplimiento de la Palabra para cada persona; hacer la voluntad de Dios conforme Jesús nos enseñó es todo un desafío que impone una batalla cotidiana —en primer lugar, contra nosotros mismos (Rm 7:24, 25; Flp 3:13-21), y en segundo lugar, contra la religiosidad desprovista de misericordia y amor—. De ahí que debamos aceptar que la realidad termina alejándose del "deber ser" deseado por las instituciones religiosas, y que las personas, con sus mixturas y experiencias sedimentadas, terminan viviendo su fe de la mejor manera según su entendimiento, más allá de los designios institucionales. Esto impone que el hacer discípulos se torne, por ende, en un eje central de la vida eclesial y no sea simplemente un trámite prebautismal al cual la mayoría esté acostumbrada.

Pensar que la experiencia cotidiana de las personas y su vinculación con el acervo inculcado, heredado, construido a lo largo de la vida y particularmente la forma anárquica del creer personal se puedan mantener solamente dentro de los carriles convencionales o institucionales es sesgar nuestra visión (o, al menos, tener una mirada muy inocente y prejuiciosa al respecto de la experiencia espiritual de las personas). Pretender demarcar lo religioso exclusivamente en términos de adherencia a un conjunto de dogmas y prácticas institucionalizadas podría dejar fuera del debido análisis formas de vivencias actuales que tienen las personas al respecto de lo trascendente y su vinculación con el diario vivir, que sobrepasan las fronteras eclesiales.[58] Solo abriendo nuestra perspectiva podemos tener en cuenta las diversas formas del creer, y actuar en consecuencia al respecto de la comprensión, la estrategia y la posterior evangelización.

A fin de evitar las limitaciones de la óptica mencionada, es prudente considerar la perspectiva de tracción anglosajona

---

[58] En palabras de Mardones, el individuo se tornará en un «degustador de la religión, desde sus particulares intereses, inclinaciones y experiencias o necesidades. [...] La religión se hará más dependiente de los individuos, de la clientela de las personas y sus solicitudes» (Mardones, 1995, p. 242).

conceptualizada a partir del concepto de *religión vivida*,[59] una perspectiva de análisis sumamente interesante y de mayor amplitud al respecto de la experiencia religiosa, no limitada a las formas tradicionales, estructuradas o institucionalizadas, y con énfasis en la realidad cotidiana del creyente y su mundo. Dice Rabbia: «No es una teoría ni una estrategia metodológica unificada».[60] El enfoque de la religión vivida pretende acentuar la importancia de los actores de la fe, «hace hincapié en la agencia de los actores, analizando el proceso por el cual las personas sacralizan aspectos de su realidad, y viven en un mundo que también habitan seres extraordinarios y fuerzas trascendentes en las que se apoyan».[61] Para Rabbia, el concepto de *religión vivida* permite indagar

> en los aspectos de la religiosidad que tensionan las dicotomías "público/privado", "material/espiritual", "razón/emoción", rescatando aspectos que las personas consideran importantes en sus vidas. La principal contribución de la religión vivida es que, dado que no se basa en términos opuestos, evita las bifurcaciones analíticas.[62]

Ahora bien, ¿por qué es de utilidad la conceptualización que venimos trabajando de cara a los imaginarios de los pastores? Porque la religión vivida por las personas, si bien *a priori* y para la percepción eclesial se presenta como alterada, desprolija, multiforme e incluso irreverente o errónea según los compartimentos más rígidos que se esperarían a partir de la doctrina (que siempre es más férrea), se expresa en prácticas y manifestaciones que necesariamente hay que considerar, contemplar y entender a efectos de verificar, como dijimos, el nivel de desarrollo del proceso de conversión/desconversión. Dice

---

[59] Desde hace dos décadas, el mundo anglosajón viene trabajando dicho concepto; quizás los autores más conocidos sean David Hall (1997), Robert Orsi (1999, 2000), Meredith B. McGuire (2003, 2007) y Nancy T. Ammerman (2014). En el contexto latinoamericano, podemos mencionar los trabajos de Aranguren (2015), De La Torre (2020), Frigerio (2019), Mandiner (2019), Rueda (2018), Rabbia, (2020), entre otros.

[60] Rabbia, Morello, Da Costa & Romero, 2019, p. 16.

[61] *Ibid.*

[62] *Ibid.*, pp. 16-17.

Rabbia: «La religiosidad no es necesariamente racional, pero puede ser "razonable" para las personas que la practican».[63]

Los pastores a veces tienden a pensar erróneamente que el hecho de que la persona haya levantado las manos y hecho la profesión de fe, además de haber atravesado un tiempo de discipulado junto con el bautismo, significa que es suficiente para considerarla como un discípulo entrenado. No obstante, la realidad indica que a menos que las personas sean específicamente seguidas y concretamente enseñadas al respecto de cuáles son aquellas conductas o comportamientos, por más mínimos que sean, que necesitan ser modificados, no lo harán *a priori*; la tendencia es ir yuxtaponiendo, entremezclando las creencias y las prácticas en una amalgama uniforme que no necesariamente responde a lo que los pastores esperan que se crea linealmente. Es más, no podemos dar por sentado que la persona irá cambiando hábitos, costumbres y su propia cosmovisión naturalmente; esto requiere de un seguimiento y de que la congregación brinde un contexto adecuado que facilite el crecimiento de las personas en Cristo y permita que la obra del Espíritu Santo se vaya realizando de manera adecuada. En definitiva, estamos llamados a crecer, a desarrollarnos en el conocimiento y la gracia de Dios; es parte del poder biótico que Dios puso en nosotros y, por supuesto, su Espíritu nos ayudará, pero somos responsables de crear los entornos y mecanismos correctos y sanos para que esto ocurra.

Pensemos por unos momentos: si Jesús se hubiera contentado con el sí de Pedro, cuando le pidió seguirlo al principio, y hubiera descuidado su seguimiento, si hubiera dicho a los seis meses o al año: «Listo, terminó el proceso de discipulado, ya estás listo, Pedro», ¿qué hubiera pasado? El proceso de desarrollo y formación espiritual nunca es lineal, corto o medible. Solo lo sabremos por sus frutos. De esto también se trata la cultura de Jesús.

---

[63] *Ibid.*, p. 17.

**Figura 3:** Modificaciones y yuxtaposiciones sociales

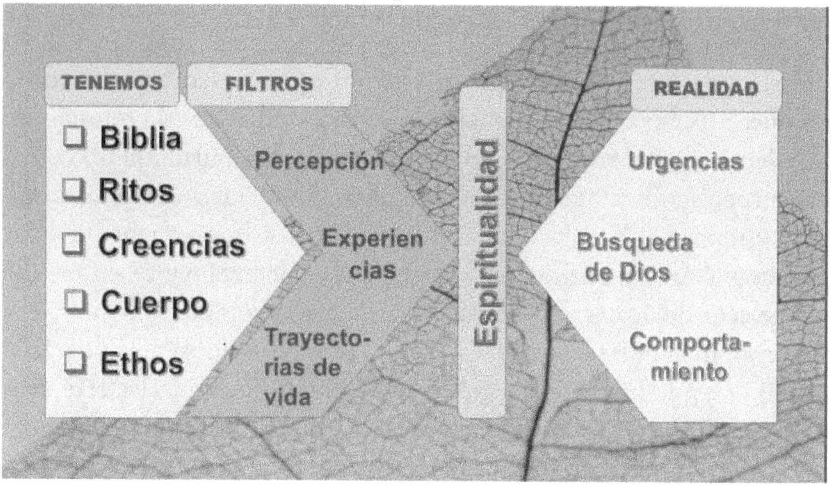

**Fuente:** Realizado por el autor.

Por otra parte, al concepto de *religión vivida* debemos sumar una nueva exploración conceptual que en Latinoamérica están haciendo recientemente autores como René de la Torre, Huet y Gutiérrez Zúñiga,[64] entre otros, en relación con lo que llaman *religiosidad bisagra*. Pensemos por unos instantes en una bisagra, que sirve por ejemplo para unir dos puertas, o una puerta con una pared, entre otras cosas, es decir, dos realidades diferentes que conviven a partir expectativas mutuas que se retroalimentan. Así es la espiritualidad de las personas; no son compartimientos estancos que se dan en el vacío o por bloques perfectamente segmentados, sino que la mayoría de las veces son frutos de experiencias, trayectorias de vida y del relacionamiento con Dios, el cual siempre es personal. Los pastores debemos considerar, en consecuencia, que no podemos, con un curso o un par de clases de discipulado, decir que las personas están preparadas para vivenciar el evangelio en toda su riqueza sin tener en cuenta su herencia y vivencia de fe. Esto requiere un seguimiento cercano, sistemático y duradero. Para que podamos reflexionar sobre el particular, es conveniente citar expresamente a los autores mencionados:

> Es necesario concebir la experiencia religiosa desde una perspectiva relacional, es decir, situarla en bisagras donde se negocian las expectativas

---

[64] Juárez Huet, De la Torre & Gutiérrez Zúñiga, 2022.

individuales con el sistema de normas y valores institucionales, pero incluyendo además la adecuación de las tradiciones a los cambios y los impactos que tiene la fe en la acción transformadora en los ámbitos seculares.[65]

## Jesús dejó al descubierto la falta de misericordia y la hipocresía de los religiosos de su tiempo

En reiteradas oportunidades, leemos en los Evangelios que Jesús debatió y criticó abiertamente a los sacerdotes, escribas y fariseos (Mt 3:7; 5:20; 9:11, 12; 9:34; 12:2-7; 16:1-6; 21:45; 23:14-29; Mc 3:6; 7:1-6; 8:11; 11:18, 19; Lc 5:21, 30; 7:39; 11:39-53; Jn 9:15, 16; 11:47, 57; entre otros) por haber convertido el templo en un circuito comercial, por la corrupción religiosa y fundamentalmente por el sesgado apego a la Ley de manera ritualista, vaciándola de todo sentido de misericordia y amor. En efecto, Jesús dejó clara su posición contra el legalismo de los religiosos, que eran capaces de colar el mosquito y tragarse el camello (Mt 23:24). Los fariseos se enorgullecían de guardar la Ley al pie de la letra, aun en sus más mínimos detalles, y se llamaban a sí mismos custodios de la Torá. No obstante, con el ejemplo mencionado, Jesús deja al descubierto que su puntillosidad no era más que incumplimiento de las Escrituras. Habían perdido el foco.

En efecto, la Torá prohibía comer ciertos alimentos por ser inmundos; entre estos estaban los insectos voladores (Lv 11:20-23), en este caso, el mosquito, que si bien era pequeño, no estaba permitido. Dios también había ordenado que, una vez que cayera un insecto dentro de una vasija de barro, esta debía ser quebrada (Lv 11:33). Por ello, por ejemplo, cuando el jugo de las uvas exprimidas se echaba en vasijas de barro, se colaba con una tela para remover no tan solo las semillas y la pulpa, sino también cualquier insecto volador que pudiera haber caído de manera accidental. Los judíos literalmente colaban el jugo de uvas para evitar contaminarse con algún insecto y así violar desapercibidamente la ley de Dios. Ahora bien, otro animal inmundo era el camello; esto se debía a sus pezuñas hendidas y a que rumiaba (Lv 11:4), por lo que estaba prohibido y a ningún judío se le hubiera

---

[65] *Ibid.*, pp. 123-124.

ocurrido comer carne de camello. Los escribas y fariseos habían sucumbido a un mal también muy actual: la exterioridad religiosa.

Con el ejemplo mencionado, Jesús estaba expresando que los fariseos colaban el mosquito (de hecho, lo hacían), pero por su legalismo exacerbado, era como si se comieran un camello. No cumplir una parte de la ley, o guardar una parte de ella e incumplir el resto, era equivalente a incumplirla totalmente. Jesús avanza un paso más y manifiesta que también incumple el que, conociéndola (este es el caso), no la pone en práctica cotidianamente (también es el caso), y la niega indirectamente en consecuencia (Jn 14:21-24). Los fariseos cumplían la ley en los detalles, pero se habían olvidado lo esencial de ella: amar a Dios y al prójimo como a nosotros mismos (Mc 12:30, 31); estos son los principales mandamientos y el resumen de toda la ley y los profetas (St 1:19-26).

El ritualismo fanático, el legalismo extremo y el mesianismo político extraviaron a los fariseos de la verdad y la pureza de la Ley. Se cerraron sobre sí mismos convirtiéndose prácticamente en una secta altiva y prejuiciosa. Debemos tener en cuenta que cada vez que una persona o institución (iglesia, sindicato, políticos, universidades, entre otras) se cierra sobre sí misma, se recluye en su mundo, pierde una perspectiva adecuada de la realidad, de las urgencias que padecen las personas, tornándose en consecuencia en intrascendente. El legalismo nos vuelve personas distantes, frías, prejuiciosas, incapaces de ser empáticas, compasivas o misericordiosas, y esto es un importante freno a la posibilidad de que las personas se acerquen a Dios por nuestro testimonio vivencial. En este punto, debemos tener en cuenta que las palabras o discursos no alcanzan: las personas necesitan ver y palpar la diferencia, no se contentarán con meras frases de tinte religioso. Es necesario reconocer que las personas en el actual contexto de crisis económica y social pospandémica no solo están atravesando dificultades de distintos niveles y complejidades, sino que debido a las mismas, imperiosamente necesitan de la cercanía de hombres y mujeres de fe que se acerquen a ellos para mostrarles de manera encarnada el amor de Dios.

Debemos reflexionar sobre el hecho de que durante años la iglesia evangélica en el continente latinoamericano vivió su espiritualidad puertas adentro. A partir de la década de los ochenta se dio un crecimiento acelerado, confirmado posteriormente por un marco interpretativo de acción colectiva al que reconocemos durante la década de los noventa como "la unción"; al mismo tiempo, muchas congregaciones lo disfrutaron dentro de los límites impuestos por los templos y lugares particulares en los que se realizaban los eventos. De hecho, por años se realizaron seminarios, clínicas, eventos y encuentros para hablar de la unción y disfrutarla, y en ese frenesí de disfrute, nos olvidamos, en muchos casos, de que la necesidad real estaba fuera de las paredes de los templos, en la calle, entre las personas que usualmente no se acercarían a una iglesia, pero están sumidas en el pecado y la necesidad. Reitero: muchas iglesias se concentraron en actividades internas. Sobre este punto en particular, Pablo Deiros afirma lo siguiente:

> El "templocentrismo" ha sido un factor importante en obstaculizar el crecimiento de la iglesia. En muchos casos, la capacidad del templo como auditorio ha sido el límite inexorable para el crecimiento numérico de la congregación. En razón de que en América Latina las iglesias no han contado con suficientes recursos para construir grandes templos, aquellas congregaciones que han fundado su desarrollo en un edificio particular se han visto sumamente complicadas en su expansión. Más recientemente, una nueva visión misiológica y estratégica ha acercado a las comunidades de fe al modelo neotestamentario, el testimonio de la iglesia se daba de manera descentralizada.[66]

En la actualidad, salvo en algunos casos esporádicos, nadie discute en el ámbito evangélico que la misión principal de la iglesia debe ser extramuros, con un sentido netamente urbano. Sobre esta temática, el Compromiso de Ciudad del Cabo afirmó lo siguiente:

> Las ciudades tienen una importancia crucial para el futuro humano y para la misión mundial. La mitad del mundo vive ahora en ciudades. En las ciudades encontramos mayormente cuatro clases principales de personas: (i) la próxima generación de jóvenes; (ii) los pueblos menos alcanzados que han migrado; (iii) los modeladores de la cultura; (iv) los más pobres entre los pobres. En consecuencia: a) Discernimos la mano soberana de Dios en el crecimiento masivo de la urbanización en nuestro tiempo, e instamos a los líderes de la iglesia y de misiones en todo el mundo a responder a este hecho dando una urgente atención estratégica a la misión urbana. b) Debemos amar nuestras ciudades como las ama Dios, con discernimiento santo y compasión similar a la de Cristo, y obedecer su mandamiento de «procurar la paz de la ciudad»,

---

[66] Deiros, 2008, p. 99.

dondequiera que sea. Intentaremos aprender métodos de misión apropiados y flexibles que respondan a las realidades urbanas.[67]

Todos sabemos lo que significó la cultura de Jesús para el mundo de los poderosos, de los religiosos, de los responsables de haber incumplido los mandamientos de Dios con disposiciones arbitrarias y una falsa santidad, usada a modo de frontispicio para justificar la falta de misericordia. Jesús, como dijimos, era distinto, diferente, no encajaba en los moldes; era un modelo que no podían permitir, un ejemplo de vida que se salía de sus cauces, un amor incontrolable que los dejaba al descubierto. Finalmente, Jesús terminó en la cruz por haber molestado a los poderosos, a los religiosos, a la casta sacerdotal, al poder de este mundo.

Deberíamos preguntarnos hoy: ¿La iglesia causa la misma molestia, la misma incomodidad, el mismo rechazo, o más bien nos sentimos cómodos cuando nos acercamos al poder y nos sentamos en sus confortables sillones de vanagloria, orgullo, y poder? La iglesia no pertenece al mundo de los poderosos de este siglo; por ende, no debe coquetear con ellos ni sentirse parte de un sistema al cual no pertenece ni nunca pertenecerá (Jn 17:16-18, 33; Mc 8:36; Rm 12:2; Tt 2:11, 12). Nosotros somos ciudadanos del cielo y anhelamos la ciudad por venir (Hb 13:14). A veces nos sentimos atraídos por los placeres temporales del mundo, siempre dispuesto a darnos de beber de la embriaguez del poder para distraernos de nuestro propósito eterno y desmerecer el sacrificio de Jesús en la cruz.

Desde nuestra perspectiva, es fácil apreciar cómo las personas que se instalan en el poder son corrompidas por él (recordemos que el poder es adictivo y potencia, exacerba nuestra humanidad). Al obtener una situación de comodidad estable o perdurable en el tiempo, paulatinamente la persona se va alejando del mundo real, pierde el sentido de la realidad. Esto pasa habitualmente, como dijimos, con los políticos, los sindicalistas, los empresarios, los poderosos, pero también (y más frecuentemente de lo que desearíamos) con los pastores y líderes religiosos, que se acomodan en las confortables iglesias y pierden la noción de lo que es la dura realidad de la mayoría de las personas. Nos encanta estar en nuestra oficina, que la gente pida cita

---

[67] Movimiento de Lausana, 2010, p. 47.

para vernos, y dependiendo del tamaño de la iglesia, esa cita se puede demorar meses; hasta dicho momento, siempre alguien puede hacerse cargo, pero eso no excluye nuestra obligación y deber. El falso poder nos aleja de la realidad y produce efectos devastadores para la misión; por sobre todas las cosas, nos vuelve ineficientes para mostrar el amor real de Dios a las personas.

Las iglesias deben ser consideradas instituciones sociales intermedias, y en este sentido debemos tener en cuenta que se encuentran desbordadas desde hace tiempo por la realidad, por el imprevisto y, ahora, por la mentada *nueva normalidad*, para no hablar también de la presión de sus miembros y su entorno. Dicha presión viene «por abajo y por arriba y en los microprocesos de sociabilidad y producción identitaria [se] enfrentan dificultades para mantener las garantías y los fundamentos de sus prácticas y sus ritos».[68] Pretender que la institución iglesia no cambie en este contexto es algo bastante irreal; lo que debe hacer como institución es adaptarse para crecer y, como todo organismo vivo, seguir desarrollándose y desarrollando a los que son parte de ella.

Quisiera que por unos minutos hagamos un juego, un ejercicio mental, y pensemos: si Jesús viviera hoy, ¿estaría en su oficina esperando que la gente llegue a verlo, atendiendo su agenda y las cuestiones administrativas u operativas y planificando futuros eventos, o estaría principalmente en las calles, las plazas, con los pobres, los enfermos, los drogadictos, en las universidades, en los orfanatos, los hospitales, entre los jóvenes llenos de tatuajes y piercings, con los necesitados, recorriendo cada lugar posible, amando, teniendo compasión, perdonando, sanando, restaurando? ¿Cuánto nos incomodarían hoy las acciones de Jesús a cada uno de nosotros? No sé lo que estás pensando, pero sé lo que Jesús haría conforme lo que dicen los Evangelios. Efectivamente, Él estaría donde debe estar su iglesia, y lo que Él haría es lo que debe hacer su iglesia. Esa es la medida con la cual pesará nuestras acciones, como nos juzgará a cada uno de nosotros. Aunque no nos demos cuenta, el pecado está en aquel que sabiendo hacer lo bueno no lo hace (Mt 25:31-46; St 4:17). A algunos pastores y líderes, en definitiva, pareciera ser que les falta literalmente tener

---

[68] Algranti, Mosqueira & Settón, 2019, p. 36.

más "olor a oveja", ser siervos inútiles que no hicieron más que lo que su Señor les pidió: desear ceñirse la toalla para lavar los pies antes que anhelar los primeros bancos en las sinagogas.

Finalmente, vale la pena mencionar que la consistencia del ministerio de Jesús debe ser nuestro marco de referencia y ejemplo a imitar. Si vamos un paso más adelante al respecto de lo señalado, es dable mencionar que Jesús no solo era diferente, sino que además tuvo el descaro de tener una vida consistente, sin ambivalencias, sin dobleces, sin acomodamientos a las circunstancias. Fue, en palabras de san Pablo, íntegro, no tuvo de qué avergonzarse. Hay una perfecta armonía entre las palabras y las acciones de Jesús; cada uno de los actos que realizó y cada una de las palabras que dijo fueron sincrónicos. En ese sentido, la guía para el ministerio de Jesús fue la Torá y hacer la perfecta voluntad del Padre; aun en los momentos más difíciles de su vida, eligió hacer la voluntad del Padre antes que la suya, poner los intereses del reino antes que los propios, y hacer y amar la justicia antes que seguir las acciones de la mayoría.

Lo dicho resulta muy evidente y palpable en el acto más significativo de la vida y el ministerio de Jesús: su pasión y crucifixión. Pensemos que se preparó durante 30 años para tener un ministerio público sumamente corto, de apenas 3 años; cuando analizamos las palabras pronunciadas por Jesús en la cruz y las evaluamos a la luz de sus enseñanzas previas, con ojos absolutamente imparciales, notaremos que el sacrificio al que se expuso por amor, el dolor que sintió en su cuerpo debido a su entrega y el peso de nuestros pecados sobre Él fueron consistentes con sus enseñanzas. Hay una perfecta concordancia entre lo que dijo y lo que hizo, lo que anunció y lo que realizó, cómo vivió y cómo murió.

En su última voluntad, en sus últimos días, Jesús fue sólido, sumiso a la voluntad de Dios y, por sobre todas las cosas, habiendo podido evitarlo, su amor fue tan fuerte que finalmente murió por cada uno de nosotros, para que tengamos vida y vida en abundancia. Su amor no fue declarativo, su misericordia no fue un acto litúrgico, su santidad no era legalista y su elección no fue forzada. Aunque lo veremos con más detalle más adelante, nunca olvidemos que la verdadera fuente de poder no es solamente la unción, sino principalmente el amor. Todo lo que Dios hizo a lo largo de la historia de la humanidad fue movilizado, antes que por poder, por el amor. Por amor nos habló de una y mil maneras diferentes, usó a todo tipo de hombres y mujeres, todo para que podamos entender su voluntad, hasta el punto de enviar a su Hijo unigénito, quien murió por amor por cada uno de nosotros. Lo graficamos con una tabla de autoría propia:

**Tabla 2:** Consistencia de Jesús (palabras y hechos)

| | Palabras de Jesús | Texto | Hechos en la cruz | Texto |
|---|---|---|---|---|
| 1 | Pero yo os digo: ¡Ama a tus enemigos! ¡Ora por los que te persiguen! | Mt 5:44 | Padre, perdónalos porque no saben lo que hacen. | Lc 23:34 |
| 2 | Lo que pido es misericordia y no sacrificio. | Mt 9:13 | Yo te aseguro que hoy estarás conmigo en el paraíso. | Lc 23:43 |
| 3 | Honra a tu padre y a tu madre. | Mt 15:4 | Cuando Jesús vio a su madre al lado del discípulo que él amaba, le dijo: «Apreciada mujer, ahí tienes a tu hijo». Y al discípulo le dijo: «Ahí tienes a tu madre». | Jn 19:26 |
| 4 | Entonces todos sus discípulos lo abandonaron y huyeron. | Mc 14:50 | *Eli, Eli, lama sabactani* (Dios mío, Dios mío, ¿por qué me has abandonado?). | Mt 27:46 |
| 5 | El que cree en mío no tendrá sed jamás. | Jn 6:35 | Para que se cumpliese la Escritura, Jesús dijo: «Tengo sed». | Jn 19:28 |
| 6 | No hay un amor más grande que el dar la vida por los amigos. | Jn 15:13 | Todo está cumplido: consumado es. | Jn 19:30 |
| 7 | Pues he descendido del cielo para hacer la voluntad de Dios, que me envió, no para hacer mi propia voluntad. | Jn 6:38 | Después Jesús gritó: «Padre en tus manos encomiendo mi espíritu». | Lc 23:46 |

**Fuente**: Realizado por el autor.

En virtud de lo señalado, la iglesia está llamada a la consistencia entre el mensaje que predica y las acciones que realiza; la inconsistencia ha sido por años un verdadero veneno de cara a los inconversos, y una involuntaria y poderosa arma que muchas veces utilizó Satanás. La palabra "consistencia" en su significado lexicológico alude a la solidez, a la estabilidad de una cosa. Desde el punto de vista etimológico, "consistencia" proviene de raíces latinas y significa literalmente "cualidad del que tiene estabilidad". Debemos recordar que, en sus orígenes, el término "cristiano" (que significaba "pequeños cristos") hacía referencia a aquellas personas que eran tan parecidas a aquel al que llamaban Cristo que hacían las mismas cosas, actuaban de la misma manera y hasta hablaban como Él había hablado. Se usó por primera vez en Antioquía; les decían *khristianós* (fieles al Mesías, al Cristo).

Sentencia el libro de los Hechos de los Apóstoles (4:13) que tanto Pedro como Juan, hombres comunes, del vulgo, sin mayor educación, dieron un ejemplo vital: «Viendo la valentía de Pedro y de Juan, y sabiendo que eran hombres sin letras y del vulgo, se admiraban; y les reconocían que habían estado con Jesús». Pedro y Juan hablaban tal como Jesús lo hizo; sus modos, gestos, actitudes, amor y obrar eran semejantes a las de su Maestro. La normalidad de vida de ellos era ser como Jesús. De igual forma, cuando nosotros pasamos tiempo con Jesús, a sus pies, adorándolo, alabándolo, aprendiendo de Él, escudriñando las Escrituras, actuando como Él, las personas notarán algo diferente en nosotros. Algo distinto traslucirá de nuestro ser. Atenágoras (apologista cristiano de la segunda mitad del siglo II) describe con precisión el comportamiento habitual que solían tener los cristianos, algo que solo era posible por el poder de Dios en sus vidas. Así lo cita Michael Green:

> Entre nosotros encontraréis personas no ilustradas y artesanos, también ancianas que, si bien son incapaces de demostrar verbalmente las bendiciones de nuestra doctrina, sin embargo, por medio de sus actos, muestran los beneficios que surgen de estar persuadidos de la verdad. No pronuncian discursos, pero muestran buenas obras; cuando son golpeados, no devuelven el golpe; cuando se les roba, no apelan a la ley; ayudan a quienes piden ser socorridos y aman a su prójimo como a sí mismos.[69]

---

[69] Green, 1997, p. 62.

Lo señalado se profundiza si avanzamos un poco más en el libro de los Hechos de los Apóstoles, donde apreciamos una considerable cantidad de citas bíblicas en las cuales se refleja el gran movimiento de avivamiento espiritual que llevó a cabo el Espíritu Santo a través de la iglesia primitiva. Seleccionamos solo algunos pasajes:

- 2:44: «Los que habían creído estaban juntos».
- 4:4: «Los que habían oído la palabra, creyeron».
- 5:14: «Y los que creían en el Señor aumentaban».
- 9:42: «Muchos creyeron en el Señor».
- 11:21: «Gran número creyó y se convirtieron al Señor».
- 14:1: «Creyó una gran multitud de judíos».
- 17:4: «Algunos de ellos creyeron y se juntaron».
- 17:12: «Creyeron muchos de ellos».
- 18:8: «Muchos oyendo, creían y eran bautizados».
- 19:18: «Los que habían creído venían, confesando sus pecados».
- 19:10: «Así continuó por espacio de dos años de manera que todos los que habitaban en Asia, judíos y griegos, oyeron la palabra del Señor Jesús».
- 19:20: «Así crecía y prevalecía poderosamente la palabra del Señor».
- 21:20: «Millares de judíos hay que han creído».
- Rm 15:19: «Con potencia de señales y prodigios, en el poder del Espíritu de Dios, de manera que desde Jerusalén y por los alrededores de Ilírico, todo lo he llenado del evangelio de Cristo».

Adalbert Hamman cita las expresiones de Tertuliano, quien hablaba con cierto énfasis sobre la cantidad de cristianos dentro del Imperio romano, expresando que «eran millares de personas de todo sexo, edad y de todo rango», y añadía «que si los cristianos desaparecieran, las ciudades quedarían desiertas».[70] Por otra parte, en sus *Estudios de sociología del cristianismo primitivo*, el Dr. Gerd Theissen señala la particularidad del movimiento de renovación llevado a cabo por los seguidores de Jesús en los siguientes términos:

> El movimiento de Jesús era un movimiento de renovación dentro del judaísmo, que se dirigía a todas las comunidades judías, pero que en su origen no intentaba formar grupos desgajados del judaísmo. Resulta por tanto inequívoco hablar de comunidades cristianas primitivas en los primerísimos momentos. Los portadores de aquello que más tarde

---

[70] Hamman, 2010, p. 19.

se independizó como "cristianismo", eran más bien misioneros itinerantes, apóstoles y profetas.[71]

No hay dudas de que en pocos años la iglesia primitiva alcanzó a convertir una gran multitud de gentiles y judíos al reino de la luz. Lo que deseo destacar en este punto es el tremendo impacto espiritual que significó para el Imperio romano del primer siglo el despliegue de la iglesia primitiva, la acción y gestión de cada uno de los discípulos.

Sin duda, hubo un profundo llamado al arrepentimiento: miles de personas vinieron al Señor y sus vidas fueron cambiadas con la lógica influencia dentro de su espacio social inmediato. Los cristianos eran los que habían trastocado la fe de multitudes, que de manera creciente abandonaron sus dioses y dejaron los templos vacíos. Por primera vez, la mujer tenía un lugar más acorde con su naturaleza y dignidad; se empezaba a reconsiderar la idea de la esclavitud y surgía de todos los rincones del imperio ayuda hacia los más necesitados y los pobres. Este cuadro de renovación espiritual sin duda produjo un fuerte avivamiento; en la lucha de poderes desatada en las regiones celestes, ganó el reino de la luz. En poco más de cien años, la iglesia enviaba misioneros a casi todos los rincones del imperio y fuera del mismo; a finales del segundo siglo se llegó incluso hasta el Extremo Oriente. De esto hablaba Jesús a través de su ejemplo para que hagamos lo que Él hizo hasta el sacrificio máximo por amor, algo muy lejano a la fe hueca que prevalecía entre la mayoría de los escribas y fariseos.

Habiendo señalado que el cristianismo surgió como un movimiento social[72] que tuvo un desprendimiento del judaísmo y su eje

---

[71] Theissen, 1985, p. 152.

[72] En palabras de Alain Touraine: «Un movimiento social aspira siempre a la realización de valores culturales y, al mismo tiempo, a obtener la victoria» (Touraine, 1994, p. 232). Touraine señalaba a su vez que el concepto de movimiento social «no es una corriente de opinión, puesto que pone en tela de juicio una relación de poder que se sitúa muy concretamente en las instituciones y en las organizaciones, sino la mira de orientaciones culturales a través de las relaciones de poder y desigualdad» (*Ibid.*, pp. 235). Será Lorenz Von Stein, economista, sociólogo y administrador alemán, quien utilizará de manera académica el término "movimientos sociales". En el año 1846,

en Jesús, debemos reconocer que al principio fue amorfo, errático por momentos, y profundamente disruptivo, sin una idea acabada y firme, tal como la que tenemos nosotros a la fecha. De allí la importancia de contextualizar lo logrado por los primeros cristianos en su espacio temporal y contextual para reconocer que, sin lugar a dudas, fue la obra del Espíritu Santo en ellos la que desarrolló la iglesia hasta nuestros días. Recordemos lo que señala Rafael Aguirre:

> El cristianismo no empezó como una realidad perfectamente acabada y definida desde el principio, como un meteorito caído del cielo o como una institución basada en decretos fundacionales claros y explícitos. Fue el resultado de un proceso relativamente largo y complejo, que tuvo sus raíces e impulso inicial en Jesús de Nazaret. [...] En este proceso, muy pronto surgieron, entre los judíos de Palestina y de la diáspora, grupos con formas muy diferentes de entender la vinculación con Jesús, de cultivar la memoria sobre él y de relacionarse con la sociedad; grupos que fueron estableciendo relaciones entre ellos, a veces de reconocimiento y aceptación, otras de conflicto y hasta de exclusión, de modo que, a partir de una matriz judía y en contacto con el mundo grecorromano, apareció el cristianismo con una entidad social propia.[73]

---

publicó su *Historia de los movimientos sociales franceses desde 1789 hasta 1850*. Stein entendía a los movimientos sociales como una aspiración de los diferentes sectores para lograr influencia sobre el estado debido a las desigualdades económicas (para ampliar, ver Pont Vidal, 1998, p. 260).

[73] Aguirre, 2010, p. 7.

# CAPÍTULO III

## Jesús frente a la tentación y los poderes del mundo

Todos debemos ser conscientes de la realidad de las tentaciones y del pecado. Nuestra naturaleza caída ejerce una atracción particular que batalla en nuestro interior día tras día; es solamente por el poder del Espíritu Santo y nuestra fidelidad a Dios que podemos resistir la encarnizada lucha de la santidad. El propio apóstol Pablo se refirió a su lucha interna, confesando que hacía el mal que no quería en lugar del bien que sí quería hacer, llegando incluso a llamarse *miserable*. La lucha contra el viejo hombre era una realidad que lo confrontaba permanentemente y solo en Cristo podemos tener victoria. La respuesta para vencer la tentación siempre está en Cristo (Rm 7:19-25). Ahora bien, las tentaciones son naturales y responden a nuestras propias concupiscencias; no podemos decir que las mismas son de origen divino y tienen por finalidad probar nuestra fe, sino que son fruto de nuestra naturaleza carnal, de nuestras concupiscencias, según señala el libro de Santiago:

> Que nadie diga cuando es tentado: Soy tentado por Dios; porque Dios no puede ser tentado por el mal y Él mismo no tienta a nadie. Sino que cada uno es tentado cuando es llevado y seducido por su propia pasión. Después, cuando la pasión ha concebido, da a luz el pecado; y cuando el pecado es consumado, engendra la muerte. Amados hermanos míos, no os engañéis. Toda buena dádiva y todo don perfecto viene de lo alto, desciende del Padre de las luces, con el cual no hay cambio ni sombra de variación. En el ejercicio de su voluntad, Él nos hizo nacer por la palabra de verdad, para que fuéramos las primicias de sus criaturas. (St 1:13-18)

Después de que Juan el Bautista bautizara a Jesús (Mt 3:13-17), el Espíritu Santo llevó a Cristo al desierto, donde fue tentado por Satanás (Mt 4:1-11). De acuerdo con las categorías enumeradas en 1 Jn 2:16, Satanás tentó a Jesús con el hambre constitutivo de uno de *los deseos de la carne* (Mt 4:2, 3; 1 Jn 2:16), y puso al Señor a prueba como una exhibición de *la vanagloria de la vida* (Mt 4:5, 6; 1 Jn 2:16), y con la posesión de los reinos del mundo y toda su gloria para satisfacer *los deseos de los ojos* (Mt 4:8, 9; 1 Jn 2:16). A lo largo de este período específico de prueba, como durante toda su vida terrenal, Jesús fue tentado: «Uno que ha sido tentado en todo como nosotros, pero sin pecado» (Hb 4:15). Debemos recordar que a lo largo de todo su ministerio, Jesús tuvo una absoluta y perfecta dependencia del Espíritu Santo, particularmente durante la tentación; de hecho, varios pasajes veterotestamentarios anunciaban esta divina dependencia: Is 11:2, 3; 42:1; 61:1-3. Deberíamos tener en cuenta, como principio espiritual importante para nuestras vidas, que no es por nuestra propia fortaleza, capacidad o destreza que podemos resistir la tentación, sino por la gracia y la ayuda del Espíritu Santo en nuestras vidas.

Adicionalmente, en este capítulo analizaremos que, en definitiva, la autoridad de Jesús no provenía del mundo, sino de Dios, y esto en virtud de su dependencia y obediencia al Padre de manera incondicional, anteponiéndola a todo tipo de aspiraciones personales. Muchas veces nosotros tenemos conceptos equivocados de autoridad que conllevan un ejercicio inadecuado de la misma y podemos caer en los peligros de las distintas formas de autoritarismo pastoral que frecuentemente vemos. El hecho de tener una adecuada certeza de la fuente de nuestra autoridad y del ejercicio de la misma es vital para el ejercicio del ministerio pastoral. Cuando nuestra autoridad no proviene de la fuente verdadera (el Espíritu Santo), no se ajusta a los marcos rectores que deben encausarla (la Palabra de Dios) y no responde a la finalidad correcta (mostrar la gloria de Dios), podemos inferir que hay una utilización inapropiada de la misma.

Finalmente, es dable destacar que se analizarán las relaciones de Jesús tanto con las autoridades religiosas como con las autoridades políticas de su tiempo —sus vinculaciones, maneras, formas, dinámicas, reacciones y consecuencias—, y, por sobre todas las cosas, la advertencia realizada a los discípulos al respecto de lo que significa un ejercicio adecuado de la autoridad y bajo qué premisas o principios rectores debe darse la misma. Estamos en un mundo con disímiles autoritarismos de izquierda, de derecha, populismos diversos, manipulación, corrupción y toda clase de mal, fruto del mal uso de la autoridad y la justicia (Pr 29:2). En dicho contexto, los cristianos debemos tener en cuenta que nuestra autoridad debe utilizarse como base primaria para el servicio y el amor al prójimo, para combatir bajo la autoridad de Cristo y en su nombre a las huestes de maldad y mostrar a los dominios y principados del mal la gloria de Dios.

## La tentación de Jesús: principios para resistir el mal

Cada uno de nosotros es tentado a diario, es una realidad que no podemos soslayar y parte integral de nuestro desarrollo espiritual. En este sentido, las tentaciones no son en sí mismas un problema para un cristiano que se esfuerza por hacer la voluntad de Dios y está sometido a su Palabra. El problema se da cuando caemos en la tentación, la cual da a luz el pecado. De hecho, san Pablo lo manifiesta claramente:

> No os ha sobrevenido ninguna tentación que no sea humana; pero fiel es Dios, que no os dejará ser tentados más de lo que podéis resistir, sino que dará también juntamente con la tentación la salida, para que podáis soportar. (1 Co 10:13)

Las tentaciones son consecuencia de nuestra naturaleza caída que, si bien por la fe en el sacrificio de Jesús en la cruz y la obra de perdón y regeneración operado en nosotros por el Espíritu Santo va cambiando (vieja naturaleza) hasta obtener paulatinamente el carácter de Cristo en nosotros (nueva naturaleza), lo cierto es que esta batalla entre la vieja y la nueva naturaleza requiere de una especial atención y reconocimiento de nuestra debilidad delante de Dios para no caer en pecado. Debemos asumir también que la principal batalla se da en el ámbito de nuestra mente. Pablo nuevamente lo explica muy bien:

> No hago el bien que quiero, sino el mal que no quiero, eso hago. Y si hago lo que no quiero, ya no lo hago yo, sino el pecado que mora en mí. Así que, queriendo yo hacer el bien, hallo esta ley: que el mal está en mí. Porque según el hombre interior, me deleito en la ley de

Dios; pero veo otra ley en mis miembros, que se rebela contra la ley de mi mente, y que me lleva cautivo a la ley del pecado que está en mis miembros. ¡Miserable de mí!, ¿quién me librará de este cuerpo de muerte? Gracias doy a Dios, por Jesucristo Señor nuestro. Así que, yo mismo con la mente sirvo a la ley de Dios, más con la carne a la ley del pecado. (Rm 7:19-25)

La regla es que el cristiano no peca: su naturaleza fue transformada, cambiada por el poder de Dios; el Espíritu Santo que mora en nosotros nos va modelando diariamente para hacernos semejantes a Cristo. En eso conocemos que somos cristianos: en que Cristo mora en nosotros (Col 1:27) y nos ha reconciliado con el Padre por medio de su muerte para presentarnos santos y sin mancha delante del trono (Col 1:22). El apóstol Juan lo escribe de manera muy elocuente:

Pero si andamos en luz, como él está en luz, tenemos comunión unos con otros, y la sangre de Jesucristo su Hijo nos limpia de todo pecado. Si decimos que no tenemos pecado, nos engañamos a nosotros mismos, y la verdad no está en nosotros. Si confesamos nuestros pecados, él es fiel y justo para perdonar nuestros pecados, y limpiarnos de toda maldad. (1 Jn 1:7-9)

El apóstol Juan amplía en el capítulo 5 de la misma epístola: «Sabemos que todo aquel que ha nacido de Dios, no practica el pecado, pues aquel que fue engendrado por Dios le guarda, y el maligno no le toca» (v. 18). El cristiano no practica el pecado, aunque puede ocasionalmente pecar, momento en el cual, por la obra del Espíritu Santo que lo constriñe (2 Co 7:9), si se arrepiente genuinamente delante de aquel que conoce la naturaleza humana y fue hecho carne por nosotros, pero no conoció pecado, es perdonado (1 Jn 1:6-10).

Básicamente, las tentaciones tienen tres grandes raíces: como dice Santiago (1:14), proceden de nuestra vieja naturaleza, los apetitos de la carne y nuestra concupiscencia. Nuestra vieja naturaleza no quiere terminar de morir y siempre presenta batalla; de allí la importancia de someter, llevar cautivos todos nuestros pensamientos a Cristo (2 Co 10:5) y ser sinceros delante de Él, dado que en nuestra debilidad se hace fuerte (2 Co 12:9). Siempre los reguladores somos nosotros, siempre los que escogemos ir en contra de la voluntad de

Dios somos nosotros, no el enemigo, que simplemente tienta, pero no puede tomar la decisión por cada uno de nosotros. De allí que la santidad no sea una opción para el cristiano, sino una obligación imperativa (Mt 5:48), dado que sin santidad nadie verá al Señor (Hb 12:14).

La segunda fuente de las tentaciones es el orgullo, la vanidad, hacer las cosas más por las modas pasajeras que por la voluntad de Dios. En este punto juega una relación sustantiva con las tentaciones la cultura hipermoderna, que presiona sobre cada uno de nosotros queriendo o pretendiendo que amoldemos nuestros patrones culturales a ella. Esta batalla se libra cotidianamente; la polución cultural que circula a nuestro alrededor indirectamente nos dice que obedecer a Dios es anticuado, pasado de moda, que somos libres, que podemos hacer y elegir lo que queremos. Esto es cierto, dado que Dios nos dio libre albedrío, pero en este punto debemos asumir que somos responsables de cada decisión que tomamos, por más ínfima que sea, y que ellas traerán consecuencias a nuestras vidas. No debemos ni podemos ser modelados por el mundo, sino por el Espíritu Santo. No corresponde conformarnos a la imagen del mundo, sino a Cristo. Como vimos, somos llamados a ser diferentes, esto es lo que marcará un punto de inflexión en la realidad que nos rodea.

La tercera fuente de las tentaciones es el deseo de poder, la soberbia y la búsqueda de la riqueza; sentencia el apóstol Pablo: «Porque raíz de todos los males es el amor al dinero, el cual codiciando algunos, se extraviaron de la fe, y fueron traspasados de muchos dolores» (1 Tm 6:10). Por alguna razón que tiene que ver con nuestra vieja naturaleza, tendemos a tener un mayor concepto de nosotros del que debemos tener (Rm 12:3), y a mirar las cosas que se ven y centrarnos en ellas, y no en las que no se ven y son eternas (2 Co 4:18). Debemos tener muy en claro que todos nosotros somos en definitiva siervos inútiles (Lc 17:10); ese debería ser nuestro principal epitafio el día de nuestra muerte, al escuchar las palabras de Jesús: «Bien hecho buen siervo y fiel», que son nuestra máxima corona. Nunca es por nosotros, por nuestros méritos, por nuestras capacidades, por nuestro talento, capacidad o experiencia; siempre y en todos los casos es por la gracia de Dios y su poder que opera en nosotros.

Cuando analizamos los Evangelios nos damos cuenta de que los pasajes que describen el tema de la tentación de Jesús (Mt 4:1-11; Mc 1:12, 13; Lc 4:1-13) nos dejan varios principios que debemos considerar para lidiar con ella. En primer lugar, es necesario destacar que Dios permite las tentaciones para nuestro desarrollo y crecimiento espiritual; de hecho «Jesús fue llevado por el Espíritu al desierto, para ser tentado por el diablo». De ninguna manera podemos decir que Dios nos tienta; eso iría en contra de su propia naturaleza. Su origen procede de nuestra vieja naturaleza y nuestras concupiscencias. Resistir la tentación nos permite ir desarrollando una fe mayor y cambiar pautas de conducta y comportamientos. Jesús era santo, pero debía ser tentado como cualquier hombre para que, al resistir la tentación, pudiera avanzar en su ministerio.

En segundo lugar, debemos notar que el enemigo tentó a Jesús en su momento de debilidad; dice el texto: «Y después de haber ayunado cuarenta días y cuarenta noches, tuvo hambre y vino a él el tentador» (Mt 4:2, 3). Esto es lo mismo que va a ocurrir con nosotros; el enemigo no es omnisciente, pero sí conoce nuestras debilidades, dado que han dado a luz los pecados de los cuales nos hemos arrepentido, y en ese conocimiento va a esperar agazapado el momento indicado de vulnerabilidad y debilidad para atacarnos. Pero Jesús estaba preparado para la tentación que vendría, estaba en la plenitud del Espíritu; dice el Evangelio de Lucas: «Jesús, lleno del Espíritu Santo, volvió del Jordán y fue llevado por el Espíritu al desierto» (Lc 4:1). El problema con nosotros es que no siempre estamos debidamente preparados; las disciplinas de la vida cristiana (oración, adoración, lectura y meditación de la Palabra, ayuno, santidad, entre otras) son eso: disciplinas que nos permitirán estar capacitados para cuando llegue el momento de la prueba o la tentación. Es como guardar alimentos en la alacena para cuando tengamos una urgencia o necesidad. En la medida en que el Espíritu Santo abunde en nuestras vidas, será factible resistir la tentación y salir victoriosos en nuestro avance espiritual.

En tercer lugar, debemos tener en cuenta que las tentaciones tienen su oportunidad principalmente a partir de las necesidades; dice el texto sacro que Satanás tentó a Jesús cuando este tuvo hambre, «después de haber ayunado cuarenta días y cuarenta noches» (Mt 4:2). Notemos que el enemigo avanzó en su ataque cuando Jesús tuvo hambre, una esencial y humana necesidad que tiene que ver con el sustento y la vida misma. Todas las personas tenemos cuatro necesidades esenciales o fundamentales: la necesidad de ser —sentirnos realizados, plenos, ser conscientes de nuestra identidad y posibilidades—, la necesidad de tener —sustento, trabajo, vivienda, salud, ocio, entre otros—, la necesidad de pertenecer —el hombre es un ser social y no hay posibilidad de soslayar nuestra realidad sin tener este punto en cuenta: necesitamos sentirnos parte de un grupo, una comunidad, tener interacción social que nos nutra y edifique; de allí la importancia de la iglesia como comunidad de fe— y finalmente la necesidad de hacer —sentirnos útiles, trabajar, desarrollar nuestras potencialidades, usar los dones y ministerios que Dios nos dio; la actividad es esencial para el desarrollo humano y en este sentido el trabajo no solo tiene un rol fundamental, sino que trae aparejada una mayor dignidad—.

A lo largo de nuestra vida, tal como sentencia el sabio Salomón (Ec 3:1-9), tendremos momentos de alegría, de tristeza, de abundancia y de escasez; de eso se trata la vida, pero será en los momentos más angustiantes, de vulnerabilidad y necesidad, que el enemigo buscará atacarnos. Nótese que Jesús contestó con la Palabra:

> Vino a él el tentador, y le dijo: Si eres Hijo de Dios, di que estas piedras se conviertan en pan. Él respondió y dijo: Escrito está: No solo de pan vivirá el hombre, sino de toda palabra que sale de la boca de Dios. (Mt 4:3, 4)

Jesús no hizo frente a la tentación con recursos propios, mediante sus habilidades naturales, sino que enfrentó la misma con los recursos divinos para la ocasión, la Palabra de Dios.

En este punto debemos entender que, como diría san Pablo, nuestra lucha no es contra carne o sangre (Ef 6:10-20); por ende, nuestras armas no deben ser carnales (basadas en nosotros), sino espirituales (basadas en el poder de Dios). Cada vez que respondamos con nuestros recursos, fracasaremos, dado que somos limitados, finitos, vulnerables, y esto marca una sustantiva diferencia en la lucha espiritual. Nunca es por nosotros, siempre es por quien va delante nuestro como poderoso gigante y lucha las batallas por nosotros (Ec 9:11). Nuestra tarea y obligación es mantenernos vigilantes como las diez vírgenes, ejercitados en toda buena obra, orando a Dios en todo tiempo, escudriñando las Escrituras y siempre anhelando más de Dios para que la abundancia de su poder more en nosotros.

Asimismo, debemos reconocer como cuarto punto que debemos resistir firmes la tentación (St 4:7), y eso no tiene que ver con nuestras capacidades, sino con nuestra férrea disposición a agradar a Dios. Generalmente la autosuficiencia tiende a traicionarnos y nos impide reconocer la autoridad de Dios sobre nosotros y someternos como siervos humildes ante Él. No hay posibilidad de que las cosas ocurran para nuestro bien salvo que las hagamos a la forma de Dios, dado que su voluntad siempre y en cualquier circunstancia es buena, agradable y perfecta para nuestras vidas. La capacidad de resistir al diablo se debe nutrir de las fuerzas y el poder sobrenatural del Espíritu Santo, para lo cual es necesario e indispensable que nos sometamos a Él. Nunca podremos resistir al diablo, y mucho menos este huirá de nosotros, si no nos sometemos enteramente a Dios. Recordemos las palabras del apóstol Juan:

> No améis al mundo, ni las cosas que están en el mundo. Si alguno ama al mundo, el amor del Padre no está en él. Porque todo lo que hay en el mundo, los deseos de la carne, los deseos de los ojos, y la vanagloria de la vida, no proviene del Padre, sino del mundo. (1 Jn 2:15, 16)

Lo dicho en el párrafo anterior puede precisarse mencionando que debemos dejar o apartar de nosotros todo rasgo de autosuficiencia, de vanagloria, de confianza en nosotros. Dios es nuestro amparo y fortaleza (Sal 46:1); la oración de David debe ser nuestro pensar esencial sobre este tema. Es entregarnos rendidos a aquel que tiene todo el poder, toda la autoridad y todo el gobierno sobre los cielos y la tierra.

Finalmente, siguiendo a Santiago, podemos afirmar que Satanás huirá cuando vea nuestra dependencia de Dios, nuestra confianza y resistencia en el Señor a partir de nuestra entrega y sumisión. Que el enemigo huya no quiere decir que sea la última vez que intente tentarnos para que caigamos en pecado; insistirá una y otra vez, como dijimos, esperando el momento oportuno. Por ende, nuestra tarea, tal como lo advirtió el mismo Señor, es estar vigilantes, preparados, ser sensatos en nuestras disciplinas espirituales para que cuando llegue el momento podamos salir airosos.

Jesús es nuestro modelo: resistió la tentación pese a su necesidad extrema —*tuvo hambre*—; pese a la falsa y manipuladora interpretación de las Escrituras —«Y le dijo: Si eres Hijo de Dios, échate abajo; porque escrito está: A sus ángeles mandará acerca de ti» (Mt 4:6)—; pese a las promesas de poder y la vanagloria terrenal —«Y le mostró todos los reinos del mundo y la gloria de ellos, y le dijo: Todo esto te daré, si postrado me adorares» (Mt 4:8, 9)—. Notemos que el diablo en la tercera tentación utiliza los deseos de los ojos. Hasta ese momento habían tentado a Jesús con la falta de confianza y el exceso de confianza, pero ahora lo tienta a tener una falsa confianza. El peligro con esta tentación es que Jesús podía recibir el poder sin luchar, sin esfuerzo, sin cruz, en un solo momento.

De esta forma, nuestro Señor Jesús venció las tres tentaciones sin aferrarse a sus atributos divinos, como un hombre que se sujetó en dependencia al Espíritu Santo y fue auxiliado por la Palabra de Dios; no obstante, su divinidad queda clara en este pasaje, al ver cómo después de su victoria los ángeles vinieron a Él y le servían. De esta forma, el diablo lo dejó, se apartó de Él, pero por un tiempo, ya que en el futuro continuaría oponiéndose a su ministerio (Lc 4:13).

## La autoridad de Jesús no provenía del mundo, sino de Dios. ¿Cuál es la fuente de nuestra autoridad y de nuestro poder?

Hoy en día el concepto de autoridad está sumamente bastardeado y malinterpretado. De hecho, en sus distintas connotaciones negativas o excesos, vemos autoridades civiles de los distintos niveles del Estado en muchos de nuestros países llevando a cabo sus gestiones con actitudes y acciones autoritarias, déspotas, anárquicas y egocéntricas. Sigue plenamente vigente lo expresado por Salomón: «Cuando los justos dominan, el pueblo se alegra; mas cuando domina el impío, el pueblo gime» (Pr 29:2). Es más: el COVID-19, con su pandemia consecuente, conllevó que muchas autoridades nacionales, con la excusa de la emergencia sanitaria, que fue real, dictaran normas a espaldas de los parlamentos en una suerte de *emergentocracia*, que se pretende dilatar en el tiempo para beneficios personales. En ese sentido, debemos reconocer que, en el ámbito eclesiástico, también se producen distorsiones al ejercicio de la autoridad, abusos de autoridad y desviaciones de la misma que terminan impactando de múltiples maneras en las vidas de los creyentes y de manera significativa en el testimonio frente a los no cristianos.

Básicamente, la autoridad puede ser analizada desde la perspectiva del derecho, de la sociología, la antropología, las ciencias políticas, la economía, la filosofía, la teología; cada disciplina aporta un abordaje diferente, con teorías y marcos metodológicos distintos, pero complementarios, que arrojan luz sobre un marco conceptual con múltiples acepciones en su definición. Centrándonos en algunas conceptualizaciones sociológicas, podemos mencionar que Max Weber, uno de los sociólogos que más ha trabajado el tema de la autoridad, quien sostenía básicamente que era una forma particular de poder. La autoridad está definida y respaldada por las normas de un sistema social y es generalmente aceptada como legítima por quienes participan en él, o mejor dicho, son parte de él.

Por siglos, la iglesia fue una fuente incuestionable de autoridad, ejercía el poder de manera innegable. De hecho, se partía del concepto de que la autoridad monárquica era recibida o dada directamente de Dios en el marco delegado de la iglesia. Paulatinamente, a partir de la Reforma protestante, dirá Weber, esa autoridad salió de los monasterios, los templos, del encierro, y se insertó en la vida cotidiana y comenzó a fluir en la sociedad con nuevas perspectivas:

> El ascetismo cristiano, al renunciar al mundo, cuando en los comienzos huía de él y se ponía al abrigo de la soledad, había logrado el dominio del mundo desde su encierro, bien que su carácter, de por sí indiferente a la vida en el mundo, permanecía incólume. Estamos, ahora, ante un acontecimiento a la inversa: acomete el mercadeo de la vida; asegura los portones de los claustros; se encuentra consagrado a saturar esa vida

con su método, a transformarla en vida racional en el mundo, pero no de este mundo ni para él.[74]

Por otra parte, Max Weber distinguía entre los conceptos de autoridad y poder. La diferencia estribaba en el hecho de que la autoridad (el derecho a ejercer el poder) es el medio fundante del poder, el cual, en las Ciencias Sociales, se vincula a la capacidad para conseguir un resultado deseado (tomar decisiones formales que son vinculantes para otros) dentro del marco de la legitimidad. Es la ley la que establece quién tiene el poder (pueblo, soberano, Dios) y en función de ello delega en las personas (presidente, primer ministro, parlamento, otros) la correspondiente autoridad para dictar leyes y gobernar. Weber definía básicamente tres tipos de autoridad. En primer lugar, la autoridad tradicional, la cual está basada en la creencia de que lo que siempre se ha hecho de una determinada manera debe seguir haciéndose así (básicamente la costumbre). En segundo lugar, la autoridad carismática, utilizada fundamentalmente en el mundo religioso y asociada a dones y atributos extraordinarios que poseen algunas personas singulares a ojos de los que obedecen. Y, finalmente, la autoridad legal, de tinte racional, la cual está fundada en la creencia de que la legalidad de las órdenes o normas encuentra su anclaje en la razón y la interpretación de las normas fundantes (constituciones nacionales o normas esenciales que establecen los procesos para la creación de leyes o normas en general). Durkheim, por su parte, introducirá el tema del proceso de socialización, esto es, una sociedad necesita una comunicación fluida entre diferentes generaciones: una comunidad tiene que estar bien estructurada y ser estable relacionalmente.

Adicionalmente debemos considerar, como ya mencionamos, que estamos bajo el signo de la hipermodernidad, motivo por el cual la autoridad en su concepción clásica ha sido puesta en tela de juicio, al tiempo que en líneas generales, todas las instituciones sociales que bajo la modernidad cumplían un rol central y eran así consideradas baluartes, hoy son cuestionadas de múltiples maneras (obviamente, esto incluye a la iglesia).

---

[74] Weber, 1991, p. 81.

De hecho, a fin de llevar esto a un aspecto más práctico, veremos que, por lo menos en Latinoamérica, y esta es la tendencia, pese al crecimiento de la iglesia evangélica (que ronda el 20 % de la población del continente),[75] la imagen de la iglesia sigue cayendo. Es necesario mencionar que los porcentajes se van modificando anualmente, pero la foto de la demografía de los evangélicos a comienzos del 2022 señala lo siguiente: Argentina (15,3 %), Brasil (27 %), Bolivia (20 %), Costa Rica (25 %), El Salvador (28 %), Guatemala (41 %), Honduras (39 %), Nicaragua (32 %), México (7,5 %), Panamá (24 %). En palabras de Peter Berger: «La religión no está en declive. Al contrario, en buena parte del mundo se ha dado un auténtico estallido de fe religiosa».[76] Son precisamente las creencias, las experiencias y vivencias de fe las que se encuentran entre las herramientas principales con las que cuentan las personas para transitar las complejidades de la vida cotidiana.[77]

Debemos tener en cuenta que, pese al crecimiento indicado, la falta de consistencia ha hecho que gran parte de la gente (la mayoría de la población) vea a la iglesia institucional de manera inadecuada, no le crea, no confié en ella como institución fiable; de hecho, el problema no lo tienen con Dios. La amplia generalidad de las personas en Latinoamérica cree en Dios, el problema lo tienen con nosotros, sus representantes. Esto se puede visualizar concretamente al analizar el último Latinobarómetro, publicado en 2018 y solo con tablas en 2020. Dicho instrumento da cuenta de que la confianza en la iglesia (incluye a todas las iglesias) ha bajado diez puntos porcentuales en los últimos cinco años —73 % en 2013, 63 % en 2018—.[78] La gente confía menos en la iglesia, pero su fe en Dios no ha sufrido tal baja: un

---

[75] Nos dicen Gutiérrez Zúñiga y Bahamondes González: «El promedio de pertenencia religiosa actual declarada en América Latina es del 69 % católicos, 19 % protestantes evangélicos (incluyendo pentecostales), 8 % sin afiliación y 4 % otra religión» (Juárez Huet, De la Torre & Gutiérrez Zúñiga, 2021, p. 46).

[76] Berger, 2016, p. 204.

[77] Cf. Ameigeiras, 2008; De La Torre, 2014; Frigerio, 2007; Parker, 1996; Suárez, 2015; Suárez y López Fidanza, 2013; Semán, 2001; entre muchos otros autores latinoamericanos.

[78] Corporación Latinobarómetro, 2018, p. 49

89 % cree en Dios según *Pew Research Center.*[79] Cuando la gente no logra ver la diferencia en nosotros, cuando el mundo no es capaz de voltear a ver la luz, el mensaje se diluye y los esfuerzos se desvanecen.

Cuando basamos nuestras acciones, nuestras vidas y fundamentalmente nuestros ministerios en nuestros recursos, capacidades o habilidades, eso será lo que reflejemos y por ende lo que notarán las personas, al tiempo que nuestra autoridad se verá diluida. Hay una excesiva tendencia a formar ministerios antes que mostrar a Cristo. San Pablo (quien tenía buenos motivos para ser orgulloso) era muy consciente de esto y por eso escribió: «... a fin de presentar perfecto en Cristo Jesús a todo hombre, para lo cual también trabajo, luchando según la potencia de él, la cual actúa poderosamente en mí» (Col 1:28b, 29). San Pablo ejercía su ministerio en la *potencia de Cristo*, la cual *actuaba poderosamente en él*; no confiaba en sí mismo o en sus habilidades —que por cierto las tenía (ya había tenido una mala experiencia en Atenas sobre esto)—, sino que confiaba en el poder de Dios y predicaba en el poder de Dios (1 Co 2:1-5), por lo cual podía decir confiadamente: «Sed imitadores de mí, así como yo de Cristo» (1 Co 11:1). Cuando la gente no logra ver algo distinto en nosotros, cuando nuestra autoridad no es diferente de la de este siglo, cuando el mundo no es capaz de voltear a ver la luz en medio de las tinieblas, el mensaje se diluye y los esfuerzos se desvanecen.

Continuando con el ejemplo de Juan el Bautista, veremos algunas cualidades y acciones que son mucho más difíciles de realizar que un milagro. Dice el apóstol Juan en su Evangelio: «Juan dio testimonio de Él y clamó, diciendo: Este era del que yo decía: "El que viene después de mí, es antes de mí, porque era primero que yo"» (Jn 1:15). Durante toda su vida, Juan dio testimonio de Jesús con todas las fuerzas posibles, con todo el ímpetu posible, de todas las maneras posibles. El texto del Evangelio sigue: «Al día siguiente Juan vio a Jesús que se acercaba a él, y dijo: "He aquí el Cordero de Dios, que quita el pecado del mundo"» (Jn 1:29). Fue el primero en reconocer ante las personas comunes a Jesús como el Mesías, como el Cordero de Dios,

---

[79] Cf. Pew Research Center, 2014.

en contemplar la grandeza del Hijo de Dios. Sobre ese Cristo expresa Juan: «Este es el que viene después de mí, el que es antes de mí, del cual yo no soy digno de desatar la correa del calzado» (Jn 1:27).

Por favor, pensemos en su profunda humildad: *No soy digno de desatarle la correa de sus sandalias*. Una magistral forma de reconocer que solo Cristo era digno, que él era menos que la nada, no servía ni siquiera para desatar sus cordones. En medio de tanto orgullo ministerial, de tanta puja por los ministerios más grandes, en medio de tantas marquesinas que señalan nombres de hombres, las palabras de Juan deberían aturdirnos: *no soy digno*.

El evangelista señala que Juan el Bautista decía: «Es necesario que él crezca, pero que yo mengüe» (Jn 3:30). En la misma línea de lo dicho en el párrafo anterior, el afán del Bautista era solo mostrar, señalar al Mesías; no había tiempo para hablar de él, para que la gente lo viera a él, para que su vida se mostrara como relevante frente al Mesías. Cabe preguntarnos a quién dejamos ver nosotros. ¿A quién ve la gente cuando nos mira? Finalmente, Jesús vuelve a hablar del Bautista y dice, en un maravilloso pasaje del Nuevo Testamento: «Juan era una lámpara encendida y brillante, y ustedes decidieron disfrutar de su luz por algún tiempo» (Jn 5:35).

¿Alguna vez te quedaste sin luz y tuviste que prender una vela? Al observar lo que sucede mientras alumbra la vela notarás que se va consumiendo, se va apagando, se derrite hasta que finalmente por alumbrar muere. Esa es la imagen en la que debemos pensar al ver el ministerio de Juan el Bautista: por alumbrar, se consumió; por dar luz, por brillar en medio de las tinieblas, murió. Qué perfecto epitafio para la vida de un siervo de Dios: murió por mostrar a Cristo, dio todo por alumbrar, se desgastó por Jesús, algo mayor que cualquier milagro o portento. Juan el Bautista se consumió por Jesús y no hubo hombre mayor que él en la visión de Jesús. ¿Qué diría Cristo de cada uno de nosotros?

Volviendo al tema de la autoridad, vale decir que las personas reconocían que la autoridad de Jesús era especial: «Porque les enseñaba como uno que tiene autoridad, y no como sus escribas» (Mt 7:29).

De hecho, a lo largo de su ministerio, el poder y la autoridad de Jesús fueron capaces de modificar la materia, e incluso ir contra las fuerzas de la naturaleza. Fue superior a la de los hombres, incluso mayor que la misma muerte. El Evangelio de Mateo lo dice muy claramente: «Y Jesús se acercó y les habló diciendo: Toda potestad me es dada en el cielo y en la tierra» (28:18). La autoridad de Jesús provenía del Padre: «Todas las cosas me fueron entregadas por mi Padre; y nadie conoce quién es el Hijo, sino el Padre; ni quién es el Padre, sino el Hijo, y aquel a quien el Hijo lo quiera revelar» (Lc 10:22). Estaba enmarcada por la santidad, el amor y la misericordia; sin duda, esto facilitó que su autoridad fuera visiblemente expuesta, incluso ante sus detractores y conspiradores (Mt 27:54; Mc 15:5).

Cada uno de nosotros adjudica al Espíritu Santo obrando en nuestro ser, particularmente en la iglesia como cuerpo de Cristo, la manifestación del poder de Dios, lo cual es correcto de acuerdo con los lineamientos establecidos en la Palabra de Dios. No hay posibilidad de que Dios obre en medio de nuestras comunidades a menos que seamos intercesores eficaces en oración, santidad, amor y clamor. Es necesario repetir una y otra vez que la fuente de nuestro poder es el Espíritu Santo y un corazón quebrantado capaz de gemir por los otros. Al analizar los Evangelios nos damos cuenta de que Jesús pasó gran parte de su ministerio público orando, intercediendo; aquí está la clave: el hecho de tener menos religión y más oración será un paso indispensable para notar que Dios nos sorprende a nosotros y a nuestras comunidades. El poder de Dios obrando en Jesucristo era irrefutable. Notemos el caso de Lázaro, quien había revivido después de cuatro días y tuvieron que sacarle incluso el *tachrichin* (תכריכין), o sea, las envolturas mortuorias. El que había estado muerto, caminaba por las calles. Antes del milagro, Jesús sin duda oró al Padre, y de hecho lloró al ver el dolor de sus hermanas; la empatía y compasión fueron previas a la admiración del pueblo al ver a Lázaro nuevamente en medio de su ciudad.

A veces nos sucede que, en la vorágine religiosa, en la rigurosidad o perfección del culto, en lo que acontece en la plataforma, en la diagramación eclesiástica y los aspectos administrativos de la obra, perdemos de vista lo más importante, se nos escurre entre las manos lo esencial: la compasión, la misericordia y el amor. Deben resonar con fuerza las palabras del apóstol san Pablo:

> Si yo hablase lenguas humanas y angélicas, y no tengo amor, vengo a ser como metal que resuena, o címbalo que retiñe. Y si tuviese profecía, y entendiese todos los misterios y toda ciencia, y si tuviese toda la fe, de tal manera que trasladase los montes, y no tengo amor, nada soy. Y si repartiese todos mis bienes para dar de comer a los pobres, y si entregase mi cuerpo para ser quemado, y no tengo amor, de nada me sirve. (1 Co 13:1-3)

En este excesivo deslizamiento hacia lo milagroso, hemos dejado de lado o corrido la centralidad del amor y la misericordia como ejes basales, sin los cuales todo el engranaje divino se para. A veces no nos conmueven el corazón las mismas cosas que conmueven el corazón de Dios; muchas veces no nos sacuden las mismas cosas que sacuden a Dios. Despersonalizamos, generalizamos, hablamos peyorativamente de los "creyentes", pero Jesús hacía ambas cosas: atendía la multitud y se detenía frente al leproso, al ciego, al paralítico, al recaudador de impuestos, al centurión o al endemoniado. La fascinación por la multitud nunca hizo que dejara de ver a las personas a los ojos. El bosque nunca tapó los árboles.

# El advenimiento del reino de Dios: una limitante al avance del mal. La iglesia como luz y sal de la tierra

Viendo las noticias mundiales a través de los medios periodísticos o fundamentalmente las redes sociales, observaremos una notable sincronía con lo anticipado por Jesús, en virtud de lo cual podemos afirmar, sin duda alguna, que estamos comenzando a ver el final de los tiempos. Las señales que el Señor nos dio se están cumpliendo al pie de la letra, y así será de manera inexorable (Mt 24:3-51; Mc 13:3-37; Lc 21:7-36); según los especialistas en los eventos porvenir, el reloj de Dios se ha empezado a acelerar. Esto debería marcar el ritmo de la iglesia. Si bien debemos reconocer que, de una u otra forma, tanto el pueblo de Israel en su momento como la incipiente iglesia se las arreglaron para evitar decirle a las naciones que Dios era el Señor de los cielos y de la tierra, el único mediador entre Dios y los hombres por quien se podía alcanzar salvación, Dios terminó compeliéndolos a cumplir la misión, incluso por medio de métodos que fueron dolorosos para ellos (Hch 11:19-30).[80]

En este sentido, la iglesia en la actualidad no solo debería sentir y vivir dicha urgencia, esto es, que el mayor número posible de personas escuchen el evangelio de Jesucristo, sino plasmar dicho objetivo como el eje central o esencial de toda nuestra vida. La proclamación de Jesús como Señor debe ocupar la centralidad de nuestras vidas; dicho de otra manera, debemos vivir principalmente para proclamar el evangelio. Jesús pone claramente en evidencia el propósito de la iglesia (cada uno de nosotros), según señala el evangelista Mateo en los capítulos 5:13-16 y 28:18-20:

> Vosotros sois la sal de la tierra; pero si la sal se desvaneciere, ¿con qué será salada? No sirve más para nada, sino para ser echada fuera y hollada por los hombres. Vosotros sois la luz del mundo; una ciudad asentada sobre un monte no se puede esconder. Ni se enciende una luz y se pone debajo de un almud, sino sobre el candelero, y alumbra a todos los que están en casa. Así alumbre vuestra luz delante de los hombres, para que vean vuestras buenas obras, y glorifiquen a vuestro Padre que está en los cielos.

> Y Jesús se acercó y les habló diciendo: Toda potestad me es dada en el cielo y en la tierra. Por tanto, id, y haced discípulos a todas las naciones, bautizándolos en el nombre del Padre, y del Hijo, y del Espíritu Santo; enseñándoles que guarden todas las cosas que os he mandado; y he aquí yo estoy con vosotros todos los días, hasta el fin del mundo. Amén.

En los tiempos de Jesús, no se conseguía la sal con tanta facilidad como hoy en día; de hecho, era tan costosa que se la usaba para pagar los sueldos (de allí el nombre de "salario").[81] La sal se utilizaba para

---

[80] Si bien la iglesia cristiana sufrió persecuciones de manera constante por parte del Imperio romano, cabe señalar las más importantes (citando emperador y año) para una mejor conceptualización: Nerón (64–68), Domiciano (81–96), Trajano (109–111), Marco Aurelio (161–180), Severo (202–210), Maximino (235), Decio (250–251), Valeriano (303–313).

[81] Procedente del latín *salarium*, el término "salario" tiene su fuente en la sal, que era el producto utilizado en el Imperio romano para pagar a los soldados y funcionarios, debido a su alto costo.

preservar los alimentos de la corrupción, era antiséptica, daba sabor e incluso se usaba para curar heridas. Sus múltiples propiedades eran no solo reconocidas, sino además valoradas por las sociedades antiguas, aunque a nosotros nos resulte un alimento normal y recurrente. Es en dicho contexto donde Jesús dice: «Vosotros sois la sal de la tierra». Un llamado a preservar al mundo de la corrupción que ocasiona el pecado y curar sus heridas por medio de la proclamación del evangelio.

Sin duda, son muchas las asociaciones conceptuales que se pueden realizar entre las propiedades y usos de la sal, y las propiedades y misión de la iglesia en la actualidad, pero quisiera focalizarme en lo dicho por Jesús en el texto del Evangelio según san Mateo 5:13, 14, mencionado anteriormente: «Si la sal se desvaneciere, ¿con qué será salada? No sirve más para nada, sino para ser echada fuera y hollada por los hombres». La sal es, en términos químicos, compuestos iónicos:

> Para la mayoría de la gente, la sal se refiere a la sal de mesa, que es cloruro de sodio. El cloruro de sodio se forma del enlace iónico de iones de sodio e iones cloruro. Hay un catión de sodio (Na+) por cada anión cloruro (Cl-), por lo que la fórmula química es NaCl. […] En la sal de mesa, el sodio está en la forma de cationes de sodio (Na+), que se separan de los aniones cloruro (Cl-) cuando la sal se disuelve en agua.[82]

Debemos tener en cuenta que técnicamente la sal no pierde sus propiedades con el transcurso del tiempo, no deja de salar (literalmente, puede durar años y años). Sin embargo, Jesús expresamente deja entrever que «si la sal se desvaneciere, ¿con qué será salada? No sirve más para nada». Según Juan José Pérez:

> La sal de los pantanos y lagunas o de las rocas en las inmediaciones del mar Muerto adquiere fácilmente un sabor rancio o alcalino, debido a su mezcla con el yeso. Así que, aunque estrictamente hablando, la sal no pierde sus propiedades, al mezclarse con impurezas y sustancias químicas que alteran sus propiedades, puede volverse inútil y hasta peligrosa.[83]

---

[82] Eboch, 2016.
[83] Pérez, 2010, p. 4.

Jesús menciona con claridad que cuando la sal pierde sus cualidades, fundamentalmente su sabor, no sirve para nada, sino para ser tirada, desechada. Obviamente está aludiendo a lo que sucede con los cristianos cuando no cumplen con su misión. Adicionalmente, nos compara con la luz que se oculta:

> Vosotros sois la luz del mundo; una ciudad asentada sobre un monte no se puede esconder. Ni se enciende una luz y se pone debajo de un almud, sino sobre el candelero, y alumbra a todos los que están en casa.

Afirma el Señor: «Así alumbre vuestra luz delante de los hombres». Es un mandato alumbrar, sazonar, en definitiva, predicar el evangelio en acción y palabra. Así como la sal debe preservar sus propiedades para cumplir su función, lo mismo debe suceder con los cristianos, los cuales, cuando permiten que el mundo y sus deseos permeen sus vidas, van perdiendo su capacidad para cumplir la misión:

> No améis al mundo, ni las cosas que están en el mundo. Si alguno ama al mundo, el amor del Padre no está en él. Porque todo lo que hay en el mundo, los deseos de la carne, los deseos de los ojos, y la vanagloria de la vida, no proviene del Padre, sino del mundo. Y el mundo pasa, y sus deseos; pero el que hace la voluntad de Dios permanece para siempre. (1 Jn 2:15-17)

Siempre que la iglesia a lo largo de la historia y más allá de las circunstancias salió de su encierro, perdió su temor y fortaleció sus manos para la batalla (espiritual) y la proclamación del evangelio, causando importantes impactos en las sociedades. En este sentido, podemos mencionar los logros más relevantes acaecidos en Occidente en cuanto a la valorización de la autonomía de las personas, la libertad personal, la administración pública eficiente, varios institutos jurídicos que para nosotros hoy son normales, todos factores que son consecuencia del impacto de la iglesia en la sociedad, al igual que la creación de orfanatos, hospitales, universidades, la educación laica, posteriormente el registro civil de las personas y los cementerios independientes de la confesión religiosa, entre muchas otras cosas. Qué decir de los logros vinculados a la abolición de la esclavitud, la igualdad ante la ley, los Derechos Humanos en general, la dignificación del trabajo y los derechos sociales y previsionales, entre muchos otros.

Repasemos a vuelo de pájaro y por unos instantes los logros de la Reforma protestante o magisterial, y de la Reforma radical. A ellas se deben la reivindicación de la libertad de conciencia y de religión, tanto la paz de Augsburgo (1555) como la paz de Westfalia (1648), que fueron avances importantes en el logro de las libertades mencionadas. A la Reforma debemos la centralidad y la importancia de la educación como mecanismo de igualdad de oportunidades, el desarrollo de las universidades y las escuelas, y el hecho de que la gran mayoría del pueblo haya aprendido a leer para tomar conocimiento de las Escrituras; sin duda, la promoción de la educación abrió la puerta al conocimiento y al desarrollo científico, y facilitó un mejor horizonte para la ciencia.

Adicionalmente a la Reforma protestante se le debe una renovada perspectiva del desarrollo económico y el hecho de que la producción de la riqueza no sea vista como mala, en tanto en cuanto sirva para el bienestar social y la exaltación de Dios. Se reivindican las vocaciones y las profesiones como una forma de servicio a Dios; sus proponentes recuperaron el verdadero concepto bíblico del trabajo, según el libro de Génesis, capítulo 2, versículo 15: «Tomó, pues, Jehová Dios al hombre, y lo puso en el huerto de Edén, para que lo labrara y lo guardase». Con esto se puede observar que el trabajo era parte de la bendición dada por Dios al hombre antes de la caída y que el propósito de Dios era parte de la integralidad del huerto del Edén. Sin embargo, llegó con mayor énfasis a nosotros, al menos en el hemisferio sur, la idea de que el trabajo era parte de la maldición del pecado de Adán y Eva; los reformadores recuperaron el verdadero significado y alcance de esta perspectiva.

Las libertades obtenidas contra el despotismo político y al respecto de las autoridades totalitarias también son fruto de la Reforma. El único que puede tener todo el poder es Dios; el hombre que se atreve a acaparar la suma del poder público sin duda terminará en un desenfreno tal que se convertirá en un tirano, o al menos en un gobernante déspota. Serán Francis Bacon (creador del método científico) y John Locke (el padre de la teoría del contrato social) quienes hablarán de la división de poderes, su equilibrio y las normas de control, de las cuales años más tarde abrevarán Voltaire y Rousseau. Sin duda, no es posible pensar en los logros de la Reforma desprovistos de las Escrituras en toda su extensión y profundidad.

Qué decir de la falaz concepción dicotómica entre fe y ciencia, al considerar, por ejemplo, las vidas de Francis Bacon (creador del método científico), Johannes Kepler (matemático y astrónomo alemán que estableció las leyes del movimiento de los planetas en su órbita alrededor del Sol), Robert Boyle (conocido como el primer químico moderno), John Ray (botánico que llegó a ser considerado como padre de la botánica natural), Anton Van Leeuwenkoek (quien descubrió las bacterias, el padre de la microbiología), Isaac Newton (padre de la ciencia moderna y creador de las leyes de la inercia, de la fuerza y la aceleración, de la acción y la reacción, al tiempo que también fue comentarista bíblico), John Dalton (matemático y meteorólogo, creador del modelo atómico y la tabla de pesos relativos) o Michel Faraday (creador de la ley de inducción electromagnética, base de la actual internet o las telecomunicaciones), todos ellos cristianos protestantes piadosos que entregaron su vida al servicio de la ciencia. Como vemos, los legados de la Reforma nos llegan hasta la fecha y sin duda el mundo occidental sería sumamente diferente sin cada uno de los pasos dados por los reformadores, hombres y mujeres de fe que en su compromiso con Dios contribuyeron al desarrollo de la ciencia moderna.

Pensemos qué pasaría en nuestros países si cada uno de nosotros, en la medida en que las personas comenzaran a ser transformadas por el amor redentor de Dios, dijeran: «Ya no mentimos más», «ya no vamos a robar o hurtar», «ya no cometeré ningún acto de corrupción», «nos comportaremos con integridad» y «nos esforzaremos por defender la justicia, la libertad y la verdad». Sin duda, cada uno de estos aspectos causaría una transformación social tal que marcaría la diferencia entre la vida y la muerte, la luz y las tinieblas. La iglesia, por tanto, debe asumir que la responsabilidad del cambio sigue estando en nuestras manos para obrar en consecuencia, siendo sal y luz sobre la tierra.

No obstante, hoy lamentablemente debemos hablar de una *religiosidad evangélica* en el mismo sentido que otrora se hablaba de una *religiosidad católica*, algo que era impensado años atrás. Al decir *religiosidad evangélica* nos referimos a aquellas personas que tienen lenguaje, modismos y formas evangélicas; de hecho, incluso en una encuesta contestarían que lo son, pero no tienen un compromiso real con Cristo y su iglesia. Es lo que algunos llamamos *exiliados evangélicos*.[84] A lo dicho, debemos recordar que estamos en medio de una pospandemia global; nos costó entender que la iglesia no son las paredes de un templo, que la evangelización no depende de una actividad, ni la adoración de los músicos, ni las buenas obras de la acción social. La rigidez eclesiástica opacó el gozo de la salvación, la falsa santidad expulsó al amor y el juicio fácil dejó de lado la misericordia. El resultado es claro: una religiosidad superficial, de ocasión, calculada, sin compromiso, fácilmente diluida ante la prueba o la adversidad. Les dijimos a las personas que hicieran su casa sobre la roca, pero nunca controlamos cómo estaban edificando.

Es claro que no todo es responsabilidad de los pastores, pero sí es cierto que hay una función indelegable que tiene que ver con el cuidado, el seguimiento y la facilitación del involucramiento de los discípulos como parte del sacerdocio de todo creyente conforme los dones que hayan recibido. Como diría David Ocasio,[85] es menester que el pastor tenga, y más para el contexto actual, *olor a oveja*, un cuidado especial por los que Dios le entregó a su cuidado y protección.

Finalmente, es importante tener en cuenta que la iglesia deberá afrontar un escenario pospandémico[86] devastador desde lo económico, lo social y obviamente lo relacional. En este sentido, la iglesia deberá

---

[84] La nueva forma de relacionamiento eclesial no presencial (o al menos en la periferia de los carriles tradicionales de la asistencia a los "cultos") o bien las personas que asisten esporádicamente o se congrega digitalmente se denomina, intramuros del campo, "exiliados evangélicos", creyentes sin iglesias. Para ampliar, ver: Gómez, 1996; Holland, 2002; Wynarczyk, 2009; De Souza M., 2009; Tinoco, 2017). Estos exiliados evangélicos son motivo de preocupación creciente para los pastores. Debemos recordar que «la dimensión religiosa se mide siempre, por un lado, en términos de las distancias entre el comportamiento y las actitudes de los individuos, y por el otro, en las normas de la organización religiosa a la cual ellos se declaran pertenecer» (Fabre Platas, 2001, p. 279).

[85] Cf. Ocasio, 2010.

[86] Cf. Marzilli, 2020.

optar por una perspectiva absolutamente distinta de la que tenía en enero del 2020. Entre los cambios más importantes a afrontar estarán las nuevas dinámicas sanitarias, el aumento de la pobreza, el desempleo y los necesitados en todo el sentido de la palabra, además de las nuevas formas de entender la realidad para que la iglesia pueda ser pertinente y ayudar a las personas en tales situaciones. Será vital que cada creyente asuma la responsabilidad individual que le cabe y gaste su vida en la proclamación del nombre de Jesús como Señor y Salvador, que se transforme en un ejemplo posible para el impacto y posterior cambio de su comunidad. En definitiva, y volviendo a nuestro punto central, este quizás sea uno de los momentos clave en la historia de la humanidad; la iglesia debe asumir su responsabilidad de ser sal y luz sobre la tierra, de anunciar en todo tiempo y lugar, de diversas y enriquecedoras formas, que Jesucristo fue, es y será por siempre Señor.

## Jesús y las autoridades políticas y religiosas

A modo de un primer análisis (dado que profundizaremos en el tema en el capítulo séptimo), vale la pena señalar que la cuestión de la autoridad no es menor en los Evangelios. ¿De dónde provenía la autoridad de Jesús? ¿Cómo se relacionaba con las autoridades civiles y religiosas? ¿Cuál era la fuente de la autoridad de los discípulos? ¿Cómo esperaba Jesús que reaccionaran sus seguidores frente a la autoridad y el poder? ¿Qué principios estableció el Señor al respecto de la autoridad para los suyos? Debemos recordar que en la época de Jesús las autoridades políticas, civiles y religiosas solían ser bastante despóticas o arbitrarias en casi todas sus formas, al tiempo que había un exacerbado clima de tensiones y conflictividades crecientes.

A partir del pecado original, la maldad entró en la humanidad y la imagen de Dios en nosotros se desdibujó; esto no solo corrompió la naturaleza humana, sino también sus múltiples manifestaciones, expresiones y acciones. Lo dicho incluso facilitó el ejercicio del abuso de autoridad, la arrogancia y toda forma de altivez. La autoridad, en líneas generales y desde el punto de vista epistemológico, sirve para evitar o impedir el caos, pero el exceso en su ejercicio o su desviación llevan a toda forma de arrogancia y soberbia —realidades que pueden verificarse, incluso, a lo largo de la historia de la iglesia—. No debemos esperar un ejercicio responsable y justo de la autoridad por parte de aquellas personas que no han sido redimidas por la sangre de Jesucristo, dado que sus frutos serán necesariamente consecuencia de la maldad y el pecado. Dice el apóstol Pablo: «Porque el deseo de la carne es contra el Espíritu, y el del Espíritu es contra la carne; y estos se oponen entre sí, para que no hagáis lo que quisiereis» (Gl 5:17). El problema está en la naturaleza pecaminosa del hombre, que produce frutos de maldad (Mt 7:17); en todos los casos, un manzano siempre dará manzanas, no puede dar naranjas. Una vida que no ha sido transformada por el poder de Dios ni vive bajo la santidad del Espíritu Santo no puede obrar conforme al corazón de Dios y su Palabra.

Todos solemos poner nuestra esperanza o confianza en líderes carismáticos (religiosos o no), según entendemos que son probos para el ejercicio de puestos públicos o privados; de hecho, puede ser que lo sean y estén preparados para tal fin. No obstante, debemos recordar que hay un límite para sus acciones, establecido por su propia naturaleza pecaminosa. En algún punto, en un momento, independientemente de sus habilidades, obrarán bajo los lineamientos del pecado y la maldad, aunque *a priori* parezcan justos (Rm 3:10-18). Nos recuerda el sabio Salomón: «Cuando los justos dominan, el pueblo se alegra; más cuando domina el impío, el pueblo gime» (Pr 29:2). Si hacemos un rápido repaso por la historia de nuestros países, nos daremos cuenta de que la sentencia del rey Salomón es correcta y acertada.

En este punto, nos toca mencionar los principios fundamentales que Jesús estableció en sus enseñanzas con el fin de que sus discípulos hicieran un uso responsable de la autoridad (*exousía*). En primer lugar, debemos tener en claro que en todos los casos la autoridad está íntimamente ligada al servicio, se retroalimenta con el servicio, y en consecuencia se espera que las autoridades, cualesquiera que sean, prioricen el servicio al prójimo, a la comunidad. En ese sentido, Jesús les dijo a los discípulos:

> Sabéis que los gobernantes de las naciones se enseñorean de ellas, y los que son grandes ejercen sobre ellas potestad. Mas entre vosotros no será así, sino que el que quiera hacerse grande entre vosotros será

> vuestro servidor, y el que quiera ser el primero entre vosotros será vuestro siervo; como el Hijo del Hombre no vino para ser servido, sino para servir, y para dar su vida en rescate por muchos. (Mt 20:25-28)

En atención a esto, debemos reconocer que con el paso del tiempo hemos desvirtuado el sentido del concepto de *apóstol*, que no es asimilable a alguien con derechos autoritarios, a una posición jerárquica (clericalismo), ni a una preeminencia especial o particular, sino que se debe al servicio, en el estricto sentido del término. En el mundo griego y romano, los *apostolos* eran enviados, cuasi embajadores o representantes, pero esta institución también existía en el mundo judío, y de allí deberíamos abrevar para poder entender el concepto que tenía Jesús en mente cuando llamó, preparó y envió a los apóstoles a cumplir su misión. En efecto, en la Segtuaginta (LXX) encontramos aproximadamente 700 veces el uso de la palabra *apostello* o *exapostello* para traducir el verbo hebreo *shalaj* (שָׁלִיחַ), cuyo significado es esencialmente *el enviado*. Debemos tener en cuenta que el *shalaj* es simplemente el nombre del aquel que es enviado por alguien superior. El primer caso en el Antiguo Testamento se encuentra en Eliezer, quien va en nombre de Abraham a conseguir esposa para Isaac (Gn 24:1).

El Talmud lo considera como alguien encomendado para cumplir una delegación o representar al que lo envía en algún punto o pedido concreto. Ese es el sentido de la frase: «El enviado del rey es como el rey». Esto no tiene que ver con las virtudes del enviado, sino con las del que lo envía; allí debe estar el centro de nuestra atención, en el que envía, el que comisiona, el que manda, no en nosotros, que somos meros siervos, sujetos a la autoridad del que envía.

Por eso es tan cuestionable hoy en día la asimilación del apostolado a una figura de autoridad jerárquica, de escalafón religioso o de mera prepotencia ministerial. El que es enviado es un siervo y no tiene poder o función alguna, salvo la de hablar y actuar en nombre del que lo envía, despojado de todo tipo de personalismo (Gn 24:12, 27, 34). Jesús utilizó en varias oportunidades el concepto que estamos mencionando, incluso al respecto de los discípulos a los que envió en una comisión especial y con el poder debido para realizarla; la figura central, relevante, importante y única es por ende el que envía, nunca el enviado (Mt 16:19; 18:18; Mc 9:37; Lc 10:16; Jn 13:20; 20:23). Básicamente, no hay apóstoles que no sean discípulos y, por ende, aprendices y servidores dispuestos a lavar los pies y ceñirse la toalla.

San Pablo tenía absolutamente claro este concepto expuesto por el Señor Jesús y por eso afirmaba: «A mí, que soy menos que el más pequeño de todos los santos, me fue dada esta gracia de anunciar entre los gentiles el evangelio de las inescrutables riquezas de Cristo» (Ef 3:8). Es más, le dice a la iglesia de Corinto: «Y cuando estaba entre vosotros y tuve necesidad, a ninguno fui carga, pues lo que me faltaba, lo suplieron los hermanos que vinieron de Macedonia, y en todo me guardé y me guardaré de seros gravoso» (2 Co 11:9). Incluso Pablo casi irónicamente llega a hablar de "grandes apóstoles" o, siguiendo otras versiones, "superapóstoles" (2 Co 11:5; 12:11).

San Pablo habla de sí como el más pequeño de todos, pensando incluso que no era digno de ser llamado como tal, y esgrimiendo como únicos pergaminos de la tarea cumplida no sus méritos ni sus títulos (que los tenía), sino sus debilidades y sufrimientos, dado que a través de estos había visto exaltado el nombre de Cristo. Cuán distinta es hoy la perspectiva de los que se llaman a sí mismos apóstoles de Cristo y no tienen marcas que mostrar ni debilidades que permitan exaltar únicamente a Cristo. Dice el apóstol san Pablo, y cito en extenso:

> ¿Son hebreos? Yo también. ¿Son israelitas? Yo también. ¿Son descendientes de Abraham? También yo. ¿Son ministros de Cristo? (Como si estuviera loco hablo). Yo más; en trabajos más abundante; en azotes sin número; en cárceles más; en peligros de muerte muchas veces. De los judíos cinco veces he recibido cuarenta azotes menos uno. Tres veces he sido azotado con varas; una vez apedreado; tres veces he padecido naufragio; una noche y un día he estado como náufrago en alta mar; en caminos muchas veces; en peligros de ríos, peligros de ladrones, peligros de los de mi nación, peligros de los gentiles, peligros en la ciudad, peligros en el desierto, peligros en el mar, peligros entre falsos hermanos; en trabajo y fatiga, en muchos desvelos, en hambre y sed, en muchos ayunos, en frío y en desnudez; y además de otras cosas, lo que sobre mí se agolpa cada día, la preocupación por todas las iglesias. ¿Quién enferma, y yo no enfermo? ¿A quién se le hace tropezar, y yo no me indigno? Si es necesario gloriarse, me gloriaré en lo que es

de mi debilidad. El Dios y Padre de nuestro Señor Jesucristo, quien es bendito por los siglos, sabe que no miento. (2 Co 11:22-31)

Nuestro mayor ejemplo es Jesucristo mismo, quien, siendo Dios, no estimó su condición como cosa a qué aferrarse, sino que se despojó a sí mismo y se hizo siervo y murió en la cruz por cada uno de nosotros. Somos llamados a tener su mismo sentir, su misma actitud, su misma humildad (Flp 2:1-11). Por su humillación, por su sacrificio, Jesús recibió un nombre que es sobre todo nombre y ante Él se doblará toda rodilla y toda lengua le confesará en el cielo, la tierra y debajo de la tierra como Señor. Esto sí es verdadera y legítima autoridad, retroalimentada y construida a partir del servicio sacrificial.

En segundo lugar, debemos tener en cuenta que la ambición de poder, las luchas de poder no pueden ni deben ser hábitos que practiquen los cristianos. El Evangelio de Marcos relata la historia de la petición que le hacen Jacobo y Juan, hijos de Zebedeo, al Maestro: «Ellos le dijeron: Concédenos que en tu gloria nos sentemos el uno a tu derecha, y el otro a tu izquierda» (Mc 10:37). Notemos que Jesús estaba aún con ellos, pero los discípulos actuaban con una ambición desmedida, pensando en quién sería el más grande entre ellos cuando Jesús no estuviera antes que en servirle. De hecho, los restantes discípulos se enojaron con ellos al enterarse de tal petición: «Cuando lo oyeron los diez, comenzaron a enojarse contra Jacobo y contra Juan» (Mc 10:41).

Como siervos de Jesucristo, no podemos tener los mismos valores y perspectivas que tiene el mundo; el éxito para nosotros no se encuentra en la cantidad de personas que pastoreamos, ni en las dimensiones de nuestros ministerios (aunque sea algo importante), sino que debemos medir el éxito con los parámetros de Dios: obediencia, santidad, servicio, humildad y frutos dignos de arrepentimiento. Siempre es más importante lo que somos que lo que hacemos, dado que de la abundancia de nuestro corazón brota el carácter de nuestro servicio (Mt 7:21-23).

Finalmente, cabe mencionar que se espera de cada uno de nosotros, los que fuimos llamados a anunciar las buenas nuevas de salvación a todas las naciones, que no abusemos de nuestras posiciones de autoridad, en especial aquellos que son llamados al ministerio. No debemos enseñorearnos de las personas ni ejercer sobre ellos una autoridad desviada. En este punto, es necesario mencionar que el ejercicio del autoritarismo, el mesianismo, la negligencia ministerial e incluso el clericalismo entre los pastores y apóstoles son cuestiones más frecuentes de lo que pensamos. Es que en efecto, a partir de la *nueva reforma apostólica* (NRA) se ha redefinido el concepto de autoridad, llevándolo al extremo de pretender manipular la vida de las personas so pretexto del ejercicio ministerial. No podemos dudar de la importancia del concepto del reino de Dios para la creencia cristiana, pero el mismo, de cara a la NRA, ha devenido en algunos casos en un mal uso conceptual, afincado en el Antiguo Testamento, para instaurar las premisas de los antiguos reyes israelitas y sus expresiones litúrgicas, y justificar la autoridad apostólica a ultranza. Dicho de manera simple, lo que el ejemplo de Jesús nos muestra es que la autoridad sin sujeción a Cristo en amor y misericordia es despotismo.

# CAPÍTULO IV

## Jesús ante la enfermedad. La manifestación del poder de Dios marcaba la diferencia

El Evangelio según san Mateo, en el capítulo 4, desde el versículo 23 hasta el 25, describe con precisión lo que representaba en el ministerio de Jesús el eje de la sanidad; dice el texto sacro:

> Jesús recorría toda Galilea enseñando en las sinagogas, anunciando las buenas noticias del reino y sanando toda enfermedad y dolencia entre la gente. Su fama se extendió por toda Siria y le llevaban todos los que padecían de diversas enfermedades, los que sufrían de dolores graves, los endemoniados, los epilépticos y los paralíticos, y él los sanaba. Lo seguían grandes multitudes de Galilea, Decápolis, Jerusalén, Judea y de la región al otro lado del Jordán.

La proclamación de que *el reino de los cielos* se había acercado conllevaba la realización de milagros, sanidades y portentos por parte de Jesús. El contexto era particularmente difícil para las personas que llevaban alguna carga física, no solo por los escasos adelantos médicos, sino fundamentalmente por los costos que involucraban las prestaciones médicas.

En efecto, en la época de Jesús se consideraba a los enfermos como personas impuras, por lo que eran básicamente excluidos de la vida social, dado que la enfermedad era consecuencia del pecado (Dt 28:60, 61) para el imaginario popular y religioso; tal era el caso de la lepra, por ejemplo. La persona enferma no podía participar de la vida cúltica o ritual de Israel. Toda enfermedad impedía una vida laboral normal, era fuente de indigencia y marginación social. De allí el nivel de zozobra y angustia que conllevaba la enfermedad en la vida de las personas. Jesús en consecuencia se erigía como una esperanza válida, real y concreta para aliviar el dolor y, por sobre todas las cosas, reinstalar a las personas en la sociedad. El hecho de que Jesús tocara a los enfermos fue criticado y reprobado por los sacerdotes, maestros de la ley, escribas y fariseos de su tiempo; le reprochaban que incurriera en la impureza ritual y que luego no pudiera participar de la vida religiosa. Jesús se atrevió a navegar en contra de la corriente en medio de una sociedad que había condenado por principio a los enfermos, ya que consideraba que Dios los estaba castigando por sus pecados.

Jesús invirtió el sistema de creencias religiosas y culturales erróneo de su tiempo al respecto de los enfermos y también de los pecadores, mostrando el verdadero corazón del Padre, que a todos ellos amaba. En cuanto a la metodología que se solía utilizar, la información es escasa; sabemos que los médicos no tenían grandes conocimientos anatómicos dado que les estaba prohibido tocar o practicar con cadáveres en virtud de que eran considerados inmundos. No obstante, se acostumbraba aplicar vino, aceite, cataplasmas y vendas a las heridas y llagas (Is 1:6; 38:21; Lc 10:34); se conocía incluso una forma primitiva de curar los huesos fracturados (Ez 30:21); las parteras hebreas eran empíricas (Gn 38:27-30; Ex 1:15-21; Ez 16:4, 5). Mientras tanto, en el mundo del Nuevo Testamento, los médicos eran vistos como ineficaces (Mc 5:25, 26; Lc 8:43) y daban una imagen de escepticismo en las personas (Lc 4:23). Sin embargo, se reconocía su actividad positiva y benéfica (Mt 9:12).

En el presente capítulo, veremos cuáles eran las enfermedades más comunes en la época de Jesús, avanzaremos un poco más en la descripción de la situación social de los enfermos y veremos de qué manera Cristo se relacionó con los enfermos y sus allegados: analizaremos además el modelo establecido por Jesús como forma de acercamiento y, finalmente, los desafíos que actualmente tenemos como iglesia al respecto de los enfermos y los menesterosos.

## Las enfermedades más comunes de la época de Jesús. La situación social de los enfermos

Para entender el ministerio de Jesús y los principios que Él mismo nos dejó, es menester tratar de profundizar lo más que podamos en su cultura y las costumbres del Israel del primer siglo. En ese sentido, conviene iniciar esta sección con una advertencia que nos hace José Luis de León Azcárat al respecto de lo que entendía la Torá sobre el concepto multidimensional de salud:

> Lo que la Torá entiende por "salud" y "enfermedad" no es identificable del todo a lo que entiende hoy la cultura occidental. Para el antiguo Israel, Yahvé es el agente principal de su salud y bienestar, y el cumplimiento de la Torá, la profilaxis contra todo tipo de calamidades. Es este marco religioso el que permite comprender las disfunciones biológicas y las enfermedades mencionadas en la Torá (infertilidad, trastornos físicos, enfermedades cutáneas...) a partir de lo que la moderna antropología de la salud entiende son las tres dimensiones de la enfermedad: la biológica (*disease*), la subjetiva (*illness*) y la social (*sickness*).[87]

Si bien es imposible quitarnos de encima nuestro ropaje moderno, debemos reconocer que, en la época de Jesús, según distintos historiadores, el estado sanitario de la tierra de Israel era realmente lamentable. Todas las enfermedades se potenciaban a partir de la falta de higiene adecuada, una deficiente alimentación y las características sanitarias de una época que no contaba con mayores tratamientos médicos. La expectativa media de vida en aquellos días era de 30 a 35 años; adicionalmente hay que señalar que en aquel entonces no estaba muy difundido el conocimiento médico y básicamente, como dijimos, la creencia popular sobre la causa principal de las enfermedades era verlas como un ataque directo de Satanás a la persona (Mt 12:27) o el pecado del enfermo o de sus parientes (Jn 9:2). Escribe al respecto Edersheim:

> Cuando los discípulos le preguntaron a nuestro Señor respecto al ciego de nacimiento: *Rabí, ¿quién pecó, este o sus padres?*, estamos oyendo una pregunta estrictamente judía. [...] Era doctrina común que los hijos se beneficiaban o sufrían en conformidad al estado espiritual de sus padres.[88]

---

[87] León Azcárate, 2011, p. 65.
[88] Edersheim, 1990, p. 178. Énfasis añadido.

En líneas generales, los judíos pensaban algo muy similar al resto de los pueblos semíticos del Antiguo Oriente al respecto de la enfermedad. Creían que el padecimiento físico se debía a la intervención de agentes sobrenaturales y que eran generalmente consecuencia de los propios errores o pecados. La enfermedad era un pecado que incluso se transmitía generacionalmente; por eso, el hecho de curar las enfermedades era tarea casi exclusiva de los sacerdotes, incluso de los magos, a los que se recurría para que, a base de diversos ritos, conjuros, prácticas exorcistas, fórmulas mágicas, oraciones y amuletos otorgaran la esperada sanidad. Para los judíos, por su parte, era Yahvé el curador por excelencia (Ex 15:26; 23:25; Dt 7:15; 2 R 20:5; Sal 41:3, 4; Is 53:5; 57:18; Jr 33:6; entre otros).

La alimentación era verdaderamente irracional. De ahí el corto promedio de vida de los contemporáneos de Jesús y el hecho de que veamos con tanta frecuencia enfermos y muertos jóvenes en la narración evangélica. Pero era el clima el causante de la mayor parte de las dolencias. En el clima de la tierra de Israel se dan con frecuencia bruscos cambios de calor y frío. El tiempo fresco del año, con temperaturas relativamente bajas, pasa sin transición ninguna, en los días *Hamsin* (días del viento sur del desierto), a temperaturas de 40 grados a la sombra. Y aun en esos mismos días, la noche puede registrar bruscos cambios de temperatura que, en casas húmedas y mal construidas como las de la época, debían producir fáciles enfriamientos, y por lo mismo, continuas fiebres. Las enfermedades más comunes en la época de Jesús eran las infecciones, y la lepra en la parte norte de la tierra de Israel era algo casi endémico; abundaban también los trastornos vinculados a la mala alimentación (gastrointestinales, cólera), la fiebre de diversos orígenes, la epilepsia y las enfermedades cerebrales y psiquiátricas en sus diversas manifestaciones (generalmente asociadas a la posesión demoníaca), y por supuesto, las incapacidades motrices, auditivas, oculares o viscerales.

La enfermedad era una situación de debilidad que conllevaba el debido agotamiento familiar (Lc 8:43); el enfermo sufría prácticamente el abandono de su fuerza vital y era un desplazado de la sociedad. De allí que, por ejemplo, los enfermos en general y particularmente los minusválidos (cojos, ciegos, paralíticos, sordos) eran parte de lo que se conocía como *marginados*. Ni hablar de los leprosos, que hasta sufrían el rechazo social y formaban comunidades específicas para ellos, lejos del resto del pueblo (Lv 14; Jb 18:13).

Como sucede incluso hoy, el enfermo ingresa a una zona de disvalor económico forzoso, debe dejar de trabajar o hacerlo con los recaudos del caso —y esto, por ejemplo, es muy complejo para los cuentapropistas, quienes de varias formas terminan dependiendo de otros que puedan ayudarlos o facilitarles recursos, incluso el propio Estado—. Se precipita hacia una creciente situación de deterioro, incluso emocional, que ataca su dignidad al no sentirse completamente activo como antes; nos dice Couto: «La primera consecuencia del "estar enfermo" se caracteriza por la tendencia a aislar de la vida social a quien padece la enfermedad».[89] No era muy diferente en la época de Jesús, con el agravamiento de que encima eran mal vistos y sufrían el terrible prejuicio del *vaya a saber qué hicieron para que les sucediera eso* (frase que a veces escuchamos nosotros también). Por su misma condición, la enfermedad era considerada como un castigo de Dios. Se entiende que es Dios mismo quien abandona y rechaza al enfermo por causa de sus pecados. Todo enfermo es sospechoso de infidelidad a Dios.

Como consecuencia de lo anterior, el enfermo se veía a sí mismo como culpable de algo, tanto ante Dios como ante la sociedad, aunque muchas veces no sabía bien lo que había hecho. Este sentimiento de culpabilidad hunde al enfermo en la desesperanza y en la marginación. Veremos a lo largo del ministerio de Jesús cómo los enfermos se acercaban a Él de manera casi dramática y con un gran sentido de culpa por molestarlo o suplicarle; incluso apelaban a su misericordia para obtener el milagro de sanidad, como el caso de la mujer cananea (Mt 15:23-28). Ante el contexto mencionado, Jesús sin duda consideraba que la sanidad era parte importante de su ministerio, y aliviar el dolor, mostrar la luz, dar libertad a los cautivos y perdonar los pecados eran ejes medulares de su tarea sacrificial, que llegó a su máxima expresión en la cruz. Muchos son los pasajes que dan cuenta de esto en

---

[89] Couto, 2007, p. 95.

los Evangelios, entre ellos: Mt 4:23; 8:2, 3, 16, 17; 12:13, 22; 15:30; 21:14; Mc 10:51, 52; Lc 7:21; 13:11-13; 22:49-51; Jn 4:49-51; 9:6, 7).

Cabe agregar, al respecto de los médicos, que según el Antiguo Testamento debían pertenecer a la tribu sacerdotal de los levitas, y que generalmente realizaban sus diagnósticos por medio de la inspección ocular del paciente y los rasgos visibles de la enfermedad. Generalmente los médicos eran tenidos en gran estima entre los hebreos; dice el libro deuterocanónico de Eclesiástico: «Da al médico, por sus servicios, los honores que merece, que también a él le creó el Señor» (38:1). Pero, al mismo tiempo, hay que reconocer que esos mismos servicios estaban prácticamente destinados a los ricos o al menos a personas pudientes, debido a sus honorarios y costos, con lo cual era muy difícil que alguien pobre accediera a ellos.

Jesús comprendía en profundidad el contexto social con el que interactuaba, las necesidades sentidas y urgentes de las personas y las dificultades por las que atravesaban en su desenvolvimiento cotidiano debido a su enfermedad. Una y otra vez leemos en los Evangelios que adondequiera que Jesús iba, los enfermos lo seguían; se había tornado su única esperanza. Notemos que no se dirigían masivamente a los sacerdotes o demás fariseos, sino al Señor. No es un dato menor. Jesús tenía empatía, misericordia y amor, tres características esenciales para tratar con los enfermos, los necesitados y los marginados. Desde nuestra mirada sociológica no puede dejar de llamarnos la atención la magnitud del compromiso social que tenía Jesús con los que lo rodeaban, un compromiso que se materializaba en acciones concretas, indiscutibles y muchas veces rupturistas en pos del bien del prójimo. La relevancia dada por el Maestro a las personas iba más allá de los ritos, las prácticas y los legalismos de la época. Jesús no era un fariseo más, era uno comprometido con las personas a tal punto que murió por ellas y por nosotros. Todo un cambio de visión a tener en cuenta para la iglesia de hoy.

Como iglesia deberíamos preguntarnos: ¿A dónde van los necesitados, los enfermos, los marginados, los pobres? ¿Nos siguen? ¿Vienen detrás de nosotros o solamente son un ítem más dentro de nuestro profuso ministerio, a los cuales atendemos de manera tangencial o secundaria? Podríamos decir que Jesús se concentró en formar a los doce discípulos; ese fue el eje de su ministerio, es cierto, pero nunca descuidó a las personas, nunca dejó de intervenir en sus vidas para transformarlas y mostrarles el amor de Dios. En efecto, el amor no puede ser contenido o estructurado bajo parámetros religiosos; la misericordia nunca es esquemática ni la santidad, selectiva. Si algo nos deja claro Jesús es que no era simplemente un rupturista del sistema, o alguien que usufructuaba dinero de terceros a título personal a partir de la ayuda a los pobres, sino alguien que puso en valor la dignidad de las personas y actuó en consecuencia. Jesús le hace saber a su primo Juan el Bautista lo mismo que hoy nos dice a nosotros: para el evangelio hay dos ejes centrales, la cruz y las personas. Es la historia de la humanidad: Dios buscando al hombre.

> Juan, que en la cárcel había oído hablar de las obras de Cristo, envió a sus discípulos a decirle: —¿Eres tú el que ha de venir o hemos de esperar a otro? Jesús les respondió: —Vayan y cuenten a Juan lo que oyen y ven: los ciegos ven y los cojos andan, los leprosos quedan limpios y los sordos oyen, los muertos resucitan y se anuncia a los pobres la Buena Nueva. (Mt 11:2-6)

## Jesús sanó a todos los enfermos: una renovada manifestación del poder de Dios en medio de las personas

El hombre es una unidad multidimensional que no puede ser desagregada, aunque a los fines del conocimiento se realice (tradición griega); en consecuencia, podemos afirmar que cuando hablamos o pensamos en el concepto de enfermedad la definimos como un estado vinculado a la falta de bienestar físico, mental, espiritual y social. Originariamente, Dios creó al hombre a su imagen y semejanza, completo, sano y sin dolor; dice el texto sacro: «Y vio Dios todo lo que había hecho, y he aquí que era bueno en gran manera. Y fue la tarde y la mañana el día sexto» (Gn 1:31). La idea de la enfermedad no estaba presente en la creación original antes de la caída, sino que es consecuencia del pecado. El proceso corruptivo de la desobediencia que dio a luz el pecado degradó no solo nuestra relación con Dios, sino nuestra naturaleza humana. Independientemente de la concepción de la cosmovisión judía,[90] debemos reconocer que el autor de la enfermedad no es Dios, sino el pecado. En este sentido, nos dice King en alusión al pecado original:

> Por esta gran traición, Adán y Eva murieron espiritualmente y empezaron a morir físicamente. Sus órganos empezaron a desgastarse y esto empezó a causar enfermedad en sus cuerpos. Adán viviría otros novecientos treinta años, pero esta muerte empezó su proceso en ese momento. [...] La enfermedad es el resultado del pecado.[91]

De allí que, ante la enfermedad, la Palabra afirme:

> Si oyeres atentamente la voz de Jehová tu Dios, e hicieres lo recto delante de sus ojos, y dieres oído a sus mandamientos, y guardares todos sus estatutos, ninguna enfermedad de las que envié a los egipcios te enviaré a ti. (Ex 15:26)

Para la concepción judeocristiana, la salud es un concepto integral que tiene que ver con nuestra relación con Dios. Para los judíos, la importancia de la salud encuentra su sustancia en el hecho de que es necesaria para que los fieles se dediquen al estudio de la Torá, a la plegaria y la práctica de las *mitzvot* sin impedimentos. En palabras del Rambam:

> La salud del cuerpo y el bienestar son parte del sendero hacia Dios, dado que es virtualmente imposible conocer o comprender algo del Creador si se está enfermo. Uno debe por lo tanto evitar todo aquello que pueda dañar al cuerpo y cultivar hábitos saludables. (Mishné Torá, Hiljot Deot 4:1)

En el contexto más amplio del Antiguo Oriente, la enfermedad suponía una ruptura del enfermo con el entorno social, un deterioro que involucraba todas sus relaciones y obviamente sus niveles de salud.

> La enfermedad supone, subjetivamente, una clara ruptura de equilibrios para el enfermo, tanto a nivel individual (alteraciones y fallos en el funcionamiento del organismo, dudas que alteran la tranquilidad

---

[90] Dice el libro de Eclesiástico 38:1: «El que peca delante de su Hacedor ¡caiga en manos del médico!».

[91] King, 2004, p. 113.

mental) como a nivel social (aislamiento del paciente y falta de integración en la comunidad).[92]

Por lo expuesto es que era tan importante e impactante el ministerio de Jesús en la Galilea del primer siglo. Los enfermos no solo eran una carga para el sistema, sino que fundamentalmente la tarea de acompañamiento era sumamente difícil para sus familias y frustrante para ellos mismos, independientemente de la enfermedad de la que se tratara o su intensidad. Los enfermos estaban, como dijimos, en el grupo de los marginados, y esa marginalidad tenía como ejes principales la deshumanización y el aislamiento del enfermo; si a eso le sumamos que la mayoría de ellos no tenía acceso a médicos, podemos decir que Jesús era su única esperanza y también la de sus familias. Por eso lo seguían las multitudes (Jn 6:2). Jesús ministró sanidad desde el principio de su ministerio:

> Y recorrió Jesús toda Galilea, enseñando en las sinagogas de ellos, y predicando el evangelio del reino, y sanando toda enfermedad y toda dolencia en el pueblo. Y se difundió su fama por toda Siria; y le trajeron todos los que tenían dolencias, los afligidos por diversas enfermedades y tormentos, los endemoniados, lunáticos y paralíticos; y los sanó. (Mt 4:23, 24)

Fijémonos que el autor no se limita a mencionar algunas enfermedades que Jesús sanaba, sino que con claridad dice *toda enfermedad y dolencia*. La gente seguía a Jesús porque se había tornado la única alternativa viable para ellos y no había enfermedad que pudiera resistirse a su palabra y poder; esto no solo causaba recelos entre los sacerdotes y fariseos, sino que abiertamente los dejaba expuestos en su incapacidad para lidiar con los enfermos y necesitados como resultado de su legalismo improductivo y hueco. Había una realidad que no podía esconderse o taparse: los que habían sido ciegos veían, los que eran paralíticos caminaban, los sordos escuchaban, los que eran señalados como endemoniados estaban en sus cabales e incluso los muertos volvían a la vida.

Los milagros de Jesús no solo indicaban que se estaban cumpliendo las Escrituras al respecto de la promesa del Mesías (Is 35:5, 6),

---

[92] Couto, 2007, p. 6.

sino que además manifestaban abiertamente que el reino de Dios se había acercado: la manifestación del poder de Dios que otrora había marcado el ritmo de la historia de Israel nuevamente se estaba revelando en medio del pueblo luego de los 400 años de silencio. Esto sin duda conllevó expectación y fundamentalmente mostró a un Dios amoroso que seguía teniendo misericordia de las personas. Ante lo señalado, no quedaba más que la falsa información, la confusión, la mentira y la manipulación de la realidad por parte de la casta religiosa para tratar de distorsionar las obras de Jesús y la relación que tenía con las personas. No obstante, su fama se extendía y esto requería medidas drásticas, las cuales finalmente llevaron a Jesús a la cruz.

Básicamente, las sanidades de Jesús glorificaban a Dios (Mt 15:29-31), y así lo expuso el propio Cristo vez tras vez: eran para la gloria de Dios, para que el poder de Dios fuera manifestado, era parte del acercamiento del reino de Dios a la tierra. Debemos notar que, más allá de las decisiones personales involucradas, ninguna de las personas que se relacionaron con Jesús pudo decir o afirmar que era alguien normal o semejante al resto de los hombres (Mc 1:7, 21-28; Jn 1:27; 9:2-12; 10:38; 11:40; 14:12-14). De hecho, las sanidades venían a completar el bienestar del cuerpo y permitían que las personas vislumbrasen el poder de Dios en su propia realidad.

Sin duda, la unción del Padre estaba sobre Jesús para sanar (Lc 4:18-20), pero quisiera resaltar su compasión (del griego *sympátheia*, que significa "sufrir juntos") como una de las fuentes más importantes que operaba en Jesús para sanar a los enfermos: un sentimiento interno y profundo que lo llevaba a ser empático y sentir lo mismo que el enfermo sentía. El poder de la compasión movilizó a Jesús en varias oportunidades a lo largo de su ministerio y lo llevó a la acción, a no quedarse indiferente ante el dolor y las situaciones de crisis de las personas (algo que debería ser natural para un cristiano).

El ministerio de sanidad de Cristo fluía de su compasión. Un día, cuando Cristo salió de su bote, Él fue recibido por una gran multitud y «tuvo compasión de ellos y sanó a los que de ellos estaban enfermos» (Mateo 14:14). Cuando dos hombres ciegos llamaron a Jesús, Él «sintiendo compasión, les tocó los ojos, y en seguida recibieron la vista y lo siguieron» (Mateo 20:34). Un leproso se arrodilló ante Jesús y le rogó que lo sanara; «Jesús, teniendo misericordia de él, extendió la mano, lo tocó y le dijo: Quiero, sé limpio» (Marcos 1:41).[93]

Estamos en medio de una realidad cambiante, inestable, compleja, que por sobre todas las cosas sufre no solo por los efectos que vivimos a la fecha como consecuencia de la pandemia del COVID-19 y la pospandemia, con males económicos y sociales fruto de aquella, sino fundamentalmente porque el mundo ha cambiado en múltiples aspectos que tienen que ver con nuestra vida cotidiana. Pero pese al adelanto o desarrollo tecnológico y científico, sigue inmerso en males endémicos de nuestro tiempo y de la historia de la humanidad (pecado, ambición, orgullo, prepotencia, violencia, muerte, corrupción, pobreza, marginalidad, desintegración familiar y tantos otros). La iglesia, cada uno de nosotros en nuestro diario caminar, sigue siendo la respuesta de Dios para una humanidad en pecado y aflicción. Somos llamados a manifestar, al igual que Jesús lo hizo, el amor, el poder y la compasión del Padre y fundamentalmente a producir un cambio real en nuestras comunidades a partir de la proclamación y vivencia del evangelio.

## El acercamiento de Jesús a los enfermos: un modelo a seguir

El Antiguo Testamento claramente establecía que la salud era fruto de la obediencia a la Ley (Ex 15:26); como contrapartida, la enfermedad era consecuencia de la desobediencia. Así lo expresa el libro de Deuteronomio:

> Y traerá sobre ti todos los males de Egipto, delante de los cuales temiste, y no te dejarán. Asimismo, toda enfermedad y toda plaga que no está escrita en el libro de esta ley, Jehová la enviará sobre ti, hasta que seas destruido. (Dt 28:60, 61)

Adicionalmente debemos recordar que en los tiempos de Jesús los judíos no acudían con frecuencia a los médicos (salvo los ricos) y tampoco había mucho conocimiento científico en la materia al respecto de posibles tratamientos; como dijimos, se creía que la raíz venía del

---

[93] King, 2004, p. 28.

pecado o los demonios. Incluso hay pocas referencias a los médicos en el Antiguo Testamento. El principal sanador era Dios mismo y hay una gran cantidad de oraciones pidiéndole sanidad para casos concretos en la Escritura (cuando fueron mordidos por las serpientes en el desierto, en los Salmos de David, en la oración de dedicación del templo realizada por Salomón, entre otros casos).

Cuando analizamos el Nuevo Testamento, nos damos cuenta de que Jesús sanó múltiples tipos de enfermedades y dolencias: a modo de resumen, podemos mencionar las más generales: endemoniados o poseídos (Mt 8:28-34; Mc 1:21-28; 5:1, 2; Lc 4:31-37); ciegos (Mt 9:27-31; Mc 8:22-26; Lc 18:35-43); lisiados, tullidos o paralíticos (Mt 9:1-8; Mc 3:1-6; Lc 13:10-17); leprosos (Mt 8:1-4; Mc 1:40-45; Lc 5:12-16); hidrópicos (Lc 14:1-6); sordomudos (Mc 7:31-37); casos de fiebre (Mt 8:14, 15); la oreja de Malco (Mt 26:47-51; Lc 22:49-51). Nos dice Gil:

> Las curaciones milagrosas de Jesús, fuera del plano terapéutico, reúnen unas características de sociología religiosa que las distinguen de las *Wunderheilungen* ("curaciones milagrosas") de los *Heilgötier* ("dioses curadores") paganos. Tienen lugar siempre a plena luz, no en la intimidad de una experiencia somnial de *incubatio*.[94]

Evidentemente, eran la manifestación del poder de Dios, no actos de curanderismo o fetichismo; no pedía dinero a cambio de la sanidad, como era costumbre, ni beneficios personales. Su autoridad iba más allá de las enfermedades o la posesión. Perdonaba pecados, revivía muertos y desafiaba las leyes mismas de la naturaleza (caminaba sobre el mar, daba órdenes al viento y a las olas).

El tipo, la gravedad, el nivel o la complejidad de la enfermedad o posesión no era un impedimento para que Jesús manifestase el poder de Dios a los necesitados y de manera indirecta al pueblo entero. En ese sentido, debemos recordar que este tipo de milagros eran indicativos, según el Antiguo Testamento, del Mesías. Por medio de estos actos, Jesús estaba cumpliendo las profecías dadas y llamando la atención sobre la religiosidad imperante contraria al corazón de Dios. Señala el Talmud:

---

[94] Gil, 1998, p. 19.

¿Cuándo vendrá el Mesías? ¿Dónde está sentado? Y ¿por qué señal será reconocido? Él está sentado entre los pobres leprosos, su nombre es el erudito leproso; como está escrito: él llevó nuestras enfermedades y sufrió nuestros dolores y nosotros le tuvimos por leproso, por herido de Dios y abatido. (Sanhedrin 98a, 98b)

Por otra parte, será Isaías uno de los profetas que más hincapié hará en las virtudes sanadoras del Mesías (Is 35:5, 6; 42:6, 7; 53:4); Jesús dio cabal cumplimiento a las expectativas veterotestamentarias y así se lo hizo saber a Juan el Bautista (Mt 11:3-5).

Jesús no solo sanó todo tipo de dolencias, sino que lo hizo bajo todo tipo de circunstancias: en el día de reposo, a todo tipo de personas, incluso a los inmundos o gentiles,[95] a las mujeres y a los marginados. Esto disparó las alarmas de los religiosos; de hecho, podemos notarlo en lo que cuenta el Evangelio según san Lucas 13:10-17. La acción se desarrolla mientras Jesús enseñaba en una sinagoga, seguramente con la anuencia del archisinagogo (αρχισυναγωγος); en dicho contexto sanó a una mujer encorvada un día de reposo. Dice el texto:

Enseñaba Jesús en una sinagoga en el día de reposo; y había allí una mujer que desde hacía dieciocho años tenía espíritu de enfermedad, y andaba encorvada, y en ninguna manera se podía enderezar. Cuando Jesús la vio, la llamó y le dijo: Mujer, eres libre de tu enfermedad. Y puso las manos sobre ella; y ella se enderezó luego, y glorificaba a Dios. Pero el principal de la sinagoga, enojado de que Jesús hubiese sanado en el día de reposo, dijo a la gente: Seis días hay en que se debe trabajar; en estos, pues, venid y sed sanados, y no en día de reposo. Entonces el Señor le respondió y dijo: Hipócrita, cada uno de vosotros, ¿no desata en el día de reposo su buey o su asno del pesebre y lo lleva a beber? Y a esta hija de Abraham, que Satanás había atado dieciocho años, ¿no se le debía desatar de esta ligadura en el día de reposo? Al decir él estas cosas, se avergonzaban todos sus adversarios; pero todo el pueblo se regocijaba por todas las cosas gloriosas hechas por él.

Notemos algunos detalles relevantes del pasaje citado. En primer lugar, la mujer sanada había sufrido su enfermedad (seguramente

---

[95] Nos dice Edersheim: «Ningún judío piadoso se hubiera sentado a la mesa de un gentil» (Edersheim, 1990, p. 47); y agrega que lo «más contrapuesto a Cristo fueron sus tiempos» (*Ibid.*, p. 49).

alguna afección en su columna), durante dieciocho años, un tiempo de sufrimiento más que largo y considerable; es evidente que en todo ese tiempo no hubo cura o posible solución para ella. Notemos que Jesús da a entender que la raíz de la enfermedad de la mujer tiene que ver con la obra de Satanás (v. 16);[96] en este caso, enfermedad y posesión se imbrican inexorablemente y sin duda daban cuenta de que dicha conjunción estaba fuera del alcance de un médico *per se*. En segundo lugar, Jesús les reprocha la dureza de corazón y el exacerbado legalismo, confrontándolos con sus acciones cotidianas de manera fuerte: *hipócritas* les dice, llevándolos por lo menos a la vergüenza y la reflexión. En tercer lugar, se trataba de un día de reposo;[97] Jesús varias veces sanó enfermedades en sábado, y en este caso particular usa intencionalmente los verbos atar y desatar para mostrar la condición de la mujer. El acto de atar era una de las acciones prohibidas en el día de reposo. Así dice Lancaster Jones:

> El Talmud, en el capítulo siete del tratado Shabbath de la Misnâh, enumera treinta y nueve acciones prohibidas: plantar, arar, cosechar, atar poleas acanaladas, trillar, aventar, seleccionar, moler, tamizar, amasar, hornear, trasquilar, lavar, batir, pintar, hilar o tejer lana. Hacer dos lazos, unir o separar dos hilos, amarrar o desamarrar, coser, romper, atrapar, matar o despellejar un animal, curtir, raspar, marcar o moldear pieles; escribir o borrar dos o más letras, construir o demoler, apagar o encender el fuego. Tocar un instrumento musical, terminar la preparación de un utensilio nuevo, transportar un objeto de áreas públicas a áreas privadas y viceversa. [...] Esto explica por qué presentaban a Cristo los enfermos después de la caída del sol (Mc 1:32).[98]

Cuando miramos el amplio y variado espectro de enfermedades y dolencias que Jesús sanó, los casos de posesión demoniaca que atendió

---

[96] Debemos recordar que no todas las enfermedades son el resultado directo de la obra de un demonio, pero en la Palabra de Dios vemos en reiteradas oportunidades que las fuerzas del enemigo causan distintas dolencias, fiebres, sordera, ceguera y epilepsia, entre muchas otras.

[97] Ante la pregunta que se hace Vermes sobre si Jesús contradijo alguna vez la Ley , el autor se responde: «La respuesta directa a esta pregunta debe ser firmemente negativa. [...] En ninguna parte de los Evangelios se nos muestra a Jesús proponiéndose deliberadamente rechazar o modificar de modo substancial un mandamiento de la Torá en sí» (Vermes, 1996, p. 38).

[98] Jones, 2020, p. 66.

y los diferentes métodos utilizados por Él, al tiempo que analizamos el contexto de las sanidades o liberaciones realizadas, la reacción de los religiosos y fundamentalmente la actitud y acercamiento de Jesús frente a los enfermos y marginados, podemos observar algunos principios que deberían ser esenciales o rectores para nosotros hoy al abordar nuestro acercamiento a las personas con tales problemáticas. Es que en efecto, tal como sentenció nuestro Señor, Él nos ha dado ejemplo para que hagamos cómo Él hizo (Jn 13:15; Flp 2:5). Recordemos que en muchos de nuestros países la salud sigue siendo de acceso muy difícil para muchos de sus habitantes; no todos tienen los recursos o medios para realizarse tratamientos complejos y dar el respectivo seguimiento. Pese al desarrollo de la ciencia, hay múltiples y diversas enfermedades que a la fecha no tienen cura y acarrean un importante sentido de impotencia y devastación para los enfermos y sus familias. A continuación, mencionaremos al menos siete principios que deberíamos tener en cuenta en nuestra relación con los enfermos y sus familias.

En primer lugar, debemos reconocer que la fuente de poder y autoridad es Dios mismo; no hay en nosotros virtud, capacidad o recurso que sea válido y eficaz para sanar enfermos o libertar endemoniados. Dice el Evangelio que Jesús les dio a los discípulos poder y autoridad para sanar a los enfermos: «Habiendo reunido a sus doce discípulos, les dio poder y autoridad sobre todos los demonios, y para sanar enfermedades» (Lc 9:1). La palabra "poder" viene del griego *dunamis*, y de allí viene nuestra expresión "dinamita", con lo cual tenemos la idea de algo verdaderamente poderoso y estridente; por su parte la palabra "autoridad", como vimos, viene de *exousía*; la palabra hace alusión a los derechos legales, a la facultad de un policía para arrestar a alguien, de un juez para dictar sentencia o de un presidente para dictar normas. El que tiene todo poder y toda autoridad es Cristo: «Toda potestad me es dada en el cielo y en la tierra» (Mt 28:18). San Pablo afirma, en atención a la obra sufriente de Cristo en la cruz, lo siguiente:

> Por lo cual Dios también le exaltó hasta lo sumo, y le dio un nombre que es sobre todo nombre, para que en el nombre de Jesús se doble toda rodilla de los que están en los cielos, y en la tierra, y debajo de la

tierra; y toda lengua confiese que Jesucristo es el Señor, para gloria de Dios Padre. (Flp 2:9-11)

Jesús les dio a sus discípulos tanto el poder para sanar enfermos como la autoridad para hacerlo, esto es la facultad legítima de usar ese poder en el nombre de Jesús y para la gloria del Padre. Es más, Jesús les dio el mismo poder y autoridad a todos los que creen en su nombre (Jn 14:12; Mt 10:8; Mc 16:15-18).

En segundo lugar, debemos enfatizar que en varias oportunidades luego de una sanidad o liberación, Jesús explicó el propósito de estas, y hay una variable que se mantiene constante: eran para la gloria de Dios (Mt 11:20-23; Jn 2:11; 7:18; 11:4, 40). Era imposible para las personas que recibían un milagro por parte de Jesús transitar sus vidas de la misma manera o dejar de reconocer que el poder de Dios había impactado en ellos (Mt 9:8, 33; 15:31; Mc 1:27; 2:12; Lc 5:26; 8:56; 11:14). Ante el poder y la gloria de Dios, el hombre no tiene más que reconocer su finitud, fragilidad e impotencia. Los milagros servían para que las personas, independientemente de su decisión final, reconocieran que se habían roto los parámetros de la normalidad, de lo posible, de lo humanamente razonable (por eso hablamos de milagro), y en este punto no podían dejar de reconocer, aun los detractores de Jesús, que algo extraordinario había sucedido. Recordemos que nunca es por nosotros, sino siempre por su misericordia, y nunca es para nuestra gloria superflua y pasajera o para alimentar nuestro ego ministerial, sino únicamente para la gloria de Dios, para que las personas crean en quien nos envió y reconozcan que hay un quiebre para ellos a partir de la fe en Jesús. Por eso san Pablo podía afirmar con toda claridad: «No me avergüenzo del evangelio, porque es poder de Dios para salvación a todo aquel que cree; al judío, primeramente, y también al griego» (Rm 1:16), no obstante lo cual, tenía absolutamente clara su posición: «A mí, que soy menos que el más pequeño de todos los santos, me fue dada esta gracia de anunciar entre los gentiles el evangelio de las inescrutables riquezas de Cristo» (Ef 3:8). Este debería ser nuestro sentir y actitud.

En tercer lugar, deberíamos rescatar del ministerio de Jesús que necesitamos tener un profundo y actualizado conocimiento del contexto que nos rodea y las necesidades urgentes de las personas. Esto era algo que Jesús manejaba a la perfección y conllevaba adicionalmente un nivel de comprensión de la realidad cotidiana realmente extraordinario. Es vital recordar y tener presente lo que ya hemos explicado: que vivimos bajo la hipermodernidad, no es un dato menor. En nuestra sociedad hay además una exacerbación del individualismo y del resguardo de la vida privada, con todo el énfasis que esto conlleva. El individuo aparece en el centro de la escena y no solo como una aparición esporádica, sino que es el lugar en el cual entiende que debe estar, en el centro, lugar ya no necesariamente ocupado por Dios. Cuidado que lo dicho no solo pasa "en el mundo", utilizando nuestro lenguaje émico, sino que es más frecuente de lo que pensamos puertas adentro de la iglesia; es muy usual ver que se habla más de los ministerios y los pastores o apóstoles que de Jesús, o de personalismos antes que del conjunto de la iglesia de Cristo, y de esa forma se vivencian los ministerios.

Una de las realidades que hace al crecimiento cuantitativo de la iglesia evangélica en prácticamente todo el continente latinoamericano es su arduo trabajo por los más necesitados y los vulnerables a través de múltiples acciones que marcan no solo presencia en medio de los barrios más pobres o marginales, sino una amplia red de cercanía o capilaridad en nuestras ciudades. Debemos reconocer que, allí donde el Estado no llega, donde la ayuda o la acción política no llegan, sí lo hace la iglesia por medio de su presencia y acción. Si pudiéramos hablar con cada uno de los pastores que ofrendan su vida en servicio a Dios por estas comunidades, notaríamos que tienen un gran conocimiento de las necesidades y falencias de cada una de ellas, conocen los problemas endémicos y recientes de cada barrio o comunidad. Ahora bien, debemos reconocer que con el transcurso del tiempo, si bien los que podríamos llamar *pastores de trinchera*, cercanos a la realidad, son conscientes de las necesidades de las personas dado que las vivencian en el día a día, muchas veces omiten tener un panorama más amplio de las causales contextuales que dieron lugar a las realidades que vivencian diariamente. Saben lo que sucede, pero no necesariamente el conjunto de las causas que dieron lugar a lo que acontece en medio de ellos. Jesús conocía ambas cosas, lo que ocurría y sus causas.

Es menester entender que, sin perder de vista la urgencia de la ayuda que necesitan las personas, deberíamos tener el mayor conocimiento posible de la realidad circundante y sus causas de origen. Para esto debemos hablar con los referentes vecinales, los vecinos más antiguos, las autoridades políticas en la medida de lo posible, realizar encuestas a las personas, indagar en la historia de la comunidad. Cuanto mayor cantidad de información tengamos y precisión sobre ella, tendremos mayor claridad sobre la forma de ayudar y modificar la realidad con un mensaje pertinente y eficaz, facilitando la obra del Espíritu.

Como iglesia debemos asumir que Dios tiene todas las respuestas y no nosotros, que solo Dios puede obrar en medio de la difícil situación que estamos atravesando en cada uno de nuestros países y que necesitamos imperiosamente ser dependientes de su mano. La Biblia nunca dijo que no tendríamos problemas, o no pasaríamos por situaciones difíciles; no obstante, en cada uno de esos momentos tenemos la seguridad de que Dios está con nosotros haciendo lo mejor para cada uno. Entre muchos textos, podemos citar lo que escribe el salmista: «Una vez fui joven, ahora soy anciano, sin embargo, nunca he visto abandonado al justo ni a sus hijos mendigando pan» (Sal 37:25). Notemos que este principio espiritual está referido a los "justos", no a los creyentes; de hecho, sin duda muchos conocemos a creyentes que no son justos. La aplicación no es lineal, es para los que *guardan su Palabra* (Jn 14:21-24), para los que *están en Cristo* (2 Co 5:17), no para los que solamente se congregan o son parte del activismo eclesial.

Cuando Dios le dijo a Noé que vendría el diluvio, le ordenó construir un arca, cosa que se puso a hacer de inmediato. Por su justicia, Noé sobreviviría junto con su familia a la muerte que se aproximaba, pero notemos que ante el diluvio, no se desveló en preocupaciones, sino que se puso a hacer lo que Dios le pidió: construir un arca. El temor no debe sembrar en nosotros el desasosiego. De igual manera, Dios le dijo a Abraham que su descendencia sería esclava por cuatrocientos años en Egipto (Gn 15:13), y Jesús les dijo a los discípulos que el Espíritu Santo les mostraría las cosas que habrían de venir (Jn 16:13). Ante la incertidumbre que estamos atravesando y los cambios en el estilo de vida a los que estamos sujetos, debemos acudir al Espíritu Santo, no solo para pedir su dirección, sino para que nos diga qué es lo que sucederá en cada una de nuestras comunidades conforme a su Palabra y guía.

En cuarto lugar, algo fundamental que debemos tomar del ministerio de Jesús es su amor, compasión y empatía al respecto de los enfermos, necesitados, afligidos, oprimidos y marginados en general. Hay una evidente unidad sincrónica entre la encarnación, el amor y la compasión que lleva a la empatía; no son posibles la una sin la otra, o alguna de ellas prescindiendo de las otras. Por amor, Jesús se encarnó y murió sustitutivamente por cada uno de nosotros a fin de que tengamos salvación; lo hizo gracias a su excelsa compasión por nuestras vidas. En ese esquema, la iglesia está llamada a replicar la misma forma de hacer misión que hubo en Jesús. Es imposible poder cumplir conforme al corazón de Dios nuestros ministerios a menos que nos encarnemos en medio de la comunidad en la cual servimos, pero teniendo además debida compasión por ellos, siendo empáticos con sus realidades; será infértil nuestra misión a menos que les mostremos a las personas de manera concreta y práctica la compasión de Dios por sus vidas, y será vana nuestra acción si no se sustenta en el amor (1 Co 13:1-13). En efecto, las personas no recordarán nuestros mensajes, nuestras lecciones (quizás alguna puntual que los haya marcado), nuestra capacidad oratoria o teológica: recordarán que estuvimos con ellos, oramos y lloramos o nos reímos juntos, que los abrazamos y extendimos nuestra mano en tiempo de necesidad y, por sobre todas las cosas, los entendimos aun en sus debilidades y les mostramos en amor la corrección del Espíritu Santo.

En quinto lugar, debemos destacar una particularidad del ministerio de Jesús, que es innegable, y tiene que ver con su falta de prejuicios hacia las personas: las veía más allá de su condición. La palabra "prejuicio", de prejuzgar, significa según el Diccionario de la Real Academia Española: «Juzgar una cosa o a una persona antes del tiempo oportuno, o sin tener de ellas cabal conocimiento». Etimológicamente, proviene del latín *praeiudicium*, esto es, un juicio previo o una decisión prematura. Vemos que, en reiteradas oportunidades, como dijimos, Jesús fue duro con el legalismo de los religiosos de su época;

sin embargo, en este punto y en atención a la constante imagen negativa desarrollada en Occidente contra los fariseos, cabe destacarse que nunca son buenas las generalizaciones; de hecho, san Pablo mismo reconoce su origen fariseo: «En cuanto a la Ley, fariseo» (Flp 3:5). Afirma el libro de Hechos de los Apóstoles que muchos fariseos se unieron al movimiento de Jesús (15:5). Más concretamente al respecto de la vida de Jesús, podemos ver el caso de Nicodemo, quien tiene un encuentro con el Señor, narrado en el Evangelio según san Juan (3:1, 2), y luego además lo defiende ante la asamblea (Jn 7:50, 51) y asiste a su sepultura (Jn 19:39).

Particularmente en los Evangelios podemos leer que Jesús no desobedeció la Ley, sino que la cumplió de manera adecuada y en la exacta dimensión de la voluntad de Dios (Mt 5:17-20), desprovista de prejuicios, ritualismos innecesarios y sacrificios vanos, más propios del orgullo humano que de una ofrenda agradable a Dios (Os 6:6, 7; Mt 9:10-13; 12:1-8; entre otros).

Una y otra vez se observa en los Evangelios a un Jesús libre de prejuicios y preconceptualizaciones al tocar y sanar a los leprosos, al dirigirse a las mujeres, aun a las pecadoras, a los recaudadores de impuestos, a los gentiles, saliendo al encuentro de los endemoniados, abrazando a los marginados o perdonando a los reos, incluso en la cruz. Su actitud no era casual, provenía de un corazón compasivo. Es que la naturaleza de Dios está esencialmente atravesada por la santidad, el amor y la misericordia; es lo que Jesús mostró durante todo su ministerio. Dios no puede negarse a sí mismo u obrar de manera distinta a su esencia. La iglesia hoy es la encargada, el agente de Dios en el mundo para que, libre de prejuicios, pueda manifestar el amor y el poder de Dios.

En sexto lugar, debemos señalar que Jesús desarrolló en cada paso la fe de las personas que se acercaron a Él. Leemos frases tales como: «Si puedes creer», «si crees, todo es posible», «conforme a tu fe te sea hecho», «¿no te he dicho que si crees verás la gloria de Dios», «por cuanto has creído», «Jesús se maravilló de la fe de ellos», «de cierto os digo, que ni aun en Israel he hallado tanta fe», «ve, tu fe te ha salvado», etc.

Ya de por sí, el milagro transformaba la vida de las personas, pero antes del mismo, Jesús se aseguraba de que tuvieran la fe suficiente para creer o, por lo menos, manifestaran su incapacidad para creer más para que Él obrara en consecuencia. Como todo acto de acercamiento a Dios, debe haber fe en nosotros para creer (Hab 2:4; Rm 1:7; Gl 3:11; Hb 11:6). De la misma manera, los cristianos estamos llamados a desarrollar y profundizar nuestra fe, y los pastores a desarrollar la fe de las personas en Jesús. En este sentido, la fe no solo es una forma o de relacionamiento con Dios, sino la esencia de nuestras vidas. Toda nuestra vida debe estar modelada por la fe en Jesús, desde los aspectos diarios más simples hasta los más complejos o difíciles.

Finalmente debemos rescatar que Jesús, pese a su misericordia y compasión, nunca licuó las demandas del evangelio ni las rebajó o disminuyó para facilitar la aceptación de las personas. De hecho, por el contrario, desde el principio de su ministerio, Jesús estableció de manera clara con sus discípulos lo que significaba seguirlo (Mt 5:48; Mt 8:18-20), y cuando llegó el tiempo del cuestionamiento por parte de ellos, dado que su palabra era fuerte para ser tolerada por todos, directamente les dijo que ellos también podían irse, dando a entender que había cosas que no estaba dispuesto a negociar (Jn 6:67). De la misma manera, estamos llamados a predicar la cruz con toda su bendición y luz, pero también con todas sus sombras (luchas, pruebas, dificultades) y a no transigir con el mundo para licuar las demandas del evangelio. Debemos reconocer que se han desdibujado por parte de muchos predicadores las demandas de la cruz, la importancia de la santidad y la necesidad de ser consecuentes con el mensaje que predicamos.

Esto lo podemos notar en el uso del lenguaje evangélico; hay un nuevo lenguaje, propio de la altivez humana y en algún punto fruto de su soberbia: le *exigimos a Dios, decretamos, establecemos, declaramos*. Pero hay otras palabras que ya casi no se usan, ni siquiera en las predicaciones o sermones, por ejemplo: *renuncia, entrega incondicional, santidad, infierno, arrepentimiento*. El lenguaje termina dándole sentido a la realidad, lo veremos más adelante. Hay cosas que no pasan de moda o son soslayadas por parte de Dios. Cuanto más rápido nos demos cuenta de ello, más integralmente predicaremos el evangelio de Jesucristo.

## La iglesia y los enfermos. Cuestiones esenciales que debemos considerar

Con claridad sentencia la epístola a los Hebreos: «Jesucristo es el mismo ayer, y hoy, y por los siglos» (13:8); por ende, sigo creyendo que en la actualidad Dios sigue sanando a los enfermos, libertando a los cautivos u oprimidos por Satanás, y realizando milagros. No es algo del pasado. Los milagros no se agotaron en la época apostólica; de hecho, si bien no lo haremos para no desviarnos de nuestro objetivo principal con el presente libro, hay muchas evidencias de la manifestación poderosa de Dios a través de milagros diversos en la historia de la iglesia. En esta dirección, nos recuerda King:

> La intención de Dios no es una iglesia sin poder. Jesús les dio a los discípulos originales el poder de sanar y este poder nunca ha sido quitado de la iglesia. Ha sido ignorado, ridiculizado y dudado; pero el poder para sanar ha existido en cada generación para aquellos que creen.[99]

Jesús no dejó posesiones materiales, no las tenía ni le preocupaban, pero recibió todo poder y autoridad en los cielos y en la tierra (Mt 28:18), y les dio a sus discípulos y a todos los que creen en su nombre el poder y la autoridad para manifestar el poder de Dios y acercar el reino de los cielos a la tierra (con acciones y palabras). Es parte de su promesa (herencia) a la iglesia.

> Y les dijo: Id por todo el mundo y predicad el evangelio a toda criatura. El que creyere y fuere bautizado, será salvo; mas el que no creyere, será condenado. Y estas señales seguirán a los que creen: En mi nombre echarán fuera demonios; hablarán nuevas lenguas; tomarán en las manos serpientes, y si bebieren cosa mortífera, no les hará daño; sobre los enfermos pondrán sus manos, y sanarán. (Mc 16:15-18)

Ahora bien, hay algunas cosas que debemos recordar o tener presentes en nuestros ministerios para facilitar el obrar de Dios en nuestras vidas y las de los demás. En primer lugar, y como ya dijimos, es

---

[99] King, 2004, p. 151.

menester guardarnos en santidad, fidelidad y obediencia a nuestro Señor; esto es esencial para nuestro desarrollo espiritual y ministerial. Dios mantiene sus "requisitos" a lo largo del tiempo y veremos que más allá de los contextos culturales y temporales, las mismas condiciones que Moisés buscó en los que juzgarían a Israel (Ex 18:21, 22) son las que buscaron los discípulos en las personas que servirían las mesas en la iglesia primitiva (Hch 6:3, 4).

En segundo lugar, debemos tener presente que Dios responde a la fe y no a la necesidad, aunque esta sea real; en efecto, nos dice la Palabra: «Había muchos en Israel con lepra en el tiempo del profeta Elías, sin embargo, solo Naamán de Siria fue sanado» (Lc 4:27). En este punto es donde la fe cobra una dimensión particular, aunque sea una fe débil, al punto tal que como los discípulos tengamos que pedirle a Jesús que nos aumente la fe (Lc 17:5). Sin fe es imposible agradar a Dios y acercarse a Él.

Por otra parte, debemos asumir que Dios no está atado a obrar bajo nuestros parámetros, de manera determinada o conforme a lo que nosotros entendemos o presuponemos. Dios es soberano y obra conforme a su voluntad y en la manera que Él entiende mejor para cada situación y circunstancia; su gracia es multiforme y debemos ser buenos administradores de ella (1 P 4:10). Jesús obra de maneras diversas incluso para sanar el mismo tipo de enfermedad; si tomamos la ceguera, vemos que, en un caso, simplemente dio la orden y el ciego sanó, o le preguntó a Bartimeo, pese a ver que era ciego, «¿qué quieres que te haga?» (Mc 10:51), o escupió en tierra e hizo lodo para untarlo en los ojos del ciego (Jn 9:6). Por ende, debemos tener nuestra mente abierta y nuestros ojos limpios con colirio para no atarnos a fórmulas, métodos, o esperar que Dios actúe de tal o cual forma. Solo debemos orar con fe creyendo que sucederá; el resto es trabajo del Espíritu Santo y de la fe del que necesita ser sanado.

Finalmente, debemos tener claro que no hay posibilidad de que se realice milagro o portento alguno sin la previa y mediada manifestación de Dios. En algún momento, todos nos fascinamos con la fe de Abraham, el liderazgo de Moisés, la victoria de Josué sobre Jericó o de David sobre Goliat, la conversión de Nínive por la predicación de

Jonás o los portentos hechos por los discípulos a lo largo del Nuevo Testamento. Si fuéramos al propio ministerio de Jesús, todas y cada una de sus obras, de sus manifestaciones de poder son sin duda evidencia clara, tangible y concreta del poder de Dios obrando. Pero cuando vemos el paso previo, todas y cada una de las manifestaciones de poder que Dios hizo (y sigue haciendo) a lo largo de la historia tienen como fundamento, como antecedente necesario, como fuente indispensable o dínamo generador, el amor y la misericordia. Los milagros hechos por Dios no hubieran sido posible si previo a dicha manifestación de poder, el Señor no hubiera amado profundamente a las personas, o si Jesús no hubiera tenido amor y compasión hacia cada una de ellas.

Nos atrae la vorágine religiosa, nos detenemos en la perfección del culto, en la diagramación eclesiástica y los aspectos administrativos de la obra, pero lo más importante se nos escurre entre las manos: lo esencial es la compasión, la misericordia, el amor. Deben resonar con fuerza las palabras del apóstol san Pablo:

> Si hablo en lenguas humanas y angelicales, pero no tengo amor, no soy más que un metal que resuena o un platillo que hace ruido. Si tengo el don de profecía y entiendo todos los misterios y poseo todo conocimiento, y si tengo una fe que logra trasladar montañas, pero me falta el amor, no soy nada. Si reparto entre los pobres todo lo que poseo, y si entrego mi cuerpo para que lo consuman las llamas, pero no tengo amor, nada gano con eso. (1 Co 13:1-3)

En los últimos años se profundizó nuestra atención por el portento, el milagro, lo sobrenatural; nos seduce lo que se llamó "cultura de la plataforma": el show, el evento, el espectáculo sincronizado, la precisión y la modificación del paisaje litúrgico permanente. Solemos olvidarnos de que las personas que están sobre la tarima (pastor incluido) son solo instrumentos para la manifestación del poder de Dios, facilitadores de la unión de la tierra y el cielo a través del Espíritu Santo. La experiencia —espiritual— se ha tornado una herramienta de uso indispensable durante los cultos, casi al punto del exceso, y esto incluso modificó el lenguaje evangélico. Es común oír decir: «Si siento de Dios hacer esto o aquello…», o «cuando sienta servir lo haré», o «no siento que me estén tratando bien»; nos movemos por sentimientos en una cultura cuasi almática, no por convicción y obediencia, y esto siempre es peligroso. Los sentimientos jamás deben estar por encima de la obediencia.

Jesús iba a los necesitados, hablaba con ellos, comía con ellos, estaba con ellos; no eran solo una multitud, no eran solo alguien más. Por un minuto, el mundo se detenía en la vida de las personas gracias a Jesús. Por unos instantes, el reloj paraba su marcha y se dedicaba a Juan el Bautista, al centurión, tenía tiempo para María Magdalena o la mujer samaritana, para Marta, para Lázaro, para Mateo, para Pedro, para Juan, para Tomás, para Judas e incluso para Pilatos y Caifás. Jesús podía hacer señales y portentos: caminar sobre el mar, calmar la tempestad, resucitar muertos o dar de comer a multitudes sin recursos, pero también era capaz de mostrar el poder del reino de Dios con cosas simples y esenciales como un trozo de pan, de pescado o una copa de vino. Nos falta esa ductilidad que solo puede dar la obra del Espíritu Santo en nosotros: estar preparados para todos y tener contentamiento con todo y por todo, diría san Pablo.

Tendemos a atrincherarnos en nuestras oficinas, en nuestros espacios de confort, entre pares, entre propios; sin embargo, la necesidad sigue estando fuera, y los desafíos y el llamado de Dios siguen siendo hacia los que no conocen a Jesús. Somos miopes cuando pretendemos tapar con activismo la falta de misericordia y con eventos la falta de amor. La liturgia nunca ha podido reemplazar el amor ni la comodidad al llamado. Como dijimos, el templocentrismo ha sido un veneno mortal para la iglesia y lamentablemente sigue siéndolo. Debemos aprender cada día del ministerio de amor y poder de nuestro Señor Jesús.

Finalmente, debemos decir que el mundo sigue cambiando de manera vertiginosa; las personas viven su espiritualidad más allá de las fronteras impuestas por la religión, tienen una espiritualidad amorfa, no institucionalizada. En palabras de Corbí,[100] una *espiritualidad laica* que busca a Dios, pero no necesariamente responde a los parámetros institucionalizados de la fe. Una fe más descontracturada, menos

---

[100] Para ampliar, cf. Corbí, 2007.

formal, imprecisa y centrada en la experiencia. De ahí la importancia de detenerse y observar a las personas, hablar con ellas y mostrarles la misericordia de Dios por medio de actos concretos que, más allá de lo sobrenatural, siempre serán un milagro para sus vidas. La iglesia necesita en este tiempo construir el futuro y no dejar que este simplemente la sorprenda; para esto necesitamos más maleabilidad y menos rigidez, más compasión y menos ritualismo, más poder y menos legalismo.

# CAPÍTULO V

## Jesús frente a la opresión demoníaca: la presencia del reino de Dios en medio de los hombres

Jesús se dirige a sus discípulos y con autoridad les manifiesta la base para darles la Gran Comisión, que tiene su génesis, a su vez, en la autoridad recibida del Padre, que está por encima de todo poder en los cielos y la tierra. Dice el texto del Evangelio de san Mateo:

> Toda potestad me es dada en el cielo y en la tierra. Por tanto, id, y haced discípulos a todas las naciones, bautizándolos en el nombre del Padre, y del Hijo, y del Espíritu Santo; enseñándoles que guarden todas las cosas que os he mandado; y he aquí yo estoy con vosotros todos los días, hasta el fin del mundo. Amén. (28:18-20)

La fuente de la autoridad de Jesús venía del Padre y era consecuencia de su obediencia y sacrificio; san Pablo amplía señalando que Cristo se encuentra

> muy por encima de todo gobierno y autoridad, poder y dominio, y de cualquier otro nombre que se invoque, no solo en este mundo, sino también en el venidero. Dios sometió todas las cosas al dominio de Cristo y lo dio como cabeza de todo a la iglesia. Esta, que es su cuerpo, es la plenitud de aquel que lo llena todo por completo. (Ef 1:21-23)

Sobre la base de la autoridad mencionada es que Jesús ejerció su ministerio de liberación y delegó autoridad a los que creen en Él para que, en su nombre, realicen diversas señales y prodigios. Debemos tener presente que el mundo de los demonios es, para el hombre antiguo, un mundo familiar y casi palpable, y esto no solamente por la cosmovisión hebrea, sino por las distintas manifestaciones sobrenaturales que a diario se exteriorizaban entre los hombres. En la concepción básica del judaísmo, la palabra "Satanás" (שָׂטָן) significaba "el adversario", y estaba relacionada con el verbo לְשָׂטַן, que simplemente significa "oponerse". Lo vemos claramente cuando Balaam, el hechicero, fue contratado por los líderes de Moab y Madián para maldecir los ejércitos de Israel. Sin embargo, la palabra "Satán" como nombre propio adquiere importancia cuando se le agrega el artículo definido *el* (ה), convirtiéndolo así en "el Satanás", tal como se relata en Job 1:6: «Y entre ellos vino también Satanás». En efecto, Satanás en la cosmovisión judía era considerado como el adversario de Dios, quien se opone a Él y resiste todo que es santo y cercano a Dios. En palabras de Jesús, tiene una finalidad o propósito muy especial: «Robar, matar y destruir» (Jn 10:10). Todo lo que hay en él o procede de él viene de la maldad de su ser y la oscuridad de su alma.

No será novedad entonces el que Jesús se involucre activamente en la liberación de las personas sojuzgadas por diversos demonios, más allá de su poder, autoridad y accionar. En efecto, muchos son los pasajes bíblicos en los cuales Jesús liberta a distintos tipos de endemoniados; al efecto, conviene recordar lo que escribe Esther Pericás: «La fama de Jesús como exorcista está ampliamente atestiguada en el mundo antiguo, incluso en ámbitos culturales paganos. En el Nuevo Testamento encontramos varias referencias a exorcistas que invocan el nombre de Jesús como medio eficaz para expulsar demonios».[101]

En este sentido, los exorcismos no fueron pocos durante el ministerio de Jesús; nos dice el texto bíblico: «Al atardecer, le llevaron muchos endemoniados; con una sola palabra expulsó a los espíritus y sanó a todos los enfermos» (Mt 8:16). Sin embargo, debemos reconocer que el Nuevo Testamento no registra una fórmula frecuente o regular para la realización del ritual de liberación. Escribe Byler: «Así como la iglesia del Nuevo Testamento no reconocía dones y ministerios de exorcismos, el Nuevo Testamento tampoco registra rituales ni

---

[101] Pericás, 2009, p. 112.

fórmulas, encantamientos, conjuros, para exorcismos».[102] El concepto de *exorcismo*, como se entiende normalmente en muchas culturas pasadas y actuales, no describe adecuadamente lo que nos relata el Nuevo Testamento en cuanto a Jesús y los apóstoles.

Es la verdad la que nos hace libres de la esclavitud del pecado, de la muerte y por supuesto de la posesión demoniaca; vivir vidas basadas en la santidad y la obediencia es lo que nos va moldeando día por día para resistir al maligno con el fin de que él huya de nosotros. Uno de los esfuerzos principales de Satanás a lo largo de la historia de la humanidad ha sido el de impedir por todos los medios a su alcance que los hombres accedan a la verdad; por eso la oculta por medio de todas las acciones posibles, la disfraza, la cambia. De allí la necesidad de perseverar en el conocimiento de las Escrituras y confrontar con la misma toda enseñanza, al igual que solían hacer los de Berea. Hoy de la misma manera la iglesia debe enfrentar toda clase de falacia, falsa doctrina y tergiversación (Mt 24:4-6; 2 Co 11:13-15; 2 Tm 4:3, 4; 1 Jn 4:1-3; Jd 1:3, 4; entre otros). El enemigo asume una multiplicidad de rostros y aspectos que van corrompiendo la fe de manera sutil y casi imperceptible; por tanto, es menester mantenernos centrados en la Palabra de verdad. No esperemos solamente grandes manifestaciones de posesiones demoníacas como síntomas del mal, sino tenues comportamientos inadecuados por parte, incluso, de creyentes. Así como Dios usa hombres y mujeres, el enemigo también lo hace cuando nosotros le damos lugar.

## El poder de Jesús sobre las tinieblas y el mal

En la Biblia se nos habla acerca de los demonios. En el Antiguo Testamento se utilizaban con frecuencia tres palabras para hacer alusión a ellos. La primera es *Shedhim* (Dt 32:17; Sal 106:37); el Talmud los describía como poseedores de algunos rasgos de los ángeles y algunos rasgos de los humanos. La segunda palabra era *Sherim* —demonios sátiros (Lv 17:7)—; en la Ley estaba establecido que los hebreos debían sacrificar en el altar del tabernáculo y no sacrificar en el desierto

---

[102] Byler, 1993, p. 26.

al macho cabrío. Jeroboam I designó a sus propios sacerdotes para la adoración de los *sherim* (2 Cr 11:15), y posteriormente Josías derribó dichos altares (2 R 23:8). Adicionalmente estaban los *Elilim* (Sal 96:5); el salmo identifica a los demonios con los ídolos y sugiere que el demonismo es parte de la dinámica recurrente que se da en la idolatría. La palabra plural transmite insubstancialidad, vacío, la nada de los ídolos: son solo imágenes de piedra, madera, materiales perecederos e inertes. Los demonios detrás de ellos son la verdadera existencia. Varios son los textos donde se los menciona, entre ellos Lv 17:7; Dt 32:16, 17; Jc 9:23; 2 Cr 11:15; 1 S 16:15; 18:10; 28:10; 1 R 22:20-23; Sal 106:37; Mt 9:33; 15:22; Mc 1:23, 24; 9:20; Lc 4:33-35; 8:29; 10:17-20; Hch 19:11-17; Ef 6:11; 2 Co 10:4. Durante su ministerio, Jesús se enfrentó de diversas maneras con los demonios, principalmente en relación con personas a las que tenían sometidas. Dice el Evangelio de san Mateo:

> Y cuando llegó la noche, trajeron a él muchos endemoniados; y con la palabra echó fuera a los demonios, y sanó a todos los enfermos; para que se cumpliese lo dicho por el profeta Isaías, cuando dijo: Él mismo tomó nuestras enfermedades, y llevó nuestras dolencias. (8:16, 17)

Siguiendo a Dionisio Byler, podemos notar que en el Nuevo Testamento se dan algunas particularidades importantes para tener en cuenta como marcos de conceptualización general. En primer lugar, en el ámbito de la iglesia primitiva no hay un reconocimiento expreso de personas que hayan tenido el don de exorcismo o hayan sido reconocidas como exorcistas; de hecho, esto no aparece en ninguna de las listas de dones que nos da el apóstol Pablo. Esto nos permite inferir que la práctica estaba asociada al poder recibido por parte del Espíritu Santo que tenían los seguidores de Jesús (Mt 28:18-20; Mc 16:15-20; Lc 9:1, 2), y que la práctica de expulsar demonios no estaba asociada a una capacidad o don particular, sino al desarrollo mismo de la misión, dado que todos estaban llenos del poder del Espíritu de Dios, el cual obraba a través de ellos y se manifestaba con poder.

En segundo lugar, debemos considerar que ni en el ministerio de Jesús ni en el de los discípulos era necesario identificar a los demonios que se debía echar, sino que se los conocía por sus obras —un espíritu sordo y mudo, un espíritu maligno, un espíritu de adivinación—, con la única excepción narrada por los Evangelios de Lucas (8:30) o Marcos (5:9) al respecto del encuentro entre Jesús y el endemoniado gadareno, en el cual expresamente Jesús le pregunta al demonio su nombre. El relato tiene lugar en las ruinas del llano de Genezaret, que todavía llevan el nombre de Kersa o Gersa, ubicado en la antigua Gadara. El relato es consistente con la antigua creencia judía de que los endemoniados habitaban en lugares desolados o en tumbas. Escribe Edersheim:

> La descripción del endemoniado que sale de las tumbas y va al encuentro de Jesús cuando este toca la orilla en Gadara es vívida en extremo. Su violencia, la imposibilidad de ser controlado por otros (Marcos 5:3, 4), la ausencia de dominio propio, su frenesí homicida, y aun suicida (ver Lucas 8:27; Mateo 8:28; Marcos 5:5), son descritos de modo preciso.[103]

El endemoniado gadareno se siente atraído por el poder de Jesús y acude a Él; evidentemente era un grado extremo de posesión, pero los demonios se sintieron compelidos a postrarse ante el poder de Jesús y de hecho le dijeron: «¿Qué tienes conmigo, Jesús, Hijo del Dios Altísimo? Te ruego que no me atormentes» (Lc 8:28) —en otras palabras: qué tenemos en común (*Mah li valakh*)—. Las tinieblas no podían dejar de reconocer a Jesús; su poder, su santidad y su gloria atraía el reconocimiento que los religiosos no le daban. Estaban frente al Mesías[104] y los demonios lo sabían. Los espíritus malignos conocían perfectamente quién era Jesús y el rango de absoluta inferioridad que tenían ante Él. Jesús le pregunta al demonio *cómo te llamas* a fin de que las personas que lo rodeaban tomaran conciencia de la gravedad

---

[103] Edersheim, 1988, p. 666.

[104] Escribe al respecto John MacArthur, haciendo particular énfasis en el poder de Jesús sobre lo sobrenatural: «Uno de los factores primordiales en probar sin duda alguna que Cristo es de hecho el Mesías, es mostrar que Él tiene poder sobre las fuerzas invisibles del mundo sobrenatural, las huestes demoníacas. Si el Señor Jesucristo de hecho va a redimir la tierra, si Él va a invertir la maldición, si Él va a tomar posesión de la humanidad caída, debe tener la capacidad de vencer aquello que lo controla en este momento. Y eso, claro, es Satanás y sus demonios. Entonces, alguien que va a retomar este mundo debe tener la capacidad de romper el poder del mundo sobrenatural» (MacArthur, 2014, p. 2).

del caso y del absoluto poder de Jesús, el Mesías. El endemoniado le responde: *Legión*; esta palabra en el ideario judío de la época daba a entender la idea de seis mil guerreros armados y fornidos.[105] Cierto es que el caso es paradigmático, y con absoluta claridad se ve el poder de Jesús sobre las potestades de las tinieblas, que reconocen su poder de manera directa.

Cuando vemos en el Nuevo Testamento todos los casos de endemoniados a los que Jesús liberta, quedan claras algunas cuestiones principales. En primer lugar, que los demonios reconocían y sabían perfectamente quién era Jesús; su poder y majestad eran descubiertos ante ellos. En segundo lugar, que no había posibilidad de coexistencia entre la luz y las tinieblas; de hecho, las tinieblas se tornaban infructuosas ante el poder de Jesús (la luz). En tercer lugar, debemos destacar que no hay posesión o poderío del mal que pueda resistirse al poder de Jesús; efectivamente, toda potestad le ha sido dada en los cielos y la tierra, y según san Pablo, deben rendirse ante Él:

> Por lo cual Dios también le exaltó hasta lo sumo, y le dio un nombre que es sobre todo nombre, para que en el nombre de Jesús se doble toda rodilla de los que están en los cielos, y en la tierra, y debajo de la tierra; y toda lengua confiese que Jesucristo es el Señor, para gloria de Dios Padre. (Flp 2:9-11)

El mal salía al encuentro de Jesús, era compelido por Él, no podía resistir su poder. En sus distintas manifestaciones (pecado, enfermedad, pobreza, marginalidad, posesión, opresión, muerte) era confrontado por el Salvador. El mal quedaba en evidencia y cada vez que Jesús llegaba a un lugar había una modificación del paisaje espiritual y social; nada podía retomar la normalidad luego del paso del Señor: los enfermos eran sanados, los endemoniados quedaban libres, los oprimidos eran liberados, los muertos revivían, las fuerzas de la naturaleza eran desarticuladas, los hambrientos eran saciados y a todos se les anunciaba el reino de Dios.

Hoy, deberíamos preguntarnos sobre la relación entre las fuerzas del mal y la iglesia; los necesitados en todas sus formas reconocían

---

[105] Cf. Edersheim, 1988.

a Jesús y acudían a Él. Era la única esperanza que les quedaba para modificar su situación. Algunos incluso dejaban de seguirlo luego de ser sanados, pero eso no impedía que dejaran de reconocer que el Señor los había sanado. Cuando analizamos nuestro contexto, a veces nos cuesta vislumbrar la contraposición entre las tinieblas y la iglesia, o al menos no es tan nítida; hay mixturas, sombras, ambigüedades, nos seduce el poder del mundo y sus luces, y si bien por supuesto hay excepciones, en mi visión sociológica no veo a las personas en necesidad percibiendo como único camino de restauración a una iglesia que muestra y exalta a Jesús. Es que, en efecto, deberían verlo a través nuestro: son los seguidores de Jesús los que deben mostrar al Señor con sus vidas, los que deben manifestar con sus vivencias cotidianas que hay esperanza en Cristo, que el mal no tiene poder por sobre el Espíritu Santo. Esto era palpable en la iglesia primitiva y debe ser palpable entre nosotros; de hecho, cuanto mayor sea la profundidad de las tinieblas, aun la más tibia luz puede percibirse.

## La verdad nos hace libres, la santidad y la obediencia nos dan la victoria

A lo largo de la historia de la humanidad, el hombre de una u otra forma siempre ha luchado por la libertad. La vida en independencia es esencial para el desarrollo de su personalidad y quehacer. No obstante, pensamos generalmente que la libertad está asociada a la ausencia de restricciones, pero es mucho más que ello; de hecho, la libertad jamás se consigue libre de costos o de responsabilidades. El Diccionario de la Real Academia Española define en una de sus acepciones a la palabra libertad como: «Facultad natural que tiene el hombre de obrar de una manera o de otra, y de no obrar, por lo que es responsable de sus actos». Sin embargo, esta perspectiva real y cierta es insuficiente para un abordaje integral de lo que significa dicho concepto, dado que descuida el elemento esencial que nos permite ser verdaderamente libres, el conocimiento de la verdad.

Uno de los esfuerzos principales de Satanás a lo largo del tiempo ha sido hacer todo lo posible para impedir que los hombres accedan a la verdad. Evidentemente la verdad es Cristo y así lo enseña el Nuevo

Testamento con claridad. El Evangelio según san Juan en el capítulo octavo registra una discusión entre Jesús y los religiosos al respecto de la libertad y el pecado. El pasaje continúa con el contexto dado en torno a la celebración de la Fiesta de los Tabernáculos, la cual apuntaba a celebrar la provisión del Señor después de un año de trabajar la tierra y recordar el abastecimiento del Señor en los años en que Israel vivió en tabernáculos (o carpas) en el desierto. Jesús le habla a sus discípulos y a los judíos que lo seguían: «Dijo entonces Jesús a los judíos que habían creído en él: Si vosotros permaneciereis en mi palabra, seréis verdaderamente mis discípulos; y conoceréis la verdad, y la verdad os hará libres» (Jn 8:31, 32).

Muchos de los judíos que escuchaban a Jesús no entendieron sus palabras: «Linaje de Abraham somos, y jamás hemos sido esclavos de nadie. ¿Cómo dices tú: seréis libres?» (Jn 8:33). Es que en efecto, en el Antiguo Testamento, la relación de paternidad divina o la forma en la cual Dios se relacionaba con el pueblo de la promesa, los descendientes de Abraham, era a través del juramento realizado a él y por el cumplimiento de la Ley. Pero Jesús puntualiza que la relación de paternidad está por encima de una mera relación genealógica, apunta a una relación de obediencia y fe en el Mesías. Lo mismo señala san Pablo en la carta a los Romanos: Dios consideró justo a Abraham por su fe.

> Porque no por la ley fue dada a Abraham o a su descendencia la promesa de que sería heredero del mundo, sino por la justicia de la fe. Porque si los que son de la ley son los herederos, vana resulta la fe, y anulada la promesa. [...] Por tanto, es por fe, para que sea por gracia, a fin de que la promesa sea firme para toda su descendencia; no solamente para la que es de la ley, sino también para la que es de la fe de Abraham, el cual es padre de todos nosotros. (Rm 4:13, 14, 16)

Jesús no estaba hablando de la libertad física, sino espiritual, dado que el pecado esclaviza y domina sobre la vida de las personas, le impide hacer la voluntad de Dios y obedecerle plenamente, lo cual acarrea finalmente condenación (Jn 8:34). Es precisamente este el centro del mensaje de Jesús: el que es verdaderamente libre, esto es, el que reconoce a Jesús y le obedece es quien se torna hijo de la promesa y, por ende, heredero de todas las promesas de Dios. Sentencia el Señor:

«Y el esclavo no queda en la casa para siempre; el hijo sí queda para siempre» (Jn 8:35). Jesús se estaba refiriendo a la libertad de la muerte eterna y la condenación, la cual solo se obtiene conociendo la verdad (Jesús) y obedeciéndolo a Él. En el libro de Romanos (8:21), el apóstol Pablo dice que por la fe en Jesús fuimos librados de la esclavitud de la corrupción, y en Romanos 6:6 dice que nos liberó de la esclavitud del pecado. A esta libertad se refería Jesús. Por el contrario, Satanás ama la mentira y el error desde el principio; así lo expresa el Señor:

> Vosotros sois de vuestro padre el diablo, y los deseos de vuestro padre queréis hacer. Él ha sido homicida desde el principio, y no ha permanecido en la verdad, porque no hay verdad en él. Cuando habla mentira, de suyo habla; porque es mentiroso, y padre de mentira. (Jn 8:44)

Hay un profundo contraste entre la verdad y la mentira, el cual al mismo tiempo nos hace libres o nos esclaviza, llevándonos a la muerte. Habiendo dicho esto, debemos considerar que solo Jesús da verdadera libertad a las personas,[106] los dota de una nueva identidad, la de ser hijos y por ende herederos y coherederos en Cristo de todas las promesas. Pero la vida en libertad debe estar enraizada en la Palabra y enmarcada en la santidad y la obediencia como pilares esenciales de nuestro carácter cristiano. Debemos asumir que por años algunos pastores licuaron las exigencias del evangelio a fin de dar un mensaje más *light*, liviano, menos exigente, para que mayor cantidad de personas pudieran acceder al mismo —de cualquier manera, después se puede profundizar en el discipulado (o esa al menos es la explicación dada por la mayoría de los pastores)—. Esta práctica, que incluso se hizo de manera inconsciente al eliminar palabras importantes de nuestro vocabulario en los sermones, sumada a la teología de la prosperidad y la cultura de la plataforma hicieron estragos en las filas de la iglesia contemporánea.

---

[106] Escribe Abelardo Lobato: «Toda la obra de Cristo es liberadora, es ordenada a la conquista de la auténtica libertad. Se ha realizado una sola vez, pero tiene vigencia perpetua. Cristo "nos ha liberado para la libertad", Pablo repetirá a los gálatas en todos los tonos, que por ser cristianos han sido llamados a la libertad» (Lobato, 1979, p. 285).

Muchos son los atributos de Dios. Él es amor, es justo, misericordioso, todopoderoso, omnisciente, omnipotente, omnipresente, eterno, sabio y así podríamos enumerar múltiples atributos, pero hay uno que lo caracteriza como ningún otro, y es que Dios es santo. De hecho, dice la Palabra, es tres veces santo (Is 6:3). El llamado a la santidad y la obediencia a lo largo de la historia nunca fue opcional para los creyentes: desde Abraham (Gn 17:1), Moisés (Ex 4:5) y Josué (Jos 3:5), pasando por Isaías (Is 6), y hasta los discípulos (Mt 5:48) o a la incipiente iglesia (Rm 6:22; 12:1; 1 Co 3:16; 2 Co 7:1; Flp 2:5, 14-16; 2 Tm 1:9; Hb 12:14, entre muchos otros). Somos llamados a ser santos, a marcar la diferencia, a ser visibles y claramente distintos del mundo, sus principios, valores y conductas; sin embargo, tendemos a pensar que no es tan importante, y poco a poco, casi sin darnos cuenta, nos sumergimos en el océano de la mediocridad y una misión opaca que no muestra con claridad a Cristo: una misión más humana que espiritual y más distante que encarnacional.

Debemos reconocer que, pese a todos sus defectos, sus irregularidades, sus altibajos, los discípulos permanecieron en la fe y con la ayuda del Espíritu Santo fueron transformados hasta convertirse en los pilares de la iglesia. Recordemos que cuando los propios discípulos le recriminaron a Jesús la dureza de sus palabras, Él se mostró intransigente incluso con ellos: «Dijo entonces Jesús a los doce: ¿Queréis acaso iros también vosotros?» (Jn 6:67); y debemos recordar la respuesta de Pedro: «Simón Pedro le contestó: Señor, ¿a quién iríamos? Tú tienes las palabras que dan vida eterna. Nosotros creemos y sabemos que tú eres el Santo de Dios» (Jn 6:68, 69). ¿Qué quiero decir con esto? Que Dios no es un mercader, no negocia los principios de santidad e integridad establecidos en su Palabra; sabe de nuestra debilidad, pero el trono siempre está dispuesto para ayudarnos a santificarnos cada día hasta que nos llame a su presencia. El proceso de santidad es una tarea diaria que se logra paso a paso, pero con un intenso deseo en nuestro corazón de agradar a Dios como elemento esencial.

Si algo es indubitable en la vida de la iglesia primitiva, es el principio de la santidad; Jesús mismo les enseñó a sus discípulos la importancia de la misma: «Porque os digo que, si vuestra justicia no fuere mayor que la de los escribas y fariseos, no entraréis en el reino de los cielos» (Mt 5:20). «Ejemplo os he dado para que como yo hice, vosotros también hagáis» (Jn 13:15). Sobre las premisas dadas por Jesús es que se construyeron los actos cotidianos de la vida de los primeros discípulos; el concepto de la santidad estaba presente no solo como caracterización del comportamiento de los nuevos creyentes, sino como un imperativo para facilitar el obrar de Dios en cada una de sus vidas y sus entornos. Es cierto: en la iglesia primitiva hubo incluso casos de inmoralidad ante los cuales tuvo que intervenir enérgicamente el apóstol Pablo (1 Co 5:1-13) y problemas de carnalidad general, pero eran casos de excepción, no la regla.

Con el advenimiento del Espíritu Santo sobre la vida de los seguidores de Jesús se perfeccionó la posibilidad concreta y real de ser santos, y esto no por un tema de mera voluntad, sino por la insuficiencia humana para desear de corazón la santidad y agradar a Dios. Desde el impetuoso apóstol Juan, al que le decían *hijo del trueno*, hasta el transformado Juan, el apóstol del amor, que se dirigía a la iglesia como *hijitos amados*, o bien desde el conflictivo y ambivalente Pedro, que llegó a ser un pilar firme para la extensión de la iglesia, nadie puede dejar de reconocer la obra modeladora y formadora del Espíritu de Dios en sus vidas y su sumisión al mensaje y la práctica de la Palabra. Dice Campbell Morgan:

> Si eran pecadores eran también hombres que habían cumplido las responsabilidades que él les había revelado. Eran hombres que se habían arrepentido hacia el reino de Dios, hombres que habían creído en él; que no entendían perfectamente sus enseñanzas, no tenían una verdad final en su mente respecto a su persona, y permanecían en la ignorancia respecto a la pasión hacia la cual se dirigían sus pies, porque eran rebeldes ante esta idea. Sin embargo, habían creído en él y por esta creencia se habían apropiado de valores mucho mayores que los que ellos mismos se daban cuenta.[107]

La santidad no es solo un ideal al cual llegar en algún momento del devenir de la vida cristiana, sino que es la consecuencia natural de un genuino arrepentimiento y aceptación de Jesús como Señor y Salvador en cada área de nuestras vidas. Es la secuela directa de un corazón

---

[107] Morgan, 1983, p. 178.

agradecido a Dios por la obra de amor de Jesús en la cruz y la voluntad de agradarle por su gracia y fidelidad. Es en definitiva fruto que abunda como consecuencia de haber muerto a nosotros mismos y privilegiado el seguir a Jesús, haciendo su voluntad a cada paso. Es un proceso (de santificación) que nos llevará toda la vida. Citamos en extenso a Green:

> La vida semejante a la vida de Cristo es un *sine qua non* del evangelismo. El contraste entre la vieja vida y la nueva formaba parte de la más antigua catequesis: el "despojarse" de la vieja vida con sus hábitos y concupiscencias paganos, era el complemento del "vestirse" de Cristo y del tipo de vida que él vivió. La clave de contraste que Pablo hace entre las "obras de la carne" y "el fruto del espíritu" en Gálatas 5, tiene que haber sido un lugar común y resultaba obvio a los ojos de los paganos. El vínculo entre la santidad de vida y evangelismo efectivo difícilmente podía hacerse más nítido. Los cristianos se destacaban por su castidad, por su odio a la crueldad, por su correcta posición como ciudadanos. [...] Tal clase de vida produjo un profundo impacto. Frecuentemente hasta los opositores al cristianismo tenían que reconocer esto. Tanto Plinio como Luciano reconocieron la vida pura, el amor devoto y el valor sorprendente de los cristianos.[108]

Hay por lo menos dos cosas que podemos afirmar alrededor del punto que estamos analizando a partir de lo que nos dice el Nuevo Testamento. Lo primero es que la santidad marcó el rumbo de la incipiente iglesia, fue la impronta que impulsó su crecimiento y solidificó las bases sobre las cuales se habría de construir y expandir el cuerpo de Cristo. Tanto paganos como opositores acérrimos a la nueva fe cristiana vieron en los cristianos un ejemplo difícil de poder imitar, una luz que los alumbró en medio de las tinieblas, mostrándoles un ejemplo de vida a seguir absolutamente radical y distinto de lo que estaban acostumbrados.

En segundo lugar, podemos reafirmar, como dijimos, que Jesús jamás negoció los valores del reino, jamás rebajó o condicionó los principios sobre los cuales se habrían de construir los cimientos de su iglesia. Quizás uno de los peores males de la iglesia en la actualidad sea haber rebajado, diluido o por lo menos menoscabado la

---

[108] Green, 1976, pp. 53-54.

perdurabilidad y solvencia del llamado de Dios a la santidad como norma regular y obligatoria de vida para los cristianos. Este punto en la vida de los primeros cristianos suena como una fuerte trompeta de alerta sobre nosotros, un llamado constante a hacer la voluntad de Dios.

Debemos tener perfectamente claro que no hay santidad sin obediencia, no hay bendición sin obediencia, no hay misión sin obediencia, no hay eternidad sin obediencia. Incluso en los aspectos prácticos del servicio veremos que Dios usa a las personas más por su obediencia que por su inteligencia o capacidades sobresalientes. En cada uno de los casos que podemos observar en las Escrituras veremos hombres y mujeres que pese a sus limitaciones, pecados, insuficiencias e incapacidades fueron usados por Dios simplemente por haberse atrevido a obedecer, aunque no entendieran todo lo que Dios les estaba pidiendo. Innumerables son los pasajes a lo largo de todas las Escrituras que dan cuenta de la importancia de obedecer los mandamientos y la voluntad de Dios en nuestra relación con Él como sustento cardinal de nuestra fe y bendición para nuestras generaciones.

La obediencia, más que un principio espiritual, es un estilo de vida, una forma de apreciar el mundo que nos rodea conforme a la visión que Dios tiene del mismo y actuar en consecuencia. No hay una gama de grises a los cuales apelar para tratar de obedecer un poco más o un poco menos; la Palabra es tajante, solo nos cabe la obediencia, a pesar de nosotros, de nuestra voluntad, de nuestro entendimiento, de nuestra percepción o de nuestra opinión sobre algún aspecto o circunstancia de la realidad.

Dios no obrará conforme a lo que nosotros esperamos, según nuestros términos o parámetros; si lo hiciera, dejaría de ser Dios. En este sentido, debemos redescubrir que hacer su voluntad es renunciar a la nuestra y, por lo tanto, asumir que ya no nos pertenecemos, sino solo a Él. Dios debe dirigir nuestra vida, no nosotros. Redescubrir que cuando pedimos su auxilio obrará, pero conforme a su perfecta voluntad, y que por sobre todas las cosas nada podemos hacer separados de Él. Estamos en un tiempo particularmente difícil y complejo, y dejarnos guiar por el Espíritu Santo no será fácil, como no le fue fácil a ningún hombre o mujer de fe a lo largo de la historia. Solo podemos hacer una cosa: prepararnos en santidad para ver su gloria y obedecerlo sabiendo que Él va delante nuestro como poderoso gigante.

## Función de la iglesia frente a las potestades del mal. Subir al monte a orar es esencial

Jesús fue sumamente claro en cuanto a la comisión dada a la iglesia (Mt 28:18-20), y al afirmar que la base de dicha comisión era su autoridad sobre los cielos y la tierra: «Toda potestad me es dada en el cielo y en la tierra». Nuestro poder tiene como única fuente al Espíritu Santo y nuestra autoridad reposa en la de Jesús, ya que sin Él nada podemos hacer.

Jesús tiene toda potestad y señorío sobre todo nombre que se nombra, y por ende, "en su nombre", también lo tiene la iglesia. Hoy somos los responsables de batallar bajo la guía y dirección del Espíritu Santo contra las potestades de las tinieblas y, como dice san Pablo, «el fin de todo esto es que la sabiduría de Dios, en toda su diversidad, se dé a conocer ahora, por medio de la iglesia, a los poderes y autoridades en las regiones celestiales» (Ef 3:10). La iglesia es la encargada de reflejar y mostrar la gloria de Dios en toda su manifestación y grandeza. En efecto, nuestra lucha no es contra carne ni sangre, sino contra principados, potestades, gobernadores de las tinieblas de este siglo y huestes espirituales de maldad en las regiones celestes; por ende, nuestro equipamiento debe sustentarse en las armas espirituales provistas por Dios y nuestras estrategias deben provenir del Espíritu Santo. Esto suena muy obvio, pero no lo es si consideramos los vanos o fútiles esfuerzos que a diario realizamos tratando de hacer nosotros la obra que solo puede hacer Dios.

Debemos reconocer y asumir que el mal toma diversos rostros y formas en nuestra sociedad contemporánea y que muchas veces de manera sutil y bajo la apariencia de lo normal se puede llegar a reflejar en actitudes y metodologías, incluso dentro de la propia iglesia, con consecuencias mortales y devastadoras. En el libro ya mencionado, *Ceguera moral*, escriben Bauman y Donskins:

La verdad más sorprendente y desagradable del presente es que el mal es débil e invisible; por lo tanto, es mucho más peligroso que esos demonios y espíritus perversos que conocemos a través de los trabajos de filósofos y literatos. El mal es ineficaz y está ampliamente disperso. Desgraciadamente, la triste verdad es que habita en cada ser humano sano y normal. Lo peor no es el potencial para el mal presente en cada uno de nosotros, sino las situaciones y las circunstancias que nuestra fe, nuestra cultura y nuestras relaciones humanas no pueden detener. El mal asume la máscara de la debilidad, y al mismo tiempo es la debilidad.[109]

Vemos en los Evangelios que Jesús a lo largo de su ministerio no solamente batalló contra los demonios (algo que veremos más adelante en profundidad), sino que lo hizo contra las múltiples manifestaciones del mal, esto es: el pecado, el hambre, la enfermedad, la religiosidad, la marginalidad, la falsa acusación, la discriminación, la hipocresía e incluso la muerte misma. Atendió y restauró al hombre en su integralidad y complejidad, modificó su entorno social y transformó la realidad familiar de miles de personas que se acercaron a Él. A veces solo nos contentamos con anunciar la verdad (lo cual es vital e importante), pero no nos compele la necesidad de batallar contra el mal en todas sus formas, de ser la voz de los que no tienen voz, el socorro de los desamparados, la ayuda del huérfano y la viuda; no siempre nos enoja lo que constriñe al Espíritu de Dios, ni nos incomoda lo que incomoda a Dios.

El principal paradigma que la iglesia actual debe cambiar es pasar de la cultura del evento y el entretenimiento interno a la cultura de la misión y la lucha contra las potestades del mal en sus diversas máscaras y formas. En este sentido, debemos recordar que Dios no llamó a los políticos a cambiar el mundo, sino a la iglesia. Sin embargo, vemos en sistémicas repeticiones cómo los cristianos depositan su esperanza en hombres que más allá de sus partidos políticos de filiación no dejan de ser eso, simples hombres, en su mayoría sin valores y convicciones cristianas, que por efectos de su propia naturaleza de maldad no pueden hacer la voluntad de Dios ni poner en práctica la Palabra de Dios. La idea del "caudillo salvador" no es apropiada; la

---

[109] Bauman & Donskis, 2017, p. 20.

bendición de las personas, su bienestar, la esperanza que puedan albergar en sus corazones pese a las tribulaciones del tiempo presente no provienen ni provendrán de la política, sino de la verdad del evangelio y la obra salvífica de Jesús en la cruz.

De allí que la iglesia, según lo sostenido por el primigenio pilar protestante, debe estar separada del Estado, mantener la distancia necesaria para evitar que, por simples prebendas, por negociaciones incompatibles con la denuncia del pecado y la bandera de los valores cristianos, pongamos en juego el mensaje del evangelio. Hay que formar jóvenes y adultos que puedan ocupar posiciones de liderazgo en el mundo para que la poca levadura pueda leudar la masa; sí, definitivamente, poder formar jueces, docentes, universitarios, empresarios, políticos, sindicalistas cristianos es loable, pero de allí no vendrá el avivamiento, sino de la iglesia. Necesitamos asumir que nada ni nadie puede remplazar el rol de la iglesia, y que si bien estamos en el mundo, no somos del mundo, sino representantes del reino y debemos convivir entre la tensión, entre las señales de los tiempos finales que deben cumplirse y la imperiosa necesidad de predicar la Palabra a todas las naciones.

# CAPÍTULO VI

## Jesús reaccionó frente a la pobreza y la marginalidad

Durante el mes de noviembre de 2022, el mundo alcanzó una población total de 8000 millones de personas. La población mundial tardó unos 12 años en pasar de 7000 a 8000 millones, pero se prevé que los próximos 1000 millones tarden aproximadamente unos 14,5 años (2037), lo que refleja una ralentización del crecimiento mundial. Ahora bien, alrededor del 70 % de esos mil millones de personas de población añadida se encuentra en países de renta baja y media baja. El presente siglo XXI está marcado, sin lugar a dudas, por la injusticia social y la marginalidad. Según la Organización de las Naciones Unidas, la definición de pobreza es la que sigue:

> La pobreza va más allá de la falta de ingresos y recursos para garantizar unos medios de vida sostenibles. Entre sus manifestaciones se incluyen el hambre y la malnutrición, el acceso limitado a la educación y a otros servicios básicos, la discriminación y la exclusión sociales y la falta de participación en la adopción de decisiones.

Por su parte, la Organización Mundial de la Salud estima que la pobreza es la enfermedad más mortal del planeta. De hecho, hay un dato escalofriante del mundo moderno: unos 1300 millones de personas viven aproximadamente con menos de 1 dólar al día, cifra que nos dice todo. El economista en jefe del Banco Mundial, Indermit Gill, estima que para el año 2030 los pobres llegarían a los 700 millones de personas.

Ahora bien, la pobreza no es un fenómeno nuevo en la historia de la humanidad. Jesús de manera permanente se relacionó con los pobres y desventurados de múltiples maneras, e incluso alertó sobre la permanencia de los pobres (Mc 14:7) a lo largo del tiempo. La tierra de Israel en el primer siglo era una región pobre, y su población trabajaba muy duramente para apenas poder sobrevivir diariamente, salvo los comerciantes más importantes. Era una sociedad principalmente agrícola, por lo que debemos pensar en el acaparamiento de tierra por parte de los que detentaban el poder. Había una fuerte concentración y apropiación de tierras productivas por parte de las clases ricas y dirigentes.

Realmente no era fácil la vida de las amplias familias judías pobres en la época de Jesús; particularmente en Galilea, se daba un contexto de tensión y conflictos sociales permanentes, lo que se expresaba en rebeliones y continuas luchas contra el ejército romano, situación que se remonta a la dominación seléucida. Por otra parte, había una importante carga impositiva constituida principalmente por dos tipos de impuestos: el romano —que fundamentalmente se pagaba por la posesión de la tierra, además de otro para la producción de la misma, que implicaba cerca del 25 % de la producción realizada— y el religioso —que incluía el diezmo, las primicias y el impuesto común que debían pagar todos los varones mayores de 13 años—. Ante este contexto, Jesús se erigía como un refugio de esperanza para los pobres, los desventurados, los oprimidos materiales y espirituales. De esto daremos cuenta en el presente capítulo.

## Judea durante el primer siglo era pobre y estaba plagada de desigualdades

La pobreza es una penosa realidad, consecuencia del pecado original, que perdura a lo largo del tiempo, independientemente de lugares, historia o contextos a los que podamos referirnos. En cierta forma, Jesús sentenció que la pobreza, mal endémico de nuestro tiempo, siempre estaría en medio nuestro, independientemente de los esfuerzos que hiciéramos para remediarla: «A los pobres siempre los tendréis con vosotros, más a mí no siempre me tendréis» (Jn 12:8). Sin embargo, esto no significa que no debamos hacer nada para paliarla ni que nos conformemos con ella; de hecho, Jesús dedicó parte de su ministerio a los pobres, a alimentarlos, sanarlos, libertarlos, darles esperanza y, por sobre todas las cosas, murió por ellos y por cada uno de nosotros.

La historia de la antigua tierra de Israel muestra que su economía estaba basada principalmente en una explotación agrícola intensa, aunque no era el único medio de desarrollo, y que la sociedad tenía un carácter eminentemente rural con grandes latifundios a cargo de una aristocracia rica, contrapuesta a una gran población pobre y rural a su servicio. De hecho, la agricultura y la ganadería (pesca incluida) eran las actividades básicas de la economía de la región. La actividad era en su mayoría básica, con una producción casi artesanal y técnicas de pesca poco desarrolladas, y muy pocos eran los que podían sumarle algo de tecnología a la época. Esto imponía cierta desigualdad social.

Ahora bien, mientras la agricultura y la ganadería imponían el ritmo de las pequeñas ciudades o aldeas, eran los artesanos los que hacían crecer a las grandes ciudades; «esta diferencia iba a determinar y consolidar una división geográfica ya tradicional: Galilea y Judea, el norte y el sur».[110] En síntesis, los judíos en la época de Jesús eran principalmente agricultores, pero había importantes excepciones que marcaban la economía de la época. De hecho, Jesús se crio en el segmento económico vinculado a la artesanía; debemos recordar que José, su padre, era carpintero, y luego Jesús mismo lo fue. El negocio de los artesanos estaba estructurado alrededor de los vínculos familiares y hereditarios. Los hijos aprendían y seguían el oficio de sus mayores, y todo lo concerniente al negocio, la producción, venta y distribución se hacía entre los miembros de la familia.

> En el sector artesanal, los trabajadores por cuenta propia predominaban. En este tipo de empresa, el productor, poseedor de todos los medios de producción, fabricaba los productos y, sin otra circulación de bienes, los distribuía él mismo a los consumidores, a los clientes. El sector de la artesanía estaba por consiguiente estructurado alrededor de una producción familiar.[111]

---

[110] Houtart, 2014, p. 14.

[111] *Ibid.*, p. 16.

Junto con la actividad artesanal familiar había pequeños grupos de unidades artesanales que incluían a determinados obreros para quehaceres puntuales; estos obreros, sumados a los agricultores y ganaderos, eran la fuerza productiva de Israel en la época de Jesús —sin descuidar el hecho de que el propio Estado era un importante empleador, dada la necesidad de construcción de infraestructura de todo tipo—. En el caso de Jerusalén, el templo era un importante y particular aparato económico. Solo a modo de mención, es dable destacar que el sector mercantil, tanto de importación como de exportación en la época de Herodes, estaba sometido a una presión impositiva realmente pesada, casi insostenible, que producía entre otras cosas serias restricciones al sector y, por supuesto, una elevada tasa de contrabando de productos.

Lo señalado estructuraba de manera particular un sistema de clases sociales desiguales, profundamente inequitativa y pobre en su base piramidal, teniendo en el otro extremo una poderosa casta oligárquica política y especialmente religiosa, a la cual Jesús dedicó gran parte de sus críticas (Mt 23). Había sin duda una clase alta marcada por contradicciones entre las facciones agrarias y comerciales; estos últimos eran los más beneficiados por la dominación romana, dado que tenían un amplio campo de comercialización que era ni más ni menos que el propio territorio imperial; a esta clase alta debemos sumar a los miembros prominentes del clero y el poder imperial. Por otra parte, las clases intermedias estaban formadas por los artesanos y los agricultores o ganaderos de menor cuantía, y finalmente, dentro de la clase de los dominados, había una mixtura de obreros varios y de todo tipo, que eran en el fondo la mano de obra prominente.

Vale la pena hacer un breve paréntesis siguiendo a Houtart para hablar del sanedrín y el templo, piezas fundamentales en el ministerio de Jesús, según lo reflejado por el Nuevo Testamento. El templo tenía el rol principal de ser el custodio y referente de los aspectos ideológicos y religiosos del pueblo; para usar un lenguaje contemporáneo, el personal estaba formado por el sumo sacerdote, "dueño" de la primacía de los sacerdotes principales (entre los que sobresalía el comandante del templo), además de todo el personal sacerdotal adicional, que era vasto:

Los jefes de las 24 secciones semanales y de las secciones diarias (24+146=170), por los vigilantes (7) y por los tesoreros (3), sacerdotes (aproximadamente 7200 en la época que estamos analizando), y después venían los levitas: cantantes y músicos, servidores y guardianes (aproximadamente 9600).[112]

En palabras de Joachim Jeremias, la población del templo, sumada a la de las mujeres y los niños, no era nada despreciable para la época:

El conocimiento del número del clero no carece de importancia para calcular la población palestinense de la época de Jesús; notémoslo al menos a título de complemento. Los sacerdotes y los levitas, junto con mujeres y niños, debían de representar algo así como 50 000 o 60 000 personas.[113]

A partir de estos cálculos, Jeremias establece que la población de la tierra de Israel en la época de Jesús rondaba aproximadamente los 600 000 habitantes.

Por consiguiente, según nuestro cálculo, la Palestina del tiempo de Jesús tenía una población judía de 10 x 50 000 (o 60 000) = 500 000 o 600 000 habitantes. Esta cifra, a mi parecer, es mucho más probable que el millón frecuentemente admitido.[114]

En síntesis, la tierra de Israel en la época de Jesús tenía una población estimada en unos 600 000 habitantes y estaba atravesada por profundas desigualdades, fruto de la excesiva carga impositiva, la falta de tecnología aplicada a la ganadería y la agricultura, actividad económica principal, con un sector de artesanos de clase media y comerciantes que según su estructura podían posicionarse entre la clase alta o media, y por supuesto, todo el aparato del poder estatal y religioso.

Ahora bien, dentro de la clase pobre se deben distinguir a aquellos que podían trabajar para adquirir un mínimo sustento y aquellos que vivían de la dádiva de los demás para poder abastecer sus necesidades esenciales; este colectivo estaba integrado básicamente por los

---

[112] *Ibid.*, p. 32.
[113] Jeremias, 1980, p. 222.
[114] *Ibid.*

abocados a la mendicidad[115] en los lugres sagrados, principalmente el templo. En este sentido, debemos tener en cuenta que ni los ciegos ni los cojos podían ingresar al templo, pero sí tenían acceso al atrio interior, junto con los sacerdotes cojos o deformes (2 S 5:8). Para precisar, siguiendo a Jeremias, vale citar: «Entre los pobres tenemos que distinguir entre aquellos que ganaban su sustento con el trabajo y los que vivían, en parte o totalmente, de las ayudas recibidas».[116] Además estaban los esclavos, que eran utilizados principalmente en la época de Jesús en las casas y en menor medida para las actividades agrícolas, y los jornaleros, que según la documentación historiográfica ofrecida por Jeremías, eran más numerosos que los esclavos.

La clase más baja, específicamente los pobres, no tenía acceso a condiciones básicas de salud y tratamientos médicos; la mayoría de ellos apenas cubría sus necesidades elementales, sobrellevando el estigma de no poder entrar al templo dado que muchos arrastraban cargas o impedimentos físicos que les impedían desarrollar tareas o trabajos, aunque fuera de obreros o jornaleros. Debemos adicionar que los pecadores no eran solamente los que tenían una condición moral de haber desobedecido la Ley, sino que muchas veces entraban bajo tal designación las personas que tenían algún oficio impuro: carniceros, médicos, pescadores —los israelitas tenían la limitación de no poder comer pescados que carecieran de escamas o aletas—, los recaudadores de impuestos, los sepultureros, entre otros. En dicho esquema y bajo la desigualdad imperante para una gran cantidad de personas, Jesús era visto como la única opción para salir de su dramática situación; por eso lo seguían las multitudes, y los religiosos, por temor a ellos, dilataban sus inescrupulosas especulaciones. Jesús vino a traer una luz de esperanza, a confrontar con lo más vil del pecado y dar dignidad a las personas, cumpliendo lo anunciado por las Escrituras (Lc 4:16-20; Hb 5:7).

---

[115] La limosna desempeñaba un papel importante dentro del marco de la piedad judía. «Muchas limosnas, mucha paz», enseñaba el sabio Hillel.

[116] *Ibid.*, p. 129.

## Jesús sació la necesidad urgente de las personas sin pasar por alto lo importante para ellos. Los pobres seguían a Jesús

Jesús tuvo un acercamiento especial hacia los pobres, los desventurados y los marginados sociales de su tiempo. De hecho, cuando nos acercamos a los Evangelios vemos que Él mismo nació, creció y vivió en un entorno de pobreza, estimando incluso a las posesiones de este mundo como algo secundario al respecto de su propósito y misión. Pensemos por ejemplo en su nacimiento; dice el Evangelio de san Lucas: «Y dio a luz a su hijo primogénito, y lo envolvió en pañales, y lo acostó en un pesebre, porque no había lugar para ellos en el mesón» (2:7). Notemos que la mayoría de las traducciones en español traducen esto como "mesón" o "posada", pero en realidad la palabra griega que se utiliza es καταλύματι, que se traduciría mejor como "cuarto de huéspedes" o "habitación", seguramente en algún hospedaje común de la época. Quiere decir esto que el creador, sustentador y dueño del universo ni siquiera tuvo una habitación para nacer. Pero quizás la prueba más contundente de su falta de posesiones y humillación se dio en la cruz, donde fue humillado, escupido y maltratado en nombre de la religión y la justicia.

Nos dice la Palabra lo siguiente acerca del Señor Jesús:

- Su nacimiento se produjo en un pesebre sin las comodidades mínimas para la época (Lc 2:7).
- La ofrenda que José y María llevaron al templo en ocasión del nacimiento de Jesús fue de dos tórtolas y dos palominos o pichones de paloma (Lc 2:22-24; Lv 14:21, 22).
- Tuvo que vivir como un refugiado en Egipto a causa de la persecución iniciada por Herodes para matarlo (Mt 2:13, 14).
- Jesús vivió en una de las zonas más desfavorables y subdesarrolladas de la tierra de Israel, Galilea (Mt 2:22, 23; Jn 1:46).
- Si bien José tenía un oficio, el de carpintero, dicho oficio no era de los más prósperos de la época (Mt 13:55; Mc 6:3).
- Jesús mismo declaró durante su ministerio que ni siquiera tenía un lugar fijo donde recostar su cabeza, es decir, una vivienda (Lc 9:58).
- El Evangelio de Lucas nos dice que varias de las mujeres que seguían a Jesús contribuían al sostenimiento de su ministerio y de los discípulos (Lc 8:1-3).

Jesús ayudó a lo largo de su ministerio de manera clara y contundente a los más desfavorecidos, y una de las maneras de hacerlo en dicho contexto, y como vimos en el punto anterior, debido a la falta de recursos que la mayoría de las personas tenía para someterse a los tratamientos médicos existentes en la época, fue haciendo milagros y sanidades extraordinarias. Esto implicaba atender sus necesidades urgentes, pero nunca dejó de mencionarles lo importante: «Arrepentíos porque el reino de los cielos se ha acercado» (Mt 4:17). Esto no solo era para manifestar el poder y la gloria de Dios en medio de ellos, sino con una consecuencia sumamente práctica: ayudarlos en medio de su condición y fundamentalmente guiarlos a una relación nueva con Dios.

Como dijimos, básicamente había dos categorías de pobres: los que escasamente podían vivir de su salario (jornaleros y esclavos) y los que no podían hacerlo o directamente no podían trabajar (mendigos, incapacitados). Israel estaba estructurada sobre la base de una sociedad teocrática con particularidades específicas, cuyo poder se centraba en el clero y en una diminuta casta dominante adinerada, seguida por una importante clase media y una extensa población pobre. A este respecto, nos dice Houtart:

> La Palestina de la época se estructuraba como una sociedad tributaria teocrática. Está claro que el intercambio entre la unidad central (el Estado) y las comunidades locales no podían ser representadas como realmente recíprocas y justas [*sic*], y no más que las relaciones sociales entre una minoría oligárquica, una clase intermedia ascendente y la masa de los excluidos.[117]

Será principalmente al respecto de esta masa empobrecida y sin posibilidades futuras para sus generaciones subsiguientes que Jesús tendrá compasión (aunque no exclusivamente hacia ella, sino hacia todos los hombres); según el Evangelio de Mateo, capítulo 9, versículo 36, un profundo sentimiento de dolor y empatía lo movía a transformar sus vidas de manera concreta y real, palpable para los demás, pero fundamentalmente para los que recibían el milagro, dado que ello implicaba

---

[117] Houtart, 2014, p. 75.

un cambio rotundo en su vida cotidiana, en su forma o estilo de vida y la vida de sus familiares.

Los pescadores no eran una clase privilegiada ni mucho menos en la época de Jesús, y no es menor el dato de que la mayoría de sus discípulos hayan tenido este oficio.[118] A estos, a los suyos, Jesús les exigió un desprendimiento total; nos dice el Evangelio de san Lucas (14:33) que cuando llamó a sus seguidores, les dijo: «Así, pues, cualquiera de vosotros que no renuncia a todo lo que posee, no puede ser mi discípulo». Este era uno de los costos que los discípulos debían calcular antes de seguir incondicionalmente a Jesús, al igual que tomar su cruz cada día (Lc 14:26-32). Ordenar las prioridades en función del reino es el precio que cada uno de nosotros debe pagar para seguir a Jesús, siempre anteponer los objetivos y las prioridades del reino a los propios, y vivir en conformidad con dichas prioridades, ayudando sin cesar a todo aquel que lo necesite mientras podamos hacerlo. La triste realidad es que hoy vemos en algunos casos iglesias con templos costosos, marquesinas luminosas e infraestructura millonaria en medio de un continente esencialmente pobre, reminiscente de la medieval conceptualización de que uno de los síntomas de la espiritualidad es la fastuosidad. Esto debería hacernos pensar; no implica que la iglesia no tenga lo necesario para cumplir la misión, pero a veces nos centramos más en lo material que en lo espiritual.

Por otra parte, no podemos reducir la conceptualización neotestamentaria de la pobreza a la falta de bienes materiales; más bien, esta involucra especialmente, como dice Mateo, a los pobres o necesitados de espíritu (5:3), aquellos que reconocen su necesidad de Dios. Esto se debe complementar con el concepto dado por Lucas 6:20, sobre la pobreza en el sentido estricto de la palabra, al respecto de aquellos que no podían, o apenas podían, afrontar sus necesidades básicas. A lo largo de las Escrituras veremos que Dios nos manda ayudar al

---

[118] Nos dice Theissen: «Por Josefo sabemos que los marineros y desposeídos protagonizaron una rebelión en Tiberia al principio de la guerra judía (*Vita* 66). Su alianza con los más pobres demuestra que la situación de las gentes del mar, en las que se integraban lógicamente los pescadores, podía ser crítica» (Theissen, 1985, p. 46).

huérfano, a la viuda y a los pobres, aunque Jesús mismo reconoce que la pobreza en definitiva es un mal endémico de la sociedad que va más allá de la época (hasta que Él regrese por su iglesia), en una especie de alquimia de egoísmo y concentración de los recursos económicos en unos pocos: «A los pobres siempre los tendrán con ustedes» (Mt 26:11).

No obstante, la realidad creciente de la pobreza en el mundo, máxime después de la pandemia del COVID-19, no puede dejarnos un sabor amargo, dado que siempre existirá, sino que al igual que Jesús, debemos hacer todo lo posible, todo lo que esté a nuestro alcance, para ayudar a los pobres y desventurados como parte de nuestra misión, que en definitiva es la misión que tuvo Jesús, quien con claridad meridiana declara en el Evangelio de Lucas:

> El Espíritu del Señor está sobre mí, porque me ha ungido para anunciar el evangelio a los pobres. Me ha enviado para proclamar libertad a los cautivos, y la recuperación de la vista a los ciegos; para poner en libertad a los oprimidos; para proclamar el año favorable del Señor. (4:18-20)

Ahora bien, lo señalado no debe pasar por alto la verdadera necesidad del ser humano, que es la salvación de su alma; en esto Jesús se concentró a lo largo de su ministerio, y el Nuevo Testamento lo enfatiza una y otra vez. No es posible para nosotros, no podemos por nuestros méritos, logros, esfuerzos o acciones alcanzar la salvación o el favor de Dios, sino que, desde el reconocimiento de nuestro pecado, de nuestra pobreza espiritual, debemos acercarnos a Dios por medio de la fe en Jesucristo a fin de ser salvos y completos en todo el sentido de la palabra (Hch 4:12; 1 Tm 2:5; 1 Jn 4:13).

Es entonces por la sola gracia de Dios que somos salvos y por la sangre de Cristo que somos libres de todo pecado y pasamos a formar parte de la familia de la fe, la iglesia. En medio de ella, no puede haber necesitados si es que hemos conocido realmente a Dios (Hch 4:34; 1 Jn 4:19-21), tampoco podemos tener un sentir distinto del que hubo en Cristo Jesús (Flp 2:5) ni llevar adelante la misión con parámetros o estándares distintos de los que enseñó Jesús (Jn 13:15-17).

## Jesús se acercó a los pobres. Desafíos para la cosmovisión actual

Tal como vimos en la introducción del presente libro, vivimos en un mundo con una creciente injusticia social, con una riqueza cada vez más concentrada,[119] principalmente en empresas de inversiones financieras y tecnología. Pero, por sobre todas las cosas, un mundo centrado en un individualismo egoísta, como característica propia de la hipermodernidad que nos atraviesa. Sentencia el Banco Mundial al respecto:

Aunque la pobreza mundial ha retomado recientemente su trayectoria descendente observada antes de la pandemia, entre 75 y 95 millones de personas más podrían vivir en la pobreza extrema en 2022 en comparación con las proyecciones previas a la COVID-19, debido a los efectos persistentes de la pandemia, la guerra en Ucrania y el aumento de la inflación.[120]

Durante el año 2022, la población mundial llegó a los 8000 millones de habitantes; ante estos números, António Guterres, Secretario General de Naciones Unidas, señaló: «Si no superamos el enorme abismo entre ricos y pobres, tendremos un mundo de 8000 millones de habitantes lleno de tensiones y desconfianza, crisis y conflictos». A nivel mundial, el número de personas que viven en situación de extrema pobreza disminuyó desde un 36 % en 1990 hasta un 10 % en 2015. No obstante, el ritmo al que se produce este cambio está disminuyendo, y la crisis de la COVID-19 pone en riesgo décadas de progreso según las Naciones Unidas. Unos 783 millones de personas (el 10 %

---

[119] Una nueva investigación publicada por el Instituto Mundial de Investigaciones de Economía del Desarrollo de la Universidad de las Naciones Unidas advierte que las consecuencias económicas de la pandemia mundial podrían incrementar la pobreza en todo el mundo hasta llegar a afectar a 500 millones de personas más, o, lo que es lo mismo, a un 8 % más de la población mundial total. Esta sería la primera vez en que la pobreza aumente en todo el mundo en 30 años, desde 1990. Unos 783 millones de personas viven a nivel internacional por debajo del umbral de pobreza, con 1,90 dólares diarios (Cf. Naciones Unidas, 2023a).

[120] Cf. Banco Mundial, 2024.

de la población mundial) aún vive en situación de extrema pobreza al día de hoy, con dificultades para satisfacer las necesidades más básicas, como la salud, la educación y el acceso al agua potable y el saneamiento, por nombrar algunas; de hecho, viven con el equivalente a 1,90 dólares al día en el África subsahariana. En todo el mundo, los índices de pobreza en las áreas rurales son del 17,2 % (más del triple de su equivalente en áreas urbanas). Uno de cada cuatro niños menores de cinco años, en todo el mundo, tiene una estatura inadecuada para su edad. Sin dudas, son datos recientes, pero no estáticos, por lo cual irán evolucionando; la finalidad de ponerlos en el presente libro es tener una foto que muestre la crudeza de la realidad actual y la espiral dinámica de marginalidad que no cesará al menos en el corto y mediano plazo.

La erradicación de la pobreza es el primero de los diecisiete objetivos propuestos por Naciones Unidas para el Desarrollo Sostenible. En la misma línea y con anterioridad a dicho planteo internacional, mediante la resolución 47/196, adoptada el 22 de diciembre de 1992, la Asamblea General de Naciones Unidas declaró el 17 de octubre como Día Internacional para la Erradicación de la Pobreza. Por el momento, simples expresiones de deseo que no logran producir acciones concretas efectivas.

Podríamos seguir durante varias páginas citando datos y cifras de organismos internacionales y multilaterales al respecto de la pobreza, los programas para combatirla y las aspiraciones para tratar de reducirla a la mínima expresión o a cero, pero dichos datos se tornarían obsoletos a los pocos meses. Todo esto habla de que, pese a la preocupación de los organismos mencionados y los gobiernos, la pobreza es actualmente una realidad trágica que nos golpea a todos. La iglesia en dicho escenario debe cumplir un rol fundamental, no solamente llevando el evangelio de Jesucristo y brindando esperanza, sino también ayudando a los que menos tienen en tanto podamos hacerlo.

Ahora bien, debemos considerar que la misión de la iglesia es predicar el evangelio y por medio de la fe permitir que las personas tengan una verdadera dignidad centrada en una correcta imagen de Dios. El asistencialismo —que es bueno como primera solución paliativa frente a la urgencia de la necesidad— no permite que los pobres se desarrollen y avancen más allá de la pobreza estigmatizante que ancla a las personas a un penoso estado a lo largo del tiempo. La iglesia debería trabajar incansablemente brindando o facilitando herramientas que les permitan a las personas superarse a través del trabajo digno y el esfuerzo cotidiano; lógicamente, esto no se hace de la noche a la mañana, sino a través de un proceso intencionado que debe tener como objetivo la superación de las personas y su reinserción en el mundo del trabajo. Debemos recordar que el trabajo no es una maldición del pecado, como muchos creen, sino una bendición de Dios que le da al hombre dignidad y sentido de propósito. De hecho, es lo que enseña la Palabra: Dios hizo al hombre a su imagen y lo coronó por encima de toda la creación para que señoree (Gn 1:26), pero también le dio la responsabilidad de cuidar y labrar el huerto (Gn 2:15) antes de la caída, con lo cual vemos claramente que el trabajo es una provisión divina que acarreó para Adán bendición y desarrollo.

A lo largo de su ministerio, Jesús tuvo una particular inclinación por acercar el reino y atender a los excluidos, entre ellos, los pobres, las viudas y los enfermos. En el Evangelio de Lucas, considerado como *el evangelio del Espíritu* o *el evangelio de la misericordia*, se resalta que el mismo Jesús se presenta como pobre. Desde su nacimiento comparte una empatía con ellos (Lc 2:7). Nos dice el evangelista que Jesús hace realidad la profecía de Isaías, capítulo 61, versículos 1-3, en cuanto a que ha sido enviado a anunciar las buenas nuevas a los pobres (Lc 4:18). De hecho, era una de las señales que haría el Mesías, y Jesús se encargó de que los discípulos de Juan el Bautista le dijeran a su maestro «lo que ustedes han visto y oído: "Los ciegos ven, los cojos andan, los leprosos quedan limpios, los sordos oyen, se anuncia a los pobres la buena nueva"» (Lc 7:22; cf. Lc 4:18; So 3:12; St 2:5).

Ahora bien, ¿por qué Jesús resalta que a los pobres «les es anunciado el evangelio»? En primer lugar, porque prefiere que sus obras hablen de su identidad en vez de hacer reclamos mesiánicos altisonantes; Jesús opta por que sus hechos antecedan a sus palabras, y que sus acciones modelen la visibilidad de su ministerio —una imagen que la religiosidad y el Imperio romano no pudieron resistir—. En segundo lugar, incluso los milagros, pese a su portento, podían llegar a confundir a las personas (2 Ts 2:9); sin embargo, como hemos mencionado, el amor y la misericordia son características distintivas de Jesús, y esto es algo que el enemigo nunca podría imitar. Finalmente, es necesario que entendamos que el mensaje del evangelio dignifica a las personas, las pone en un plano de igualdad (Gl 3:28), les permite volver a albergar en sus corazones esperanza por el futuro y la certidumbre de que en Cristo hay una eternidad que comienza en el primer instante de nuestro acto de fe en Jesús. En efecto, los pobres, al creer en el evangelio, adquieren una dimensión diferente, una perspectiva que va más allá de sus necesidades; esto no significa que la iglesia no deba atender la coyuntura que atraviesa, pero sí que es algo más grande que eso: es vida y vida en abundancia más allá de las circunstancias. De allí la necesidad de predicar el evangelio de manera genuina, completa, sin quitar ni agregar, sino simplemente levantar y exaltar el único nombre dado a los hombres mediante el cual podemos ser salvos: Jesús.

Hoy las personas en situación de vulnerabilidad tienen muchas necesidades, y podemos ayudar a remediarlas, pero la más importante es la de conocer a Jesús como Señor de sus vidas, porque es recién en ese momento cuando pueden proyectarse como hijos amados por Dios y entender lo que realmente significa esa realidad oculta por el peso del pecado: que son hijos de Dios y que Jesús murió por cada uno de ellos, al igual que lo hizo por nosotros. Cuando los pobres ven en nosotros personas que los aman, que están dispuestas a tener misericordia y ayudarlos en su situación, pero por sobre todas las cosas, que les llevan la esperanza de la salvación (aunque al principio no la entiendan), el nivel de transformación que puede realizar el Espíritu Santo es altamente visible y reconocido. El hecho de devolver la esperanza y dar un nuevo horizonte a las personas, al tiempo que se les ayuda en su crítica situación, más que un acto misional es amarlos a la manera de Jesús.

# CAPÍTULO VII

## Jesús delineó los límites de la autoridad y la política

El sociólogo alemán Max Weber distinguió de manera cuidada entre los conceptos de poder y autoridad. Por *poder* entendía la capacidad para imponer comportamientos a otros, incluso por medio de la coacción, mientras concebía la *autoridad* como la posibilidad de conseguir obediencia por cierta capacidad intrínseca de la persona o del contenido de lo que propone, en relación con su habilidad carismática. Al hablar de Jesús, debemos reconocer su carisma, amparado bajo el poder del Espíritu Santo, sabiendo que se dio en un contexto; no fue un profeta atemporal, sino un judío del primer siglo que vivió en la tierra de Israel bajo el dominio romano. Nos recuerda Rafael Aguirre:

> El Imperio proporcionaba una tranquilidad externa, pero estaba asentado, en última instancia, en un implacable poder militar. Pero el Imperio no era solo una superestructura política (su burocracia era más bien limitada), sino que suponía todo un entramado social de poderes. Destaquemos dos. Primero, la familia, de carácter patriarcal (jerárquica, piramidal). [...] El segundo entramado consistía en las relaciones de patronazgo, de patrón-cliente, que en cascada organizaban toda la vida social.[121]

Más allá de estos marcos generales de la autoridad que existían en el Imperio romano, Jesús irrumpió de manera muy especial en la vida cotidiana del Israel del primer siglo, con una autoridad particular, singular, que incluso fue reconocida por el pueblo de forma notoria.

---

[121] Aguirre Monasterio, 2014, p. 84.

Abrevando de Rafael Aguirre, podemos decir que Jesús poseía una autoridad particular que el pueblo percibía con asombro y las autoridades formales consideraban un peligro e intentaban por todos los medios desacreditarlo. «Actúa por el poder de Beelzebú» (Mt 12:24), decían. El Señor «les enseñaba como quien tiene autoridad y no como los escribas» (Mc 1:22). Después de oírlo «todos quedaron tan asustados que se preguntaban unos a otros: "¿Qué es esto? ¡Una enseñanza nueva, pues lo hace con autoridad! Da órdenes incluso a los espíritus malignos y le obedecen"» (Mc 1:27). Incluso los sacerdotes le pidieron explicaciones: «¿Con qué autoridad haces esto? —lo interrogaron—. ¿Quién te dio autoridad para actuar así?» (Mc 11:28). Los Evangelios usan la palabra griega *exousía*, que designa lo que se es o se tiene. En consecuencia, debemos considerar que la autoridad de Jesús no tiene (siguiendo a Weber) poder coercitivo, sino carismático, tiene que ver con la plenitud del Espíritu Santo y lo que conocemos como autoridad moral. La autoridad de Jesús se funda en su verdad, en su autenticidad como Hijo de Dios. Es importante destacar lo que señala Aguirre al respecto:

> Llegamos a algo muy importante: la de Jesús es una autoridad sin poder coercitivo. Es lo que antes he llamado autoridad moral. Es la autoridad de la verdad, de la autenticidad, de la ejemplaridad. Pero respeta absolutamente la libertad. Más aún, rechaza el poder coercitivo, que usa la fuerza, como una tentación, como algo que le desvía de su camino. El poder fue la gran tentación de Jesús. Le tientan para que recurra al poder, con toda su dimensión histórica y coercitiva, la gente que le quiere hacer rey, el diablo, sus discípulos, los que se burlan a los pies de la cruz.[122]

Ahora bien, no solamente las autoridades romanas, los religiosos y las personas reconocían y se admiraban de la autoridad de Jesús, sino que la misma era incluso reconocida por Satanás y sus demonios (Mt 8:29; Mc 5:1-20; Lc 8:20-39). Con su sola palabra, Jesús modificó las leyes de la naturaleza, sanó enfermos, liberó endemoniados, resucitó muertos, transformó realidades. Jesús delegó esa misma autoridad en su iglesia y espera que nosotros hagamos sus mismas obras a fin de manifestar su amor y poder a todas las personas (Mt 28:18-20; Mc

---

[122] *Ibid.*, p. 88.

16:16-20; Lc 9:1). En el presente capítulo, no solo analizaremos los rasgos principales de la autoridad ejercida por Jesús, sino los principios que estableció para su ejercicio por parte de sus hijos.

## Relación de Jesús con las autoridades judías y romanas

A lo largo de los Evangelios, vemos que, si bien al principio los escribas y fariseos veían a Jesús como un par más —incluso considerando sus excepcionalidades e interpretaciones de la Ley—, con el correr de los meses dicha percepción se fue profundizando y volviendo absolutamente negativa, al punto que planearon la forma de deshacerse de Él. No hay dudas de que la popularidad de Jesús estaba en franco crecimiento a medida que hacía milagros y señales asombrosas a lo largo y ancho de la tierra de Israel; el pueblo advirtió instintivamente que algo había en Él que lo diferenciaba del resto de los fariseos, por lo que lo seguían por multitudes, despertando una marcada envidia entre los líderes religiosos (Jn 12:19). Los tres sinópticos conservan una observación digna de ser mencionada: «Se admiraban de su doctrina, porque les enseñaba como quien tiene autoridad, y no como los escribas» (Mc 1:22). Las palabras «como quien tiene autoridad» (ἐν ἐξουσία ἦν ὁ λόγος αὐτοῦ) demuestran claramente una esencial diferencia entre Jesús y el resto de los escribas y fariseos; estos no enseñaban nada que sacaran de sí mismos, sino que se basaban por completo en la literalidad de las Escrituras y la tradición, repitiendo simplemente las palabras de Moisés y los profetas. Sin embargo, Jesús redimensionó el mensaje, lo puso en una real perspectiva divina, lo elevó, lo dotó de una autoridad que marcaba una sustancial oposición al respecto de la clase religiosa.

Con el pasar de las semanas, los milagros de Jesús son más frecuentes e importantes; vemos en Mc 3:1-6 y Lc 6:6-10 un momento clave en la relación de Jesús con los fariseos, cuando el Señor sana en *shabbat*[123] a un hombre que tenía la *mano seca* o, como dicen algu-

---

[123] En el extremo, nos dice Schürer: «Algunos eran extraordinariamente estrictos en su observancia del sábado. En tal día no se arriesgaban ni siquiera a mover de su sitio un recipiente ni atendían a sus necesidades naturales» (Schürer, 1979, Tomo II, p. 737).

nos, la *mano paralizada*. Debemos recordar que la salvación de una vida abrogaba la ley del sábado solo como excepcionalidad. Esto es, si había un riesgo serio y cabal de que una persona pudiera perder la vida, entonces era lícito no guardar la norma de descanso a fin de asegurarle a la persona en cuestión el disfrute de muchos *shabbat* más, pero claramente no era el caso del hombre en cuestión, dado que su enfermedad, aunque significativa, no acarreaba un riesgo de muerte.[124] Dice al respecto Joseph Klausner:

> Es cierto que el Talmud concluye que no solo «la salvación de una vida humana anula las leyes del *Shabbat*», sino que basta la posibilidad, la duda, de que haya un peligro mortal inminente; también el R. Menasia establece una regla razonable: «Un hombre puede profanar un Shabbat para poder observar muchos otros». Pero está absolutamente prohibido curar una enfermedad que no sea peligrosa, según la Mishná.[125]

Fue a partir de este momento que los fariseos comenzaron a ver a Jesús de manera diferente, ya no como un excéntrico con opiniones propias, sino por el contrario como alguien peligroso que podía traer sobre ellos el peso de la espada romana por revolucionarios, dado que en aquellos días la vida civil y la religiosa no estaban separadas. Por este motivo, comenzaron a tramar con los herodianos y los principales ancianos cómo matar a Jesús (Mt 26:1-5; Mc 3:1-6).

Es claro que Jesús incomodó a los religiosos de su tiempo, no solamente por exponer sus deficiencias en cuanto a la Ley y el cumplimiento de la misma, sino fundamentalmente porque subyacía un profundo rechazo hacia su persona y ministerio; nunca, pese a las claras evidencias dadas, llegaron a aceptar la autoridad de Dios y la de Jesús. Una y otra vez los evangelistas lo enumeran (Mt 12:38-42;

---

[124] El comentarista Simón Kistemaker: «Uno de los adoradores de este sábado por la mañana era un hombre que tenía paralizada su mano derecha. Tal vez los sacerdotes le habían dicho al hombre que viniera al servicio de adoración y le pidiera a Jesús que lo sanara. Si Jesús caía en su trampa, ellos podían acusarlo de profanar el sábado y llevarlo a la corte. En sus mentes legalistas, ellos pensaron que solo un paciente cuya vida estuviera en peligro podía ser sanado el sábado; un hombre con una mano paralizada podía esperar hasta el siguiente día» (Kistemaker, 2006, p. 45).

[125] Klausner, 1989, pp. 272-273.

16:1-4; 19:3-9; 22:15-22, 34-40; 23:1-36; Mc 8:11, 12; 10:2-9; 12:13-17, 28-34; Lc 6:6-11; 11:29-32; 19:39; 20:20-26; Jn 8:3-11; entre otros). De hecho, los sabios del Talmud no niegan que Jesús obrara milagros y prodigios, sino que los consideran actos de hechicería,[126] y niegan intencionadamente que Jesús fuera el Mesías. Nunca reconocieron su autoridad; de allí que el dilema que les plantea Jesús quede sin respuesta por parte de ellos (Mc 11:27-33). Lo mismo encontramos en los Evangelios: «Los escribas que habían descendido de Jerusalén decían: "Tiene a Beelzebú; y expulsa los demonios por medio del príncipe de los demonios"» (Mc 3:22). Será Pau Figueras quien, analizando tanto el Talmud de Jerusalén como el babilónico, rastree las afirmaciones que ambos contienen al respecto de Jesús como hacedor de magia. Citamos solo una de ellas: «Un maestro ha dicho: Jesús el Nazareno, practicó la magia, sedujo y desorientó a Israel».[127]

Cabe recordar que los escribas y fariseos no eran lo mismo, pese a que Mateo y Lucas los engloben en la frase repetida *escribas y fariseos*; más allá de la cercanía, Jesús se encargó de precisar sus reproches hacia cada uno de estos grupos. Volviendo a Joachim Jeremias, podemos verificar que a los teólogos que eran los escribas les recrimina, según el capítulo once del Evangelio de Lucas, lo siguiente: a) imponían cargas religiosas muy pesadas a tal punto que nadie podía cumplirlas, ni siquiera ellos mismos; b) edificaban los sepulcros para los profetas que sus propios padres mataron e incluso estaban dispuestos a condenar a muerte al Hijo de Dios; c) privaban del conocimiento y el acceso al reino de Dios al pueblo y ni ellos mismos obedecían sus propios conocimientos; d) ambicionaban trajes, saludos y honores deseando los primeros lugares en las sinagogas. Por otra parte, al respecto de los fariseos, principalmente les recrimina su doble moral, su ambivalencia: a) hipocresía en el cumplimiento de las prescripciones

---

[126] Escribe Joseph Klauner: «Los escribas nunca negaron que hubiera realizado milagros: simplemente los atribuyeron a un espíritu inmundo —como lo hace el Talmud ("practicó la hechicería") y el Toldot Ieshu—, o bien afirmaban que "tenía a Beelzebú y por el príncipe de los demonios echaba fuera los demonios"» (*Ibid.*, p. 265).

[127] Figueras, 2016, p. 55. Cf. Sanh. 107b.

de pureza; b) hipocresía en el pago del diezmo de las legumbres, que no estaban sometidas al diezmo según la Ley, pero incumplimiento de las exigencias morales y religiosas importantes de la Ley.[128]

El incremento de las rispideces y denuncias cruzadas entre Jesús y los fariseos llega al cenit cuando el sanedrín, la autoridad local de Judea, arrestó a Jesús por medio de la policía del templo, llevando a cabo tan solamente una mera indagación preliminar. Pero dicha indagación no satisfacía las normas y procedimientos judiciales establecidos para la conducción de este tipo de juicios acusatorios; señala Klausner al respecto:

> Es verdad que si comparamos el procedimiento judicial detallado de la Mishná y la Tosefta del Tratado Sanhedrín con lo que leemos, particularmente en Marcos y Mateo, sobre el juicio de Jesús, nos vemos obligados a concluir que el Sanhedrín quebró todas las normas procesales prescriptas.[129]

El Evangelio de Juan menciona que los guardias del templo prendieron a Jesús y lo llevaron atado ante Anás[130] en primer lugar (Jn 18:12), y luego ante Caifás (José ben Caifás o Yosef Bar Kayafa), el sumo sacerdote nombrado por el procurador romano de Judea, Valerio Grato. Sin embargo, Mateo y Marcos no mencionan el interrogatorio efectuado por Anás, pero sí señalan que el sanedrín sesionó esa misma noche, lo cual era ilegal, dado que, como dijimos, debían hacerlo durante el día, e incluso presentaron falsos testigos (Mt 26:59, 60). Por otra parte, los tres evangelistas sinópticos mencionan que llevaron a Jesús a Pilato por la mañana. Pilato iba a Jerusalén durante la Pascua, no vivía en la Ciudadela de Antonia, sino, de acuerdo con Josefo, en el Palacio de Herodes —una de las tres torres; de ellas aún queda la llamada Torre de David, aunque en realidad es la Torre de Fasaei—, donde había una guarnición o grandes barracas. Jesús

---

[128] Jeremias, 1980, pp. 268-270.

[129] Klausner, 1989, p. 333.

[130] Nos dice Schürer: «El juicio de Jesús ante Anás (Jn 18), que entonces ya no detentaba el cargo, no supone argumento en contra. Hay, en efecto, indicios de que no se trató entonces de un juicio formal» (Schürer, 1979, Tomo II, p. 290).

es interrogado en el lugar que Juan llama *pretorio*, y luego Pilato lo lleva a un sitio denominado *Gábata* ("enlosado" en arameo). Finalmente, pese a que Pilato no halla culpa en Jesús, le pide a la multitud que elija entre Él y Barrabás; este último es finalmente excusado de toda condena y se termina crucificando a Jesús[131] (Mt 27:33-56; Mc 15:33-41; Lc 23:44-49; Jn 19:17-35). Nos dice Klausner sobre la crucifixión:

> La crucifixión es la muerte más cruel y terrible que el hombre ideó para vengarse de su semejante. Cicerón la describe como *crudelissimum taeterrimumque supplicium* (la muerte más cruel y horripilante), y Tácito se refiere a ella como *supplicium servile* (una muerte vil). Provenía de Persia, donde aparentemente surgió del deseo de evitar que el condenado corrompiera la tierra, que era sacrosanta para Ahura Mazda (Ormuzd). De Persia pasó a Cartago, y a través de ella a los romanos, que la empleaban como castigo de los rebeldes, esclavos renegados y los tipos inferiores de criminales.[132]

A partir de lo expuesto en este punto, debemos tener en cuenta algunos principios clave al respecto de lo que significan la autoridad y el uso de la misma. En primer lugar, debemos considerar que pese a conocer la Ley, a estar imbuidos en la tradición y los rituales, los religiosos de Israel del primer siglo no lograron reconocer a Jesús como el Mesías; si alguno tímidamente lo hizo o al menos se lo planteó como duda —por ejemplo, Nicodemo—, no llegó a hacerlo público y manifiesto. Es que en efecto ninguno de ellos realmente estaba sometido a la autoridad de la Palabra y de Dios, pese a su autoridad religiosa, la cual se había tornado un escalafón de castas religiosas con distintos niveles de influencia y estatus que los alejaba de la realidad circundante. Por eso las multitudes seguían a Jesús, por eso su ministerio marcaba una notable diferencia al respecto del resto, y de allí que dichos contrastes finalmente lo llevaron a la muerte, porque nunca lo

---

[131] Escribe Dunn acerca de la mesianidad de Jesús como causa principal de su crucifixión: «Hay que tener en cuenta, por otro lado, que la cuestión de la mesianidad de Jesús tuvo que haber surgido ya durante su misión y que él fue denunciado a Pilato como alguien que decía ser el Mesías. Y lo crucificaron entendiendo que se postulaba como tal con todas las connotaciones de aspiración al trono de Israel en antagonismo con Roma» (Dunn, 2009, p. 262).

[132] Klausner, 1989, p. 349.

reconocieron. Cabe preguntarnos de qué manera ejercemos nosotros la autoridad: ¿Estamos reconociendo genuinamente a Jesús en medio nuestro o solo nos movemos por impulsos autoritarios huecos de contenido y poder real?

En segundo lugar, debemos tener en claro que Jesús nunca violentó la Ley, sino que por el contrario la aplicó cabalmente, tal como Dios la pensó y esperaba que fuera cumplida. Sacrificio perfecto, hacedor acabado de la voluntad divina, Jesús no se dejó impresionar o guiar por lo que dictaban los ritos y regulaciones humanas; al igual que el rey David frente a Goliat, se salió del molde, rompió el esquema pretendido. Su accionar iba más allá de lo esperado por los hombres, pero estaba en clara sintonía con lo esperado por Dios.

En tercer lugar, su ministerio y sus enseñanzas marcaron una diferencia sustancial, y a la hora de relacionarse con los responsables de cumplir y velar por el cumplimiento de la Ley y el culto, los recriminó muy duramente, dada su responsabilidad y posición. Jesús fue misericordioso con los necesitados, los marginados, los enfermos, los endemoniados, los relegados, aquellos que pese a su situación de coyuntura, tenían la capacidad de reconocerse a sí mismos como necesitados de Dios y pobres en espíritu, una actitud absolutamente ausente en la casta religiosa, que se autopercibía como justa y digna de conmiseración. Claro está, su miopía espiritual les impedía ver la realidad y actuar en consecuencia. Es un fuerte llamado de atención para nosotros: a veces la posición y el rango nos terminan alejando de las personas y la centralidad de la misericordia y el amor que demanda el evangelio de Jesucristo.

En cuarto lugar, debemos ser conscientes de que la religiosidad, y de hecho, los cargos transitorios que podamos tener en un determinado momento y puesto jerárquico o funcional son simplemente eso: un lugar pasajero que no nos debe definir ni marcar. A Jesús no lo definieron sus muchos milagros ni obras portentosas, lo definieron su amor y su entrega sacrificial, lo cual se ve reflejado a lo largo de todo su ministerio en los Evangelios. ¿Qué nos define: nuestro fruto o simplemente nuestras obras? ¿Nuestros cargos y posiciones eclesiales o nuestra compasión y misericordia? ¿Qué somos? ¿Cuál es nuestra esencia? Solo nuestra esencia y solo nuestros frutos perdurarán, pero por todas las cosas nos juzgará el Señor.

## Jesús ejerció una verdadera autoridad, tomó distancia del autoritarismo y la ambición de los gobernantes

La ambición de poder y la autoridad, el anhelo por ser reconocidos y ejercer poder sobre los demás son algunas de las consecuencias de la naturaleza caída del hombre, y encuentran su engranaje principal en el orgullo y la soberbia. Debemos recordar cómo empezó todo. Dice el profeta Isaías en alusión a Satanás:

> Tú que decías en tu corazón: Subiré al cielo; en lo alto, junto a las estrellas de Dios, levantaré mi trono, y en el monte del testimonio me sentaré, a los lados del norte; sobre las alturas de las nubes subiré, y seré semejante al Altísimo. (Is 14:13, 14)

La ambición, el orgullo, las ansias de manipular y controlar a los demás son características claras del enseñoramiento en el ejercicio de la autoridad por parte de los gobernantes, todas consecuencias del pecado y la maldad, esa perversa ambivalencia que nos hace creer en algún punto que podemos considerarnos superiores a los demás y por ende manejarlos, subestimarlos o controlarlos.

Nos dice el Evangelio de Mateo que se presentó ante Jesús la madre de los hijos de Zebedeo (Santiago y Juan) junto con ellos y le pidió al Señor: «Ordena que en tu reino estos dos hijos míos se sienten uno a tu derecha y el otro a tu izquierda» (Mt 20:21), a lo cual Jesús, con sorpresa, contestó: «No saben lo que piden» (Mt 20:22). Pero la pregunta no pasó desapercibida para el resto de discípulos que escuchaban la conversación, motivo por el cual reaccionaron airadamente: «Al oír esto, los otros diez se indignaron contra los dos hermanos» (Mt 20:24). En dicho contexto de puja de poder (incluso mientras Jesús estaba en medio de ellos), el Señor les enseñó un principio esencial para el ejercicio de la autoridad y cómo esta debe vivenciarse desde la esencialidad de un siervo:

> Jesús, llamándolos junto a Él, dijo: «Ustedes saben que los gobernantes de los gentiles se enseñorean de ellos, y que los grandes ejercen

autoridad sobre ellos. No ha de ser así entre ustedes, sino que el que entre ustedes quiera llegar a ser grande, será su servidor, y el que entre ustedes quiera ser el primero, será su siervo; así como el Hijo del Hombre no vino para ser servido, sino para servir y para dar su vida en rescate por muchos». (Mt 20:25-28)

Jesús en dicho contexto se refiere a una típica acción deformante de la autoridad al utilizar la palabra "enseñorean" (gr. Κατακυριεύω), es decir, ejercer dominio de manera injusta, arbitraria, déspota, cuando en realidad la verdadera autoridad se debe basar en el servicio y la humildad. Pero vayamos a lo más importante. Jesús les dice a los discípulos, a partir de su mezquina y egoísta actitud, que «no ha de ser así entre ustedes». Es menester por ende tomar distancia de ese tipo de actitudes que corrompen el corazón y alejan a las personas de una adecuada imagen de Dios. Lamentablemente, en el mundo hipermoderno en el que vivimos, centrado en el egocentrismo y el individualismo, muchos principios pecaminosos normales para el mundo han venido a erigirse como normales dentro de algunas iglesias y ministerios. En efecto, vemos en reiteradas oportunidades apóstoles, pastores y ministros manipulando a las personas, imponiendo su voluntad sobre ellos y manejándolos a favor de sus intereses egoístas o personalistas.

Cuando Jesús limpió el templo demostró la autoridad espiritual que como Mesías e Hijo de Dios tenía; por supuesto, los principales sacerdotes no lo vieron así, sino que pensaron en que sus prósperos negocios estaban siendo atacados y puestos en peligro. A esto debemos sumarle las reiteradas sanidades y milagros, incluso en *shabbat*, las enseñanzas dadas y, por sobre todas las cosas, la exposición indirecta que hizo del fariseísmo. Llegó el momento en que los principales sacerdotes del templo[133] le preguntaron concretamente a Jesús con

---

[133] Los *principales sacerdotes* eran un grupo compuesto por el sumo sacerdote en funciones, los que anteriormente habían ocupado ese oficio y otros sacerdotes importantes. Mayormente, todos ellos pertenecían a la secta de los saduceos. Los *escribas* no eran una secta del judaísmo, aunque en su mayoría pertenecían a los fariseos; se dedicaban al estudio de la Ley, y generalmente eran los encargados de su enseñanza tanto en las sinagogas como en el templo. Por otra parte, el grupo de los *ancianos* tuvo su origen en el antiguo Israel, y reunía a las cabezas o dirigentes de cada tribu o familia. Con la

qué autoridad hacia tales cosas. El eje central estaba dado en la disputa por la autoridad. Evidentemente Jesús había realizado milagros que manifestaban que era el Mesías, pero los religiosos no lo aceptaron, no pudieron reconocerlo. Es cierto que como dirigentes espirituales, debían saber con qué autoridad Jesús había echado a los cambistas del templo, realizado milagros en sábado y enseñado al pueblo. Ellos tenían credenciales dadas por el sanedrín para mantener el orden del templo, Jesús no. Aunque eran los encargados de la ortodoxia, no estaban preparados para aceptar la respuesta y Jesús hábilmente les contestó con una pregunta que no pudieron responder.

> Llegaron de nuevo a Jerusalén; y cuando Jesús andaba por el templo, se acercaron a Él los principales sacerdotes, los escribas y los ancianos, y le preguntaron: «¿Con qué autoridad haces estas cosas, o quién te dio la autoridad para hacer esto?». Jesús les respondió: «Yo también les haré una pregunta; respóndanla, y entonces les diré con qué autoridad hago estas cosas. El bautismo de Juan, ¿era del cielo o de los hombres? Respondan». Y ellos discutían entre sí, diciendo: «Si decimos: "Del cielo", Él dirá: "Entonces, ¿por qué no le creyeron?". ¿Pero si decimos: "De los hombres…"?». Pero temían a la multitud, porque todos consideraban que Juan verdaderamente había sido un profeta. Respondiendo a Jesús, dijeron: «No sabemos». Jesús les dijo: «Tampoco yo les diré con qué autoridad hago estas cosas». (Mc 11:27-33)

A Jesús le hacen dos preguntas y contesta haciendo una sola para entonces responder directamente al cuestionamiento de los oficiales. Pero en esta pregunta, el Señor deja ver cómo personas sencillas, sin credenciales oficiales, habían conseguido lo que los oficiales habían sido incapaces de hacer: reconocer la autoridad de Jesús (y previamente la de Juan el Bautista). Al Bautista también lo cuestionaron en su momento (Jn 1:19-27), pero algunos, por congraciarse con el pueblo, fueron también para ser bautizados por Juan y se llevaron tremenda represión por su hipocresía (Mt 3:7). Entonces, a pesar de que la gran mayoría del pueblo creyó a Juan y lo consideró como un profeta, y hasta Jesús mismo lo reconoció como tal (Mt 11:9), ellos le negaron su autoridad, y lo mismo hicieron con Jesús. Es

---

formación del sanedrín, los ancianos más importantes llegaron a ser miembros de esta honorable institución.

claro que el que no sabe vivir bajo autoridad, no puede reconocer ni tener autoridad.

El Nuevo Testamento insiste en que la humildad y el servicio son las bases de una correcta autoridad, y los rasgos que la misma debe tener no son para vanagloriarnos, ni para enseñorearnos como hacen los gobernantes con sus súbditos, ni para enaltecernos, sino para servir. Y en dicho marco se da una curiosa proporción: cuanto mayor es la humildad y el acto de servicio, mayor es la autoridad dada por Dios. Dice la Palabra: «Pero entre ustedes no es así, sino que cualquiera de ustedes que desee llegar a ser grande será su servidor» (Mc 10:43). «Y dijo: En verdad les digo que, si no se convierten y se hacen como niños, no entrarán en el reino de los cielos. Y cualquiera que se engrandece, será humillado, y cualquiera que se humille, será engrandecido» (Mt 18:3; 23:12). Al respecto escribe Aguirre, continuando con el análisis de Marcos 9:35, 36, y ante la gráfica imagen de colocar a un niño en medio de los discípulos:

> El gesto de Jesús y las palabras que lo acompañaban tenían que resultar chocantes y sorprendentes. El lugar central ya no corresponde ni a Pedro ni a Juan ni a Santiago, sino a un niño cualquiera, a un necesitado que ni siquiera pertenece al grupo. La comunidad de Jesús tiene que ser servidora y acogedora de quienes son como aquellos niños, de los desvalidos y de los que no cuentan.[134]

Agrega Jesús: «Ni aun el Hijo del Hombre vino para ser servido, sino para servir, y para dar su vida en rescate por muchos» (Mc 10:45). «Ustedes me llaman Maestro y Señor; y tienen razón, porque lo soy. Pues si yo, el Señor y el Maestro, les lavé los pies, ustedes también deben lavarse los pies unos a otros» (Jn 13:13, 14). Y añade san Pablo: «No hagan nada por egoísmo o por vanagloria, sino que con actitud humilde cada uno de ustedes considere al otro como más importante que a sí mismo» (Flp 2:3); y en Colosenses afirma: «Ustedes como escogidos de Dios, santos y amados, revístanse de tierna compasión, bondad, humildad, mansedumbre y paciencia» (3:12).

Jesús tomó distancia de los principios mundanos, carnales, que rigen la autoridad en este mundo, haciendo clara alusión a ella para

---

[134] Aguirre Monasterio, 2014, p. 91.

contrastar con su ejemplo y enseñanza. Cada uno de los que tenemos distintas funciones y posiciones dentro del cuerpo de Cristo deberíamos reflexionar con qué criterios ejercemos la misma, si es para la gloria de Dios o la de nuestros ministerios, y fundamentalmente qué nos mueve a ejercer el ministerio.

## Satanás y sus demonios reconocían la autoridad de Jesús

En los Evangelios, leemos en reiteradas oportunidades cómo Jesús expulsó demonios y se enfrentó con ellos. Debemos tener en cuenta lo que señala la Palabra de Dios: que en el cumplimiento del tiempo, Jesús se manifestó (Gl 4:4), y el enemigo hizo todo lo posible para destruirlo e impedir el plan de Dios. Esa lucha espiritual se ve a cada paso en el ministerio de Jesús, así como a este ejerciendo autoridad sobre los espíritus demoníacos y el mismo Satanás. Nos dice el Evangelio de san Marcos: «Y siempre que los espíritus inmundos veían a Jesús, caían delante de Él y gritaban: "Tú eres el Hijo de Dios". Pero Él les advertía con insistencia que no revelaran su identidad» (3:11, 12). Los demonios reconocían a Jesús, sabían quién era, pero ese conocimiento no significaba obediencia voluntaria, sino temor y espanto. En efecto, Satanás y sus huestes no tienen un problema de teología, sino de obediencia y sujeción; saben perfectamente quién es el Señor y la autoridad que tiene (St 2:18, 19). De hecho, finalmente caerán bajo sus pies y serán expulsados al lago de fuego y azufre por toda la eternidad (Ap 20:10). No obstante, el mundo actualmente está bajo su dominio e influencia (Jn 12:31; 14:30; 16:11; 2 Co 4:4; Ef 1:19-22; 2:2; 1 Jn 5:19), y es una de las funciones de la iglesia dar a conocer la infinita sabiduría, autoridad y poder de Dios a las huestes de maldad (Ef 3:10). De allí que debamos replantearnos cómo manejamos nuestros criterios de autoridad y a quién nos sujetamos, dado que el que no sabe estar bajo autoridad, no puede ejercer autoridad. Esto es lo que maravilló a Jesús del centurión romano, quien entendía perfectamente lo que significaba reconocer su autoridad y lo que este podía hacer con solo dar una orden.

> El centurión respondió: «Señor, no soy digno de que tú entres bajo mi techo; solamente di la palabra y mi criado quedará sano. Porque yo también soy hombre bajo autoridad, con soldados a mis órdenes; y

digo a este: "Ve", y va; y al otro: "Ven", y viene; y a mi siervo: "Haz esto", y lo hace». Al oírlo Jesús, se maravilló y dijo a los que lo seguían: «En verdad les digo que en Israel no he hallado en nadie una fe tan grande». (Mt 8:8-10)

Podemos mencionar otra razón por la cual los demonios daban voces para tratar de advertir a las personas sobre quién era Jesús, con una consistente finalidad de malicia, para darlo a conocer antes del tiempo establecido por Dios. De hecho, esta es la visión que tienen los escribas de Jesús: no echa demonios por ser el Hijo de Dios, sino, por el contrario, por tener autoridad dada por Belcebú para hacerlo y así engañar a las personas (Mc 3:22, 23). Esta conceptualización teológica equivocada por parte de los escribas significaba además una importante blasfemia a la obra del Espíritu Santo (Mt 12:22-37). Dice Klausner:

> Los fariseos inculcaron en las gentes el disgusto por Jesús. Decían que era un transgresor y amigo de transgresores (publicanos, pecadores, mujeres histéricas) y que sus curaciones se debían a un poder no-santo; que era poseído por Beelzebú, el príncipe de los demonios, el mismo al cual recurrió Ocozías, rey de Judá, estando enfermo, por lo cual mereció la áspera reprobación de Elías.[135]

Nos dice el libro de Santiago con pertinencia: «Tú crees que Dios es uno. Haces bien; también los demonios creen, y tiemblan» (St 2:19). Dicho versículo está enmarcado en el contexto de la trazabilidad de la idea principal de la epístola de Santiago, referida a que «la fe sin obras es muerta» (St 2:26). La base se encuentra en el artículo fundamental de la fe judía, mencionado en Dt 6:4-9, que requiere de una fe plena, absoluta, pero a la vez vivenciada en lo cotidiano (en la casa, en el camino, al levantarse y al acostarse). En efecto, la creencia debe abrirse paso por una fe práctica que dé como fruto de justicia obras concretas que manifiesten el amor de Dios. La fe se debe traducir en una conducta correcta y no meramente intelectual. Es en ese hilo de razonamiento en el cual Santiago manifiesta que incluso *los demonios creen* intelectualmente. Sin obediencia, pero creen, dado que reconocen y tiemblan ante la autoridad de Jesús, y se sujetan a su poder.

---

[135] Klausner, 1989, p. 273.

Vale la pena reiterar que no alcanza solo con la fe intelectual, solo con el conocimiento de quién es Dios y su respectivo reconocimiento; esto lo hacen los demonios. Lo importante es que podamos vivir en consecuencia, de manera sólida y vivencial nuestra fe desde lo práctico. Es allí cuando la obediencia da a luz las buenas obras y la justicia se manifiesta en actos de misericordia (St 2:14-17). Incluso en esta instancia, debemos tener en claro que los demonios logran reconocer nuestra fe y sujetarse por la obra del Espíritu Santo a nosotros (Hch 19:11-15).

En definitiva, la autoridad de Jesucristo es absolutamente omnipresente y omnipotente; ninguna galaxia, ningún átomo, ningún demonio, ninguna cosa creada puede dejar de sujetarse y someterse a Él. Esto es lo que enseña la Palabra.

> Porque en Él fueron creadas todas las cosas, tanto en los cielos como en la tierra, visibles e invisibles; ya sean tronos o dominios o poderes o autoridades; todo ha sido creado por medio de Él y para Él. Y Él es antes de todas las cosas, y en Él todas las cosas permanecen. (Col 1:16, 17)

Y continúa señalando Hebreos: «Él sustenta el universo con la palabra de su poder» (1:3). En esta línea, escribía también el apóstol Pedro refiriéndose a Jesús: «Quien está a la diestra de Dios, habiendo subido al cielo después de que le habían sido sometidos ángeles, autoridades y potestades» (1 P 3:22), y de manera magistral san Pablo dice en Flp 2:9-11:

> Por lo cual Dios también lo exaltó hasta lo sumo, y le confirió el nombre que es sobre todo nombre, para que al nombre de Jesús se doble toda rodilla de los que están en el cielo, y en la tierra, y debajo de la tierra, y toda lengua confiese que Jesucristo es Señor, para gloria de Dios Padre.

## La autoridad de Jesús delegada en la iglesia. Principios rectores

Hace años se viene produciendo una profundización del fenómeno del autoritarismo dentro de las iglesias evangélicas. Ya en la década de 1990, escribía el célebre teólogo inglés John Stott sobre los peligros del despotismo: «En todo el mundo la iglesia corre el peligro de exaltar desmedidamente a sus líderes. En Latinoamérica, el concepto de pastor o líder se nutre, más de lo que nos damos cuenta, del modelo de caudillo o líder personalista».[136] Este fenómeno se ha incrementado a partir de la llamada nueva reforma apostólica;[137] a diario vemos a pastores y líderes que exceden sus funciones queriendo manejar la vida de las personas, pretendiendo ser tratados como algo especial (lo que no significa no reconocer a los que nos presiden en el Señor), preeminente sobre el resto de los hermanos, todos estos síntomas de vanagloria, orgullo, insuficiencia y soberbia.

Como señalamos, hace años los sociólogos venimos estudiando el fenómeno de los *exiliados evangélicos*, esto es, aquellos que se alejan de las iglesias precisamente por no coincidir con los nuevos esquemas ministeriales y eclesiales, replanteándose como argumento teórico, al menos, el hecho de volver a las fuentes, a iglesias más tradicionales (con un mensaje más conservador y cristocéntrico) o directamente no congregarse. A esto debemos sumarle las restricciones ocasionadas por los efectos de la pandemia del COVID-19, que motivó, debido a la cuarentena obligatoria, que muchos prefieran "congregarse remotamente" por medio de las distintas plataformas virtuales y tener el culto en el living de sus casas. Son los llamados "cristianos en pijamas", algunos de los cuales continuaron con dicho método tiempo después del fin de la pandemia.

---

[136] Stott, 1998, p. 102.

[137] La NRA parte del supuesto de que el ministerio apostólico sigue activo y está plenamente vigente. Los apóstoles en este tiempo son los encargados no solo de guiar la iglesia hacia un nuevo umbral de plenitud espiritual, sino a la "conquista" de las ciudades. Deiros la define como «un nuevo paradigma totalmente diferente del anterior, el paradigma de la cristiandad. Este paradigma es "apostólico" en razón de sus características, si bien no es una copia carbónica del primer paradigma apostólico, que fue único. El ministerio apostólico en el N. T. no fue exclusivo de los Doce, si bien los Doce ocupan un lugar exclusivo y excluyente. Algunos han denominado este fenómeno como Nueva Reforma Apostólica. Se trata no solo de una nueva manera de ser cristianos, sino también de una nueva manera de ser la iglesia de Jesucristo en el mundo y de cumplir la misión» (Deiros, 2006, p. 220).

Ahora bien, a los exiliados evangélicos debemos adicionar otro fenómeno. Hace décadas se viene observando una alta rotación o circulación de los asistentes a las iglesias, lo cual coadyuva al socavamiento del compromiso de los creyentes para con las comunidades de fe y el consecuente deterioro de ellas como institución. Compartimos con Suárez y López Fidanza[138] la percepción de que la práctica religiosa de *asistencia al culto* se engloba dentro de una dimensión subjetiva y no tiene una correspondencia alta con el sentir religioso. No obstante, como indicador de la práctica religiosa hacia el interior del campo evangélico, es necesario considerarla, debido a que, en la tradición protestante, siempre hubo una alta tasa de asistencia a los servicios semanales. Sin embargo, en la actualidad, lo que se observa como elemento significativo es la rotación de personas entre diferentes congregaciones y la asistencia más espaciada a las mismas.

Los transeúntes eclesiales, a los que llamo "creyentes de autogestión",[139] circulan no solo por las situaciones de los contextos que venimos aludiendo, sino motivados por las innovaciones tecnológicas que han dinamizado los aspectos litúrgicos (como ya hemos señalado), atravesados, por supuesto, por una creciente falta de compromiso típica de la cultura hipermoderna que no desea atarse a estructuras y formatos.

Con el marco descrito, debemos considerar un tema no menor, uno que de manera directa aleja a las personas de los contextos eclesiales: el abuso de autoridad por parte de algunos pastores y líderes al respecto de sus congregaciones. Nos dice Jorge Valle que estos asalariados, en términos neotestamentarios, «solicitan de parte de la congregación una obediencia ciega y un sometimiento sin discernimiento alguno de parte del pueblo de Dios».[140] Ya lo había advertido el apóstol Pablo en la carta a los Filipenses: «Cuídense de esos perros, cuídense de los malos obreros, cuídense de la falsa circuncisión» (3:2). Agrega el teólogo José Hutter:

---

[138] Cf. Suárez & López Fidanza, 2013.
[139] Para ampliar el punto en cuestión, cf. Marzilli, 2019.
[140] Valle, 2022.

Una cosa que fácilmente puede arruinar un ministerio reconocido y exitoso es el ansia de poder, reconocimiento y orgullo ministerial. Es obvio cuando digo que jamás deberíamos estar en el ministerio si esto sirve en primer lugar para engrandecernos a nosotros mismos.[141]

Adicionalmente, debemos considerar las palabras de Juan Stam:

Hay otras muchas formas de manipulación, como el chantaje, que consiste en emplear promesas o amenazas para someter a las personas. En el sentido más amplio, "el evangelio de las ofertas" y "la teología de la prosperidad", cuando se emplean para provecho personal (lo que ocurre no infrecuentemente), se pueden calificar como chantaje o extorsión. Muy comúnmente estas promesas producen confusión en sus víctimas y les hacen mucho daño. Muy relacionada con estos chantajes es la intimidación, cuya expresión más grave son las frecuentes maldiciones que se lanzan contra las personas.[142]

Ante lo señalado, debemos considerar algunos principios rectores para el manejo y ejercicio de la autoridad por parte de los pastores y líderes cristianos. En primer lugar, reitero, no se puede tener autoridad si no sabemos estar bajo autoridad. Todo pastor necesita ser pastoreado y esto no es enunciativo, sino una realidad insoslayable. Somos parte de un cuerpo y por ende necesitamos del otro en todo sentido. En segundo lugar, que la autoridad es fruto del servicio y la humildad; el parámetro no es el otro, sino Jesús mismo. Cuando nos cotejamos con el Señor, nos damos cuenta de lo insuficientes, limitados e incapaces que somos en todo sentido; esto debería llevarnos a una actitud de humildad y servicio. Como dice san Pablo: «No hagan nada por egoísmo o por vanagloria, sino que con actitud humilde cada uno de ustedes considere al otro como más importante que a sí mismo» (Flp 2:3). En tercer lugar, debemos reconocer que las distintas formas del autoritarismo (manipulación, egoísmo, celos, excesivo control) son manifestaciones claras de nuestra naturaleza pecaminosa. Finalmente, siguiendo el ejemplo de Juan el Bautista, nuestro único interés debe ser, en todo tiempo y de todas las maneras posibles, señalar únicamente a Jesucristo como señor y rey. No es nuestro ministerio, no es

---

[141] Hütter, 2018.
[142] Stam, 2017.

nuestro talento, no es nuestra habilidad, no es nuestra autoridad. Es Jesús el centro de nuestro mensaje y de nuestra vida.

Por último, me parece interesante añadir la perspectiva del Dr. Marcelo Díaz sobre los tres elementos clave a la hora de identificar autoridad en el liderazgo al estilo de Jesús: humildad, capacitación y experiencia. Esto es tener como certidumbre y eje de accionar el hecho de que los líderes somos servidores que debemos estar lo más capacitados que sea posible, a fin de poder discernir los tiempos y actuar con fundamento bíblico, y lógicamente con la experiencia, que se va haciendo con el andar, sin olvidar que los aciertos y errores son parte esencial del andamiaje ministerial.

# CAPÍTULO VIII

## Jesús se acercó a los invisibilizados por la sociedad y les devolvió la dignidad

El Antiguo Testamento era sumamente enfático en la defensa de los más débiles, los amenazados, los huérfanos, las viudas, los enfermos, los pobres y extranjeros (Ex 3:7, 8; 22:21-24; Dt 10:18; 14:29; 24:17-22). Jesús no solamente confirmó lo establecido en la Ley, sino que lo profundizó y se preocupó por darnos ejemplos a partir de sus actos para que hagamos como Él. En este sentido, en los Evangelios vemos a Jesús rodeado por toda clase de personas, incluso aquellos con la más baja estima social. Los actos de Jesús marcaron de manera significativa la misión de la iglesia. Cuando Juan el Bautista mandó a preguntar si Jesús era el Mesías que habría de venir, el Señor respondió a sus discípulos:

> Vayan y cuenten a Juan lo que oyen y ven: los ciegos reciben la vista y los cojos andan, los leprosos quedan limpios, los sordos oyen, los muertos son resucitados y a los pobres se les anuncia el evangelio. Y bienaventurado es el que no se escandaliza de mí. (Mt 11:4-6)

La descripción realizada por el propio Maestro guardaba consonancia con la enumeración de propósito que realizó al comenzar su ministerio:

> El Espíritu del Señor está sobre mí, porque me ha ungido para anunciar el evangelio a los pobres. Me ha enviado para proclamar libertad a los cautivos, y la recuperación de la vista a los ciegos; para poner en libertad a los oprimidos; para proclamar el año favorable del Señor. (Lc 4:18, 19)

La iglesia primitiva mantuvo el mismo sentir, la misma opción por los necesitados. Dice Michael Green:

> El nuevo creyente vivía su vida en presencia de Dios y trataba de agradarle en todo (Hch 2:43; 5:5, 11; 9:31). Estaba ligado íntimamente a su hermano cristiano con lazos de deber y amor; compartía con él sus bienes, cuidaba de los pobres, de las viudas, de los hambrientos (2:44; 4:32-35; 6:1-6; 11:27-30).[143]

La intención de Jesús es sumamente clara. Para Él no existe marginación de ningún tipo que pueda ser consentida o apañada. Bajo su ministerio no toleró en modo alguno la marginación. Por eso, actuó en consecuencia con este planteamiento. El evangelio es para todos, el amor de Dios abraza a todas las personas, y la expectativa de Dios es que todos se salven. En definitiva, dicho de otra manera: «Dios no hace acepción de personas» (Hch 10:34; Rm 2:11; Gl 2:6; Ef 6:9). Es el hombre el que marca diferencias, el que señala culpas, el que menosprecia, el que ignora. De allí el contrasentido que se da cuando este tipo de actitudes se hallan en la iglesia de Cristo. No nos cansaremos de repetir que la iglesia debe mostrar el incondicional amor de Dios y servir tal como lo hizo Cristo.

Jesús restauró la dignidad de las personas y el evangelio se levantó por encima de las diferencias sociales, reales, concretas y visibles en el contexto del Imperio romano del primer siglo como un puente tendido por la sangre de Cristo que eliminó toda pared divisoria y toda marca de estigmatización (Gl 3:28, 29). Más allá de las diferencias, los cristianos tenían un elemento superador que los unía en amor. Escribe san Pablo:

> Hay un solo cuerpo y un solo Espíritu, así como también ustedes fueron llamados en una misma esperanza de su vocación; un solo Señor, una sola fe, un solo bautismo, un solo Dios y Padre de todos, que está sobre todos, por todos y en todo. (Ef 4:4-6)

El sentir de Jesús de que todos seamos uno, más allá de nuestras diferencias, queda claro en su oración al Padre:

---

[143] Green, 1997, p. 274.

> La gloria que me diste, yo les he dado, para que sean uno, así como nosotros somos uno. Yo en ellos, y tú en mí, para que sean perfectos en unidad, para que el mundo conozca que tú me enviaste. (Jn 17:22, 23)

Hoy nos toca a nosotros, dentro de los marcos bíblicos y no políticos (teología de la liberación), construir una opción eclesial deliberada y decidida por los marginados, los pobres, los menesterosos, los pecadores, en el entendimiento de que no somos mejores que ninguno de ellos; la única diferencia es la obra de Cristo en nosotros. Deberíamos meditar en cuáles serían las prioridades de nuestra iglesia si Jesús fuera el pastor. ¿Dónde estaría el énfasis del uso de su tiempo? ¿Se juntaría con todo tipo de personas? Debemos reconocer que nuestros frutos, nuestras acciones y nuestro corazón hablan más fuerte que nuestras palabras, nuestros ritos o nuestros programas. En el presente capítulo trataremos de explorar la relación de Jesús con los invisibilizados sociales, los marginales y los pecadores, dado que ellos siguen marcando el ritmo del corazón de Dios.

## Jesús y los invisibilizados sociales (leprosos, prostitutas, recaudadores de impuestos, mujeres, niños, entre otros)

Cuando vemos el ministerio de Jesús a lo largo de los Evangelios, nos damos cuenta de que permanentemente tuvo contacto con la pobreza y la marginalidad. El ministerio de Jesús comenzó en un lugar humilde, sumamente precario. Dice el Evangelio de Lucas: «Y dio a luz a su hijo primogénito; lo envolvió en pañales y lo acostó en un pesebre, porque no había lugar para ellos en el mesón» (2:7); y finalizó su vida fuera de la ciudad: «Por lo cual también Jesús, para santificar al pueblo mediante su propia sangre, padeció fuera de la puerta» (Hb 13:12). Pero vale señalar que a lo largo de su ministerio, se acercó proactivamente y recibió a marginados y menesterosos de todo tipo.[144]

---

[144] Nos dice Jan Herca: «La pobreza en los tiempos de Jesús fue aumentando paulatinamente. Contribuyeron grandemente a este hecho la explotación abusiva del país por los reyes y gobernadores, así como las guerras y los saqueos que sobre ella se sucedieron una y otra vez durante los agitados acontecimientos de este período. Todo ello trajo consigo el hambre y la carestía, así como la mutilación corporal de no pocos de sus moradores» (Herca, 2007, p. 4).

Su ministerio estuvo marcado por la misión mencionada en el Evangelio de Lucas (4:18-20), donde se observa con claridad la tarea de anunciar el evangelio a los pobres (no solo materialmente, sino espiritualmente) y de dar libertad a los oprimidos. En efecto, todos y cada uno de nosotros no solo éramos pecadores y estábamos oprimidos por el pecado, sino que además necesitábamos la luz del evangelio. Esto debe generalizarse a toda la creación caída; no obstante, debemos notar que Jesús tuvo una particular empatía por los pobres y oprimidos, por los invisibilizados del Israel del primer siglo, y los Evangelios dan cuenta de eso a lo largo de sus páginas. Jesús permanentemente recorría las ciudades, iba de un lugar a otro a fin de cumplir la misión y mostrar el amor y la misericordia de Dios a las personas (Mt 4:23-25). Menciono solo algunos ejemplos:

- Sanó leprosos (Mt 8:1-4; Mc 1:40-45; Lc 5:12-16).
- Liberó endemoniados (Mt 8:28-34; Mc 5:1-17; 9:14-29).
- Sanó paralíticos (Mt 9:1-7; Mc 2:3-5; Lc 5:17-25).
- Bendijo a una mujer cananea (Mt 15:21-28; Mc 7:24-30).
- Sanó a la mujer con flujo de sangre (Mc 5:25-34).
- Sanó sordomudos (Mc 7:31-37).
- Sanó a ciegos (Mc 10:46-52; Lc 18:35-43; Jn 9:1-7; 12:20-26).
- Sanó al siervo del centurión (Lc 7:1-9).
- Perdonó a prostitutas y recaudadores de impuestos (Mt 9:9-13; Lc 7:36-50).
- Bendijo a los niños (Mc 10:13-16).
- Alimentó a las multitudes que lo seguían (Mt 14:13-21).
- Resucitó a Lázaro (Jn 11:38-44).
- Perdonó al malhechor que estaba junto a Él en la cruz (Lc 23:39-43).

Ahora bien, para poner lo señalado en contexto, tenemos que tener presente que Jesús no solo era judío por nacimiento, sino por su cosmovisión semítica en general. Aunque los Evangelios no nos dan muchas precisiones sobre la conformación social del Israel del primer siglo, fue ese contexto social bajo el cual Jesús vivió y desarrolló su ministerio; es, por ende, necesario conocerlo, entenderlo y comprenderlo para vislumbrar con una mejor perspectiva los principios que Jesús nos dejó a través de su ministerio. A este respecto nos dice Lancaster Jones:

Desgraciadamente los textos aportan muy poca información sobre cómo vivía la gente en la Palestina del siglo I; y es que a los evangelistas no les interesaba hacer una crónica de la historia de la región o de sus costumbres, su finalidad es sencillamente proclamar que Jesús es el Señor.[145]

Debemos recordar que la tierra de Israel era esencialmente agrícola. Escribe Rostovtzeff, en su *Historia social y económica del Imperio romano*, que la economía israelita estaba basada en la explotación agrícola intensa y que la sociedad tenía un carácter eminentemente rural con grandes latifundios a cargo de una aristocracia rica y una numerosa población a su servicio:

> El cuadro que los Evangelios nos ofrecen es confirmado por Josefo, especialmente en su Guerra judaica y en su vida. Judea, Samaria y, sobre todo, Galilea, estaban sembradas de centenares de aldeas habitadas por labriegos, a los que se sobreponía una aristocracia de grandes terratenientes, dueños de los pueblos, hombres como el mismo Josefo y su rival Juan de Giscala, Filipo, hijo de Jakim, y otros. Estos individuos eran no solo los directores de la vida política y religiosa del país, sino también capitalistas y mercaderes en gran escala.[146]

Básicamente podemos sostener que el Israel de la época de Jesús tenía una gran cantidad de pobres, desplazados y personas con serias carencias económicas, a lo que debemos sumar, al respecto de los enfermos, que los tratamientos médicos rudimentarios de la época eran costosos y no tenían un carácter masivo; pensemos en lo que se señala al respecto de la mujer con flujo de sangre en el Evangelio de Lucas: «Una mujer que padecía de flujo de sangre desde hacía doce años, y que había gastado en médicos todo cuanto tenía, y por ninguno había podido ser curada» (8:43), a lo cual Marcos agrega que su condición había empeorado pese a los tratamientos médicos y era como un azote (Mc 5:25-29). Sin embargo, Jesús interviene y sana a la mujer.

> Entonces la mujer, temerosa y temblando, dándose cuenta de lo que le había sucedido, vino y se postró delante de Él y le dijo toda la verdad.

---

[145] Jones, 2020 p. 27.
[146] Rostovtzef, 1981, Tomo II, p. 22.

«Hija, tu fe te ha sanado», le dijo Jesús: «Vete en paz y queda sana de tu aflicción». (Mc 5:33, 34)

Al responder a la mujer, Jesús usa el término griego *zoso*, que significa *ser sanado, ser reestablecido, ser hecho completo*. Obtuvo una sanidad total: física, emocional, social e intelectual.

El ministerio de Jesús vino a traer una esperanza renovada para los enfermos, los endemoniados, los lisiados, los marginados y excluidos, los cuales eran a su vez pobres más allá de sus particularidades. No olvidemos que las personas no iban detrás de los grandes fariseos y sacerdotes de la época, no acudían a Gamaliel, Nicodemo o Caifás, sino que los textos bíblicos confirman que las multitudes seguían a Jesús. Esa misma multitud, presionada por los religiosos pidió su muerte, pero en definitiva, quien marcó la historia y el Israel del primer siglo indiscutiblemente fue Jesús.

En definitiva, Jesús era a todas luces el Mesías dado por Dios. No solamente cumplió con todas las profecías dadas en el Antiguo Testamento, sino que manifestó con creces el poder y el amor de Dios por su pueblo, se constituyó en una genuina esperanza para los enfermos, pobres y excluidos por acercar a ellos el reino de los cielos.

## Jesús restauró la dignidad humana. El evangelio de Jesucristo transforma la realidad de las personas y es fuente de derechos

En líneas generales, los cristianos creemos que Dios, por un acto especial, creó al hombre a su propia imagen; el ser humano es la corona de la creación. El carácter sagrado de la personalidad humana es evidente, y tan digno es el hombre que Cristo murió por él para rescatarlo del pecado y la muerte. Por lo tanto, cada persona posee la dignidad dada por el Creador; esto quiere decir que todo ser humano ha sido concebido con el propósito de honrar a Dios y es, por lo tanto, merecedor de un sincero respeto. En este sentido, todo aquello que atente contra la condición humana es indigno (Gn 1:26-30; 2:5-7, 18-22; 9:6; Sal 1:1-6; 8:3-6; 32:1-5; 51:5; Is 6:5; Jr 17:5; Mt 16:26; Hch 17:26-31; Rm 1:19-32; 3:10-18, 23; 5:6, 12, 19; 6:6; 7:14-25; 8:14-18, 29; 1 Co 1:21-31; 15:19, 21, 22; Ef 2:1-22; Col 1:21, 22; 3:9-11).

La palabra *dignidad*[147] indica que toda persona, *per se*, dada su condición esencialmente humana de creación a imagen y semejanza de Dios, merece respeto y estima sin distinción alguna. En el Antiguo Testamento, los profetas insistieron una y otra vez en la necesidad de observar las normas y condiciones establecidas en la alianza y hacerlo desde lo profundo del corazón (Jr 31:31-39; Ez 36); protestaron con vigor contra las injusticias tanto de las naciones como de los individuos. Levantaron su voz para anunciar la esperanza del pueblo que debía depositarse en el Salvador futuro, el Mesías, y cuando este llegó, no lo reconocieron.

Jesús predicó y dio origen, mediante su obra y principalmente por su sacrificio en la cruz, al reino de Dios cercano a nosotros y en nosotros. Exige por ende de sus discípulos la debida *metanoia*, les anuncia lo que el Padre espera de ellos: que sean semejantes a Jesucristo (Mt 5:48; Lc 6:36) y consiguientemente consideren y traten a todos los hombres como hermanos, con la misma actitud y sentir que hubo en Cristo Jesús (Flp 2). Jesús devolvió la dignidad a las personas que se acercaron a Él, a los pecadores que venían arrepentidos, a los enfermos que necesitaban sanidad, a los oprimidos a los que dio libertad, a todos hizo saber, por sobre todas las cosas, que no había amor mayor que el que uno pusiera la vida por sus amigos, y que debían ser santos tal como Dios es santo.

Lo primero que el evangelio hace cuando comienza a transformar nuestras vidas es devolvernos la dignidad que el pecado y la maldad nos quitaron, independientemente de cualquier condición de raza, nacionalidad, sexo, edad, creencias o posición social. Esa dignidad dota al hombre de ciertos derechos exclusivos y de ella nacen la debida protección y respeto por todo ser humano en cualquier

---

[147] Se origina a partir del latín *dignĭtas*. Su significado actual hace referencia al valor del individuo como ser humano. En otras palabras, toda persona debe ser respetada por el hecho de ser persona, y en ningún caso unos merecen más respeto o consideración que otros. Cuando las autoridades del Imperio romano enviaban a un funcionario a otro territorio, la persona enviada era un dignatario. Esto implicaba que en su misión como embajador de Roma debía comportarse con una actitud honorable, digna de la institución a la que representaba. El funcionario era la personificación del imperio.

situación o contexto. Recordemos que, en el Israel del primer siglo, una nación cosmopolita, la mujer era prácticamente un objeto, los enfermos y desvalidos eran piezas de descarte, la esclavitud era un mecanismo usual de la producción económica y los niños eran menospreciados. Era lo propio de una sociedad clasista del Imperio romano, que tenía un estricto modelo de clases: patricios, plebeyos, esclavos, clientes y libertos, además de una creciente cosificación y masificación de las personas. En el mundo romano reinaban la desigualdad y su naturalización, así como también el menosprecio por el otro, por el distinto, por el que no podía valerse por sus propios medios. En dicho contexto, Jesús se dirige a las personas por lo que son, los trata con una dignidad casi desconocida para la época, se acerca incluso a los más despreciados (recaudadores de impuestos y leprosos) y les brinda esperanza y salvación.

Jesús, como parte de su misión, vino a recuperar la centralidad de la persona conforme al corazón de Dios y sentó las bases que marcarían la iglesia neotestamentaria (y debería marcarnos definitivamente a nosotros). Pese a ministrar en un contexto plagado de diferencias, la incipiente comunidad de fe —por ejemplo, la iglesia de Antioquía[148] (Hch 13:1)— estaba marcada por la unidad propiciada por Cristo y dinamizada por el Espíritu Santo: «Un Señor, una fe, un bautismo, un Dios y Padre de todos, el cual es sobre todos, y por todos, y en todos» (Ef 4:5). Es Cristo quien le devuelve al hombre la dignidad que el pecado le robó y mediante la fe transforma su mente y le da libertad por su sangre. En Cristo, las personas se tornan en iguales pese a su condición de nacimiento; de allí que san Pablo diga en Gálatas 3:25-29:

---

[148] Dice el comentario de Matthew Henry al respecto del primer versículo de Hechos 13, en referencia a la multiculturalidad de la iglesia de Antioquia: «Se nombra en primer lugar a Bernabé, y en último lugar a Saulo, ya sea por ser los más eminentes del grupo (así piensan muchos exégetas), ya sea por orden de incorporación a la iglesia, según insinúa J. Leal, pues Saulo, dice, "acaba de llegar". Simeón, también llamado Simón, el que se llamaba Níger (que, en latín, significa "negro"), probablemente por el color de su piel. Lucio de Cirene y Manaén (hebr. *Menájem*, que significa "consolador"), el que se había criado junto con Herodes el tetrarca, es decir, Antipas. Procedía, pues, de la aristocracia de Galilea, pero abandonó toda esperanza de promoción temporal para seguir a Cristo» (Henry, 1999, p. 3056).

Venida la fe, ya no estamos bajo ayo, pues todos sois hijos de Dios por la fe en Cristo Jesús; porque todos los que habéis sido bautizados en Cristo, de Cristo estáis revestidos. Ya no hay judío ni griego; no hay esclavo ni libre; no hay varón ni mujer; porque todos vosotros sois uno en Cristo Jesús. Y si vosotros sois de Cristo, ciertamente linaje de Abraham sois, y herederos según la promesa.

Como iglesia debemos reconocer que más de una vez se ha tendido a masificar a las personas, a verlas como una unidad amorfa, una masa desigual y despersonificada que debe obedecer al pastor y puede ser manipulada, incluso en sus aspectos más personales y privados. Exigirles cosas más allá de sus posibilidades y verlas como una instrumentalidad para la acreencia ministerial y pastoral. Cuando los pastores y líderes hacen esto, el evangelio se vacía de contenido, se desprecia el invaluable sacrificio de Cristo en la cruz, se termina menospreciando el amor de Dios por las personas.

Debemos tener presente que generalmente los pastores que tienen este tipo de actitudes reúnen algunas características que no siempre son fáciles de visualizar y determinar, entre ellas: son egocéntricos y autoritarios, se interesan por su imagen personal y ministerial casi compulsivamente, no permiten que las personas expresen libremente sus ideas y puntos de vista bajo el pretexto de que Dios habla solo a través de ellos, tienden a sofocar cualquier brote de queja o inconformismo de manera violenta, son sumamente carismáticos y persuasivos, discriminan y condenan a todos los que no piensan como ellos, intervienen en el manejo del dinero de las iglesias, etc.

El modelo de Jesús es diferente: promueve la dignidad de las personas, las ama más allá de cómo lleguen a los pies de Cristo, no antepone sus prejuicios a la responsabilidad ministerial, a todos recibe y escucha incondicionalmente, trata de mostrarles el amor de Dios pese a las circunstancias y se esfuerza por señalar la cruz cómo única manera de ser salvos y transformados para una nueva vida en Cristo. No es egoísta, personalista ni egocéntrico, solo señala a Jesús y busca su gloria. Cristo restauró la dignidad de las personas a lo largo de su ministerio, particularmente mediante el sacrificio de la cruz, y es la puerta que nos lleva a la salvación y eternidad. Debemos esforzarnos por hacer las mismas cosas que Él hizo, siempre (Jn 13:15).

## La relación de la iglesia con los marginados

El término *invisibilización* ha sido ampliamente utilizado y difundido en las ciencias sociales para hacer alusión al conjunto de mecanismos socioculturales, dirigidos por un grupo social hegemónico que tiende a omitir efectivamente a otro grupo social al que se pretende dominar o mantener ajeno de las decisiones o el control social y político, o simplemente ocultarlos, como a una minoría. Los procesos de ocultamiento social, estrechamente vinculados a dinámicas de racismo, religión, sexismo y discriminación en general afectan a minorías y personas concretas que sufren por la estigmatización. Dicen Rodríguez, Pinto y Riquelme, siguiendo a Le Blanc y Merleau-Ponty:

> La invisibilidad social no es un proceso natural e implica una forma última de deshumanización y de subordinación total que se expresa socialmente pues la existencia humana es un hecho conferido o una revelación manifiesta a otros y a otras. Le Blanc indica que la visibilidad y la invisibilidad se encuentran unidas por hilos imperceptibles y que lo visible es una cualidad que muestra una textura superficial de algo —o alguien— que es de inagotable profundidad, pero imperceptible. Por lo tanto, la visibilidad sería el anverso de la invisibilidad, que, sin embargo, son partes de un mismo proceso —de construcción social— que pesa sobre los individuos o sobre sus actividades en el espacio público.[149]

En el Israel de la época de Jesús, la clase dirigente religiosa y política había logrado invisibilizar a los pobres, desvalidos, menesterosos y prostitutas. En efecto, los mencionados vieron en Jesús, como dijimos, una esperanza y comprensión que desde el entorno político y religioso se les había negado. Pero Jesús dio un paso más que el de la misericordia: se movió a la acción concreta, los sanó, los alimentó, los perdonó, los restauró y cambió sus situaciones familiares, comunitarias próximas y sociales. Por todo Israel se sabía que había uno al que llamaban Hijo del Hombre que era capaz de modificar las realidades; de hecho, en la primigenia iglesia había una tarea especial desarrollada en medio de los pobres y necesitados, que incluía hasta sus finanzas personales:

> Sostener y sepultar a los pobres, satisfacer las necesidades de los niños carentes de recursos o huérfanos, y a los ancianos ahora reducidos a la

---

[149] Rodríguez, Pintos & Riquelme, 2022, p. 230.

casa, y también a las víctimas de algún naufragio... de cualquiera que se hallase en las minas o deportado en las islas o en prisión debido a su fidelidad a la iglesia de Dios.[150]

Pero debemos reconocer que muchas veces nos incomoda ver la realidad de los más necesitados, de los frágiles y vulnerables, dado que nos enfrenta al escenario del cristianismo carnal capaz de intelectualizar el evangelio, pero no operativizarlo en el día a día haciendo lo que Jesús haría en nuestro lugar. Sabemos lo que debemos hacer, pero nos cuesta hacerlo (St 2:17; 4:17). De allí la importancia de permitir o facilitar que la plenitud del Espíritu Santo nos llene y que la Palabra de Dios more en abundancia en nosotros (Col 3:16-18) para poder ser transformados en nuestra mente (Rm 12:1, 2) hasta tener la mente de Cristo y decir como el apóstol Pablo: «Ya no vivo yo mas Cristo vive en mí». Hay un constante desafío para la iglesia hoy: debemos dejar de enfatizar la cultura de la plataforma y vivir en la cultura del servicio;[151] es en ella donde podemos demostrar por nuestros frutos la obra del Señor en cada uno de nosotros y colectivamente como cuerpo de Cristo, al que le place hacer la obra encomendada en la Gran Comisión.

No hay duda de que Jesús tuvo una profunda identificación con los necesitados y angustiados, y de hecho el Evangelio de Mateo da cuenta explícitamente de la empatía de Jesús. Esto incluso se verá en su sentencia del día del juicio final, tiempo el en que todos y cada uno de nosotros deberá dar cuentas, cuando aparecerá resaltada en nuestros oídos y corazones la frase de Jesús: «Por cuanto lo hiciste a uno de estos más pequeños a mí me lo hicieron». Más que empatía, hubo una plena y absoluta identificación de Jesús con los más pequeños, los más vulnerables, aquellos que no pueden por sí mismos salir de la situación en la cual se encuentran debido a su fragilidad, enfermedad,

---

[150] Green, 1997, p. 323.

[151] Defino la cultura de la plataforma como «la construcción de una adoración más ampulosa, profesionalizada, festiva y celebratoria, que en lo ideal tiende a dotar al servicio religioso de una vitalidad que sea capaz de causar sorpresa vez tras vez, no solo por la precisión de la gestión humana, sino fundamentalmente por la intervención divina resultante. Cobra una nueva dimensión el "pasarla bien"; como señalamos, el "show" potencia la experiencia y la hace más emotiva» (Marzilli, 2019, p. 330).

opresión o pecado. Por favor, nunca olvidemos que todos y cada uno de nosotros fuimos "pequeños" en algún momento de nuestra vida, y Jesús vino a nosotros, nos abrazó, consoló, perdonó, levantó y restauró hasta transformarnos en sus siervos pese a nosotros, pese a nuestras condiciones. Su amor incondicional nos cobijó y esto es lo que Él espera que hagamos: que al ver las ovejas sin pastor, podamos también llorar por ellas y movernos a la acción tal como Él lo hizo, incondicionalmente, genuinamente y sin esperar nada a cambio. Dice el Evangelio de Mateo, y cito en extenso:

Cuando el Hijo del Hombre venga en su gloria, y todos los santos ángeles con él, entonces se sentará en su trono de gloria, y serán reunidas delante de él todas las naciones; y apartará los unos de los otros, como aparta el pastor las ovejas de los cabritos. Y pondrá las ovejas a su derecha, y los cabritos a su izquierda. Entonces el Rey dirá a los de su derecha: Venid, benditos de mi Padre, heredad el reino preparado para vosotros desde la fundación del mundo. Porque tuve hambre, y me disteis de comer; tuve sed, y me disteis de beber; fui forastero, y me recogisteis; estuve desnudo, y me cubristeis; enfermo, y me visitasteis; en la cárcel, y vinisteis a mí. Entonces los justos le responderán diciendo: Señor, ¿cuándo te vimos hambriento, y te sustentamos, o sediento, y te dimos de beber? ¿Y cuándo te vimos forastero, y te recogimos, o desnudo, y te cubrimos? ¿O cuándo te vimos enfermo, o en la cárcel, y vinimos a ti? Y respondiendo el Rey, les dirá: De cierto os digo que en cuanto lo hicisteis a uno de estos mis hermanos más pequeños, a mí lo hicisteis. Entonces dirá también a los de la izquierda: Apartaos de mí, malditos, al fuego eterno preparado para el diablo y sus ángeles. Porque tuve hambre, y no me disteis de comer; tuve sed, y no me disteis de beber; fui forastero, y no me recogisteis; estuve desnudo, y no me cubristeis; enfermo, y en la cárcel, y no me visitasteis. Entonces también ellos le responderán diciendo: Señor, ¿cuándo te vimos hambriento, sediento, forastero, desnudo, enfermo, o en la cárcel, y no te servimos? Entonces les responderá diciendo: De cierto os digo que en cuanto no lo hicisteis a uno de estos más pequeños, tampoco a mí lo hicisteis. E irán estos al castigo eterno, y los justos a la vida eterna. (Mt 25:31-46)

# CAPÍTULO IX

## Jesús frente al pecado: amor, misericordia, firmeza y santidad

En el presente capítulo analizaremos la firme actitud de Jesús contra el pecado en contraste con la misericordia y el amor demostrados hacia el pecador. No es banal la frase repetida por el Señor de manera constante: «Ve y no peques más». En efecto, el perdón, consecuencia del arrepentimiento genuino, implicaba un cambio de vida rotundo, un giro radical de vida, un comportamiento absolutamente diferente al mantenido. Toda persona que se encontraba con Jesús no podía seguir su vida de la misma manera, a menos, claro está, que lo rechazara explícitamente, como pasó con el joven rico. Jesús se permitió mirar la realidad del mundo caído con ojos llenos de amor, con compasión; de hecho, al ver a la multitud las observó como *ovejas sin pastor* (Mt 9:36), y fue precisamente ese amor el que lo llevó a la cruz, pero nunca aceptó la convivencia con el pecado (Mt 5:48).

El mismo principio fue el que continuaron los primeros discípulos, que utilizaron un círculo virtuoso de predicación o proclamación que derivó en un genuino arrepentimiento, un proceso de restauración y el subsiguiente avivamiento en cada una de las ciudades en las que anunciaron el evangelio hasta permear paulatinamente todo el Imperio romano con la luz de Cristo. No fue fácil, no tenían recursos, ni dinero, ni medios, salvo la plenitud de vida en el Espíritu Santo, pero finalmente la luz se impuso por sobre las tinieblas. Graficamos el círculo virtuoso de la predicación de la iglesia primitiva a fin de clarificarlo:

**Gráfico 1:** Círculo virtuoso de la proclamación apostólica

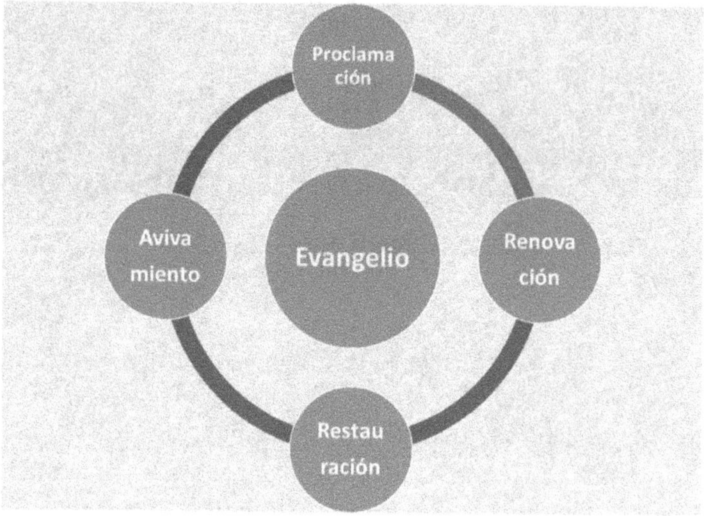

**Fuente:** Elaboración propia

Otro aspecto importante que analizaremos es que Jesús, como modalidad ministerial cotidiana, recorría incansablemente las ciudades, día por día anunciaba que el *reino de los cielos se había acercado* (Mt 4:17; 6:33; 16:19; 19:14; Mc 1:15; Lc 12:32; Jn 3:3; entre otros); esto es lo que vieron los discípulos y lo que realizaron con posterioridad durante sus ministerios. Por eso saturaron las ciudades del imperio con el evangelio. Señala el libro de los Hechos de los Apóstoles que ante su denodada predicación, Pedro y Juan fueron llevados al concilio y amenazados.

> Sin embargo, para que no se divulgue más entre el pueblo, amenacémosles para que no hablen de aquí en adelante a hombre alguno en este nombre. Y llamándolos, les intimaron que en ninguna manera hablasen ni enseñasen en el nombre de Jesús. Mas Pedro y Juan respondieron diciéndoles: Juzgad si es justo delante de Dios obedecer a vosotros antes que a Dios. (Hch 4:17-19)

Algo similar pasó con el apóstol Pablo; dice el texto bíblico que Tértulo lo acusó delante del gobernador Félix con las siguientes palabras: «Hemos hallado que este hombre es una plaga, y promotor de sediciones entre todos los judíos por todo el mundo, y cabecilla de la secta de los nazarenos» (Hch 24:5). Son realmente sintomáticas las palabras acusatorias: «Es una plaga»; la palabra griega λοιμὸν (*loimon*) hace alusión a la idea de una persona que desparrama pestilencias, literalmente una peste. Si bien el discurso de acusación es muy deficiente y hasta parece improvisado, lo que se le pretende transmitir al gobernador es que por todos lados y en todos lados, el apóstol Pablo proclama a Jesús, algo que hoy deberíamos hacer nosotros: ser literalmente "plagas".

En síntesis, en este capítulo analizaremos los comportamientos de Jesús al respecto del pecado y los pecadores, su incansable e insaciable amor por los quebrantados de corazón, su peregrinar diario para anunciar las buenas nuevas y de qué manera esta impronta marcó la vida y los ministerios de los discípulos de la iglesia primitiva. A partir de esto, trataremos de analizar los principios que podemos extrapolar para nosotros hoy.

## Un principio central del ministerio de Jesús: *los sanos no tienen necesidad del médico, sino los enfermos*

El Antiguo Testamento enfatizaba que los israelitas debían separarse de las tribus paganas y fundamentalmente de sus costumbres ajenas a la Torá (Lv 18:21; 20:23; Dt 6:14; 7:3; Jos 23:7; Jc 11:24; 2 R 17:16; entre muchos otros). Dice el Salmo 1: «Bienaventurado el varón que no anduvo en consejo de malos, ni estuvo en camino de pecadores, ni en silla de escarnecedores se ha sentado» (v. 1); y desde lo profundo de su corazón, asegurando su integridad, el rey David continúa expresando: «Júzgame, oh Jehová, porque yo en mi integridad he andado. [...] Escudríñame, oh Jehová y pruébame; examina mis íntimos pensamientos y mi corazón. [...] No me he sentado con hombres hipócritas, ni entre los que andan simuladamente» (Sal 25:1, 4, 5). Si avanzamos un paso más, vemos que Jesús básicamente pide a sus seguidores ser consistentes y rectos en sus corazones: «Sed pues, vosotros perfectos, como vuestro Padre que está en los cielos es perfecto» (Mt 5:48). Será san Pablo quien se ponga a sí mismo como ejemplo a seguir, reflejo concreto y cotidiano de lo que significa ser como Jesús: «Lo que aprendisteis y recibisteis y oísteis y visteis *en mí*, esto haced; y el Dios de paz estará con vosotros» (Flp 4:9; énfasis añadido).

Como parte de nuestra cosmovisión familiar, pedimos a nuestros hijos o familiares cercanos que tengan cuidado con los amigos que tienen y estén atentos a conversaciones y prácticas que al principio parecen inofensivas, pero logran con el tiempo desviar el corazón (Mc 8:15; 1 Co 5:6, 7; 15:33, 34: Gl 5:9); nos cuidamos de no acercarnos a las malas personas ni compartir sus actos. *A priori*, hay sabiduría cuando decimos: «Las malas compañías corrompen». Pero el desafío que nos plantea Jesús en los Evangelios va más allá de ese peldaño precautorio, dado que nos aísla de las personas que necesitan ser alcanzadas por el amor de Dios y nos dice que si bien estamos en el mundo (una realidad que no podemos cambiar), no somos del mundo. «El mundo los aborreció, porque no son del mundo, como tampoco yo soy del mundo. No ruego que los quites del mundo, sino que los guardes del mal» (Jn 17:14, 15).

La oración de Jesús pone de manifiesto que su propósito no es tener una iglesia que se esconda de la realidad del pecado y la maldad, que ponga la lámpara debajo de la mesa o guarde la sal en el salero, sino por el contrario que sea capaz de mantener su responsabilidad y santidad en medio de una generación perversa y adúltera con la confianza puesta en que, aunque abunda el pecado, la gracia sobreabundará para alcanzar la mayor cantidad de personas posible (Rm 5:20). Hay una necesaria tensión entre acercarnos a los pecadores y mantenernos santos delante de Dios; si no nos acercamos, seríamos como los ermitaños o los que se alejaban de la sociedad para no contaminarse. La clave está en que no podemos guardarnos de pecar con nuestros propios medios o recursos; nos toca resistir en el poder del Espíritu Santo. Debemos someternos al Señor confesando nuestras debilidades para que, en nuestra debilidad, Él se haga fuerte, y doblegar nuestra carne bajo la soberanía de Jesús a fin de que el fruto de justicia pueda abundar en nosotros para su gloria.

Debemos tener presente que por décadas muchas iglesias aplicaron erróneamente el principio de la santificación, entendiéndolo indirectamente como un falso aislamiento.[152] Sin darse cuenta, algunas

---

[152] Las iglesias evangélicas eran conocidas como las "iglesias del no": no se podía ir al cine, ni a bailar, ni tomar alcohol, ni ir a lugares que "el mundo"

de ellas se encerraron en las cuatro paredes del templo y organizaron múltiples actividades: seminarios, congresos, foros, clínicas pastorales, eventos, festivales, todo puertas adentro, solo para nosotros, para disfrutar las bendiciones del Altísimo y regodearnos en su grosura. Finalmente, adormecimos la misión.[153] Jesús nos llamó a ir, a salir, a mantenernos bajo su soberanía y santidad, pero yendo, tal como Él lo hizo de manera permanente. Ese excesivo amor por el templo asfixió nuestro llamado; hace tan solo unos pocos años que esta tendencia comenzó a revertirse. Nos quedamos en nuestra cómoda cárcel de cristal (templos), y dejamos que, el enemigo pusiera sus huestes y levantase su oscuridad en los campos sociales más importantes (educación, política, justicia, entretenimiento, religión, artes, salud, empresa, entre otras). Entre paréntesis, cabe señalar que hoy debemos explorar mediante la creatividad que nos dará el Espíritu Santo nuevas formas de evangelizar, de alcanzar a las personas con el mensaje de vida; como los peces que solo conocen el agua y no pueden comprender qué es la tierra, nosotros debemos tener una nueva comprensión de la creatividad divina para ser más eficientes.

La corriente de pensamiento que precedió a la actuación eclesial mencionada en el párrafo anterior haya su sustento en una de las doctrinas principales del movimiento gnóstico, con raíces en la antigua Grecia: la indignidad del cuerpo material. Desde esa conceptualización primigenia y básica se fue preparando el camino hacia el ascetismo y una comprensión limitada de la relación hombre-Dios-sociedad. La visión sobre la necesidad de separación del mundo para agradar a la deidad y lograr un estado de purificación es tan antigua como la

---

frecuentaba, ni participar de "eventos mundanos". Básicamente, las personas nos conocían por todo lo que no hacíamos, no por nuestra predicación.

[153] Escribe con pertinencia Orlando Costas: «Por lo tanto, no nos dejemos encerrar por las estructuras de la Cristiandad, sino, más bien, transformémonos en agentes apostólicos en la movilización de una iglesia sierva hacia su Señor crucificado, fuera de la puerta de una fortaleza eclesiástica confortable y segura. No vendamos nuestra primogenitura misional por la mezcla del potaje de un activismo social barato, sino, más bien, seamos profetas de esperanza en un mundo de desilusión y sueños falsos, avanzando hacia la ciudad de Dios —el mundo de la justicia verdadera y de la paz real, del amor genuino y de la libertad auténtica. Amén» (Costas, 1984, p. 54).

propia fragilidad humana. El ascetismo —entendido como la posibilidad que encuentra el alma a través del descuido de las cosas mundanas, la incomodidad, el castigo del cuerpo, los retiros espirituales por largo tiempo, todo basado en la visión de que el cuerpo puede ser perfeccionado por constructos externos— ha sido un importante estandarte de los movimientos radicales a lo largo del tiempo.

Es importante tener en cuenta que los "recogidos", aquellos que tenían una tendencia hacia la huida de los placeres y modelos mundanos, buscaban una unión particular con Dios por medio de dicha separación. En ese sentido, es gráfico en su expresión Williams: «Los recogidos buscaban una unión sustancial con Dios por medio del ascetismo y de las tres vías místicas, la purgativa (o negativa), la iluminativa y la unitiva, mientras que los dejados rechazaban toda preparación humana para la gracia».[154]

Paulatinamente, el dualismo fue permeando las concepciones religiosas modernas, haciendo su anclaje en la necesidad de mantenerse alejados del tránsito normal de la vida cotidiana como expresión suficiente de relacionamiento con lo numinoso, lo divino. Al analizar las distintas escalas y conceptualizaciones al respecto del dualismo, nos recuerda Wynarczyk,[155] el mundo protestante ascético impulsó desde sus orígenes una relación de tensión, a modo de respuesta frente a la realidad. Este dualismo se vivencia como un sistema con dos términos o componentes en tensión según la orientación y mirada que los actores tengan al respecto del mundo, sobre la base de su perspectiva teológica. Por un lado, el llamado *dualismo negativo, radical* o *de escape*, entendido como la negación del mundo. Todo lo mundano es malo o tiene una influencia negativa; por ende, se plantea una posición de *fuga mundi*, de separación del mundo, huelga social, rechazo a todo lo relacionado con la política y la participación social. En el otro extremo, tenemos el *dualismo positivo*, con una mirada más apreciativa, que facilita al menos la participación en la actividad social, política, económica y científica de manera más activa. Precisa Wynarczyk:

---

[154] Williams, 1983, p. 70.
[155] Wynarczyk, 2009a, p. 28.

Ambos términos se constituyen sobre la concepción ascética del mundo como un sistema dual de espíritu y materia, cielo y tierra, campo de Dios y campo del Maligno, entre los cuales se establece la economía religiosa del cosmos. Tal cosmovisión ascética adquiere su manifestación práctica en la perspectiva que los actores aplican en diversos dominios: arte, moral, política y ciencias de la naturaleza y la sociedad.[156]

A lo largo del tiempo, las iglesias del campo evangélico han tenido avances y retrocesos en su relacionamiento con "el mundo"; en ocasiones, según los niveles de rechazo o aceptación por parte de él, han ido construyendo una relación ambivalente de acercamiento o distanciamiento, según el convencimiento doctrinal, pero fundamentalmente según las circunstancias temporales. Como dijimos, históricamente la cosmovisión en profundidad ascética y radical de las iglesias conservadoras bíblicas las llevó a abstenerse de la participación y la acción política, concentrándose en la producción de un trabajo más involucrado con el cielo que con la tierra (proclamación del evangelio, acción o ayuda social y nutrición interna). La idea central pasaba por "arrebatar el alma del infierno" por medio de la predicación del evangelio. De forma paulatina, la posición señalada fue migrando hacia un dualismo positivo y una mayor participación pública.

En un ciclo de movilización social en sentido estricto, el corrimiento hacia el dualismo positivo de las iglesias del polo conservador bíblico se orienta mayormente a lograr cambios en el sistema jurídico con la finalidad de ganar reconocimiento del Estado, representación política y, en definitiva, una modificación de la distribución del poder en la sociedad civil que le permita al movimiento religioso llevar adelante el trabajo de evangelización y modificación de los valores del mundo. En este sentido, la nueva reforma apostólica ha sido de gran influencia para el cambio de la cosmovisión más radical de algunas iglesias; se vislumbra a la sociedad como un campo fértil para la evangelización, por un lado, pero además como un campo de acción integral y posesión. En efecto, la iglesia está llamada a la "conquista de

---

[156] *Ibid.*, p. 20.

las ciudades", y obviamente esto no se restringe solamente a la esfera espiritual.[157]

Volviendo a la cosmovisión neotestamentaria y siguiendo a Edersheim, podemos decir que hay básicamente dos cosas en las que son notorias las diferencias fundamentales entre el cristianismo y los demás sistemas religiosos, en especial el rabinismo. Citamos:

> El rabinismo, y todo otro sistema hasta el moderno humanitarismo —si este se eleva en su idea de Dios hasta llegar a la del pecado, que es su sombra—, solo puede de modo general señalar a Dios para el perdón de los pecados. Lo que aquí es meramente una abstracción, ha pasado a ser una realidad concreta en Cristo. Él habla de perdón sobre la tierra, porque Él es su personificación. Por lo que se refiere a la segunda idea, la recepción del pecador, todos los demás sistemas no saben nada de darles la bienvenida hasta que, por algún medio (interno o externo), el pecador ha cesado de serlo y ha pasado a ser un penitente. Quieren hacer de él un penitente y luego ofrecerle la bienvenida de Dios; Cristo le da la bienvenida a Dios en primer lugar, y luego le hace un penitente.[158]

En efecto, Cristo no solo tenía poder para perdonar pecados, sino que concretamente lo hacía, y dicho perdón no era consecuencia de la penitencia dolorosa del pecador, sino del amor y la comprensión que Jesús sentía por los necesitados. Cuando Jesús comienza a diferenciarse de los escribas y fariseos, pone estos dos aspectos en primer plano: por un lado, sana al paralítico, y por el otro llama a Mateo (Leví) de su lugar en el banco de los tributos. Nos dice Ossorio Crespo:

> La provincia de Judea padeció a lo largo de la dominación romana una fuerte presión fiscal, que el historiador Flavio Josefo evaluó en la cantidad de 3 600 000 denarios anuales. Esta situación fue el detonante de la revuelta de Judas el Galileo, en el año 6 después de Cristo, o la gran

---

[157] Al respecto, dicen García-Ruíz y Michel: «Si bien el evangelismo constituye la rama religiosa más dinámica del mundo occidental desarrollado, lo que progresa prioritariamente no es tanto el evangelismo o el pentecostalismo ni el pentecostalismo "clásico", sino un "neopentecostalismo" según el cual la segunda venida de Cristo no podría ser objeto de una mera espera pasiva: el reino ya está en este mundo y se requiere una estrategia activa de conquista, de ocupación y, por qué no, de saturación del espacio público» (García-Ruíz & Michel, 2014, p. 2).

[158] Edersheim, 1988, Tomo I, pp. 561-562.

sublevación del año 70, que acabó con la toma y destrucción de la ciudad de Jerusalén y la dispersión del pueblo hebreo.[159]

Esto nos da una idea no solo de la gran presión tributaria que ejercía el Imperio romano sobre la tierra de Israel, sino del por qué los judíos llegaban a tener un profundo desprecio por los recaudadores de impuestos como Mateo, que formaban parte de la cadena de producción de dicha opresión. Pese a esto, Jesús lo invitó a seguirlo y lo convirtió en uno de los suyos.

La vida de san Mateo cambió para siempre el día que Jesús se presentó en su oficina de cobranza en Cafarnaúm y le dijo: «Ven y sígueme». Dicha invitación, desprovista de todo tipo de carga emotiva debido a la profesión del recaudador, fue un acto de amor por parte de Jesús. Dice la Palabra que al instante Mateo dejó todo, trabajo, casa, familia, y lo siguió, pero antes de abandonar su ciudad quiso dar una comida de despedida a la que invitó a Jesús y a sus amigos, muchos de ellos publicanos. Este festejo originó una gran convulsión entre los fariseos, los cuales no podían siquiera imaginar entrar a una casa llena de "pecadores" como la de Mateo, mucho menos compartir la mesa con ellos. Jesús lo hizo y ratificó que eso era lo que había venido a hacer: llamar a los enfermos.

> Pasando Jesús de allí, vio a un hombre llamado Mateo, que estaba sentado al banco de los tributos públicos, y le dijo: Sígueme. Y se levantó y le siguió. Y aconteció que estando él sentado a la mesa en la casa, he aquí que muchos publicanos y pecadores, que habían venido, se sentaron juntamente a la mesa con Jesús y sus discípulos. Cuando vieron esto los fariseos, dijeron a los discípulos: ¿Por qué come vuestro Maestro con los publicanos y pecadores? Al oír esto Jesús, les dijo: Los sanos no tienen necesidad de médico, sino los enfermos. Id, pues, y aprended lo que significa: Misericordia quiero, y no sacrificio. Porque no he venido a llamar a justos, sino a pecadores, al arrepentimiento. (Mt 9:9-13)

¿Cuál es nuestra actitud hoy en día frente a los pecadores y sus miserias? ¿Somos capaces de ir a ellos, llamarlos, compartir su mesa, juntarnos con sus amigos y transformar sus vidas con el poder del

---

[159] Ossorio Crespo, 2003, p. 16.

evangelio? ¿O nos conformamos con anunciar a la distancia, sin compromiso, sin entrega, sin compasión, o quizás simplemente esperamos que otro más lo haga? Cada uno de nosotros fue llamado a buscar a los "Mateos" que nos rodean, amarlos, y ser instrumentos útiles para que Dios pueda transformar sus vidas con el poder de su amor.

## Jesús recorría las ciudades permanentemente y misionó a partir del amor y la misericordia

Siempre me llamó la atención que, de manera permanente, Jesús iba de una ciudad a la otra, y difícilmente estaba en una ciudad por mucho tiempo. Esa actitud de moverse hacia donde estaban las personas y la necesidad fue una de las características principales de su ministerio. Ese es el contexto del que habla el Evangelio de Mateo:

> Recorría Jesús todas las ciudades y aldeas, enseñando en las sinagogas de ellos, y predicando el evangelio del reino, y sanando toda enfermedad y toda dolencia en el pueblo. Y al ver las multitudes, tuvo compasión de ellas; porque estaban desamparadas y dispersas como ovejas que no tienen pastor. Entonces dijo a sus discípulos: A la verdad la mies es mucha, más los obreros pocos. Rogad, pues, al Señor de la mies, que envíe obreros a su mies. (Mt 9:35-38)

En coincidencia, agrega san Lucas: «Aconteció después, que Jesús iba por todas las ciudades y aldeas, predicando y anunciando el evangelio del reino de Dios, y los doce con él» (8:1). Siempre he observado a Jesús yendo, y lo mismo vemos con los discípulos y los diferentes apóstoles y hermanos de la incipiente iglesia cristiana: moviéndose de un lugar a otro y haciendo de la itinerancia un eslabón fundamental de la expansión del evangelio en todo el Imperio romano.[160] Realmente me cuesta mucho ver a Jesús, salvando las enormes distancias culturales y temporales, en una oficina pastoral, esperando que las personas entren por montones a las iglesias. Asimismo, debemos adicionar que, en los

---

[160] Señala Esther Pericás: «Aunque el cristianismo tiene sus raíces en el movimiento popular intrajudío fundado por Jesús de Nazaret en Palestina, el espacio social y geográfico donde se configuró como opción religiosa independiente del judaísmo y como visión del mundo original fue la red de centros urbanos del Imperio romano» (Pericás, 2010, p. 49).

últimos años, muchos de nosotros hemos tomado conocimiento de distintos niveles de abuso pastoral ocurrido en varias iglesias a lo largo de nuestro continente. Pastores de tracto autoritario, soberbios, distantes, encerrados en su lógica individualista y egocéntrica, a los que la Palabra llamaría meros *asalariados* (Jn 10:12; 1 P 5:2, 3), que han minado no solo la imagen pública de la iglesia, sino que fundamentalmente han profundizado el fenómeno de los exiliados evangélicos.

En otros casos, se han observado pastores más preocupados por sus ministerios personales que por la extensión del reino. Lamentablemente, hoy muchas personas han dejado de congregarse, no solo por motivo de la pandemia que atravesamos, sino porque literalmente han sido maltratadas en sus iglesias. Esta triste realidad me ha hecho preguntarme: ¿Cómo sería mi iglesia si Jesús fuera su pastor? ¿Qué haría Jesús si fuera pastor en mi lugar? ¿Cómo actuaría? ¿A qué le prestaría más atención? ¿Dónde concentraría sus esfuerzos? ¿Qué acciones privilegiaría? ¿Cómo hablaría con las personas? ¿Cómo se relacionaría con los necesitados, enfermos y menesterosos? Este ejercicio imaginario puede arrojarnos algo de luz sobre las verdades de la Palabra acerca de la función y el ministerio pastoral.

En primer lugar, como dijimos, no me imagino a Jesús esperando que las personas fueran a verlo a la iglesia o la oficina pastoral, sino por el contrario yendo Él al encuentro de los necesitados, de los enfermos, de los pobres. La mayoría de las actividades y acciones de la iglesia deberían producirse fuera de ella, donde están las personas. En efecto, los pastores deberíamos conocer cada palmo de nuestras ciudades, cada lugar público, tomar contacto con las autoridades, organizaciones civiles, hospitales, escuelas, no solo en fechas especiales o acontecimientos importantes: conocer las estadísticas, saber cuáles son los problemas principales de la ciudad y de las personas, la cantidad de desempleados, de jubilados, las tasas de delito, las necesidades reales o sentidas de las personas. Si no conocemos la realidad de nuestras ciudades, no podremos predicar eficazmente el evangelio, o por lo menos con la pertinencia debida.

En segundo lugar, no me imagino a Jesús manteniendo distancia de las personas, conservando su lugar, su estatus, su posición clerical.

Por el contrario, si bien era reconocido como maestro de Israel, su aproximación hacia las personas estaba imbuida de su autoridad espiritual y amor, lejos de los protocolos de los religiosos de la época a los cuales había confrontado duramente. Cuando mantenemos distancia de las personas, pensando que merecemos algún reconocimiento especial o dejando que los demás consideren que nos lo deben, estamos vaciando nuestro ministerio del amor de Dios. Esto no significa que no debamos, en el marco del respeto mutuo y el ejercicio ministerial, tener reglas de relacionamiento, pero nunca pueden estar por encima de las propias personas. A veces olvidamos que los pastores somos simplemente *siervos inútiles* (Lc 17:10).

En tercer lugar, no me imagino una iglesia en la cual Jesús sea el pastor y que no esté centrada en la santidad, la misericordia y el amor. En efecto, todos sabemos que el enemigo puede imitar el obrar de Dios e incluso hacer señales y milagros diversos (Ex 7:22; 2 Co 4:4; 11:14; entre otros). Sin embargo, hay tres cosas que Satanás no puede imitar dado que van en contra de su propia naturaleza: no puede ser santo, no puede tener amor y tampoco practicar la misericordia. Es por eso que estas cosas deberían ser el distintivo de la iglesia del siglo XXI. Las personas necesitan ser amadas, debemos mostrarles misericordia —no juicio ni rechazo— y deben poder ver una diferencia consistente entre los líderes del mundo y los pastores.

En cuarto lugar, me imagino a Jesús usando métodos, formas, maneras diferentes y variadas para aproximarse a las personas en su propia subcultura y predicarles el evangelio de Jesucristo. De hecho, lo vemos hablando de agricultura con los agricultores, de pesca con los pescadores y de autoridad con los romanos, yendo a los enfermos, a los recaudadores de impuestos y a los leprosos, recreando el amor de Dios en un marco de poder y venciendo, por sobre todas las cosas, los prejuicios. Por años, la iglesia evangélica hizo campañas, encuentros, retiros, seminarios, congresos, para hablar de la unción del poder del Espíritu Santo, de cómo mantenernos en su poder; sin embargo, olvidamos que la fuente real y genuina del poder es el amor. Era por amor, en primer lugar, que Jesús sanaba a los enfermos, libertaba a los cautivos, daba vista a los ciegos, levantaba paralíticos y perdonaba pecados, y fue por amor que murió por cada uno de nosotros. El poder más sublime, el de Jesucristo, encuentra su génesis en el amor de Dios.

Finalmente, no me imagino a Jesús enredado en los negocios del Imperio romano, tratando de influir políticamente con sus principios en el devenir cotidiano del imperio, o enviando a sus seguidores a tratar de ocupar algún cargo en la espiral de poder romano. Por el contrario, lo veo tomando distancia de la autoridad política y diferenciándose de las formas y estructuras corrompidas por el poder imperial y religioso. Esa distancia le permitió, llegado el momento, pararse frente a Poncio Pilato y el resto de los funcionarios con autoridad y absoluta libertad. Esto no significa que no debemos instar a nuestros jóvenes que tienen un llamado al área de la política a prepararse e involucrarse para marcar una diferencia, pero significa que no debemos tener falsas expectativas ni pensar que el cambio genuino vendrá de los políticos de turno o del poder terrenal, ni esperar usar inescrupulosamente nuestras vinculaciones políticas para obtener privilegios ocasionales. La Biblia enseña todo lo contrario: el cambio genuino procederá únicamente del Padre de toda bondad.

Pensar a partir de nuestro contexto y ministerio cómo sería nuestra iglesia si Jesús fuera el pastor podría ayudarnos a encontrar una perspectiva más acorde y dinámica para enfrentar los desafíos que tiene la iglesia en el presente siglo, y además de una forma de actuar que las personas puedan valorar como diferente, distinta e imbuida del amor de Dios. Debemos predicar con todo el énfasis neotestamentario sobre el pecado y el necesario arrepentimiento, levantar en alto la cruz y el nombre de Jesucristo, pero usando y vivenciando la necesaria santidad, misericordia y amor como instrumentos de la gracia de Dios en medio de las personas. Cuando pensemos en cómo sería nuestra iglesia si Jesús fuera el pastor, quizás nos demos cuenta de por qué la gente viene o no a nosotros, y si realmente estamos cumpliendo nuestro ministerio conforme al corazón de Dios.

Pensar introductoriamente sobre lo que haría Jesús si fuera pastor de nuestra iglesia nos ayudará a reflexionar en cuanto a las prioridades. Entendemos que Jesús basaría todo su ministerio y el de la iglesia en la oración; de hecho, nos dicen los Evangelios que dedicó una parte importante de su ministerio a la oración: se retiraba a lugares aparte para orar, pasaba noches enteras orando, y jamás realizó un milagro significativo sin haber orado previamente (Mt 14:23; 26:36-46; Mc 1:35; 6:46; Lc 3:21; 5:16; 6:12; 22:39-46; Hb 5:7).

Estar en comunión con el Padre era su deleite. Una oración no litúrgica, sino constante, cotidiana, sincera, genuina, que muestre una absoluta dependencia de Dios es vital en nuestras iglesias. En algunos lugares se ha mecanizado tanto la oración que la hemos transformado en un ítem a cumplir y no en un profundo encuentro personal y comunitario con Dios.

En cuanto a la visión o énfasis que Jesús daría a la iglesia, sin lugar a dudas, Jesús reafirmaría lo que hizo durante su ministerio: priorizaría hacer la voluntad de Dios por encima de cualquier otra cosa. Cualquiera de nosotros pensaría que todas nuestras iglesias hacen la voluntad de Dios, no se nos cruza por la cabeza lo contrario; sin embargo, no siempre los frutos dados demuestran esto. Cuando hablamos de priorizar la voluntad de Dios nos referimos a tener las mismas preferencias y prioridades que Dios, esto es, trabajar constantemente para que ninguno se pierda, sino que lleguen al conocimiento de Dios (2 P 3:9). La mayoría de las actividades de las iglesias no están orientadas al evangelismo, sino al activismo. Hacer la voluntad de Dios es encarnarse en medio de la comunidad, saber realmente cuales son las necesidades urgentes de las personas a fin de orientar la misión y el mensaje de manera pertinente y eficaz. Es amar incondicionalmente a todos, sin prejuicios, sin reproches, sin reparos, pero exigiendo, luego del perdón divino, la santidad sin la cual nadie verá al Señor (Jn 8:11; Hb 12:14).

En cuanto a la designación del liderazgo, Jesús, en nuestra opinión, tendría muy en claro el sacerdocio de todo creyente (1 P 2:5), pero no priorizaría las designaciones de las personas por su simpatía, influencia o amiguismo, sino bajo la dirección del Espíritu Santo y conforme a la manera como este reparte los dones y ministerios en la iglesia (Lc 6:12-14). Dice el texto mencionado: «En aquellos días él fue al monte a orar, y pasó la noche orando a Dios. Y cuando era de día, llamó a sus discípulos, y escogió a doce de ellos, a los cuales también llamó apóstoles». Como no podía ser de otra manera, Jesús designó a los discípulos luego de un tiempo de profunda oración y dirección del Espíritu Santo. La elección era vital, los discípulos serían, en definitiva, aquellos que —dirigidos por el Espíritu Santo— iniciarían la iglesia y darían testimonio del nombre de Jesucristo a las naciones. Así lo hicieron.

En cuanto a lo cotidiano, concebimos que Jesús se escaparía de una visión sesgada y cerrada de oposición al mundo —la que marcó la marcha de la iglesia por muchos años y ocasionó, como dijimos, un ostracismo injustificado que nos privó de influir en cada área social—. Por años vimos al "mundo" como algo malo, con foco en una errónea visión pietista de alejamiento y separación, sin entender que Jesús nos llamó a *estar en el mundo sin ser del mundo* (Jn 17:15).

En relación con el compromiso, Jesús se centraría en una iglesia que realmente esté imbuida del evangelio y sea consciente de la necesidad de las personas y sus carencias, no solo espirituales, sino afectivas, económicas, laborales, sociales y familiares. Jesús se comprometió con las personas integralmente. Sanó a los enfermos, limpió a los leprosos, dio de comer a los hambrientos, revivió a los muertos, consoló a los que sufrían y perdonó a los pecadores. El compromiso sin acción es indiferencia; una fe sin compromiso es mera religiosidad, y una acción sin la dirección del Espíritu Santo es simple carnalidad.

En cuanto al impacto social, sin duda Jesús se transformaría en la voz de los que no tienen voz. Dice el libro de Proverbios: «Habla a favor de los que no pueden hablar por sí mismos; garantiza justicia para todos los abatidos. Sí, habla a favor de los pobres e indefensos, y asegúrate de que se les haga justicia» (31:8, 9). La iglesia fue llamada a defender y hacer justicia, proclamar el año agradable del Señor. La conceptualización de la justicia social no ha cambiado. Hoy tenemos el deber de alzar nuestra voz por los que no tienen voz, pero también de interceder y amar a todos, incluso a los que desean anular la voz de los demás. A veces no nos damos cuenta de que esto no es fácil de hacer; muchas veces la multitud levanta el becerro en el desierto, pide a gritos que suelten a Barrabás, confunden la obra del Espíritu Santo con Satán o piensan que los llenos del Espíritu Santo están llenos de mosto. Pero Dios pesa los corazones. Somos llamados a actuar en justicia y con misericordia.

Finalmente, en cuanto a la comunicación y la conceptualización del éxito, Jesús sabría comunicar adecuadamente el mensaje del evangelio. Debemos reconocer que hoy en día tenemos serios problemas para transmitir el evangelio. Aunque eso es fruto de una multiplicidad de factores, quizás los más importantes sean el aislamiento del mundo que la iglesia se autoimpuso por años, la falta de seguimiento del desarrollo social y tecnológico y, fundamentalmente, nuestra tendencia a la espiritualización del discurso, que pretende que las personas logren descifrar nuestros códigos espirituales y bíblicos sin saber cómo hacerlo.

Debemos mejorar sustantivamente nuestra forma de comunicar, ser más sintéticos, precisos, claros y atractivos en la comunicación, no como excusa para licuar el mensaje, sino para ser facilitadores comunicacionales del evangelio a fin de que pueda llegar y ser entendido por todas las personas.

En cuanto al éxito, es dable destacar que tenemos preconceptos que nada tienen que ver con los principios bíblicos. Debemos anhelar ser exitosos a los ojos y con los parámetros de Dios. Gran parte de la iglesia actual se amoldó a los valores del mundo, a sus patrones, a sus esquemas y sus parámetros de éxito. Pensamos que son exitosos los ministerios grandes, los que movilizan gran cantidad de personas, los cultos vistosos, deslumbrantes; es lo que llamo "cultura de la plataforma". Esto sin duda es importante porque la iglesia está llamada a salvar la mayor cantidad posible de personas; no obstante, el éxito en sentido bíblico se mide por los frutos, por la exteriorización y encarnación de los valores de la cultura de Jesús («haya pues el mismo sentir que hubo también en Cristo Jesús»). Aunque no lo parezca, Noé fue exitoso, aunque solo logró salvar a su familia; Jeremías fue exitoso, aunque nadie lo escuchó; Jesús fue exitoso, aunque murió en la cruz; y la iglesia fue exitosa, aunque fue perseguida. Esos son los parámetros divinos: la dependencia, la obediencia y la santidad.

*¿Qué haría Jesús si fuera pastor de mi iglesia?* Esta es la pregunta que abordaremos en la segunda parte del presente libro; nos ayudará a

reflexionar sobre nuestros ministerios a la luz de las Escrituras y nuestro modelo supremo, el de Jesucristo, no solamente para pensar, sino para amoldar nuestras acciones a las de Jesús y nuestros ministerios al suyo. Solo se trata de hacer lo que Él hizo. Y algo podemos afirmar: si Jesús estuviera hoy entre nosotros recorrería nuestra ciudad y la conocería a la perfección.

## Firmeza innegociable frente al pecado, amor incondicional hacia el pecador. La santidad como regla incondicional

Sin volver a lo señalado en el primer punto del presente capítulo, es necesario insistir desde mi punto de vista, y en atención al actual contexto hipermoderno, sobre la necesidad de reconocer que uno de los mayores déficits de la iglesia antes de la pandemia, aun pese al crecimiento logrado, sigue siendo la manifestación del amor y la misericordia divinos a todas las personas. Es importante la tarea social que la mayoría de las iglesias lleva a cabo, pero esto no significa simplemente cumplir un ítem de activismo e interés por los demás. Es más que eso. Debemos mostrar de manera concreta el amor de Dios, aceptando incondicionalmente al otro y dejando al Espíritu Santo la tarea de convencerlo de pecado. Solo así seremos más parecidos a Jesús (Hch 4:13).

Es menester aceptar que muchas veces nuestros prejuicios fueron mayores que nuestras manifestaciones de amor (lo veremos más adelante), que nuestros moldes nos encerraron sin entender que Dios no está atado a nuestros modelos estereotipados. El otro, el que es diferente, el que incluso puede parecer extraño en su aspecto, también necesita escuchar el evangelio y ser amado tal como Jesús lo haría en nuestro lugar. Realmente no es fácil entender de dónde sale nuestro supuesto halo de superioridad espiritual cuando nos confrontamos con la Palabra y, fundamentalmente, la santidad de Dios. El conocimiento de Cristo debería hacernos más humildes, más sencillos, más comprensivos, más misericordiosos; la realidad demuestra que la gente no nos percibe de esa manera, sino todo lo contrario. Es cierto, no se trata solo de lo que los demás perciben, pero esa percepción los alejará o atraerá a Cristo más fácilmente.

Los pecadores sabían que Jesús era diferente, que era un profeta, alguien superior a ellos; sin embargo, pese a sus miserias, a sus pecados, se acercaban a Él. Incluso los gentiles pedían misericordia y la hallaban (Mt 8:5-13; Mc 7:24-30). No lo veían como alguien que los juzgaría o que no los atendería. Debemos pensar en profundidad: ¿Cómo nos percibe la gente? ¿Cómo nos ven las personas? ¿Se acercarían a nosotros a pedirnos que oremos por ellos o los ayudemos en sus miserias? Es cierto, Jesús no solo era un profeta, era el Mesías, pero una y otra vez, de manera sistemática, de muchas formas visibles, palpables y observables, les mostró su compasión. Por ende, la imagen de Jesús, salvo para los religiosos (un dato no menor), era la de alguien que podía entenderlos, ayudarlos, comprenderlos, amarlos. Insisto: necesitamos ponernos en el lugar del peor de los pecadores, de la peor persona posible, cargada de pecado y suma necesidad, y preguntarnos: ¿Acudiría a mí o no? ¿Me vería como alguien diferente, como la persona capaz de ayudarlo, de amarlo?

Vayamos un paso más allá. Lo dicho es, entre otras cosas, materia de estudio y análisis de la sociología de los sentidos, la sociología relacional de George Simmel (entre los autores más conocidos), quien básicamente analizaba el tema teniendo en cuenta las condiciones históricas de la percepción individual y los efectos de la interacción recíproca entre las personas. La sociología de los sentidos contemporánea cuestiona de manera amplia y fundada la tradicional creencia de que las personas tienen cinco sentidos, y asume que la percepción es mucho más extensa que los mismos. Se entiende desde este punto de vista que la percepción es *multisensorial*.[161] De hecho, la ciencia comprende que hay cerca de treinta y tres sentidos, no solo cinco;[162] entre ellos, y a modo de ejemplo, podemos mencionar: percepción, cinestesia, presión, termorrecepción, propiocepción, percepción, termoalgesia, bariestesia, cenestesia, etc., todos ellos sentidos, habilidades que tenemos y no nos damos cuenta, pero nos ayudan a comprender y asimilar el entorno en el cual nos desarrollamos y al cual fuimos llamados a influenciar.

---

[161] Cf. Rodaway, 1994.
[162] Howes, 2014, p. 17.

Será principalmente Crossley (1995) quien nos recordará que la percepción es una experiencia tanto corporal como significativa (comprensiva); esto es, percibir y comprender no son acciones separadas. La percepción no solo es recibir estímulos sensoriales desde el exterior, sino también atribuirles significado en el mismo momento de percibirlos de conformidad con lo que trasunta el otro. Dicho de otra manera, lo que trasuntaba Jesús, lo que afloraba de sus actos y acciones, era percibido, apreciado por las personas de manera positiva, a tal punto que las multitudes lo seguían, los peores pecadores podían refugiarse en su misericordia y cuando se acercaba a un lugar, un milagro sucedía y la realidad de las personas se modificaba. Lo de Jesús no era mera oratoria o un frontispicio religioso, era amor que afloraba por sus poros y quedó grabado a fuego por toda la eternidad en sus palabras, que nos dieron salvación a nosotros, pero también quedó disponible para todos, más allá de su condición, de su aspecto, de su pecado, de su maldad. «Perdónalos porque no saben lo que hacen», dijo; y «Consumado es». Es que, en efecto, no hay amor sin entrega, no hay amor sin sacrificio, no hay amor sin expresión; la gente lo percibe y comprende, aun los que parecen más distantes de Dios (Mt 27:54). La santidad sigue siendo un requisito hoy en día para cada uno de nosotros; de hecho, Dios es tres veces santo (Ap 4:8) y esto no es negociable.

Jesús decía: «Ve y no peques más», pero antes había perdonado. Decía «tu fe te ha sanado», pero antes había sanado. Siempre la acción de amor precedía a su palabra. Cuando leemos el Evangelio según san Lucas, capítulos 9 y 10, vemos que Jesús es muy claro con la instrucción a los Doce y a los setenta. Básicamente les dice: vayan a las ciudades y no lleven bolsas ni alforjas (dependencia de Dios); a cualquier ciudad o casa a la que lleguen, ofrezcan la paz, y si los reciben, esa paz permanecerá en ellos; coman lo que les pongan delante (entablen un vínculo), sanen a los que están enfermos y díganles que el reino de los cielos se ha acercado.

Debemos entender que el punto final, lo que cierra todo el proceso de ir, bendecir, vincularnos, hacer milagros, etc., era predicar, pero esto está puesto por Jesús al final del proceso. Nosotros, por alguna extraña razón, hemos invertido el orden: primero predicamos, tratamos de no contaminarnos con los mundanos, de acercarnos lo menos posible y no tener vínculos, si creen oramos por un milagro y esperamos a que vengan a la iglesia, y si no vienen a la iglesia, listo, dejamos de insistir. Tratemos de representarlo:

**Tabla 3:** Instrucción de la misión de los doce y los setenta

| Jesús dijo a sus discípulos | Hoy nosotros decimos |
|---|---|
| Entren a una casa y **BENDÍGANLOS** («paz a vosotros») | Estemos atentos y con cuidado |
| **ENTABLEN UN VÍNCULO** («coman lo que os den») | **NO** tengan contacto con los "mundanos", corrompen nuestra santidad |
| **SÁNENLOS (hagan señales)** («sanad a los que están enfermos») | **PREDÍQUENLES** |
| **PREDÍQUENLES** («decidles...») | **Si** aceptan el mensaje, **oren por ellos** |

**Fuente:** Elaborado por el autor

Lo descrito en el Gráfico 2 es bastante obvio y salta simplemente a la vista al leer atentamente el texto del Evangelio; no obstante, como dijimos, muchos han invertido el orden. Debemos tener presente siempre que el llamado de Jesús a cada uno de nosotros tiene que ver con convertirnos en un instrumento santificado que Él pueda usar para alcanzar a muchos que hoy están perdidos: ser las manos que Él utilice para levantar al caído y sostener al de poco ánimo; ser los ojos que Él use para derramar lágrimas implorando la misericordia divina a favor de aquellos que rechazan su Palabra y poder ver la realidad de los que sufren; ser los oídos que Él use para escuchar el dolor del prójimo; ser la boca que Él use para anunciar las buenas nuevas; ser los pies que Él use para llevar su Palabra hasta los confines de la tierra. En definitiva, necesitamos seguir sus instrucciones; fundamentalmente, que haya en nosotros «el mismo sentir que hubo también en Cristo Jesús», pero, además, que las personas lo perciban y sientan que es así, no simplemente un acto religioso.

# CAPÍTULO X

## Jesús y la misión. Un llamado de Dios para la transformación

Durante treinta años, Jesús se preparó para desarrollar una misión que transformaría la historia de la humanidad y la vida de las personas por toda la eternidad. La llevó adelante en tan solo tres años. Cuando analizamos la misión de Jesús vemos tres patrones básicos: el primero es que su misión fue encarnacional; el segundo es que Jesús fue cercano a las personas; y el tercero es que tuvo un ministerio de absoluta obediencia al Padre que, como dice el apóstol Pablo, fue «hasta la muerte y muerte de cruz» (Flp 2:8). En efecto, Jesús fue totalmente hombre y totalmente Dios, con la complejidad analítica y conceptual que esto implica, dadas las limitaciones propias de la mente humana. Sufrió como hombre y experimentó todas las tentaciones que cualquiera de nosotros puede tener, pero se mantuvo sin pecado. Quizás el versículo que mejor resuma el ministerio de Jesús sea el que menciono a continuación: «Cristo, en los días de su carne, ofreciendo ruegos y súplicas con gran clamor y lágrimas al que le podía librar de la muerte, fue oído a causa de su temor reverente» (Hb 5:7).

Jesús, a través de su ejemplo misional, estableció los parámetros que deben modelar nuestra misión y nos dio un ejemplo para llevarla adelante de manera clara, consistente y sistemática. La Gran Comisión es en consecuencia el mandato que debe modelar nuestras vidas. A menos que tengamos claro el objetivo principal de nuestra existencia, esto es, llevar a la mayor cantidad posible de personas al mensaje de la cruz, no podremos experimentar lo que significa vivir con un sentido trascendente en nuestra vida.

Cuando decimos, de manera genérica, que el mundo puede cambiar, quizás pensemos *a priori* que se trata de una utopía tal como la pensó Tomás Moro: *un lugar que no existe*. Sin embargo, debemos considerar, en primer lugar, que ciertamente el mundo no cambiará mientras el corazón del hombre no cambie. Ante dicha realidad, se hace sumamente importante que recuperemos, en el actual contexto, el significado de nuestra responsabilidad individual en la predicación del evangelio, no solamente de manera discursiva, sino fundamentalmente viviendo en conformidad con sus principios en la vida cotidiana a fin de que la luz sea permanente y se refleje en medio de las tinieblas que nos rodean.

En segundo lugar, debemos tener en cuenta que el mundo no cambiará sin un patrón distinto que pueda observar, una regla o norma diferente que le sirva de guía. Cuando las personas veían a Jesús, a los apóstoles, a cada uno de los discípulos, veían algo distinto; así lo manifiesta la Escritura (Jn 6:66; 7:46; 14:12; Hch 4:13; 5:15; 19:12, entre muchos otros pasajes). Lo primero que cada uno de nosotros debería preguntarse deliberadamente es qué ven las personas cuando nos observan. Las personas deben anhelar tener lo que tenemos, hacer lo que hacemos, vivir como vivimos y ser como somos; cuando nos pregunten sobre esto, ese será el momento de hablarles de Jesús.

Finalmente, en este punto debemos considerar que el mundo difícilmente pueda cambiar (nuestro contexto inmediato y mediato) a menos que hayamos subido al monte y librado la respectiva batalla espiritual. Ya hemos dicho que el Imperio romano era sumamente receptivo a todo tipo de creencias y religiones, tanto de carácter mágico como institucional. Esto produjo realmente un fenómeno espiritual muy especial dentro de dicho sistema imperialista; las huestes de maldad no solo controlaban el ambiente espiritual, sino también el social. Había literalmente ciudades enteras entregadas a la idolatría y la magia, como Éfeso, Corinto y Atenas, o entregadas a todo tipo de perversiones, como casi toda la región de Galacia, o entregadas al orgullo y la vanagloria, como Roma. Dice muy acertadamente Deiros:

> La guerra espiritual y el ministerio de liberación son otros de los elementos clave en los que se pone de manifiesto la acción del Espíritu

Santo. Ignorar la importancia del choque de poderes como un elemento clave para la comprensión del impresionante triunfo del cristianismo en los primeros siglos del testimonio, es dejar de lado un factor muy importante.[163]

Lo mencionado requiere que la iglesia sea consciente del choque de poder que se produce en las esferas celestes continuamente. Hay en ellas una lucha de poder y la iglesia no puede ignorarla; señala Berkhof: «Los poderes gobiernan la vida humana fuera de Cristo, se manifiestan en tradiciones humanas, en la opinión pública que amenaza reducir a los cristianos para que se aparten de Cristo».[164] A lo dicho, debemos adicionarle lo que advierte san Pablo en la epístola a los Efesios, capítulo 6, versículos 10 al 13:

Por lo demás, hermanos míos, fortaleceos en el Señor, y en el poder de su fuerza. Vestíos de toda la armadura de Dios, para que podáis estar firmes contra las asechanzas del diablo. Porque no tenemos lucha contra sangre y carne, sino contra principados, contra potestades, contra los gobernadores de las tinieblas de este siglo, contra huestes espirituales de maldad en las regiones celestes. Por tanto, tomad toda la armadura de Dios, para que podáis resistir en el día malo, y habiendo acabado todo, estar firmes.

La iglesia no podía (ni puede) ir a este choque de poder desprovista del señorío de Cristo, carente del poder del Espíritu Santo, sin guardar la Palabra, sin haber preparado a los santos para la obra del ministerio o sin estar dispuesta a sufrir por el nombre de Jesús. El mensaje subliminal del pasaje de Pablo a la iglesia de Éfeso es: no tenemos tiempo para discutir entre nosotros acerca de nuestras posturas o especulaciones teológicas, no podemos distraernos en cuestiones no esenciales a la fe, no podemos permitirnos el lujo de frenar la expansión del reino de Dios por cuestiones denominacionales o antropológicas menores. Muy claramente señala Green:

El poder en el nombre de Jesús era más efectivo que cualquier encantamiento, y los cristianos tenían gran cuidado de hacer una clara distinción entre sus efectos y los efectos de la magia. Nada de secreto

---

[163] Deiros, 1998, p. 80.
[164] Berkhof, 1977, p. 24.

había en ellos, nada de gestos místicos, ni posturas especiales, ni fórmulas celosamente reservadas. [...] En contraste con las curaciones parciales o temporarias efectuadas por los gnósticos y por los magos paganos, las curaciones realizadas por la confianza en el nombre del Señor Jesucristo son, afirma Ireneo, tanto permanentes como completas. [...] Orígenes destaca que, a diferencia de la magia, los milagros cristianos son siempre obrados para beneficio de los hombres, y cumplidos por hombres de vida ejemplar, y no por malvados, y mediante la fe en el poder de Dios, no en el poder del mal.[165]

El choque de poder es un punto crítico en el conflicto de la guerra espiritual continua entre los dos reinos sobrenaturales. Como responsables por la misión, debemos ser conscientes de que estamos en guerra, un conflicto que durará hasta que el Señor venga. La iglesia debe arrebatar a los que se encuentran bajo las garras de Satanás y llevarlos a la salvación provista por Jesús en la cruz, a fin de que les resplandezca la salvación eterna. Pero esto es más fácil de escribir o decir que de hacer. Debemos vivir en plenitud la Palabra de vida y sumergirnos en el río de Dios, ser abiertos a la voz del Espíritu Santo y conocer a la perfección el lugar al cual fuimos llamados a misionar.

Al respecto de la ciudad en la cual nos toca misionar, deberemos indagar todo lo que podamos en su historia, conocer sus principales características sociológicas, entender los problemas que tienen las personas y los pecados más frecuentes del área en la cual estamos, además de las deidades a las cuales se dedicó la ciudad, su historia, las religiones o sectas que tienen injerencia en dicha zona, a fin de establecer las esferas de poder espiritual y hacer guerra espiritual frente a ellas, implorando a Dios, por sobre todas las cosas, la salvación de las personas que residen allí.

Hacia este choque de poder debe dirigirse el creyente si quiere con seriedad asumir su vocación y reconocer el llamado de Dios, pero no solo, ni desprovisto, ni carente, ni huérfano, sino revestido con toda la armadura de Dios. Es la única forma de que prevalezca poderosamente la Palabra de vida en nuestros entornos y las personas puedan ser transformadas: primero ganando la batalla en las regiones celestes

---

[165] Green, 1976, pp. 67-68.

y luego visibilizándola aquí, en la tierra, acercando el reino de Dios y su justicia.

Uno de los problemas que ha tenido parte de la iglesia a lo largo del tiempo fue pensar —en virtud de las profecías bíblicas, que efectivamente se cumplirán, y particularmente de lo dicho por Jesús, recogido en el Evangelio según san Mateo, capítulos 24 y 25, al igual que la predestinación hasta cierto punto (y sin entrar en cuestiones teológicas)— que es evidente que el mundo está condenado y la maldad aumentará día a día. Entonces ¿para qué predicar, si ya sabemos que nada cambiará? ¿Para qué insistir si Dios ya escogió a los que deberán de ser salvos? Debemos reconocer que en la Escritura Dios revela su intención de rescatar a los hombres y también ordena el medio por el cual procura su salvación: a través de la fe en Jesús y por medio de su eficiente sacrificio en la cruz. Sentencia Pedro en su segunda epístola, capítulo 3, versículo 9: «El Señor no tarda en cumplir su promesa, según entienden algunos la tardanza. Más bien, él tiene paciencia con ustedes, porque no quiere que nadie perezca, sino que todos se arrepientan».

Todo lo dicho más arriba no excluye nuestra responsabilidad y realidad de predicar su Palabra. Romanos 10:13-17 es claro. Es por esta razón que el Señor de la mies encargó a su iglesia, a sus obreros, que lleven el evangelio, que insten a tiempo y fuera de tiempo, en todo lugar y de todas las formas posibles. A todo cristiano se le ha conferido la responsabilidad de gastar y consumir su vida para que el mayor número de personas escuche el mensaje y conozca que Jesucristo es el Salvador.

Hay una sensación de alivio al saber que cuando anunciamos la Palabra, somos simples sembradores y dependemos de la obra del Espíritu Santo en las vidas de las personas, dado que solo Él puede convencer de pecado, de justicia y de juicio. Jesús dijo a los suyos: «Todo lo que el Padre me da, vendrá a mí» (Jn 6:37, 65); no *algunos*, sino *todos*. Esto ocurrió cuando Pablo proclamó el evangelio a los gentiles en Antioquía «y creyeron todos los que estaban ordenados para vida eterna» (Hch 13:48). Los elegidos vendrán a Cristo cuando los cristianos proclamen la buena noticia a todos (aunque no todos vengan; Jn 10:27). Jesús se esforzó y predicó a todos, aunque no todos vinieron; la cruz es para todos, aunque no todos la acepten; el amor de Dios está disponible para todos los hombres, aunque muchos lo rechacen.

Por ende, la teología de la elección no es una excusa para dejar de hacer lo que debemos hacer y cumplir nuestra responsabilidad; el mundo no cambiará si la iglesia no cambia primero, no tendrá esperanza si la iglesia no va a ellos. No importa cuántos creerán, eso no depende de nosotros, solo importa haber cumplido nuestra misión: hablarle al mayor número posible de personas y vivir de tal forma que ellos, aunque terminen rechazando el mensaje, puedan ver lo evidente, lo distinto, lo que el amor de Dios puede hacer por la vida de una persona (Jn 9:25; Hch 3:7-9).

## Jesús: una misión encarnada, cercana y obediente

Una de las doctrinas cristianas fundamentales es la de la encarnación de Jesús; escribe el apóstol Juan en su Evangelio: «Y aquel Verbo fue hecho carne, y habitó entre nosotros (y vimos su gloria, gloria como del unigénito del Padre), lleno de gracia y de verdad» (Jn 1:14). Ahora bien, a lo largo de los primeros siglos de la iglesia, hubo diversas teorías al respecto de dicha doctrina. Las disputas versaban fundamentalmente sobre la palabra *homoousios*, que se podría traducir como "de la misma esencia" o "la misma naturaleza" —Cristo es de la misma esencia/naturaleza que Dios; Jesús es Dios, y así lo expresó el credo niceno (325 d. C.)—, en contraposición al término *homoiousios* —esto es, de una esencia parecida, pero no igual, idea sostenida fundamentalmente por Arrio—. Fue el Concilio de Calcedonia (451 d. C.) el que se pronunció oficialmente al respecto:

> Siguiendo pues a los santos, enseñamos todos a una voz que ha de confesarse uno y el mismo Hijo, nuestro Señor Jesucristo, el cual es perfecto en divinidad y perfecto en humanidad; verdadero Dios y verdadero hombre, de alma racional y cuerpo; consubstancial [*homoousios*] al Padre según la divinidad, y asimismo consubstancial a nosotros según la humanidad; semejante a nosotros en todo, pero sin pecado; engendrado del Padre antes de los siglos según la divinidad, y en los últimos días, y por nosotros y nuestra salvación, de la Virgen María, la

Madre de Dios [*theotokos*], según la humanidad; uno y el mismo Cristo Hijo y Señor Unigénito, en dos naturalezas, sin confusión, sin mutación, sin división, sin separación, y sin que desaparezca la diferencia de las naturalezas por razón de la unión, sino salvando a las propiedades de cada naturaleza, y uniéndolas en una persona e hipóstasis; no dividido o partido en dos personas, sino uno y el mismo Hijo Unigénito, Dios Verbo y Señor Jesucristo, según fue dicho acerca de él por los profetas de antaño y nos enseñó el propio Jesucristo, y nos lo ha transmitido el Credo de los Padres.[166]

El apóstol Juan es absolutamente claro en sus epístolas en cuanto a Jesús como divino y humano, lo cual era una señal esencial de la salvación (1 Jn 1:1-3; 2:22-24; 4:1-3, 14; 5:1, 5, 10-12, 20; 2 Jn 3, 7, 9); en el Apocalipsis empieza con la gloria de Cristo (1:4-20) y finaliza con su regreso glorioso (22:20, 21), en tanto que, en el Evangelio, le dedica una porción especial a hablar de la encarnación del Señor. También el apóstol Pablo afirma, en la misma línea, la encarnación de Jesús en el libro de Filipenses:

Haya, pues, en vosotros este sentir que hubo también en Cristo Jesús, el cual, siendo en forma de Dios, no estimó el ser igual a Dios como cosa a que aferrarse, sino que se despojó a sí mismo, tomando forma de siervo, hecho semejante a los hombres; y estando en la condición de hombre, se humilló a sí mismo, haciéndose obediente hasta la muerte, y muerte de cruz. (2:5-8)

En síntesis, Cristo se vació (del griego κένωσις, "vaciamiento") a sí mismo, se despojó de su gloria para venir a habitar entre los hombres, vivir nuestras necesidades, nuestras angustias, nuestras debilidades, pero en todo sin pecado. El principio esencial de la encarnación está intrínsecamente ligado tanto a la misión y el ejemplo de Cristo como a los de la iglesia. Jesús nació y habitó entre nosotros, caminó con los pobres, entendió el dolor de las viudas, de los marginados, se acercó a los leprosos, restauró a los pecadores, sanó a los enfermos y enfrentó el pecado, amó sin prejuicios y finalmente murió por cada uno de nosotros ofrendando su vida en sacrificio. Debemos considerar que sin encarnación previa no hay posibilidad de misión, y que la misión se torna infértil cuando no nos encarnamos en medio de las personas, en

---

[166] González, 1994, p. 297.

medio de su cultura, de su realidad y de sus angustias. La encarnación de Jesús habla del amor de Dios por cada uno de nosotros, de su cercanía, de su presencia continua en medio nuestro a través del Espíritu Santo, de su entrega y sacrificio incondicional por todos los hombres. No hubiera sido posible la misión de Jesús sin su encarnación previa; la cruz no hubiera ocurrido sin el pesebre y la tumba vacía no sería una realidad sin el dolor de la muerte.

Nunca olvidemos que mientras Satanás abandonó el servicio para centrarse en sí mismo, Jesús dejó su trono para servir. Sin embargo, a veces pensamos que la misión no requiere encarnación, que no implica sacrificio; suponemos que alguien irá o alguien lo hará, pero esa es una premisa falsa. Dios nos llamó a nosotros, a cada uno de nosotros, y así debemos vivirlo. Es así como nos volvemos agentes encarnacionales del amor de Dios y el reino de los cielos.

Cuando entendemos el misterio de la encarnación y del sacrificio, de la prioridad de predicar el evangelio, debemos usar nuestra creatividad, nuestra capacidad de inventar, de imaginar, a partir del conocimiento del contexto; es lo que hizo Nehemías cuando salió de noche a recorrer los restos de la ciudad de Jerusalén (Neh 2:11-16). No alcanzaban los dichos de Hananí: él debía tomar conocimiento real del estado de la ciudad, de las necesidades de las personas, sus carencias, y de la urgencia de que se volvieran a Dios y reafirmaran el pacto. En nuestro caso, para que las personas conozcan a Jesús como Señor y Salvador de sus vidas, deberemos orar, pensar, pasar tiempo a solas con el Espíritu Santo para que a través de nuestra creatividad podamos pensar en la mejor estrategia para llevar adelante la misión.

Uno de los versículos más impactantes del Nuevo Testamento es la instrucción dada por Jesús a los discípulos en Jn 12:24: «Ciertamente les aseguro que, si el grano de trigo no cae en tierra y muere, se queda solo. Pero, si muere, produce mucho fruto». Es de notar que la esencia del evangelio es una paradoja para nuestra humana percepción: para tener vida en plenitud hay que morir previamente. Para poder ser usados por Dios conforme a su corazón es necesario poder vaciarnos a nosotros mismos, despojarnos, morir a nuestro orgullo para permitir su poder en nosotros. Escribe Pablo: «He sido crucificado con Cristo, y ya no vivo yo, sino que Cristo vive en mí» (Gl 2:20).

Seguramente todos hicimos alguna vez en la escuela el experimento de la germinación, y observamos que a medida que la semilla se va rompiendo, echa raíces y permite que la planta nazca, y si la dejamos, observaremos que llega a dar fruto. Esa es la imagen que tenemos que tener en cuenta cuando pensamos en dicho versículo. No es posible dar fruto sin pasar por el proceso del rompimiento, de nuestra negación al yo (nuestro peor enemigo).

Lo mencionado es en la práctica lo que debería pasar con nosotros y nuestra relación con el Espíritu Santo. Pensemos en la orilla de un río o del mar, cuando introducimos nuestros pies en el agua y nos vamos adentrando hasta tener el agua hasta las rodillas, luego hasta nuestra cintura e incluso hasta nuestros hombros; aún tenemos cierta autonomía para salir del agua y movernos por nosotros mismos. Pero una vez que nos sumergimos completamente en el agua ya es más complejo hacer como queremos; incluso si sabemos nadar, a veces no podemos resistirnos a las ondas del mar, que nos llevan adonde desean (Ez 47:1-6). Ese es el punto precisamente: sumergirnos de tal forma en el Espíritu Santo que, desprovisto de todo énfasis personal, podamos dejar que Él nos use conforme a su voluntad y ser dirigidos por su gracia, ya sea en las cosas más importantes de nuestra vida o incluso en los detalles.

Los pastores solemos decir que somos instrumentos en las manos de Dios; en ese tren de ideas, a ninguno de nosotros se nos ocurriría pensar que una pinza, un bisturí o un escalpelo podrían sugerirle a un cirujano cómo cortar, o que una calculadora podría decirle a un matemático cómo hacer las cuentas. Sin embargo, algunas veces pensamos que podemos hacerlo, quizás no de manera directa, pero sí indirectamente. Dado nuestro ministerio, experiencia, habilidad o formación, pensamos que ya sabemos, que ya aprendimos, y seguimos los métodos que nos parecen, y consultamos a Dios más para pedirle confirmación sobre lo esperado que por dirección previa. Debemos considerar que solo somos instrumentos; el cincel jamás le dirá al artesano cómo hacer la pieza.

## Sin encarnación no hay evangelio y sin evangelio no hay misión posible

En Argentina y en casi todos los países de Latinoamérica, las iglesias evangélicas llegaron de la mano de migrantes anglosajones (principalmente) que no solo trajeron su fe, sino su cultura; todos estos modelos de implantación eclesiásticos, y en general todos los migrantes de tinte protestante, siguiendo la línea trazada por Waldo Villalpando, Christian Lalive D'Epinay y Dwain Eppsse, quienes las clasificaron genéricamente como "iglesias inmigratorias" o "de trasplante".[167] De hecho, a lo largo de nuestra historia vimos el esfuerzo de misioneros extranjeros que, llegando a nuestros países, literalmente trasplantaron sus culturas y formas cúlticas a nuestras naciones; por décadas el perfil de la iglesia evangélica fue precisamente "de trasplante", hasta que surgieron nuevas comunidades de fe, de carácter más latino y autóctono en las sucesivas generaciones.

Los seres humanos somos culturales. Como dice Eduardo Bericat,

> estamos tan impregnados de cultura que, como los peces en el agua, ni siquiera percibimos su existencia. Encontramos tan "normal" las maneras de comportarnos o relacionarnos, y las formas en que sentimos, pensamos, juzgamos o percibimos el mundo, que nos parecen sencillamente "naturales". En general, somos ciegos a la cultura porque nos constituye tanto por fuera como desde dentro.[168]

Dicho de otra manera, cada uno de nosotros nace en un momento determinado de la historia y bajo un contexto cultural determinado; somos, de hecho, fruto de nuestra cultura, de los valores que nos enseñaron nuestros padres, la educación, nuestras relaciones, nuestros amigos, nuestras creencias y experiencias. Obviamente, uno de los aspectos más importante como modeladores de nuestra cultura es el lenguaje, y en este sentido debemos reconocer, por ejemplo, que si tomamos a un bebé recién nacido y lo ponemos en Francia, Brasil, España, Japón o Argentina, ese bebé será francés, brasilero, español,

---

[167] Cf. Villalpando, Lalive D'Epinay & Epps, 2009.
[168] Bericat, 2017, p. 123.

japonés o argentino, y esencialmente su idiosincrasia cultural estará dada por el lenguaje y los modismos propios de su entorno.

Algunos establecen una distinción entre evangelio y cultura,[169] pero esto no debe suponer una disociación o incomunicación, dado que el evangelio dialoga con cada una de las culturas (Dios nos respeta en nuestros contextos) y nuestro deber estriba fundamentalmente en acercar el mensaje a cada cultura, específicamente a las subculturas más puntuales que nos rodean, de manera tal que el evangelio llegue a entenderse apropiadamente y sea recibido con pertinencia por todas las personas. En cierta manera, se produce una síntesis entre la cultura y la fe: vivenciamos nuestra fe conforme a nuestras culturas, nuestras expresiones, nuestros distintivos, y desde allí paulatinamente el Espíritu Santo va trabajando en nuestros marcos interpretativos para que la contracultura cristiana se impregne en nuestra mente y corazón para vivir desde el momento de nuestra salvación y hasta el día de nuestra muerte conforme a la cultura de Jesús. Reitero: es importante que consideremos que el evangelio respeta a todas las culturas, pero está, a su vez, por encima de todas las culturas (Hch 15), dado que nos une en Cristo, nuestro Señor y Dios, más allá de ellas.

La iglesia se mueve y avanza en una especie de tensión dialéctica entre el *ser* y el *no ser*; recordemos que la *ekklesia* es al mismo tiempo universal, pero también local (parroquia), y tiene por ende sus características microculturales propias en cuanto a las formas y maneras cúlticas. De allí que cuando analizamos el Nuevo Testamento, particularmente a partir del libro de los Hechos, observaremos que no se da mucho detalle sobre las características de las reuniones de adoración, salvo por el hecho de repetirse que los discípulos perseveraban en la oración, la doctrina de los apóstoles, el partimiento del pan y la enseñanza por las casas (Hch 2:42-47).

---

[169] Diferentes teóricos han definido la cultura desde perspectivas que incluyen conceptos como "modo de vida", "universo simbólico" o "virtud del hacer". Nos dice Terry Eagleton: «La cultura es el conjunto de valores, costumbres, creencias y prácticas que constituyen la forma de vida específica de un grupo» (Eagleton, 2001, p. 58).

En resumen, no podemos perder de vista, a lo largo de nuestra vida cristiana y ministerio, que sin encarnación, sin la vida perfecta de Cristo, sin la muerte sacrificial y la resurrección del Señor no hay evangelio posible ni vida posible. Es en el pesebre donde se unieron la tierra y el cielo, los ángeles y los pastores, el hombre y los animales, la gloria y la miseria, para construir por medio de la sangre de Cristo nuestra eterna salvación. Por ende, pretender quitar del centro de nuestra misión la totalidad de la Palabra de Dios, las premisas del evangelio y la cultura de Jesús es menospreciar la cruz y darle la espalda a Dios. No hay evangelio sin encarnación, pero tampoco hay misión sin evangelio. Por lógica consecuencia, debemos encarnarnos en el lugar donde Cristo nos ha puesto para vivenciar de tal forma las buenas nuevas que las personas puedan ser alumbradas por nuestra luz y llevadas por nuestro esfuerzo y ministerio a los pies de Cristo, único lugar en el que podrán alcanzar vida en abundancia.

## *Venga a nosotros tu reino.* Solo la realidad del reino de Dios puede transformar la realidad

En el perfecto modelo de oración enseñado a sus discípulos, Jesús le pidió expresamente al Padre: «Venga tu reino. Hágase tu voluntad en la tierra como en el cielo» (Mt 6:10). La misión de la iglesia es proclamar el evangelio de la gracia y, como consecuencia de la obra del Espíritu Santo en la vida de las personas, permitir que no solo se transformen sus vidas, sino (a modo de onda progresiva y expansiva) también sus familias y comunidades. La frase *venga tu reino* significa literalmente que deseamos que los principios de Dios sean aceptados en la tierra; dicho de otra manera, deseamos que los principios de Dios gobiernen y ser guiados por el Espíritu Santo para que así sea. A esta transformación individual, familiar y social se la llama *avivamiento* y básicamente opera cuando las leyes del reino se vivencian y son operativas en la tierra.

Las enseñanzas de Jesús son muy claras en cuanto a la importancia del reino de Dios y la necesidad de que la iglesia instale dichos valores en la sociedad; casi resulta obvio hablar de esto, pero entiendo que la fe en Jesucristo y la aceptación de dichos principios por parte de la iglesia primitiva fueron un importante motor a la hora de llevar adelante la misión e internalizar la voluntad de Dios de cara a los incrédulos. Permanentemente Jesús permeó sus enseñanzas a través del concepto del reino de Dios: «Arrepentíos porque el reino de los cielos se ha acercado» (Mt 4:17); «buscad primeramente el reino de Dios y su justicia, y todas estas cosas os serán añadidas» (Mt 6:33); «venga a nosotros tu reino» (Lc 11:2); «mi reino no es de este mundo» (Jn 18:36), etc. La lista sería muy extensa si pretendiéramos nombrar cada cita de los Evangelios en la que Jesús enseñó o transmitió la importancia del reino.

Pero el Señor no lo hizo solo de palabra, sino que también dio ejemplo a los suyos acerca de cómo implantar los valores y principios del reino en la sociedad a la cual les tocaba ministrar. Podemos mencionar algunos ejemplos: «Jesús vino a Galilea predicando el evangelio del reino de Dios» (Mc 1:14); «los envió a predicar el reino de Dios, y a sanar a los enfermos» (Lc 9:2); «a quienes también, después de haber padecido, se presentó vivo con muchas pruebas indubitables, apareciéndoseles durante cuarenta días y hablándoles acerca del reino de Dios» (Hch 1:3). Jesús no solo enseñó acerca del reino, sino que vivió y compartió sus valores.

Por ende, no es extraño que sus discípulos y los primeros cristianos hayan hecho lo mismo: «Creyeron a Felipe que anunciaba el reino de Dios» (Hch 8:12); «Él es Señor de todos» (Hch 10:36); «y entrando Pablo en la sinagoga, habló con denuedo, por espacio de tres meses, discutiendo y persuadiendo acerca del reino de Dios» (Hch 19:8); «y habiendo señalado un día, vinieron a él muchos a la posada, a los cuales les declaraba y les testificaba acerca del reino desde la mañana hasta la noche» (Hch 28:23). Vale la pena destacar que la palabra "Señor" (*kyrios*) se menciona 747 veces en el Nuevo Testamento, de las cuales unas 92 veces se registran solamente en el libro de los Hechos; sin duda esto es muy sintomático: para hablar del reino debemos partir de que hemos aceptado absoluta e incondicionalmente el señorío de Cristo en nuestras vidas, nos hemos rendido integralmente a Jesús como Señor, quien ejerce autoridad sobre cada área de nuestra vida. Escribe John MacArthur:

> La Biblia no habla de nadie que haga a Cristo Señor, excepto Dios mismo quien le ha «hecho Señor y Cristo» (Rm 14:9; Flp 2:11) y el mandamiento bíblico tanto para pecadores como para los santos no es hacer a Cristo Señor, sino acatar su señorío. [...] Cuando acudimos a Jesús en busca de salvación, acudimos a quien es Señor de todos. Cualquier mensaje que omita esta verdad no puede considerarse el evangelio según Jesucristo. Es un mensaje mutilado que presenta un Salvador que no es Señor.[170]

Solo cuando vivimos bajo el señorío de Cristo de manera absoluta podemos implantar competentemente los valores del reino en medio de nuestra comunidad, es una premisa fundamental del Nuevo Testamento. Pablo fue muy claro al señalar que «si confesares con tu boca que Jesús es el Señor y creyeres en tu corazón que Dios le levantó de los muertos, serás salvo. Porque con el corazón se cree para justicia, pero con la boca se confiesa para salvación» (Rm 10:9, 10). También instó a que «toda lengua confiese que Jesucristo es el Señor, para gloria de Dios Padre» (Flp 2:11). Debemos aceptar al *Kyrios* y vivir bajo su mano. Dice el pastor Jorge Himitian al respecto:

> Veamos cómo se usaba la palabra *kyrios* en los días del Imperio romano. Tenía dos acepciones. En primer lugar, en el sentido corriente (digamos, *kyrios* con minúscula) se usaba para designar a toda persona rica, con muchas propiedades, que tenía esclavos bajo su autoridad. En realidad, había muchos esclavos en el imperio, y cada uno tenía un *kyrios* sobre sí, uno que era su jefe, su dueño, su amo, su soberano, la máxima autoridad de su vida. La contraparte del *kyrios* era el esclavo.[171]

Jesús no solo era el Señor de la fe, sino el Señor de la vida, de las posesiones materiales, de la familia, de los recursos, del presente, del futuro, de todo lo que podían llegar a ser y de todo lo que podían llegar a tener; pero fundamentalmente, era el Señor de la iglesia: quien daba a los santos, por la obra del Espíritu Santo, los dones y ministerios para desarrollar el ministerio; quien delineaba la estrategia para alcanzar a los perdidos conforme sus necesidades; quien creaba tanto el querer como el hacer por su buena voluntad; y quien fijaba el

---

[170] MacArthur, 1991, p. 201.
[171] Himitian, 1994, p. 21.

rumbo, el objetivo a alcanzar, el motivo por el cual vivir —la Gran Comisión—. Jesús no era solamente el Salvador; es más, dentro del lenguaje del Nuevo Testamento, uno no acepta a Jesús solamente como Salvador, sino como el Señor que obró la salvación de nuestras vidas y ahora es literalmente nuestro *dueño*, nuestro *amo*. Bajo esas premisas es que la iglesia neotestamentaria llevó y desarrolló eficazmente la misión. Como dicen Viola y Barna, «la iglesia del primer siglo era una entidad orgánica, un organismo vivo, palpitante, que se expresaba en una manera muy diferente de lo que se expresa la iglesia institucional de nuestros días».[172]

De allí entonces que sea factible comprender por qué los santos vendían sus posesiones y llevaban lo recaudado a los pies de los apóstoles para dárselo a los más necesitados; porque preferían el martirio antes que la negación de aquel que les había regalado, por su gracia y amor, la salvación; porque predicaban incansablemente, de día y de noche para alcanzar así al mayor número posible; porque abandonaban los deseos de la carne y la concupiscencia para vivir la vida plena del Espíritu; porque no dudaban en sufrir cárceles, golpes, azotes, frío, hambre, sed, maltrato y muchas veces humillación y desprecio por su fe. Cristo era su Señor.

En este tiempo plagado de deshumanización, donde los valores del reino están totalmente descuidados por una sociedad pagana (aunque se diga cristiana) que deliberadamente ha dado la espalda a Dios —no solo por no creer en Él, sino por contradecir voluntariamente sus mandatos: oprimiendo a los pobres, menospreciando la justicia, despojando de su dignidad al hombre, desfavoreciendo al huérfano, la viuda y el pobre, pervirtiendo el corazón de los jóvenes y pretendiendo quitar a Dios de la historia—, más que nunca suenan en nuestros oídos las palabras de los profetas Amós y Miqueas:

> Así ha dicho Jehová: Por tres pecados de Israel, y por el cuarto, no revocaré su castigo: porque vendieron por dinero al justo, y al pobre por un par de zapatos. Pisotean en el polvo de la tierra las cabezas de los desvalidos y tuercen el camino de los humildes. El hijo y el padre se

---

[172] Viola y Barna, 2011, p. 13.

allegan a la misma joven, profanando mi santo nombre. Sobre las ropas empeñadas se acuestan junto a cualquier altar, y el vino de los multados beben en la casa de sus dioses. (Am 2:6-8)

¡Ay de los que en sus camas piensan iniquidad y maquinan el mal, y cuando llega la mañana lo ejecutan, porque tienen en sus manos el poder! Codician campos y los roban; casas, y las toman; oprimen al hombre y a su familia, al hombre y a su heredad. Por tanto, así ha dicho Jehová: Yo planeo contra esta gente un mal del cual no libraréis el cuello, ni andaréis erguidos, porque el tiempo será malo. (Mi 2:1-3)

Cuando la iglesia no reconoce en la práctica y en su vida misional este principio rector del evangelio, peca y debe, por ende, arrepentirse de su pecado y reconocer el señorío de Jesús en medio de ella. Igualmente pasa con cada uno de nosotros: a menos que reconozcamos la integralidad del señorío de Jesús en nuestras vidas y cedamos el control de cada área de nuestro ser al Espíritu Santo, no solamente pecamos, sino que viviremos vidas cristianas deficientes, infértiles e inconstantes. Debemos ser edificados por el Espíritu sobre el perfecto fundamento de la Palabra y la voluntad de Dios; recién a partir de dicha decisión nuestras vidas comenzarán a resplandecer como luminares en el mundo. Todo lo que hagamos sin ese cimiento esencial tarde o temprano será una ofensa a la santidad de Dios.

## *Hasta lo último de la tierra*. Un mandato con plena vigencia y obligatoriedad trascendental

Todos nosotros fuimos llamados, limpiados, perdonados, redimidos, santificados, apartados y comisionados por Dios para anunciar las buenas nuevas de salvación. Hablando sobre la procedencia e importancia del evangelio, nos dice uno de los teólogos modernos más importantes, R. C. Sproul:

La clave para entender la importancia del evangelio se encuentra en el primer verso del libro de Romanos, cuando Pablo se identifica como «Pablo, siervo de Jesucristo, llamado a ser apóstol y apartado para el evangelio de Dios» (1:1). Cuando Pablo habla del evangelio de Dios, no está diciendo que sea un mensaje acerca de Dios, sino que es un mensaje que le pertenece a Dios. En otras palabras, está diciendo que este evangelio nos llega de parte de Dios. Es Dios quien declaró que Cristo era el Mesías al resucitarlo de los muertos. Es Dios quien anuncia al mundo la esencia de lo que llamamos el *kerigma*: la proclamación de la vida, muerte, resurrección, ascensión y regreso de Cristo. Por lo tanto, toda la tarea del evangelismo consiste meramente en repetirle al mundo lo que Dios mismo declaró en primer lugar. Él fue el mensajero original.[173]

La autoridad de la iglesia no es algo que pueda impartir una jerarquía eclesial o derivarse de un rito sacramental que pueda realizarse *ex opere operato*, sino que procede del hecho de estar conectada a la vid verdadera (Jesús) y ser revestida por el poder del Espíritu Santo, quien levantó a Jesús de entre los muertos (Ef 1:20). Cristo había muerto y los discípulos estaban desconsolados, pero al enterarse de la resurrección, en sus corazones todavía había sorpresa; decidieron ir a Galilea, y allí recibieron la Gran Comisión por parte del Maestro. Señala el Evangelio de san Mateo que «los once discípulos fueron a Galilea, a la montaña que Jesús les había indicado» (28:16) y el Señor les dijo:

> Se me ha dado toda autoridad en el cielo y en la tierra. Por tanto, vayan y hagan discípulos de todas las naciones, bautizándolos en el nombre del Padre y del Hijo y del Espíritu Santo, enseñándoles a obedecer todo lo que les he mandado a ustedes. Y les aseguro que estaré con ustedes siempre, hasta el fin del mundo. (Mt 28:18-20)

El ímpetu para la tarea de la iglesia que consiste en involucrarse en el evangelismo reside en la autoridad de Cristo, quien ordena que la iglesia se ocupe de hacer discípulos en todas las naciones como eje prioritario de su tarea. El aspecto distintivo del Evangelio de san Mateo consiste en una frase que no se encuentra en el resto: «Vayan y hagan discípulos». Jesús no dice: «Vayan y hagan creyentes», «vayan y hagan reuniones y actividades» o «vayan y construyan templos y armen organizaciones», sino «hagan discípulos». La palabra "predicar" viene del término *kerissein*, de donde procede a su vez la palabra *kerigma* (κήρυγμα), que significa "proclamación". Himitian expresa el punto de manera simple y efectiva:

---

[173] Sproul, 2015, p. 10.

*Kerigma* es sinónimo de evangelio y significa la buena noticia de que Jesús vino a la tierra, siendo Dios se hizo hombre, murió por nuestros pecados, resucitó y es el Señor. También que tiene poder para cambiar nuestras vidas, transformarnos y hacernos nuevas personas. Cuando damos esa buena noticia la misión se pone en marcha. Si dejamos de hablar esta se detiene.[174]

Ahora bien, en el Evangelio de Lucas se agregan dos datos interesantes que no se encuentran en los Evangelios de Mateo y Marcos. En primer lugar, se señala la necesidad del arrepentimiento; dice el texto: «Y que en su nombre se predicará el arrepentimiento para el perdón de los pecados a todas las naciones, comenzando desde Jerusalén. Ustedes son testigos de estas cosas» (Lc 24:47, 48a). El texto más conocido y difundido (Reina Valera) dice «y el perdón de pecados», pero es más precisa, considerando el griego, la traducción antes citada, «para el perdón», lo cual suena, de hecho, más lógico. El segundo elemento que añade Lucas es que se debe comenzar desde Jerusalén; expresamente señala: «Comenzando desde Jerusalén» (v. 47). Esto guarda sintonía con lo mencionado en el libro de los Hechos: «Pero recibirán poder cuando el Espíritu Santo venga sobre ustedes; y serán mis testigos en Jerusalén, en toda Judea y Samaria, y hasta los confines de la tierra» (1:8). La obligación de la proclamación necesariamente comienza donde vivimos, en nuestro círculo íntimo o de cercanía. Es difícil predicar a nuestro círculo cercano o íntimo dado que nos conocen tal como somos. Paulatinamente, el mensaje se va expandiendo a nuestro segundo círculo de proximidad relacional: compañeros de estudio, de trabajo, amigos, conocidos. Finalmente, a las personas con las que no tenemos contacto de ningún tipo, aquellos que están en el círculo distal o lejano, a los cuales debemos llegar más allá de que no los conozcamos (dado que sí están dentro de la esfera de conocimiento de Dios, quien nos ha dado a nosotros la tarea de alcanzarlos usando todos los medios que sean eficientes y necesarios bajo la dirección del Espíritu Santo). Lo graficamos:

---

[174] Himitian, 2020, p. 6.

**Gráfico 2:** Fases de la proclamación del evangelio

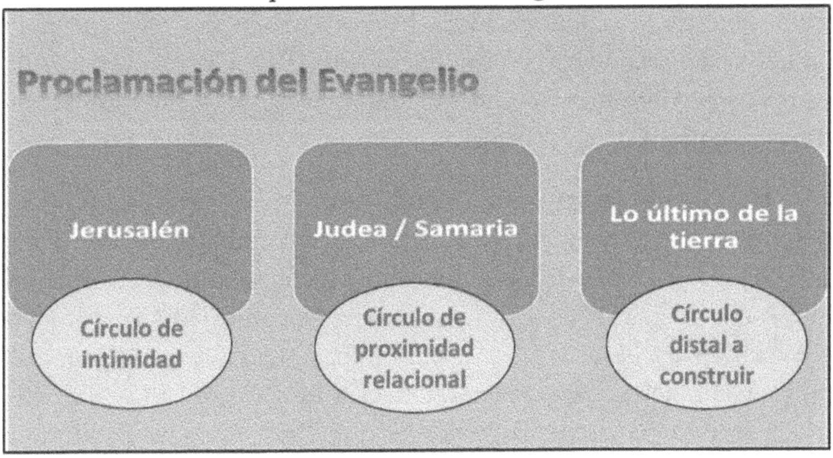

**Fuente:** Elaboración propia

Finalmente, el Evangelio de san Juan aborda la Gran Comisión en el capítulo 15, desde el versículo 1 hasta el 8; enfatizamos particularmente el verso 16:

> Ustedes no me escogieron a mí, sino que yo los escogí a ustedes, y los designé para que vayan y den fruto, y que su fruto permanezca; para que todo lo que pidan al Padre en mi nombre se lo conceda.

Al respecto es prudente mencionar lo que señala Jorge Himitian al resumir conceptualmente la Gran Comisión en los cuatro Evangelios:

> Noten la diferencia que existe entre los demás Evangelios y el de Juan. Mientras Mateo, Marcos y Lucas muestran la acción externa de la Gran Comisión —ir, predicar, bautizar, creer, arrepentirse, comenzar desde Jerusalén—, Juan abre otra visión acerca del tema. Muestra la realidad interna que se produce en los discípulos, aquello que produce la vida que se multiplica.[175]

Nuestro propósito es mantenernos en la vid verdadera para llevar mucho, abundante fruto y que ese fruto permanezca por la obra del Espíritu Santo. Quizás no haya nada más triste que una parra a lo largo del año; salvo en la época del florecimiento (que ocurre una vez al año), sus hojas se caen y ensucian todo, no se puede usar su madera

---

[175] *Ibid.*, p. 9.

y no da sombra. El único propósito para tener una parra es que dé fruto. Nuestra vida está diseñada bajo el armado del plan soberano de Dios para reconciliarnos con Él por medio de Cristo y, a partir de nuestra salvación, mantenernos injertados en la vid y dar fruto abundante mientras tengamos vida.

En síntesis, Jesús llamó a sus discípulos para que fueran pescadores de hombres y los formó para que fueran embajadores de su reino y hacedores de su Palabra. Sin duda, muchos son los testimonios que encontramos en las Escrituras acerca de cómo Jesús los formó y comisionó para llevar a cabo su misión, pero algo debemos tener claro: más allá de sus limitaciones, de sus dudas, de sus ambivalencias, ofrendaron sus vidas por la misión bajo la dirección, guía y poder del Espíritu Santo, llenando todo el mundo conocido de su época con el evangelio de Jesucristo. Dice John Stott: «Motivados por el amor a los seres humanos necesitados, los primeros cristianos fueron por todas partes predicando la Palabra de Dios, porque no hay nada que tenga un efecto tan humanizante como el evangelio».[176] La iglesia fue llamada (al igual que los Doce) a ser una comunidad de pescadores de hombres; tenemos un mandato claro, preciso y fundado en la autoridad de Cristo, el Señor. Su Espíritu Santo está en nosotros y nos guiará a cumplir nuestra misión conforme al corazón de Dios y los principios de su Palabra. A lo largo de la historia, miles de hombres y mujeres comprometidos con Dios regaron la tierra con su esfuerzo, sus lágrimas y su visión. Hoy nos toca hacerlo a nosotros. Debemos abrir nuestro corazón, oídos y ojos para sentir como Él, oír su voz y ver el dolor del que está sin Cristo y sin esperanza. En nosotros está el hecho de ser una comunidad de pescadores. Recordemos los ejemplos de aquellos que nos precedieron en el Señor con genuina carga en sus corazones por los que estaban en medio de la desesperanza y la angustia, alejados de Dios. Dice el texto bíblico:

Y se acercó Abraham a Dios y dijo: ¿Destruirás al justo con el impío? (Gn 18:23)

Y cuando oí estas palabras, me senté y lloré e hice duelo por varios días y oré delante del Dios de los cielos. (Neh 1:4)

---

[176] Stott, 1991, p. 395.

Y cuando oí esto rasgué mi vestido, y mi manto y arranqué pelo de mi barba, y me senté angustiado en extremo. Y dije: Oh Dios mío, confuso y avergonzado estoy para levantar mi rostro a ti [...] porque nuestras iniquidades se han multiplicado. (Esd 9:3, 6)

Con mi alma te he deseado en la noche, y en tanto que me dure el espíritu dentro de mí, madrugaré a buscarte. (Is 26:9)

Me sedujiste oh Jehová y fui seducido; más fuerte fuiste que yo y me venciste. [...] Y dije: No me acordaré más de él, ni hablaré en su nombre; no obstante, había en mi corazón como un fuego ardiente metido en mis huesos, quise sufrirlo y no pude. (Jr 20:7, 9)

Y Jesús decía: Padre perdónalos porque no saben lo que hacen. (Lc 23:34)

# SEGUNDA PARTE

# DE ACUERDO A SU MINISTERIO, SI HOY JESÚS FUERA PASTOR, SU IGLESIA SERÍA…

# CAPÍTULO XI

## Sería una iglesia encarnada en la sociedad

Uno de los versículos más impactantes del Nuevo Testamento es el del Evangelio según san Juan 1:14: «El Verbo se hizo carne, y habitó entre nosotros, y vimos Su gloria, gloria como del unigénito del Padre, lleno de gracia y de verdad» (NBLA). Más allá de ser uno de los fundamentos de la doctrina de la encarnación, es un perfecto resumen en poco más de veinte palabras del corazón amante de Dios al respecto del hombre pecador y alejado de su presencia por el pecado original. La encarnación es un profundo acto de amor del Padre, que lo llevó a enviar a su Hijo unigénito para que tengamos vida y vida en abundancia; de hecho, será a partir de dicho acto encarnacional que veremos en los Evangelios, vez tras vez, cómo esa expresión amorosa fue manifestada por parte de Jesús en un hondo conocimiento real y profundo de las necesidades de las personas, tanto espirituales como materiales: «Y no tenía necesidad de que nadie le diera testimonio del hombre, porque Él conocía lo que había en el interior del hombre» (Jn 2:25).

La Palabra es clara: ejemplo nos ha dado Jesús para que, como Él hizo, nosotros también hagamos (Jn 13:15). De la misma manera y siguiendo el mandato del Señor, a menos que la iglesia se encarne realmente en medio de la comunidad a la cual está primariamente llamada a ministrar, ore con clamor y desesperación ante el trono de Dios por los que se están perdiendo, conozca a la perfección no solo las necesidades espirituales, sino además las carestías materiales —que son, dicho de manera más práctica, las preocupaciones sentidas y urgentes de las personas—, el mensaje del evangelio solo será percibido como una proclama de tinte religioso para la mayoría de las personas —en lugar de ser un mensaje de transformación y cambio individual, familiar y social—, interesará solamente a aquellos que tienen una particular inclinación hacia los temas espirituales y no mucho más.

Los que trabajamos en el campo de la sociología sabemos que hay metodologías o herramientas cuantitativas o cualitativas propias de dicha área de especialización que pueden ayudarnos de manera sustantiva a relevar y conocer la problemática social y las necesidades de las personas: la observación participante (directa o indirecta), encuestas, grupos focales, entrevistas en profundidad, entrevistas cerradas o semiestructuradas, análisis documental e historiográfico de la ciudad, estudios de caso, relevamientos fotográficos, entre otros. Cada una de estas técnicas nos permite no solo conocer más certeramente el imaginario de las personas al respecto de la iglesia, sino fundamentalmente lo que las aflige; desde allí podemos presentarles el evangelio y proyectar el trabajo social que pudiera corresponder, pero lógicamente este solo párrafo involucraría otro libro.

Ahora bien, el libro de los Hechos de los Apóstoles, de la mano de Lucas el evangelista, nos brinda una excelente evaluación de cómo la iglesia primitiva llevó adelante su tarea de predicar o anunciar las buenas nuevas; fue, en términos generales, una expansión progresiva, sistemática y agresiva.[177] Hay dos elementos que los hombres no pueden aportar a la tarea evangelística, que son esenciales para cumplir nuestra misión, y que son abordados ampliamente por el autor bíblico; en primer lugar, la Palabra de Dios, y en segundo lugar, el poder del Espíritu Santo como dador, impulsor y sustentador de la misión. Dios nos ha dado un mensaje inalterable, eterno, sólido e inmutable,

---

[177] Expresa al respecto Hamman: «La rápida expansión del cristianismo, en contraste con la decadencia de las religiones paganas, sorprendió y a veces aterró a los paganos. El mundo grecorromano no se convirtió al culto de Mitra, ni de Cibeles, no se convirtió al judaísmo, a pesar de la propaganda desplegada, pero se convirtió al evangelio. Menos de dos siglos después de la muerte de Jesucristo, los cristianos ocupan en el imperio una posición arraigada. Próxima ya la paz constantiniana, el número de cristianos se estima en un 5 % e incluso en un 10 % de la población del imperio» (Hamman, 2010, p. 76).

tal como es Él, y pese a la liquidez del mundo contemporáneo, es la roca firme sobre la cual podemos descansar y obtener respuestas siempre. Debemos a su vez reconocer que el Espíritu Santo es el único que puede obrar en el corazón de las personas, dado que quien convence al mundo de pecado, justicia y juicio es el Espíritu de Dios. Ese mismo poder nos capacita para predicar de manera adecuada, con amor y compasión. Escribe Michael Green:

> Los primeros predicadores no entraron en diálogo con el mundo excepto para entenderlo y para poder presentar a sus contemporáneos su mensaje transformador de la vida en términos comprensibles. La iglesia recibió el Espíritu no para su disfrute egoísta y secreto, sino para capacitarse en el testimonio de Cristo. Toda iniciativa de evangelización registrada en el libro de los Hechos es la iniciativa del Espíritu de Dios.[178]

En efecto, es maravilloso ver al Espíritu Santo dirigiendo cada uno de los pasos de los discípulos y seguidores de Jesús en su tarea evangelística y misional. Siguiendo a Michael Green (1997), se puede afirmar que era el Consolador quien apartaba a los que irían, el que señalaba los tiempos para anunciar en cada una de las ciudades y los métodos a utilizar en ellas, los cuales nunca eran los mismos, ni eran repetitivos (manifestación de poder, predicación pública en las sinagogas y al aire libre o en el areópago, predicación profética, proclamación individual, en las casas, por medio de la enseñanza, testimonio en martirios, a través de discursos o en discusiones filosóficas). Todas las técnicas eran buenas y los medios eran en su contexto los adecuados. Pero adicionalmente, el Espíritu Santo revelaba a la iglesia la estrategia a utilizar en cada ciudad; esto permitía que cada día se añadieran a la iglesia los que serían salvos por multitudes.

Cuando analizamos el accionar de nuestros hermanos del primer siglo, podemos advertir que mayoritariamente había pasión en sus corazones, obediencia en sus acciones, entrega en su servicio, fidelidad delante de Dios, santidad en sus vidas y sacrificio en sus actos. Hoy nosotros necesitamos recuperar nuestra pertinencia, salir de la opacidad de décadas; el rol de la iglesia debe conmover al mundo, no por

---

[178] Green, 1997, pp. 263-264.

palabras altisonantes simplemente, sino por vidas distintas; no por eventos coloridos, sino por la santidad de los discípulos. El mensaje no cambia, es eterno, pero debemos permanentemente ir analizando nuestra forma de comunicarlo (lo veremos con mayor detalle en el capítulo siguiente), las maneras para acercarlo en conformidad con las singularidades de las personas, al tiempo que estas ven y reconocen que vivimos vidas diferentes y de disconformidad con la realidad que a veces oprime y erosiona. El célebre pastor y predicador Martín Luther King escribió lo siguiente al respecto del conformismo por el que atravesaban algunas iglesias americanas en su tiempo y frente al problema de la segregación racial:

> En ningún lugar es más evidente la trágica tendencia al conformismo que en la iglesia, una institución que a menudo ha servido para cristalizar, conservar e incluso bendecir, los módulos de opinión de la mayoría. [...] Seducidos por los símbolos mundanos del éxito, hemos medido nuestros resultados por la magnitud de nuestra parroquia. Nos hemos convertido en los presentadores de programas que halagan la fantasía y los caprichos de la masa. [...] Debemos recobrar la llama evangélica de los antiguos cristianos, que eran inconformistas en el más puro sentido de la palabra, y se negaron a acomodar su testimonio a los puntos de vista de su época. Sacrificaron de buen grado fama, fortuna, e incluso la vida por una causa que sabían era recta. Pequeños en número, fueron gigantes en calidad. [...] No obstante, a pesar de ello, la iglesia se fue convirtiendo en una institución cargada de riqueza y prestigio hasta empezar a diluir las enérgicas exigencias del evangelio y conformarse a las maneras del mundo. [...] Solo por una transformación espiritual interna adquirimos la fuerza para combatir vigorosamente los males del mundo con espíritu amoroso y amable.[179]

Como parte de nuestro proceso de desarrollo constante, la iglesia en la actualidad debe, a partir de un profundo y retrospectivo análisis, examinar cómo se encuentra frente a los preceptos eternos de la Palabra de Dios, que obligan y exigen denunciar el pecado, la corrupción,[180] la marginalidad, la injusticia, la miseria, la escasez, la

---

[179] King, 1973, pp. 18, 19, 23.

[180] Dado que la corrupción sigue siendo un mal endémico en nuestro continente, es bueno recuperar la definición que de ella da Roberto Laver: «La corrupción sigue siendo uno de los impedimentos más importantes para el

mentira y la violencia como parte de su voz profética y denuncia del mal, al tiempo que muestra obras dignas de arrepentimiento.

Desde mi punto de vista, es necesario que a la hora de evaluar la labor ministerial realizada por las congregaciones, no nos quedemos meramente en un conjunto de indicadores cuantitativos: la cantidad de personas que asisten o la dimensión de la membresía, la cantidad de profesiones de fe o bautismos, la asistencia regular, entre otros. Es necesario que, además, podamos examinar cómo ha influenciado la iglesia en su entorno social, pero de manera empírica: cuántos vecinos fueron transformados (y son así percibidos por los demás); cuántos cambios sociales concretos, aunque sean mínimos, se produjeron a partir de la predicación del evangelio; cuántos niños fueron rescatados de la miseria y de las calles; cuántos hombres recuperaron la dignidad del trabajo; cuántos jóvenes abandonaron las drogas; cuántas familias fueron reunidas; cuántos proyectos sociales fueron ejecutados; cuántos corruptos fueron transformados; en definitiva, cuántas vidas fueron cambiadas por el inagotable poder del evangelio de Jesucristo. Para lograr esto no alcanza con ser un miembro nominal de una iglesia, es ineludible ser discípulos activos en la comunidad que nos rodea y comprometernos con ella.

Nuestros hermanos del primer siglo vivieron vidas que fueron resaltadas por su contraste, hablaron más allá de las palabras, nunca dejaron de amar pese al maltrato y la humillación. Vivieron conforme a Cristo y en este tiempo debemos hacer lo mismo. Atenágoras lo expresó elocuentemente en el segundo capítulo de su *Embajada para cristianos*; replico cita de Michel Green:

---

desarrollo político, económico y social de los países. En las últimas dos décadas, la gran mayoría de los países en desarrollo han hecho reformas anticorrupción tales como establecer procesos más transparentes en la gestión pública, crear nuevos mecanismos de control, tanto gubernamentales como sociales, e implementar sistemas de contratación de funcionarios públicos por concurso y mérito. Sin embargo, y a pesar de dichas reformas, estos países, tal como lo demuestran las mediciones de corrupción, no logran salir del círculo vicioso de este flagelo» (Laver, 2018, p. 25).

Entre nosotros encontraréis personas no ilustradas y artesanos, también ancianas que, si bien son incapaces de demostrar verbalmente las bendiciones de nuestra doctrina, sin embargo, por medio de sus actos, muestran los beneficios que surgen de estar persuadidos de la verdad. No pronuncian discursos, pero muestran buenas obras; cuando son golpeados, no devuelven el golpe; cuando se les roba, no apelan a la ley; ayudan a quienes piden ser socorridos y aman a su prójimo como a sí mismos.[181]

En virtud de lo señalado, en el presente capítulo analizaré en líneas generales la tensión entre influenciar y ser influenciados; en ese sentido, es pertinente considerar el rol de la iglesia en la sociedad y fundamentalmente el comportamiento disruptivo que debe tener de cara a la sociedad, pero siempre dentro de los carriles del evangelio, bajo la dirección y guía del Espíritu Santo. Por supuesto, haré una descripción general de las batallas culturales internas y externas que debe librar la iglesia en el entorno hipermoderno actual.

## Tensión entre influenciar o ser influenciados. ¿Cómo influenciar eficazmente a nuestra comunidad?

En el marco del nuevo tiempo en el que estamos inmersos, vale la pena destacar que una de sus características principales es el *consumismo*; desde una perspectiva crítica, Jean Baudrillard[182] sostenía que en la modernidad el consumo es uno de los rasgos esenciales, por lo menos en las sociedades de tinte occidental, y particularmente de nuestro esquema cultural urbano. El consumo se ha convertido en un medio de diferenciación y no de satisfacción. En este sentido, afirmaba que el hombre vive en y a través de los objetos que consume: se identifica con ellos, son una especie de extensión consentida de su bienestar. Es más, señala que son los distintos objetos de la vida cotidiana los que nos consumen a nosotros, e incluso en algún punto que su objetivación nos ha robado el mundo real, dándonos una ilusión de lo real que no es tal.

---

[181] Green, 1997, p. 62.
[182] Cf. Baudrillard, 2023.

Salvando las distancias, lo mismo podría decirse del consumo de la virtualidad y de los entretenimientos *online*, principalmente entre los adolescentes; más de una vez se aferran a ese mundo lúdico de fantasía y lo que sucede en su ambiente de relaciones se mantiene en un carril paralelo, el de la realidad como percepción y vivencia cotidiana. Modelan su vida como en un espejo que ellos mismos van armando en las redes; independientemente de que sea una imagen real o ficticia, es la imagen que a ellos les gusta tener y mostrar frente a los demás. Se construye la imagen a partir de lo que nos gusta mostrar; es, por ende, un retrato parcial e inexacto, aunque sea público.

Aunque nos parezca que no es así, debemos considerar que en algún punto a varias iglesias evangélicas les ha pasado lo mismo, particularmente a muchos cristianos. Desde la producción de bienes culturales y la industria del creer, absolutamente legítima dado que construye identidad y pertenencia, nos hemos acostumbrado al consumo de dichos bienes (libros, música, adornos, anotadores, lapiceras, versiones bíblicas, bisutería cristiana, entre muchas otras cosas). De allí que los bienes culturales sean una forma de construir el *ethos* evangélico absolutamente normalizada:

> Las organizaciones religiosas se construyen, desdoblan y mantienen en el tiempo a través de una cultura material, es decir, a partir de un universo más o menos estable de objetos de consumo y referencia producidos, en un principio, por las iglesias o por extensiones de ellas y luego adoptado también por otros agentes laicos. Dentro de las mercancías culturales del mundo católico y evangélico, el libro ocupa un lugar destacado en los espacios de producción de bienes simbólicos.[183]

Ahora bien, en algunos aspectos el consumismo no se ha quedado en los bienes culturales materiales como los mencionados, sino que incluso hemos ahondado hacia el acto litúrgico, y en muchos casos los cristianos siguen los cultos casi como un artículo de consumo más: les atraen determinados predicadores, conjuntos musicales y celebraciones. De hecho, muchos exiliados evangélicos (de los que ya dimos cuenta) hacen esto en la práctica; independientemente de las

---

[183] Algranti, 2011, p. 88.

cuestiones que motiven tal accionar, se alimentan con bienes litúrgicos en un menú a la carta, una variada oferta a gusto del consumidor.

Es cierto que a partir de la pandemia del COVID-19 se impuso una nueva dinámica de la virtualización de las actividades religiosas por motivos básicamente de bioseguridad y en atención al hecho de que era la mejor forma de disminuir la tasa de contagios hasta tanto surgiera un tratamiento específico o vacuna; no obstante, el consumismo virtual comenzó mucho tiempo antes, y la tendencia de muchos cristianos a participar de los cultos o servicios religiosos desde sus hogares era una preferencia creciente que el COVID-19 simplemente resaltó de manera más cruda.

Lo señalado en este punto y lo que venimos refiriendo en el presente capítulo nos llevan a concluir que nos hemos concentrado tanto en la producción de los bienes culturales señalados, como así también del show, el evento y las acciones tendientes a atraer personas, que en el camino hemos perdido de vista que en lugar de influenciar a la sociedad fuimos influenciados por ella. Es cierto, todos vivimos y nos desarrollamos en comunidad, somos parte de ella; no nacemos ni vivimos en el vacío, sino en una sociedad que nos contiene y forma, de la cual dependemos y a la cual contribuimos en su modelización con nuestros actos. No obstante, debemos asumir o entender que los cristianos *estamos en el mundo, pero no somos del mundo.* Ya hemos analizado esto en el capítulo anterior, pero es menester a esta altura señalar que la influencia de la iglesia se debe constatar y medir en función de la modificación de nuestros entornos sociales cercanos directos (e incluso indirectos) de manera concreta, visible, palpable, y no solamente por el desarrollo eclesial interno, aunque este sea importante.

Cada uno de nosotros es agente del reino, somos embajadores de Cristo; a lo largo de la historia, la influencia de la iglesia (por la obra del Espíritu Santo) ha traspasado los tiempos, las culturas, las ideologías, las fronteras geográficas, las filosofías, las creencias, las sociedades, la política, la educación y la economía. Cuando nuestro fruto es visible, se produce un cambio profundo, aunque no nos demos cuenta; las personas tienen nuevos parámetros por contraste con los creyentes, un nuevo modelo a seguir. Este proceso debe comenzar primero en la atmósfera espiritual de nuestra familia y ámbitos cercanos, y luego, por nuestra persistencia y consistencia, paulatinamente se va ampliando el espectro de influencia a las personas que nos rodean en los diversos ámbitos de acción pública. Siempre la iglesia debe ser el puente de restauración para la humanidad, llevándola a encontrar el camino correcto o de reconciliación con Dios, por medio de Jesucristo.

> Ustedes son la sal de la tierra; pero si la sal se ha vuelto insípida, ¿con qué se hará salada otra vez? Ya no sirve para nada, sino para ser echada fuera y pisoteada por los hombres. Ustedes son la luz del mundo. Una ciudad situada sobre un monte no se puede ocultar; ni se enciende una lámpara y se pone debajo de una vasija, sino sobre el candelero, y alumbra a todos los que están en la casa. Así brille la luz de ustedes delante de los hombres, para que vean sus buenas acciones y glorifiquen a su Padre que está en los cielos. (Mt 5:13-16)

Cuando indagamos en la particularidad de los elementos que utiliza Jesús para comparar nuestro llamado, nos damos cuenta de que la sal es agente de preservación de los alimentos y que la luz implica una profunda penetración —por más tenue o tibia que sea, penetra la oscuridad, la traspasa—. Así nuestra luz debe alumbrar delante de los hombres para que vean *buenas acciones*. Es que la fe sin obras es muerta, proclama Santiago (2:14-17); nuestra fe debe ser palpable y visible en todo el sentido de la palabra y esto se logra cuando cambia nuestra cosmovisión, cuando entendemos y vivimos conforme a los patrones del reino y los aplicamos todos los días y delante de todos los hombres, quienes se quedan naturalmente sorprendidos por la diferencia que observan. En ese sentido, escribe Aguirre:

> El cristianismo era una realidad socialmente visible. [...] Las iglesias domésticas ponen de manifiesto la opción por hacer de la comunidad concreta con relaciones personales reales el lugar donde se vive la fe, y, por tanto, la estructura base de la iglesia.[184]

Las casas de los cristianos en la antigüedad eran los centros de la verdadera modificación social que la iglesia llevó adelante en el Imperio romano. El ejemplo de fe y amor de cada uno de ellos sirvió para que

---

[184] Aguirre Monasterio, 2010, p. 113.

los demás admiraran su fe, su valentía, su servicio, y esto recorrió de punta a punta el imperio. Nos recuerda Green con acierto:

> El paganismo vio en el cristianismo primitivo una calidad de vida, y también de muerte, que no podía encontrarse en ninguna parte. A menos que haya una transformación en la vida de la iglesia contemporánea para que una vez más, la tarea de evangelizar se vea como de incumbencia de cada cristiano bautizado y esté respaldada por una calidad de vida que brilla lo mejor posible delante de los incrédulos, no adelantaremos mucho en nuestras técnicas de evangelización.[185]

Si fuéramos un poco más allá, nos daríamos cuenta de que pese a los escasos recursos que tenían los primeros seguidores de Jesús, en su mayoría esclavos y personas de condición social baja, trastocaron uno de los imperios más grandes que jamás se haya conocido en la historia: lo regaron con la fe en Jesucristo y lo transformaron para la gloria de Dios, incluso a costa de sus propias vidas. Profundiza Green:

> Justino resume en una sola oración el valor, la dedicación y los logros de los apóstoles: [...] «Desde Jerusalén salieron al mundo doce hombres, carecían de ilustración y elocuencia, pero aun así por el poder de Dios proclamaron a toda la raza humana, que ellos habían sido enviados por Cristo, para enseñar la Palabra de Dios». [...] En la iglesia primitiva no existía distinción alguna entre los ministros con dedicación exclusiva y los laicos, en cuanto a la responsabilidad de propagar el evangelio por todos los medios posibles.[186]

Adicionalmente a la dirección del Espíritu Santo, y a una misión encarnada desde lo teológico y lo antropológico, la iglesia debería considerar el uso responsable (con el conocimiento debido) de diversas metodologías cuantitativas, cualitativas y mixtas usadas en los campos de la sociología y la antropología, fundamentalmente para explorar los contextos o realidades comunitarias desde el punto de vista sociocultural. Dichos métodos sin duda pueden ser usados bajo la dirección del Señor como herramientas que nos darán mayor luz a la hora de planificar nuestro acercamiento a las comunidades en función de sus necesidades principales, las cuales saldrán de los procesos de análisis y

---

[185] Green, 1997, p. 269.
[186] Green, 1976, Tomo V, pp. 14, 31, 44.

relevamientos que hayamos hecho oportunamente. Algunas de estas técnicas fueron mencionadas en la introducción del presente capítulo, y son simplemente instrumentos de análisis y conocimiento para evaluar la realización de proyectos sociales y las maneras de evangelización a partir de las necesidades específicas de las personas, no de las que nosotros suponemos que tienen. De hecho, debemos recordar que, aunque la necesidad de las personas aparentemente era obvia —tomemos como ejemplo a Bartimeo—, Jesús de todas formas preguntó: «¿Qué quieres que te haga?» (Mc 10:51). No alcanza con presuponer, entender o asimilar un conjunto de necesidades que pueden tener las personas, lo importante es vincular a las mismas con la esencia de su necesidad para que ellos mismos la reconozcan, y trabajar a partir de ellas en conjunto con las personas. Esto sin duda nos permitirá ser más eficientes y tener un acercamiento más tangible, favorecer que las personas se den cuenta de que Dios se interesa por sus vidas y nosotros también.

Volviendo a la iglesia primitiva, señalan E. Backhouse y C. Taylor en su *Historia de la iglesia primitiva*, siguiendo particularmente a Tertuliano en su *Apologética*: «Lo llenamos todo, lo mismo se nos encuentra en las ciudades, que en los campos, que en las islas, que en los palacios, como en vuestras aldeas y concejos».[187]

Para finalizar este punto, vale la pena establecer que hay una tensión entre influenciar o ser influenciados, entre alumbrar y solamente movernos en penumbras. En ese sentido, necesitamos redescubrir el valor de ser una comunidad de pescadores de tiempo completo (en todos los ámbitos en los cuales nos movemos): una comunidad sociológicamente impactante, esto es, comprometida con el reino, pero no para levantar ministerios solamente, sino para mostrar a Jesús y facilitar que el reino venga a nosotros y nuestra comunidad. Por último, debemos ser una comunidad encarnacional, llena de la plenitud del Espíritu Santo, que Dios pueda usar para que a través de nuestra proclamación, amor y servicio, milagros extraordinarios sean realizados (y el principal de ellos, la salvación de las personas).

---

[187] Backhouse & Tylor, 1986, p. 222.

## El rol de la iglesia en la sociedad, consideraciones para influenciar y servir

Desde un punto de vista antropológico, debemos reconocer que la religión siempre ha jugado un rol fundamental en la historia de la humanidad (particularmente las creencias en su amplia variedad), ayudándonos a manejar las incertidumbres y dándonos seguridades, brindando respuestas a preguntas siempre presentes y haciendo visible lo invisible. La religión es uno de los más importantes campos sociales, al decir de Pierre Bourdieu,[188] y por ello tiene un rol significativo que vale la pena recordar. La religión ha sido denostada o menospreciada a lo largo del tiempo; de hecho, hay que recordar el famoso *dictum* de Nietzsche: «Dios ha muerto». Por supuesto, esto no se ha cumplido, y me adelanto a decir que se cumplirá aún menos bajo nuestro contexto hipermoderno y de espiritualidad efervescente, y por sobre todas las cosas, debido a que Dios ha creado al hombre para que tenga necesidad de Él, algo que jamás podrá ser omitido.

Adicionalmente, hay que considerar que, dentro de la dinámica cambiante, de hiperconectividad, de hipersensibilidad social, económica y sanitaria (incluso con la nueva generación de los *pandemials*), que incluye profundos cuestionamientos a los paradigmas sociales, religiosos y económicos vigentes, debemos tener en cuenta que, como

---

[188] Giménez, tomando a Bourdieu, define el campo como: «Una red o configuración de relaciones objetivas entre posiciones diferenciadas, socialmente definidas y en gran medida independientes de la existencia física de los agentes que las ocupan. [...] Así el agente que ocupa la posición de empleado o de patrón, puede muy bien desaparecer físicamente sin que la posición deje de existir» (Giménez, 1997, p. 14). Nos precisa el propio Bourdieu sobre el campo religioso: «Las relaciones de transacción que se establecen sobre la base de intereses diferentes entre los especialistas y los laicos y las relaciones de concurrencia que oponen a los diferentes especialistas en el interior del campo religioso, constituyen el principio de la dinámica del campo religioso y, por ello, de las transformaciones de la ideología religiosa» (Bourdieu, 2006, p. 55). Adicionalmente nos dice De La Torre: «El campo religioso para Bourdieu es un aparato de dominación simbólica. El dominio está marcado por la monopolización de la circulación y uso del capital simbólico referido a la especialización de los secretos de salvación» (De La Torre, 2013, p. 4).

en toda crisis, la espiritualidad no cesará. La fe es una de las riquezas más importantes del hombre, e independientemente de que las personas la vivencien de formas diferentes a nuestras preconceptualizaciones religiosas y litúrgicas, son seres espirituales.

Obviamente que la religión y las vivencias de tinte espiritual han sido afectadas comunitariamente en el nuevo siglo; sin embargo, las creencias y prácticas se van adaptando para hacerse pertinentes y contextuales, aun sin darnos cuenta. Las religiones siguen siendo en definitiva los mecanismos enraizados en las personas para afrontar la perplejidad y la dificultad extrema. Construyen certezas, explicaciones, dan sustento a nuestro imaginario y resignifican la realidad bajo el tamiz de la esperanza a fin de facilitarnos herramientas para atravesar el proceso del cambio. Siguiendo a Iván Petrella, podemos afirmar que «las religiones son, para bien y para mal, nos gusten o no, un fenómeno global, universal y esencial al ser humano».[189] Cuesta entender que hoy en día algunas personas traten de ignorar la religión y la importancia de la espiritualidad, incluso al respecto de los agnósticos, que más allá de sus posturas personales, reconocen su trascendencia debido a la actual contaminación cognitiva. Los creyentes y no creyentes, de manera directa o indirecta, influyen en la generación de productos culturales, de certezas y realidades. En efecto, en palabras de Sanabria, «a pesar de todas las certezas que supuestamente han "desinfectado" los campos de la producción cultural, en el mundo contemporáneo no podemos escapar a la creencia. Creer aún nos condiciona».[190]

De hecho, profundizando un poco más, incluso la ciencia médica valora la importancia de la espiritualidad en los tratamientos médicos y la recuperación general de los pacientes. El antropólogo brasilero Rodrigo Toniol, en ocasión de su tesis doctoral, estudió durante siete años el tema y rastreó las actas y conclusiones de la Organización Mundial de la Salud y de diversos estudios internacionales sobre la relación e importancia de la espiritualidad en la salud, y señala:

---

[189] Petrella, 2020.
[190] Sanabria Sánchez, 2007, p. 220.

En otros textos (Toniol, 2015e; 2015b), argumenté y explicité que la relación entre espiritualidad y salud se ha consolidado como un tópico cada vez más frecuente y, en alguna medida, legítimo, en el campo de las ciencias médicas. [...] De esta manera, me limito, al menos por ahora, a subrayar que el reconocimiento de la espiritualidad como una dimensión relativa a la salud es un fenómeno que puede ser observado en las diferentes instancias del trinomio médico: docencia, investigación y práctica clínica; y que tal alcance también ha despertado la atención de otros investigadores.[191]

En efecto, Toniol hace alusión a una fecha clave que marcó un hito en la tendencia en trato dentro de la Organización Mundial de la Salud, la cual reconoce la importancia de la dimensión espiritual en vinculación con la salud y los tratamientos médicos. Escribe Toniol y cito en extenso:

En mayo de 1984, académicos, técnicos y políticos se reunieron en la sede de la Organización Mundial de la Salud (OMS) en Ginebra, Suiza, en ocasión de la 37º Asamblea General de la institución. Entre muchas otras resoluciones aprobadas —con las cuales tomé contacto a través de los archivos de la agencia— una de ellas, en particular, captó mi atención. Se trataba de la decisión WHA37.13, cuyo contenido puede ser sintetizado en los siguientes términos: «Habiendo considerado el informe de la dirección general [de la OMS] sobre la dimensión espiritual para el "Programa Salud para Todos en el año 2000" y también acompañando las indicaciones del Comité Ejecutivo sobre la resolución EB73.R3, la Asamblea: [...] Reconoce que la dimensión espiritual tiene un papel importante en la motivación de las personas en todos los aspectos de su vida. Afirma que esa dimensión no solamente estimula actitudes saludables, sino que también debe ser considerada como un factor que define lo que es la salud. Invita a todos sus Estados Miembros a que incluyan esta dimensión en sus políticas nacionales de salud, definiéndola según los padrones culturales y sociales locales».[192]

Desde principios del siglo XIX, las iglesias evangélicas de América Latina han trabajado por los derechos humanos, la libertad de conciencia y de culto, y han realizado denodados esfuerzos por reducir

---

[191] Toniol, 2023, p. 40.
[192] *Ibid.*, p. 39.

las diferencias sociales y mejorar la calidad de vida de las personas, lo cual nunca es vacuo.

A partir de todo lo dicho, debemos considerar que, así como la sociedad fue modificada inesperadamente por la pandemia, en la misma sintonía la iglesia deberá ajustar y adaptar creativamente sus mecanismos de impacto e intervención social a fin de que el evangelio se torne pertinente y genere una auténtica restauración en las personas. El mundo no volverá a ser como lo conocimos antes de enero del 2020; desde mi punto de vista, debemos aprender a convivir con esta realidad. Precisando un poco más, a partir del COVID-19 hay una estela de consecuencias sanitarias, económicas, sociales, laborales, educacionales y espirituales de las cuales la iglesia debe ser consciente. Conviene mencionar que se han elaborado varias teorías sobre el origen, propósito y desarrollo de la pandemia y pospandemia, lo que se denominó *nueva normalidad*, cuyos autores principales son Byung Chul-Han, Slavoj Žižek y Alexander Dugin (los mencionamos por su vigencia, pero no es el momento de profundizar sobre este tema).

Cierto es que más allá de las posiciones teológicas que cada una de las iglesias pueda tener, dado que en varios aspectos dichas teorías se encuentran vigentes en la cosmovisión de diversas comunidades, lo que nosotros debemos tener en cuenta, a la luz de lo escrito y en mi humilde opinión, son los siguientes aspectos generales que se observan en las Escrituras.

En primer lugar, tal lo afirmado anteriormente, Dios tiene el control de la historia y de los tiempos; en su soberanía y dentro de su voluntad permisiva ha dado un mensaje muy claro al mundo (con la pandemia) y particularmente a la iglesia. Debemos tener en cuenta de que, cuando no cumplimos la misión conforme al corazón de Dios, aunque nos esforcemos, el fruto no será el mismo y no podremos reaccionar a tiempo ante los cambios sociales, que son vertiginosos.

En segundo lugar, debemos tener en claro, para que no nos vuelva a suceder, que esa "normalidad" que el mundo aceptó —poder excesivo, desigualdad social, pobreza, injusticia, abandono, pérdida de valores, anomia, etc.— no es lo normal para Dios, pero tampoco puede ser lo normal y naturalizado para su iglesia. No obstante, debemos reconocer que gran parte de lo descrito sedujo a la iglesia, la obnubiló; nos dejamos atrapar por las luces, por el ansia de poder que desde el comienzo de los tiempos fue tan atractiva para el ser humano (ser iguales a Dios). La banalidad, la mediocridad y la miopía espiritual produjeron una anomia eclesial y ministerial que, pese al crecimiento numérico actual, nos sumergió en un profundo letargo espiritual en la mayoría de nuestros países.

Finalmente decir que no se trata solamente de milagros, de dones, de ministerios, de edificios, de eventos. Todo eso es pasajero, tarde o temprano cesará (1 Co 13:8). Se trata de amar a Dios con todo nuestro corazón, con toda nuestra alma, con toda nuestra mente y con todas nuestras fuerzas, y a nuestro prójimo como a nosotros mismos (Mc 12:30). En definitiva, lo central es mostrar a Jesús, algo tan simple que precisamente por eso se nos escurrió entre las manos. Los principios de Dios para su iglesia son eternos; la forma de aplicarlos, mostrarlos y vivenciarlos se debe ir adaptando a nuestro contexto.

## Estamos en el mundo, pero no somos del mundo

La Biblia registra cómo, a lo largo de la historia del pueblo de Dios, el Señor, de distintas formas, llamó a su pueblo a ser santo, apartado exclusivamente para Él, incluso dándole instrucciones acerca de cómo santificarse, ser diferentes al mundo y mantenerse como sacerdotes consagrados para su gloria. De hecho, solo a modo de precisión, veremos en el libro de Levítico una serie de preceptos que no solamente tienen que ver con normas religiosas, higiénicas y penales, sino que en el fondo buscaban marcar una sólida diferencia entre el pueblo de Israel y el resto de las naciones paganas que estaban a su alrededor. Eran un compendio de normas de avanzada para su época: Ex 19:6; Lv 20:26; Ez 38:23; Am 5:14; Mt 5:48; Rm 12:1; 2 Co 7:1; Ef 5:3; Hb 12:14; 1 P 1:15, 16; 2:9-24; entre muchas otras).

Ejemplos como las vidas de Noé, Moisés, Daniel, Ester, Nehemías, Esdras, los profetas e incluso los propios discípulos de Jesús marcan el ritmo de lo que Dios pide de nosotros y de las consideraciones que debemos tener de cara a la designación de hombres y mujeres que se encarguen de las distintas tareas que conforman el cuerpo de Cristo usando los dones y ministerios recibidos. En este sentido, podemos advertir que Dios le dijo a Abraham: «Yo soy el Dios Todopoderoso; anda delante de mí, y sé perfecto. Yo estableceré mi pacto contigo, y te multiplicaré en gran manera» (Gn 17:1, 2). A Moisés en su llamamiento le ordenó quitarse el calzado de sus pies por estar en un lugar santo: «No te acerques aquí. Quítate las sandalias de los pies, porque el lugar donde estás parado es tierra santa» (Ex 3:5). Asimismo, le pidió a Josué que ordene al pueblo santificarse antes de poder hacer maravillas en medio de ellos: «Entonces Josué dijo al pueblo: Conságrense, porque mañana el Señor hará maravillas entre ustedes» (Jos 3:5). Y Jesús les pidió a sus discípulos: «Sean ustedes perfectos como su Padre celestial es perfecto» (Mt 5:48).

Por otra parte, y de manera sintomática, vamos a advertir que los requisitos que Moisés recibió de su suegro Jetro para elegir a los que juzgarían al pueblo bajo su dirección son prácticamente idénticos —salvando lógicamente la brecha temporal y cultural— a los requisitos que, por la dirección del Espíritu Santo, la antigua iglesia de Jerusalén buscó para designar a las personas que atenderían a las viudas griegas y las mesas. Dicen los pasajes en cuestión: «Escogerás de entre todo el pueblo hombres capaces, temerosos de Dios, hombres veraces que aborrezcan las ganancias deshonestas, y los pondrás sobre el pueblo» (Ex 18:21). Asimismo, establece el libro de los Hechos: «Por tanto, hermanos, escojan de entre ustedes siete hombres de buena reputación, llenos del Espíritu Santo y de sabiduría, a quienes podamos encargar esta tarea» (6:3).

Aunque para algunos pueda sonar exagerado, estoy plenamente convencido de que el llamado de Dios a los hombres y mujeres que lo sirvieron, sirven y servirán hasta que Cristo regrese está marcado en líneas generales por los mismos parámetros y condiciones de santidad, obediencia y consagración. Dios no cambia; por ende ¿por qué debemos suponer que sus condicionamientos cambiarán o las normas se harán más laxas con el paso del tiempo? El problema actual de la iglesia en la designación de líderes y ministros es que no están a la altura de lo que Dios espera de ellos, debido a que nuestra visión y práctica han sido permeadas por criterios más propios del proceso selectivo del mundo que por el mecanismo de dones y ministerios dado por el Espíritu Santo a la iglesia.

La primera epístola de Juan, capítulo 2, versículo 15, advierte: «No amen al mundo ni las cosas que están en el mundo. Si alguien ama al mundo, el amor del Padre no está en él». No obstante, la cosmovisión de la hipermodernidad ha permeado culturalmente a los cristianos a través de simples actos casi imperceptibles, que van desde la publicidad urbana hasta los contenidos educacionales. Lamentablemente no hemos tenido el carácter para mantenernos firmes bajo los parámetros cristianos ni para compartirlos con todas las personas; mucho menos hemos facilitado o impulsado que personas con fundamentos cristianos sólidos ocupen puestos de relevancia en cada uno de los campos de la sociedad (política, educación, justicia, empresarial, financiero, laboral, entre muchos otros).

Ahondemos un poco más en el importante texto del capítulo 17 del Evangelio de san Juan. Jesús pide al Padre en oración una protección especial para los que son suyos[193] y reconoce entre otras cosas que, si bien somos parte del mundo, fuimos llamados para no adaptarnos ni adoptar patrones y modelos del mundo. Dice el Señor: «Ellos no son del mundo, como tampoco yo soy del mundo» (v. 16). John MacArthur expresa al respecto:

> Cuando concluyó su primera petición por los discípulos, Jesús reiteró el hecho de que no son del mundo, como tampoco Él era del mundo. Por una parte, esto quería decir que enfrentarían la persecución del mundo; porque los tratarían de incrédulos, como sucedió con Cristo. Sin embargo, por otra parte, quería decir que disfrutarían la protección del Padre; porque el Padre los trataría del mismo modo que a Cristo. Por lo tanto, el versículo 16 es más que una simple declaración del versículo 14. Es una reiteración del Hijo, ante el Padre, de la solidaridad que compartía Él con quienes dejaba en el mundo.[194]

La expresión griega *ouk ek tou kosmou* ("no son del mundo") no hace alusión a la necesidad de la separación o aislamiento, sino por el contrario a estar en el mundo, pero sin dejarnos imbuir de los valores

---

[193] Expresa John MacArthur en su comentario al Evangelio de Juan: «Durante el ministerio terrenal de Jesús, Él los guardaba en el nombre del Padre. De hecho, guardó tan bien a los discípulos que ninguno de ellos se perdió, sino el hijo de perdición» (MacArthur, 2011, p. 800).

[194] *Ibid.*, p. 805.

culturales y éticos del mismo. Cierto es que tradicionalmente se ha interpretado el vocablo *mundo* como asimilable a *mundano*, el cual, junto con la tradición de la concepción dualista, ha influenciado en el imaginario evangélico. Este es el motivo por el cual muchos cristianos tratan infructuosa y equivocadamente de abandonar el mundo aislándose de él. Escribe en el sentido inverso el apóstol Pablo a la iglesia de Corinto:

> En mi carta les escribí que no anduvieran en compañía de personas inmorales. No me refería a la gente inmoral de este mundo, o a los codiciosos y estafadores, o a los idólatras, porque entonces tendrían ustedes que salirse del mundo. Sino que en efecto les escribí que no anduvieran en compañía de ninguno que, llamándose hermano, es una persona inmoral, o avaro, o idólatra, o difamador, o borracho, o estafador. Con esa persona, ni siquiera coman. (1 Co 5:9-11)

Es que en efecto, si Jesús hubiera seguido los parámetros mencionados, jamás se hubiera acercado a los recaudadores de impuestos, a las prostitutas, a los romanos, pecadores, endemoniados, leprosos, enfermos y menesterosos. La admonición bíblica tiene que ver con dejarnos influenciar por el mundo, no lo contrario. Sobre este particular, escribe Arturo Rojas:

> Como quien dice, no se trata de sacar a la iglesia del mundo, sino al mundo de la iglesia. Se equivocan, entonces, los cristianos que se empeñan en este aislamiento, cual ermitaños modernos, enclaustrándose dentro de los muros de la iglesia, como una burbuja aislante y protectora, constituyendo lo que podría muy bien ser una especie de gueto eclesiástico segregado del mundo.[195]

Todos recordamos los escritos de Dietrich Bonhoeffer, teólogo luterano alemán, quien fuera encarcelado y ejecutado durante el nazismo; desde la prisión le escribió una serie de cartas a su amigo y discípulo Eberhard Bethge, en las que meditaba en un *cristianismo sin religión*, dando a entender con ello la posibilidad de que haya un cristianismo secularizado, que ya no piense ni opere solamente en términos espirituales o religiosos, como un campo separado o apartado, sin relación con todos los demás segmentos de la sociedad. Ser cristiano

---

[195] Rojas, 2022.

conlleva y debe involucrar la participación activa en los distintos ámbitos del mundo, no para contagiarse de sus principios, sino para permear en cada uno de ellos con la luz del evangelio de Jesucristo: un compromiso cierto para servir a Dios en el mundo, y no solo en algún santuario religioso o con un activismo interno de tinte estéril que mengüe el desarrollo de una misión integral y multidimensional de cara a un mundo sufriente que gime por oír la voz del redentor. Recordemos la profecía de Amós: «Vienen días, declara el Señor Dios, en que enviaré hambre sobre la tierra, no hambre de pan, ni sed de agua, sino de oír las palabras del Señor» (8:11).

## Sería una iglesia disruptiva

El Diccionario de la Real Academia Española define la palabra *disrupción* de la siguiente manera: «Rotura o interrupción brusca». Siguiendo con la línea etimológica del término, podemos agregarle algunos sinónimos que nos darán una mayor perspectiva, entre ellos: *innovador, revolucionario, transformador, radical.* Cuando pienso en una iglesia disruptiva estoy pensando en una congregación que sea capaz de ir más allá de los moldes tradicionales, del corsé de religiosidad que la cubrió por décadas; pienso en una iglesia capaz de levantarse e innovar en su metodología de misión, en su perspectiva de acercamiento a las personas, capaz de pensar los cultos para Dios y no para los hombres, que levante la cruz en el púlpito en lugar de los mensajes de autoayuda. Pienso en su poder de reacción ante el avance de la cultura de la posverdad y el poscristianismo, en una iglesia capaz de ir a buscar en lugar de esperar, de abrazar en lugar de rechazar, de amar en lugar de juzgar. Pienso en una iglesia encarnacional, sacrificial y santa que solo se concentra en alcanzar al mayor número de personas con el mensaje transformador del evangelio mientras espera el regreso de su Señor.

El pastor David Platt, en su libro *Volvamos a las raíces de la fe radical*, hace un análisis que nos sirve para extrapolar a nuestro contexto cuando nos preguntamos cómo balancear el esfuerzo por tener una iglesia grande con el hecho de que el ministerio de Jesús parecía rechazar las multitudes. El autor señala un proceso que se reiteró en las distintas fases del ministerio de Jesús; al final de su discurso, con beneficios recibidos de su mano, «todas las multitudes se marchaban y solo quedaban doce».[196] El autor se pregunta cómo, a partir del ideal de pastorear una megaiglesia, «podía reconciliar la idea de pastorear a miles de personas, con la realidad de que a mi mayor ejemplo en el ministerio lo conocían por alejar a miles de personas».[197] Ante la aspiración de una iglesia grande, que aparentemente se contrapone al hecho de que, en su modelo ministerial, Jesús siempre terminaba con los Doce, Platt responde:

> Pronto, me di cuenta de que esta dirección me llevaba a chocar con la cultura eclesiástica estadounidense, donde el éxito se define por multitudes mayores, presupuestos mayores y edificios mayores. Ahora, me enfrentaba a una alarmante realidad: Jesús despreciaba las cosas que eran más importantes para mi cultura de iglesia.[198]

En efecto, a veces tomamos muy a la ligera el precio, el costo o, mejor dicho, lo que implica ser discípulo de Cristo. En este punto, sigo en algunos aspectos a Platt (2011); pensemos por unos instantes en los dichos de Jesús frente a la multitud que recoge el Evangelio de san Lucas, capítulo 9, verso 58: «Las zorras tienen madrigueras y las aves del cielo nidos, le dijo Jesús, pero el Hijo del Hombre no tiene dónde recostar la cabeza». Esto es, no esperen obtener bienes materiales si me siguen a mí; vean mi ejemplo, no tengo ni siquiera un lugar para dormir de manera cómoda. Pero avanza un poco más, y mirando a un hombre, le dice «sígueme» (v. 59), a lo cual el hombre contesta: «Permíteme que vaya primero a enterrar a mi padre» (v. 59); el Señor responde a su vez, con firmeza: «Deja que los muertos entierren a sus muertos, le respondió Jesús; pero tú, ve y anuncia por todas partes el reino de Dios» (v. 60). El Señor le da a entender que los negocios del Padre son urgentes, que no hay nada que pueda demorarnos de cumplir sus órdenes, por más que parezca justificado y razonable. Jesús está diciendo, en otras palabras: mis mandatos siempre son imperativos y exigen una respuesta rápida y obediente. Pero el relato de

---

[196] Platt, 2011, p. 12.

[197] *Ibid.*, p. 1.

[198] *Ibid.*, p. 2.

Lucas avanza un poco más y registra que, ante la aparente decisión de un hombre de seguir a Jesús luego de despedirse de los de su casa, el Maestro le responde: «Nadie, que después de poner la mano en el arado mira atrás, es apto para el reino de Dios» (v. 62), una forma gráfica de decir que lo único que importa es el futuro a partir de Cristo. Nadie que pretenda arar siguiendo una línea recta puede voltearse y no hacer un trabajo desastroso. Nuestro pasado fue perdonado por Dios y allí quedó, en el pasado.

Es como si Jesús se empecinará en rechazar a las personas. Quizás el verso más fuerte de Lucas sea el 23: «Y a todos les decía: Si alguien quiere seguirme, niéguese a sí mismo, tome su cruz cada día y sígame». Por favor, recordemos que en el contexto del Imperio romano, la cruz era un símbolo de tortura y muerte despiadada reservada para los criminales más viles,[199] para los que habían cometido los delitos más groseros y repugnantes. Aunque los romanos la adaptaron de métodos de muertes similares que realizaban los egipcios y babilonios, era un espeluznante mecanismo de muerte lenta y agónica. Jesús en la práctica está invitando a sus potenciales seguidores a tomar su cruz y seguirlo: abrazar un instrumento de muerte y caminar junto a Él. Dice Platt:

> Ahora bien, esto ya está subiendo de tono. Levanta un instrumento de tortura y sígueme. Esto se vuelve bastante extraño […] y un tanto espeluznante. Imagina a un líder que sube a escena hoy e invita a todos los que quieran seguirlo a tomar una silla eléctrica y ser sus discípulos. ¿Alguien quiere?[200]

En efecto, como dijimos, la lógica del evangelio no es igual a la lógica humana; dice Jesús: «En verdad les digo que, si el grano de trigo no cae en tierra y muere, se queda solo; pero si muere, produce mucho fruto» (Jn 12:24). No hay manera de dar fruto si antes no hemos muerto, si no hemos dejado de lado nuestros propios intereses

---

[199] Nos recuerda Alfred Edersheim que en el Israel del primer siglo «había tres clases de cruz [*sic*] en uso: la llamada cruz de san Andrés X (*la crux decussata*), la cruz en forma de T (*crux commissa*) y la cruz latina ordinaria + (*crux immissa*). Creemos que Jesús llevaba esta última» (Edersheim, 1988, p. 540).

[200] Platt, 2011, p. 8.

y objetivos. Es parte del proceso natural de la vida: toda semilla al morir se convierte en un árbol o planta vigorosa y fuerte, pero como consecuencia de la muerte, de haberse quebrado. San Pablo lo dice de manera distinta, pero en sintonía con el esencial mensaje: «¡Necio! Lo que siembras no llega a tener vida si antes no muere» (1 Co 15:36).

En definitiva, ¿qué está diciéndole Jesús a sus discípulos o a los que pretenden serlo? La entrega debe ser absoluta, total, radical; no hay lugar para ambigüedades, tibiezas, especulaciones. Es que en efecto, sentencia el Nuevo Testamento: «Amarás al Señor tu Dios con todo tu corazón, y con toda tu alma, y con toda tu mente, y con toda tu fuerza» (Mc 12:30). Recordemos que Dios ya le había dicho a Israel, por boca de Moisés, el famoso *Shemá Israel*, compuesto de cuatro partes: el *Shemá* propiamente dicho, el *Veahavta*, el *Vehaiá* y el *Vaiomer Adonai*. Expresa el libro de Deuteronomio: «Escucha, oh Israel, el Señor es nuestro Dios, el Señor uno es. Amarás al Señor tu Dios con todo tu corazón, con toda tu alma y con toda tu fuerza» (6:4, 5). En palabras de Platt, Jesús llama a un profundo renunciamiento personal para que sea el *Kyrios* quien gobierne y reine en cada una de nuestras vidas; expresa el autor:

> Jesús los llamaba a renunciar a sí mismos. Dejaban la seguridad por la inseguridad y el peligro, en lugar de protegerse, se entregaban por sí solos. En un mundo que premia al que se promociona a sí mismo, seguían a un maestro que les enseñaba a crucificarse a sí mismos. Y la historia nos cuenta el resultado. Casi todos perdieron sus vidas por haber respondido a su invitación.[201]

No en vano el famoso pastor y teólogo alemán Dietrich Bonhoeffer escribió un libro llamado *El costo del discipulado*, en el que sintetiza lo que venimos señalando de manera magistral: «Cuando Cristo llama a un hombre, le pide que venga y muera».[202] Los pastores deberíamos meditar con profundidad y bajo la guía del Espíritu Santo si en las últimas décadas la iglesia de Latinoamérica ha predicado adecuadamente sobre los requerimientos del reino para ser discípulos de Jesús

---

[201] *Ibid.*, p. 9.
[202] Bonhoeffer, 1995, p. 89.

y cómo hemos formado a los discípulos, que son, en definitiva, los encargados de extender el evangelio.

Esto lo vimos muy claramente, por ejemplo, durante la pandemia del COVID-19, la cual dejó al descubierto el tipo de discípulos que formaron algunas iglesias durante años. Los hermanos, debido al aislamiento social preventivo y obligatorio que se realizó en los diferentes países y con las características especificadas por las autoridades sanitarias, estuvieron privados de congregarse, de asistir a los cultos. De golpe, del encuentro comunitario pasamos a quedarnos solos, sin más que la gracia y la ayuda del Espíritu Santo; ya no podían orar por nosotros, leer la Palabra por nosotros, darnos los estudios servidos. Era ahora una cuestión de relacionamiento personal con Dios y lamentablemente no todos aprobaron el examen. Muchos se apartaron o dejaron de congregarse; nos damos cuenta de esto por el crecimiento en la cantidad de exiliados evangélicos (que subsiste hasta la fecha).

Por otra parte, cuando hablamos de una iglesia disruptiva, que va más allá del corsé de la religiosidad, pienso en el vívido pasaje del Evangelio de san Lucas, 23:39-43; en el peor momento de su vida, vislumbramos a un Jesús sufriente colgado en la cruz, agonizando por cada uno de nuestros pecados, ocupando nuestro lugar. En dicho contexto, se da un diálogo asombroso.

> Uno de los malhechores que estaban colgados allí le lanzaba insultos, diciendo: «¿No eres tú el Cristo? ¡Sálvate a ti mismo y a nosotros!». Pero el otro le contestó, y reprendiéndolo, dijo: «¿Ni siquiera temes tú a Dios a pesar de que estás bajo la misma condena? Nosotros a la verdad, justamente, porque recibimos lo que merecemos por nuestros hechos; pero este nada malo ha hecho». Y añadió: «Jesús, acuérdate de mí cuando vengas en tu reino». Entonces Jesús le dijo: «En verdad te digo: hoy estarás conmigo en el paraíso».

Pensemos por unos instantes: Jesús estaba agonizando, pero se tomó el tiempo de mostrar compasión hacia uno de los que estaban colgados junto a Él. El ladrón confesó de manera simple tres grandes verdades que había en su corazón. En primer lugar, que tenía cierto temor de Dios; le preguntó al otro ladrón: «¿Ni siquiera temes tú a Dios a pesar de que estás bajo la misma condena?». En segundo lugar, dio cuenta de la inocencia de Jesús —la cual posteriormente sería confirmada por el propio centurión romano—; dijo el reo: «Este nada malo ha hecho». Y finalmente, confesó que había fe en su corazón como para creer que Jesús era el Mesías: «Jesús, acuérdate de mí cuando vengas en tu reino», a lo cual Jesús, de manera maravillosa, respondió: «En verdad te digo: hoy estarás conmigo en el paraíso».

Sin entrar en el debate teológico de si al morir vamos de inmediato al cielo o no, cabe señalar que ante la expresión de un corazón que cree, Jesús, dialogando en amor y de manera más que disruptiva, se salta todas las normas que hoy nosotros aplicaríamos a alguien que recién confiesa su fe, más allá de sus circunstancias.[203] Notemos que el ladrón, a los pocos minutos de tal declaración por parte del Señor, murió en su gracia. No sabemos su nombre, la Biblia no lo menciona, pero no tenía ropa de iglesia, no hizo la oración del pecador, no hizo ningún curso, no estaba bautizado, no sabía de modismos religiosos, nunca había ofrendado o diezmado, había vivido perdidamente y por su delito estaba muriendo, pero al mismo instante en que muriera, Jesús lo trasladaría a la presencia del Padre, sin haber pisado nunca una iglesia, pero habiendo creído en Él. Seguramente se podría decir que es una excepción, pero vaya: es una excepción que confirma la regla de lo que es importante para Jesús y para nosotros.

En síntesis, si Jesús fuera pastor de mi iglesia, en mi visión, estaría al frente de una iglesia disruptiva, distinta, pero no por el ansia de buscar originalidades en relación con el show religioso, sino por pensar la iglesia desde las personas y no desde la jerarquía ministerial; una iglesia que saldría de los moldes tradicionales de la religiosidad evangélica, del mero "hacer iglesia" para "ser la iglesia"; una comunidad de fe que, al paso de su innovación en la misión y acción, se centraría en los individuos, en el hacer discípulos a la manera del Padre y conforme a su corazón. Formaría discípulos que pondrían a Dios en primer lugar por encima incluso de sus propios intereses personales, que estando en el mundo vivenciarían su fe de manera radical, con

---

[203] Nos dice Justo González en su comentario al Evangelio de Lucas y a los Hechos de los Apóstoles: «Aun en este momento, cuando está a punto de morir, cuando sufre los tormentos de la cruz, está pronto para salvar al criminal arrepentido» (González, 2022, p. 512).

convicción, para que el mundo vea la diferencia cuando reflejen a Jesús. De esto se trata en definitiva el ministerio, de transformar vidas por la gracia y la obra del Espíritu Santo, y de ver los frutos palpables de dicha transformación individual, familiar y social.

En definitiva, una comunidad cambia solamente cuando cambian las personas que la conforman como consecuencia de vivir vidas de fe plenas, extremas y coherentes con la Palabra (Hch 17:6, 7).

## Las nuevas batallas culturales internas y externas a librar por la iglesia en el entorno de la hipermodernidad

Hoy la iglesia debe hacer frente a una amplia diversidad de batallas culturales, tanto internas como (mayormente) externas. Comenzaremos por la enumeración de algunas batallas internas, que sin duda suenan fácil de librar en la teoría o a nuestros oídos, pero encierran una complejidad mayor a la hora de llevarlas adelante. La primera batalla que debemos librar es contra los resabios de lo que se llama *teología de la prosperidad*: un simplismo espiritual que no considera que en el mundo tendremos aflicción, aunque alcanzaremos victoria, y que Dios está más para cumplir nuestros caprichos y sueños que para hacer su voluntad a través nuestro, algo realmente incontrastable frente a la Escritura. Es más, en algunos aspectos hasta pretendemos ordenarle a Dios lo que debe hacer, como si algo pudiera depender de nosotros. En octubre del año 2010, más precisamente entre el 16 y el 25 de octubre, se llevó a cabo el Tercer Congreso de Lausana para la Evangelización Mundial en Ciudad del Cabo, que reunió a poco más de 4200 líderes evangélicos de 198 países. Como fruto de dicha reunión deliberativa, se publicó un documento llamado "Compromiso de Ciudad del Cabo", donde se establece lo siguiente:

> Andar en la sencillez, rechazando la idolatría de la avaricia: la predicación y enseñanza generalizadas del "evangelio de la prosperidad" en todo el mundo plantean importantes preocupaciones. Definimos el evangelio de la prosperidad como la enseñanza de que los creyentes tienen derecho a las bendiciones de la salud y la riqueza, y que pueden obtener estas bendiciones a través de confesiones positivas de fe y "sembrando semillas" mediante donaciones monetarias o materiales. La enseñanza de la prosperidad es un fenómeno que es común a muchas

denominaciones en todos los continentes. Afirmamos la gracia y el poder milagrosos de Dios, y vemos con beneplácito el crecimiento de iglesias y ministerios que llevan a las personas a ejercer una fe expectante en el Dios vivo y en su poder sobrenatural. Creemos en el poder del Espíritu Santo. Sin embargo, negamos que el poder milagroso de Dios pueda ser tratado como algo automático, o que esté a disposición de técnicas humanas, o que sea manipulado por palabras, acciones, dádivas, objetos o rituales humanos.[204]

Siguiendo con el frente interno, deberemos reconsiderar adicionalmente como males casi endémicos a la mediocridad y los prejuicios, como elementos que nos han paralizado y obnubilado a la hora de llevar adelante la misión conforme Dios nos lo pide. El hecho de ver al que es diferente o distinto a nosotros como malo *per se* es algo que como cristianos no podemos permitirnos; Jesús murió por todos, cada uno de nosotros. Pensar que Dios ve la intención del corazón y que con eso alcanza —sin considerar el coste de una vida de consagración, oración y santidad— es relativizar el valor de la cruz. Como dice el refrán popular: «El camino al infierno está regado de buenas intenciones». Cuando leemos el libro de los Hechos de los Apóstoles, la Escritura da cuenta precisamente de lo obvio: son los *hechos*, los *actos*, las *acciones* concretas llevadas a cabo por los primeros seguidores del Señor. Gracias a esos actos concretos es que la iglesia nació; el Espíritu Santo la modeló y sigue haciéndolo hasta hoy.

El último frente interno del que debemos dar cuenta como una batalla a librar, entre otros que se pudieran mencionar, es la pérdida creciente de la centralidad que debe ocupar la Biblia tanto en nuestras vidas como en nuestros púlpitos. Históricamente, la Iglesia protestante era conocida como *la iglesia del libro* en directa alusión a las Escrituras. No obstante, debemos reconocer que las personas han descuidado la importancia de leerla, estudiarla y vivirla. Muchos de los mensajes que escuchamos son más típicos de una arenga motivacional, un coaching ontológico o una autoayuda que propios de los principios del evangelio.

---

[204] Movimiento de Lausana, 2010, p. 54.

Al respecto del frente externo, las batallas a librar que vale la pena señalar son también varias; van desde la complicada situación socioeconómica por la que atraviesan la mayoría de los países, incluso los más desarrollados, pasando por la corrupción, la falta de valores y la amoralidad que existe como regla, la ideología de género,[205] el individualismo —debemos recordar que no hay libertad sin ley y, además, que el relativismo moral termina negando la ley—, la valorización del yo como pretexto de lo nuevo y progresista. A todo esto debemos agregarle (y hacer un particular énfasis en ello) el llamado *marxismo cultural*, que brevemente desarrollo a continuación.

El marxismo cultural nace a partir de la reflexión de Gramsci, Lukács y otros miembros de la Escuela de Frankfurt. Para estos teóricos, el verdadero problema no era el conflicto de clases, sino la inmersión de la clase obrera, de los campesinos y el proletariado en general en los valores capitalistas tradicionales. Por lo tanto, el verdadero conflicto se encuentra en el plano cultural, que trasciende las revoluciones. Contrarrestar la dominación del sistema cultural capitalista requerirá para dichos teóricos de una revolución dirigida a las instituciones fundamentales de la sociedad capitalista: iglesia, escuelas y universidades, medios de comunicación y familia. Por lo tanto, para que la revolución suceda, el movimiento debe depender de los líderes culturales, que trabajarán para destruir la cultura y la moral existentes, principalmente las cristianas, para luego conducir a las masas desorientadas al comunismo como su nuevo credo. El marxismo cultural o neomarxismo busca entre su visión básica cuatro ítems clave:

---

[205] Al respecto de la definición y el alcance de la ideología de género, señalaba Joseph Ratzinger (Benedicto XVI) lo siguiente: «La ideología de género es la última rebelión de la criatura contra su condición de criatura. Con el ateísmo, el hombre moderno pretendió negar la existencia de una instancia exterior que le dice algo sobre la verdad de sí mismo, sobre lo bueno y sobre lo malo. Con el materialismo, el hombre moderno intentó negar sus propias exigencias y su propia libertad, que nacen de su condición espiritual. Ahora, con la ideología de género el hombre moderno pretende librarse incluso de las exigencias de su propio cuerpo: se considera un ser autónomo que se construye a sí mismo; una pura voluntad que se autocrea y se convierte en un dios para sí mismo» (citado en Catholic.net, s/f).

**Figura 4:** Visión básica que persigue el neomarxismo

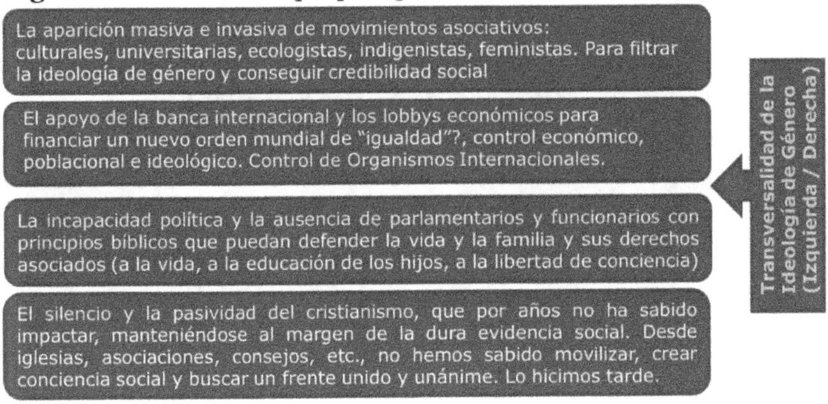

La aparición masiva e invasiva de movimientos asociativos: culturales, universitarias, ecologistas, indigenistas, feministas. Para filtrar la ideología de género y conseguir credibilidad social

El apoyo de la banca internacional y los lobbys económicos para financiar un nuevo orden mundial de "igualdad"?, control económico, poblacional e ideológico. Control de Organismos Internacionales.

La incapacidad política y la ausencia de parlamentarios y funcionarios con principios bíblicos que puedan defender la vida y la familia y sus derechos asociados (a la vida, a la educación de los hijos, a la libertad de conciencia)

El silencio y la pasividad del cristianismo, que por años no ha sabido impactar, manteniéndose al margen de la dura evidencia social. Desde iglesias, asociaciones, consejos, etc., no hemos sabido movilizar, crear conciencia social y buscar un frente unido y unánime. Lo hicimos tarde.

Transversalidad de la Ideología de Género (Izquierda / Derecha)

**Fuente:** Elaborado por el autor

Por otra parte, a fin de precisar un poco más los detalles prácticos del marxismo cultural, menciono a continuación los cuatro objetivos principales:

**Figura 5:** Objetivos básicos que persigue el neomarxismo

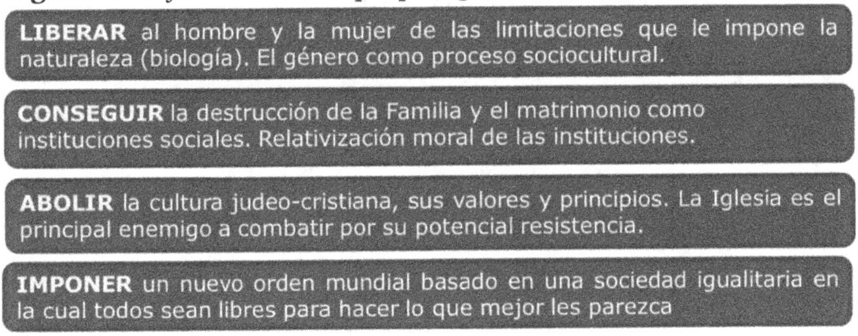

**LIBERAR** al hombre y la mujer de las limitaciones que le impone la naturaleza (biología). El género como proceso sociocultural.

**CONSEGUIR** la destrucción de la Familia y el matrimonio como instituciones sociales. Relativización moral de las instituciones.

**ABOLIR** la cultura judeo-cristiana, sus valores y principios. La Iglesia es el principal enemigo a combatir por su potencial resistencia.

**IMPONER** un nuevo orden mundial basado en una sociedad igualitaria en la cual todos sean libres para hacer lo que mejor les parezca

**Fuente:** Elaborado por el autor

En definitiva, el objetivo de este movimiento es establecer un gobierno mundial en el que los intelectuales marxistas tengan la última palabra. En este sentido, los marxistas culturales son la continuación de lo que comenzó con la revolución rusa. Los intelectuales mencionados se dieron cuenta de que el bienestar de los obreros había impedido la revolución económica propuesta, por lo cual era menester atacar los valores culturales que les daban sustento. Ernesto Laclau reemplazó a la clase obrera como el clásico sujeto revolucionario arquetípico para empezar a hablar de nuevos sujetos de la revolución: feministas, ecologistas, indigenistas, entre los más importantes. Ya no se habla de revoluciones armadas, sino de revoluciones graduales y pasivas; no se habla de luchas de clases, sino de luchas culturales y de valores; no se intenta expropiar los medios de producción, sino la cosmovisión de las personas. Obviamente, en este escenario, dos de los principales oponentes de esta nueva perspectiva marxista son la iglesia y la familia. Es una lucha no menor que tendremos en los próximos años bajo las premisas que nos recuerda el apóstol Pablo (Ef 6:10-18).

Finalmente es menester hacer una mención al respecto de la llamada teología *queer*, una corriente teológica que se ha desarrollado a partir del enfoque filosófico de la teoría *queer*,[206] construida sobre estudiosos como Michel Foucault, Gayle Rubin, Eve Kosofsky Sedgwick y Judith Butler. La teología *queer* se apoya en el principio de que la diversidad de géneros y orientaciones sexuales ha estado siempre presente en la historia humana, incluida la Biblia.[207]

## Hacia un ministerio reflexivo y humilde

Entendemos que necesariamente el ministerio pastoral en el siglo XXI deberá ser mucho más reflexivo y humilde, en el entendimiento de que, con lo que tenemos, con lo que estamos acostumbrados a hacer, con nuestra visión tradicional de la realidad no podremos hacer frente a la crisis mundial que estamos atravesando como sociedad

---

[206] Judith Pamela Butler (nacida en Cleveland en 1956) es una filósofa materialista y posestructuralista judeoestadounidense que ha realizado importantes aportes en el campo del feminismo, la filosofía política y la ética, y ha sido una de las teóricas fundacionales de la teoría queer, entendida como «un conjunto de ideas sobre el género y la sexualidad humana que sostiene que los géneros, las identidades sexuales y las orientaciones sexuales no están esencialmente inscritos en la naturaleza biológica humana, sino que son el resultado de una construcción social, que varía en cada sociedad» (La otra H, 2021).

[207] Incluso se ha realizado una Biblia de Estudio, patrocinada por la Editorial Oasis, que tiende a resaltar la perspectiva en análisis. Se puede ver la imagen de la misma en el siguiente link: https://oasisediTorá.loja2.com.br/img/15537a369611ad1c15c84f65af8caf85.png

hipermoderna. Jesús les dice a los discípulos: «Aprended de mí que soy manso y humilde» (Mt 11:29); a partir de eso, nos queda reconocer que necesitaremos una profunda humildad para entender la nueva normalidad, contrastar lo hecho o, mejor dicho, lo que estamos acostumbrados a hacer frente al escenario moderno y reconocer con una mente amplia las cosas que debemos modificar en nuestro ministerio para que, bajo la guía del Espíritu Santo, podamos ser de impacto y eficientes en la misión.

Lo dicho incluye necesariamente aceptar que la iglesia no tiene todas las respuestas; el único que las tiene es Dios, y como pastores somos limitados en el conocimiento de todos los temas actuales que se nos pueden presentar. Por ende, no podemos afrontar todas las situaciones sin la ayuda de profesionales específicos de los que podamos valernos y, por sobre todas las cosas, de la dirección del Espíritu Santo. En este sentido, a menos que seamos capaces de, en oración, abrir nuestra mente para dejar que Dios nos sorprenda con su dirección e ideas, será muy difícil hacer frente a la hipermodernidad.

La presuposición actual de que sabemos todas las cosas parte del hecho de que la experiencia alcanza, que los años recorridos son nuestro aval, que nuestros títulos académicos son suficientes, pero debemos entender que estamos viviendo en una época que genera situaciones que nunca hemos visto en el pasado: una pandemia devastadora de carácter vertiginoso; modificaciones climáticas sin precedentes —tan solo en 2021, los desastres provocaron 23,7 millones de desplazamientos internos, según señalaron los expertos en la reunión de la Convención de Cambio Climático de Naciones Unidas,[208] celebrada en Sharm el-Sheikh, Egipto, del 6 al 18 de noviembre de 2022); un ramillete de conflictos bélicos que anuncian el cumplimiento de las profecías finales; una injusticia social creciente y una espiritualidad diferente con fundamentos que se tornaron inestables de cara a las personas, entre otras cosas. Si este no es el momento indicado para ir humildemente al trono de la gracia, no veo cuál sería otra mejor situación contextual.

---

[208] Cf. Organización Internacional para las Migraciones, 2022.

Sencillamente, con lo que tenemos no podemos hacer lo que debemos hacer. A partir del COVID-19 se han profundizado las pautas eclesiológicas, sistematicidades cúlticas, formas de predicación, las maneras usuales de hacer misión, las maneras de colectar los diezmos y ofrendas, incluso algunos aspectos vinculados a la teología práctica, al oficio de las prácticas de la iglesia que se venían modificando *a priori* de manera más lenta. Todo lo dicho en menos de un año, en meses. Las situaciones de perplejidades, de impotencia, nuestras incapacidades han sido siempre el tipo de cosas que Dios ha usado a lo largo de la historia para mostrar su gloria y su poder; lo podemos apreciar en las vidas de Noé, Abraham, Moisés, Josué, Rut, David, Isaías, Jeremías, Daniel, María, Pedro, Juan, Pablo, entre muchos otros.

Vez tras vez, tendemos a enfocarnos en nuestra perspectiva; sin embargo, solo cuando permitimos que Dios nos sorprenda somos capaces de ser sorprendidos por Él. Los milagros acontecen de la forma menos pensada. En el párrafo anterior mencioné a algunos hombre y mujeres que Dios usó; sus nombres son familiares para cada uno de nosotros, pero también utilizó a personas que *a priori* no serían tomadas en cuenta: Rahab, Simón de Cirene, Ananías. Todas las personas son aptas para ser usadas por Dios, pero esto también es un llamado de atención para que abramos nuestra mente y veamos con qué cantidad de formas y recursos Dios llevará adelante su voluntad.

Nuestra tarea principal en este tiempo es permitir, facilitar, desarrollar a cada familia de nuestra congregación para la tarea del ministerio, dotar de las herramientas necesarias al médico, al ingeniero, al plomero, al abogado, al jubilado, al estudiante, a la ama de casa, al obrero, a cada hermano para que, sin importar dónde esté, sea capaz de poner en primer lugar a Jesús y hablar de Él, vivir como Él y actuar como Él.

Ser humilde significa romper definitivamente con los prejuicios, dejar de poner rótulos o guiarnos por estereotipos infundados. Esto facilitará la unidad, medio indispensable para que el mundo crea. El evangelio igualó a los pobres y los ricos, a los esclavos con los libres, al judío con el gentil, al hombre con la mujer, a los pastores con los religiosos, unió el cielo y la tierra. Todos eran diferentes, pero había un único Señor, una sola fe, un mismo bautismo y una esperanza común.

De cara a los tiempos que vienen, toman mucho sentido las palabras de Jesús a sus discípulos y a cada uno de nosotros: «Y tengan por seguro esto: que estoy con ustedes siempre, hasta el fin de los tiempos» (Mt 28:20). Esto nos da esperanza, una renovada seguridad de confianza que se apalanca en la misericordia y la gracia de Dios, no en nuestros recursos, estrategias, medios o posibilidades. Sin lugar a duda, la iglesia resurgirá triunfante de la crisis en tanto en cuanto aprenda a depender enteramente del Señor de la iglesia. Jesús lo anticipó: «Sobre esta roca edificaré mi iglesia, y el poder de la muerte no la conquistará» (Mt 16:18).

# CAPÍTULO XII

## Sería una iglesia centrada en la cruz

Si Jesús fuera el pastor de mi iglesia, no tengo la menor duda de que la cruz ocuparía un lugar central en la vida eclesial, pero no como un mero símbolo del dolor y el sufrimiento de Jesús, sino como representación de lo que significan el amor y la entrega, como así también de la victoria sobre el pecado y la muerte. Como dijimos, la cruz era un símbolo de sufrimiento y dolor, la grafía de una horrible muerte destinada a los condenados por crímenes o delitos importantes; no obstante, esa insignia de muerte vino a ser el símbolo más importante usado por los hombres a lo largo de la historia de la humanidad.

Cuando hablo de una iglesia centrada en la cruz, estoy aludiendo a que la esencia de la proclamación del evangelio es el sacrificio de Jesús y claramente su resurrección, pero por algunas cuestiones que tienen que ver con nuestras cosmovisiones, tendemos a enfatizar segmentos del ministerio de Jesús y no su totalidad. La cruz implica sacrificio, dolor, entrega, profundo amor y obediencia, todas características indispensables para el desarrollo de un ministerio eclesial eficiente. Debemos reconocer que en la cruz encontramos ni más ni menos que la salvación de nuestras almas por su sola gracia, pero todo lo demás en la vida cristiana se obtiene en el trono. Pero, como dije, tendemos a obviar las cinco características mencionadas del servicio cristiano que alude la cruz a fin de facilitar el acceso de mayor cantidad de personas; sin embargo, como pasaba con las multitudes que seguían a Jesús, cuando ponemos en evidencia las demandas que implica el discipulado, muchos simplemente dan media vuelta y se van.

Ahora bien, ¿qué hacer entonces para predicarle al mayor número posible de personas y que se transformen en discípulos de Jesús pese a las exigencias del evangelio? Nos cuesta entender muchas veces que, *a priori*, las exigencias del cristianismo son una locura para las personas a menos que hayan sido convencidas genuinamente por el Espíritu Santo (Jn 16:8) como resultado de nuestras oraciones derramadas ante el trono de la gracia. Debemos recordar lo que dice san Pablo: «Porque la palabra de la cruz es necedad para los que se pierden, pero para nosotros los salvos es poder de Dios» (1 Co 1:18). Nuestra obligación radica en cumplir el mandato recibido de *ir y hacer discípulos*. Nunca se dice en la Biblia que todas las personas a las que les predicamos serán salvas; esto violentaría el principio del libre albedrío establecido por Dios mismo al respecto de nuestra libertad. Ahora bien, lo señalado no nos exime de orar, ayunar, predicar y buscar de manera creativa la mayor cantidad posible de métodos y alternativas para alcanzarlos con la Palabra. Por ende, la mayor cantidad de los recursos de las iglesias locales deberían dedicarse enfáticamente a llevar adelante la tarea de la Gran Comisión antes que al mero activismo interno.

Sin embargo, a fin de reclutar una mayor cantidad de personas y teniendo en cuenta el descuido que desde muchas iglesias se le ha dado a la Palabra de Dios, en las últimas décadas he notado que muchas congregaciones a lo largo de nuestro continente terminaron centrándose en el evento, el show y el activismo religioso; de hecho, tales actos se tornaron habituales debido fundamentalmente a lo que llamo *teología del método,*[209] que persigue el crecimiento de las congregaciones a cualquier precio, de manera similar a los conceptos seculares del marketing y la expansión comercial. En virtud de esto, algunos pastores avalaron una predicación carente de cruz, un

---

[209] Al hablar de la teología del método trato de explicar la importancia que ha tomado para muchos pastores el método que da resultado para el crecimiento de la iglesia, las maneras que funcionan, las formas más eficientes; cada vez que se reúnen, comparten más métodos que fondo, más herramientas ocasionales y puntuales que tiempo de oración, planificación y evaluación para que el Espíritu Santo le diga a la iglesia cómo alcanzar una determinada ciudad, tal como hizo siempre.

mensaje sin exigencias semejante al *coaching* antes que el evangelio, una fe sin arrepentimiento genuino y, en algunos casos, un ritualismo y fetichismo más cercanos a la santería o la periferia evangélica[210] que a las premisas cúlticas de la iglesia primitiva —que consistía básicamente de cinco grandes elementos centrales: proclamación, adoración, reunión en las casas, oración y partimiento del pan—.

Lo señalado sin duda es pecado. Me permito decirlo con todas las letras y el énfasis posible: cuando la iglesia quita la esencialidad de la cruz de los púlpitos y la vida eclesial, la iglesia peca menospreciando el sacrificio de Cristo y la obra del Espíritu Santo en medio de nuestras congregaciones.

En concordancia con lo señalado, la iglesia del siglo XXI debe transitar cuidadosamente por un campo minado lleno de peligros, entre ellos, y en relación con el tema en trato, el peligro de la ambición de poder y el populismo religioso. Entendemos como una de las categorías centrales del populismo religioso al autoritarismo; sobre esto escribe John Stott alertando sobre los peligros del autoritarismo en las iglesias evangélicas: «En todo el mundo la iglesia corre el peligro de exaltar desmedidamente a sus líderes. En Latinoamérica, el concepto de pastor o líder se nutre, más de lo que nos damos cuenta del modelo de caudillo o líder personalista».[211] Siguiendo los lineamientos generales del populismo,[212] pero focalizándonos particularmente en el de carácter religioso, debemos señalar que encuentra un amarre importante no solo en los perfiles caudillistas latinoamericanos, sino principalmente en los vínculos sociales, fundados en la esperanza aglutinante que se origina en los llamados *testimonios*: actos de intervención divina dramáticos en la vida de las personas,

---

[210] En relación con este tema, en su momento escribí: «Por ejemplo: camino de la sal, rosas bendecidas y ungidas, escobas ungidas, la vara de Jacob, aceite del monte de los Olivos, unción de poder sobre diversas clases de materiales y objetos como agua, sal, y así podríamos seguir. Todos y cada uno de los objetos rituales mencionados no forman parte de las prácticas habituales en las iglesias del campo evangélico propiamente dicho» (Marzilli, 2019, p. 130).

[211] Stott, 1998, p. 102.

[212] Cf. Laclau, 2004.

encuentros papables con el Señor que dieron origen a transformaciones, sanidades, exorcismos, prosperidad, recuperación de adicciones, entre otros. Dichos testimonios —que aúnan visos de lo milagroso a través del ejercicio del carisma y brindan una esperanza para sobrellevar la realidad provocada por las problemáticas insatisfechas, además de una esperanza siempre latente para las personas que no conocen a Dios o aquellas que se encuentran debilitadas en la fe— a veces son manipulados por los ministros, que tienden a resaltar más sus cualidades personales que a Cristo.

Es menester dejar bien claro que una iglesia encarnada y sacrificial no puede dejar de lado la cruz y el mensaje que la Biblia levanta al respecto de Jesús como Señor y Cristo desde el Génesis hasta el Apocalipsis. Este mensaje no cambia, ni puede cambiar, es la esencia de nuestra vida; lo que sí debe ir mutando es la forma de comunicarlo, de darlo a conocer por medio de herramientas y formas más modernas y asimilables para que dicho mensaje llegue a las personas de manera más efectiva y eficiente.

## El peligro de la ambición de poder y el populismo religioso

La ambición de poder siempre ha sido la raíz de los principales males de la humanidad. De hecho, podemos recordar cómo Satanás comenzó su caída (Is 14:12-20) o cómo entró el pecado al mundo (Gn 3:6). A lo largo de la historia del hombre, el poder —entendido como la posibilidad de sojuzgar al otro, menospreciarlo, pensarlo como inferior, distinto o diferente— ha realmente causado estragos de pecado y maldición sobre la tierra. Escribía Max Weber: «El poder significa la probabilidad de imponer la propia voluntad, dentro de una relación social, aun contra toda resistencia y cualquiera que sea el fundamento de esa probabilidad».[213] Un actor social (cada uno de nosotros) tiene poder o capacidad de producir efectos intencionados y direccionados en el mundo externo o sobre el comportamiento de los demás cuando dispone de recursos o medios que le facilitan el control, ya sea

---

[213] Weber, 2002, p. 43.

de forma directa o indirecta. Ejemplo de estos son las diferentes aplicaciones, la tecnología en general, los medios de comunicación, entre muchos otros.

En este sentido, debemos reconocer que una de las desviaciones principales del poder es la manipulación; en ese amplio aspecto de posibilidades, nos centraremos particularmente en lo que denominamos *manipulación espiritual*: pretender torcer con nuestros criterios, bajo nuestros parámetros y con nuestra voluntad la de los demás, dirigir o direccionar al otro para que haga lo que yo pretendo, influir decididamente sobre su autonomía de la voluntad, aunque no quiera hacerlo o no esté convencido de hacerlo, o bien crear tal dependencia que, ante cada decisión que deba tomar, esté pendiente de la nuestra. Debemos entender que no puede haber amor en medio de la manipulación o a través de ella. Esto, que no suena claramente como una práctica de pecado, es en realidad pecado (Pr 21:6; Mt 24:4; 2 Co 11:14; 1 Tm 4:1; 2 Tm 4:3), pero ocurre en el seno de la iglesia mucho más frecuentemente de lo que parece o nos damos cuenta.

Cuántas veces vimos pastores, predicadores, directores de alabanza manipulando a la gente, violentando sus emociones para hacerlos de una determinada manera. ¿Por qué no podemos adorar a Dios conforme a nuestra personalidad? No siempre estaremos contentos o alegres, y eso no es un obstáculo para mi adoración sincera a Jesús. La adoración va mucho más allá del acto de cantar. No somos una manada a la cual se arría o una masa amorfa que simplemente debe obedecer sin pensar; no encontramos eso en la Biblia (Hch 17:10, 11; 1 Ts 5:21-23). Dios, de hecho, respeta nuestra personalidad y dignidad, amándonos tal como somos. Nos respeta tanto que hasta nos da la posibilidad de usar nuestra libertad para rechazarlo.

Cuando llega a nuestro corazón la sensación del bienestar temporal de superioridad que da el poder, nos obnubila, nos saca de foco, de un eje adecuado, nos hace creer que los logros, las posibilidades, lo que sucede es mérito nuestro y no de Dios, quien es el autor y dador de todas las cosas. A partir del momento en el que pensamos que algo puede ser hecho por nosotros, la soberbia se apodera de nuestro corazón y entramos sin duda en una espiral descendente.

El otro aspecto negativo del poder suele ser el materialismo; si bien no es la realidad en muchos casos, vemos en líneas generales, como dijimos, varias iglesias enriquecidas en medio de un continente pobre, iglesias con una impactante infraestructura en medio de ciudades con carencias estructurales fundamentales, grandes ministerios sostenidos por personas que apenas llegan a fin de mes o tienen serios problemas laborales y económicos, o carecen muchas veces de lo esencial para vivir con dignidad.

Solo a modo de ejemplo puntual, a mediados de 2023 se dio a conocer en Argentina el índice de pobreza; según el INDEC (Instituto Nacional de Estadística y Censo) —un organismo oficial que ejerce la dirección de todas las actividades estadísticas oficiales que se realizan en el territorio nacional—, el índice de pobreza afecta al 42 % del total de la población y al 56,3 % de los niños del país. Una pobreza estructural, vergonzosa y lamentable. Esto no es ajeno al resto del continente, independientemente del porcentaje concreto, sin embargo, a la iglesia le sigue costando en líneas generales hablar y denunciar la corrupción, la pobreza, la marginalidad, la injusticia social, la falta de futuro.

Ante este marco, debemos reconocer que lentamente la iglesia está comenzando a salir de su parálisis, de una larga somnolencia que le quitó pertinencia y eficacia, pero alberga aún en su interior muchos peligros —algunos más latentes que otros, pero todos con posibilidad de opacar la misión—; entre ellos destacaremos el peligro de la ambición de poder y el populismo religioso.

El peligro en trato tiene un aspecto interno: actuar bajo criterios más propios del mundo de la comercialización, de la estrategia lucrativa, de la ambición, de la tentación, de decir a las personas lo que quieren escuchar y lo que les agrada (Jr 23:9-40), en lugar de hablarles acerca de lo que Dios establece en toda la Escritura, la realidad del evangelio que nos da salvación y vida eterna, al tiempo que nos llama a tomar la cruz cada día y seguir a Jesús (Is 30:10; Jr 7:4-8; 23:31, 32; Ez 3:18; So 3:4; Mi 3:5-7; Mt 24:11; 2 Tm 4:3, 4; Ef 4:11-14; Jd 4). Dicho de otra forma, usando la famosa frase o expresión francesa, *laissez faire* (que significa *dejen hacer, dejen pasar o pasen por alto*), una práctica caracterizada por una abstención de dirección o interferencia especialmente en relación con la libertad individual de elección y acción. Es dejar que el individuo haga lo que le parece sin que le digamos lo que está mal o es pecado, que simplemente lo dejemos hacer como si no hubiera consecuencias para cada acto que realiza.

Me he cansado de escuchar predicaciones en las cuales se licuan las demandas del evangelio, frases que son mentiras o medias verdades: «Dios quiere cumplir tus sueños»; «Lo que te propongas, lo lograrás»; «No hay nada que Dios no quiera darte, solo pídelo y lo tendrás»; «Dios mide tu fe por el nivel de tu ofrenda»; «Todo lo que necesitas está dentro de ti»; entre otras. Pretendemos decir solo lo que suena bien a los oídos o nos conviene y no todo el consejo de Dios en su multidiversidad. Un evangelio degradado, complaciente o tibio no produce cambio, no lleva a la transformación genuina de las personas y, por ende, de la sociedad a nuestro alrededor. Decimos que Dios quiere sanar, bendecir, restaurar, prosperar, todo lo cual es cierto, pero si las personas vienen a Dios por dicho tipo de predicación, vendrán a Cristo por las motivaciones incorrectas. Las personas deben venir a Cristo porque están en pecado y, a menos que sean salvos, se irán al infierno; todo lo demás es secundario, es añadidura, debería pasar a un segundo plano de la realidad espiritual de las personas.

Bajo el contexto más amplio de la hipermodernidad, la iglesia tendrá que atravesar el peligro de la ambición de poder, del populismo religioso, desafiar los parámetros comunes y llevar a las personas a un encuentro real, genuino y sincero a partir del arrepentimiento. Solo así hallarán paz y facilitarán el obrar de Dios en sus vidas. Como siempre ha sucedido, la iglesia, el pueblo escogido de Dios, debe anunciar las virtudes de Cristo, tomar la cruz y seguirlo. Nuestro ideal debería ser achicar la brecha a la mínima expresión posible entre lo que somos en privado y lo que somos en público; debemos ser aquellas personas que, a pesar de sus errores y fragilidades, Dios usa para su gloria.[214] Mientras haya una brecha en nosotros entre lo que hacemos y lo que debemos hacer, esto significará que el Espíritu

---

[214] Como diría Adrián Rogers: «Los hombres tiran las cosas rotas, mas Dios nunca usa a nadie sin antes romperlo».

Santo no ha terminado con nosotros, pero que aún nos esforzamos por agradarle y hacer su voluntad. Debemos entender hoy más que nunca que sin una transformación real de las personas (transformación individual), no habrá transformación social. Es hora de que la iglesia entienda que Dios no llamó a los políticos para transformar la sociedad o cambiar al mundo: escogió a su iglesia para dicha tarea, a cada uno de nosotros.

Cabe recordar además que, si bien es positiva la participación de algunos hermanos en el campo de la política, ella no debe ser un fin en sí misma. Los políticos forman parte de las personas a las cuales hay que alcanzar por medio del evangelio; por ende, la política no es un nuevo campo de misión, sino parte de la misión integral que la iglesia soslayó por muchos años (al igual que los campos universitario, empresarial, de justicia, de salud, financiero, entre otros). Pero no debemos ser ingenuos: no hay estructura política alguna que pueda modificar la realidad; quizás aliviarla, quizás gestionarla, quizás mejorarla, pero la transformación real vendrá recién cuando las personas sean transformadas por el poder de Dios y vivan en cada área de su vida en conformidad con dicha transformación.

## Sería un ministerio encarnado y sacrificial

Los evangélicos estamos acostumbrados a ver la cruz vacía y es cierto, Jesús resucitó y está sentado a la diestra del Dios todopoderoso, pero solemos obviar que antes de una tumba vacía hubo una cruz llena con el cuerpo sufriente de Jesús, entregado voluntariamente por amor a cada uno de nosotros. Estuvimos tan centrados en la gloria —cierta y verdadera— que perdimos de vista la necesidad de ser copartícipes de su sufrimiento, tal como señala el apóstol Pablo (2 Co 1:6-8). En nuestro caso, ese sacrificio sigue estando vigente a la hora de poder cumplir con nuestro ministerio. Todos debemos tomar la cruz y seguir a Cristo. Hay una santa tensión entre una iglesia sufriente y una iglesia gloriosa, y no podemos elegir solo una cara de ella.

Lo dicho en el párrafo anterior es aplicable plenamente al ministerio pastoral. Sin entrar en generalizaciones, pensamos que podíamos evitar la parte del sacrificio, de la entrega incondicional, del dolor por el otro; estas dimensiones adquieren una relevancia particular ante el nuevo contexto.

Es necesario tener en cuenta que no es posible vivir el evangelio sin encarnación previa. Jesús a lo largo de su ministerio fue muy claro al respecto. De hecho, nuestras prioridades deberían girar en torno a ello, particularmente a tratar de ser imitadores de Cristo (1 Co 11:1). El manejo de los parámetros culturales es básico para la correcta proclamación del evangelio; en ese sentido, si bien la cultura de Jesús siempre irá en contra de los parámetros y realidades de cada cultura (Mt 5–7), es nuestro deber llevar a la práctica cotidiana lo establecido en la nueva normalidad de vida exigida para el cristiano y expuesta en los famosos «mas yo os digo» de Jesús, pero no de manera oral simplemente, sino fundamentalmente a nivel vivencial.

Si la gente no puede visualizar en nuestra vida cotidiana la vivencia práctica de nuestra fe, les costará internalizar el mensaje que transmitimos. Podemos ver esto de manera práctica a lo largo del Evangelio de Juan; por ejemplo, Jesús le da de comer a la multitud y luego proclama: «Yo soy el pan de vida» (Jn 6:35). En Jn 8:12 sentencia: «Yo soy la luz del mundo», y luego sana al ciego de nacimiento. «Yo soy la puerta, el que por mí entrare, será salvo» (Jn 10:9), y asimismo agrega: «Yo soy el buen pastor» (Jn 10:11), luego de hablar de la parábola del redil. Antes de revivir a Lázaro, Jesús le dice a su hermana Marta: «Yo soy la resurrección y la vida» (Jn 11:25, 26). Luego Jesús dice: «Yo soy el camino y la verdad y la vida» (Jn 14:6) antes de hablar de la promesa del Espíritu Santo. Finalmente, proclama: «Yo soy la vid, ustedes los pámpanos» (Jn 15:5).

Como vemos, cada una de las afirmaciones, enseñanzas y declaraciones de Jesús estuvo respaldada por su actuar al respecto: darle de comer a la multitud, sanar al ciego, revivir al muerto, enseñar sobre las ovejas. Lo mismo debe acontecer con nosotros. No hay forma de que la gente pueda entender en plenitud el evangelio si no ve en nosotros frutos dignos de arrepentimiento. El pastorado, el ministerio apostólico, el ministerio de misiones, el educacional o cualquier otro encuentran su esencia y vitalidad en la medida en que hay una fuerte correspondencia entre las palabras y las acciones. Sin duda, necesitamos pensar si nuestros ministerios en verdad encarnan y vivencian el evangelio; caso contrario, daremos sustento para que las personas relativicen el mensaje, menosprecien la cruz y nos tilden de meros religiosos.

## Sería una iglesia que no cambia el mensaje, pero adapta su forma de transmitirlo y comunicarlo. Importancia del lenguaje

Las religiones están sufriendo transformaciones importantes desde los inicios del siglo XXI, las cuales se han profundizado a partir de la pandemia; de hecho, los paisajes litúrgicos e incluso algunas formas de celebración importantes están cambiando. Por ejemplo, pensemos en la Pascua del 2020 —debemos recordar que, para ese momento, en América Latina comenzó casi mayoritariamente el aislamiento social, preventivo y obligatorio (la cuarentena)—; ver la Plaza de San Pedro en el Vaticano, otrora repleta de gente, literalmente vacía y sentado en ella solo el papa Francisco. O recordemos las festividades durante el mes de julio en la Meca, con distancia social, cubrebocas y restricciones de acceso. Lo mismo sucedió en miles de iglesias evangélicas que de pronto vieron cerradas las puertas de sus templos por la expansión del COVID-19; no fueron solo las megaiglesias reducidas al personal esencial, sino la profundización de formas celebratorias por medio de las redes sociales y la celebración a distancia. De pronto la fe se virtualizó de manera obligada, la comunión se vivió a la distancia y las casas fueron los centros de la gloria de Dios. Los templos se cerraron, pero se multiplicaron las iglesias.

Debemos reconocer que las transformaciones de las religiones en los inicios del siglo XXI están haciendo que los marcos analíticos clásicos de la sociología de la religión resulten obsoletos o al menos inadecuados para captar e interpretar toda su multiplicidad. De allí las nuevas perspectivas en los análisis, sobre todo la ya mencionada *religión vivida*. La multiplicación de formas no institucionalizadas y de personas que vivencian la fe de manera desacartonada y sin responder a los parámetros clásicos hacen que tengamos que ajustar nuestra perspectiva y análisis. Debemos entender que la iglesia, particularmente los pastores, deben actualizar su mirada y entender las motivaciones que llevan a las personas a no ajustarse a los moldes tradicionales (principalmente los jóvenes), no para juzgarlos, sino para entenderlos y ser pertinentes con nuestra respuesta.

Pensemos por unos instantes en los niños de nuestras escuelas dominicales; desde hace años les damos papel y lápiz para que dibujen, pinten o armen manualidades, pero en su vida cotidiana ellos son absolutamente virtuales. En la escuela, con sus amigos, con sus grupos de afinidad, en sus tareas seculares se manejan con computadoras, notebooks, redes sociales, juegos en línea y hasta tareas y exámenes *online*. ¿Por qué no podemos hacer que experimenten lo mismo en sus clases, con actividades en redes sociales, juegos bíblicos *online*, que interactúen con sus maestros virtualmente en plataformas de actividades bíblicas? Sin duda, para ellos el mensaje sería más amigable y encarnado.

A las complicaciones que trajo el COVID-19 debemos sumar, como vimos, el encierro de la iglesia por años en la seguridad de nuestros templos, la dinamización del evento, la exaltación exacerbada de la experiencia y el show como medios suficientes para ganar adeptos, además de la aplicación de métodos anticuados para la realización de la misión (salvo excepciones). Sin duda, estamos cosechando la baja influencia social real que hemos sembrado por años. Es como si la famosa frase de William Booth (1829–1912), fundador del Ejército de Salvación, hubiera devenido en una profecía cierta: «El mayor peligro del siglo XXI será una religión sin el Espíritu Santo, un cristianismo sin Cristo, perdón sin arrepentimiento y salvación sin regeneración». En esta misma línea, sentencia Augustus Nicodemus: «El cristiano frío no es el que no grita, no salta, no gira y no hace ruido; el cristiano frío es aquel que escuchando la verdad del evangelio no la pone en práctica en su día a día». Hemos cantado, alabado, gritado, saltado (y no está mal), pero nos hemos olvidado de poner en práctica en la vida cotidiana la realidad del evangelio.

El lenguaje es muy sintomático al respecto de los cambios sociales y es, en ese sentido, mucho más que un conjunto de signos con un significado; como afirma Geertz, tal es el poder del lenguaje que «hasta con un pequeño vocabulario, logra abarcar millones de cosas».[215] Si le preguntara a alguno de mis hijos adolescentes qué es un pasacasetes, un tocadiscos, un MP4, una videocasetera o una Comodore 64, realmente no sabría de qué le estoy hablando. Y esto es así simplemente porque cada uno de esos objetos ya no se usa y, por ende, las palabras con las que nos referíamos a ellos dejaron de usarse. En igual sentido, al examinar muchos de nuestros cultos y nuestro frecuente lenguaje evangélico, nos damos cuenta de que hay palabras que se usan muy poco; no se discontinuaron, pero en realidad no son para nada frecuentes, lo que habla de nuestras falencias a la hora de hacer discípulos: pecador, arrepentimiento, cambio de vida, santidad, infierno, condenación eterna, tomar la cruz, adversidad, aflicción, angustia, sufrimiento, entre muchas otras.

Es en este punto que el lenguaje cobra una esencialidad particular. Debemos atrevernos a quitar de nuestros mensajes o sermones los espiritualismos que las personas nuevas no comprenden, entender las dinámicas gestuales y actitudinales, y por sobre todas las cosas apuntar a la simpleza de un lenguaje claro y preciso que aun los niños puedan entender (tal como pasaba con Jesús). Está bien saber griego o hebreo y tener un lenguaje pulcro e intelectualmente elevado, pero eso es para nosotros o para las personas correctas en el momento oportuno, no para cada domingo en la mañana. Debemos entender que las personas tienen un nivel de atención constante que no supera los 15 minutos en el mejor de los casos y que solo recordarán un 20 % de lo que dijimos al cabo de 10 días en el mejor de los casos.

Son muy pocos los sermones que recordaremos a lo largo de nuestra vida, quizás algunos que nos hayan marcado, pero lo que sí recordaremos de nuestros pastores es cómo nos trataron, sus consejos, su comprensión, su amor, si fueron ejemplo o no en lo cotidiano. Eso es lo imborrable.

El mensaje del evangelio no cambió ni cambiará (Mt 24:35; St 1:17), pero hemos descuidado muchos de sus principios y ahora, en la vertiginosidad de los cambios sociales, debemos dotarlo de formas

---

[215] Geertz, 2001, p. 183.

comunicacionales y perspectivas pertinentes para que las personas no solo lo entiendan, sino que les resulte más simple vivir conforme al mismo. El sacrificio de Jesús en la cruz debe seguir siendo la esencia del mensaje del evangelio en los púlpitos; recordemos que en la época de la iglesia primitiva, la cruz era un «patíbulo especialmente deshonroso y vergonzoso, que entraba en radical contradicción con el honor».[216] No obstante, los primeros discípulos se sentían honrados de poder anunciar la locura de la cruz y la humillación de Cristo como único medio de salvación posible (1 Co 1:18; 1 Tm 2:5).

Debemos entender que, a menos que captemos la atención de las personas, especialmente los jóvenes, y tengamos un lenguaje y una forma expresiva atractiva y comprensible, no escucharán fácilmente. Por eso es necesario, entre otras cosas, conocer el auditorio e interpretar la realidad adecuadamente, conocer nuestro contexto, estar debidamente informados y por sobre todas las cosas entender las necesidades reales y sentidas por las que están atravesando las personas. Nosotros vemos la realidad espiritual, pero ellos no. Debemos confrontar su situación espiritual, pero siempre a partir de la posición en la cual ellos están y desde la prueba que están atravesando; para esto necesitamos en primer lugar la dirección del Espíritu Santo y luego manejar un lenguaje comprensible para las personas y tener empatía hacia ellos.

A veces tendemos a acostumbrarnos a que la predicación o la trasmisión del mensaje sea algo que sabemos hacer; lo hacemos desde hace años y, por ende, se suele volver rutinario, monótono. Simplemente por experiencia tratamos de decir las cosas que se deben decir, sin saber si realmente es lo que debemos decir para el momento adecuado y la persona en necesidad. Jesús no solo conocía lo que pasaba con las personas, sus realidades, sino que fundamentalmente las conocía a ellas (Mt 7:28, 29). Lo dicho debe movilizarnos a pensar cómo buscar de Dios para ayudar a los demás, con la palabra exacta, la acción correcta, la templanza necesaria y la misericordia adecuada.

---

[216] Aguirre Monasterio, 1993, p. 130).

Pensemos por unos instantes en el capítulo segundo del libro de los Hechos, que da cuenta de cuando se derramó el Espíritu Santo sobre los que habían creído y comenzaron a hablar en nuevas lenguas. A tal punto esto fue sorpresivo para los habitantes de Jerusalén que se acercaron a observar qué pasaba, dado que los discípulos del Señor hablaban sobre las maravillas de Dios en las lenguas de los persas, los medos, los de Frigia, Panfilia, Egipto, entre otros. Notemos que esto significa mucho más que simplemente hablar en otros idiomas; la lengua es la expresión cultural por excelencia y el marco de nuestra idiosincrasia. El Espíritu Santo en definitiva se estaba encargando de que todos los habitantes de Jerusalén recibieran el mensaje más allá de las habilidades particulares de los seguidores de Jesús en su propia lengua y bajo su cosmovisión cultural.

> Estaban asombrados y se maravillaban, diciendo: «Miren, ¿no son galileos todos estos que están hablando? ¿Cómo es que cada uno de nosotros los oímos hablar en nuestra lengua en la que hemos nacido? Partos, medos y elamitas, habitantes de Mesopotamia, Judea y Capadocia, del Ponto y de Asia, de Frigia y de Panfilia, de Egipto y de las regiones de Libia alrededor de Cirene, viajeros de Roma, tanto judíos como prosélitos, cretenses y árabes, los oímos hablar en nuestros propios idiomas de las maravillas de Dios. (Hch 2:7-11)

En consecuencia, no solamente debemos ser pertinentes, sino además preocuparnos por saber comunicar adecuadamente el mensaje, e incluso, más allá de la técnica, es sumamente necesario comprender a las personas, saber qué pasa en sus corazones, interpretar la realidad que los rodea.

# CAPÍTULO XIII

## Sería una iglesia centrada en la santidad, la misericordia y el amor

Siguiendo con nuestro análisis al respecto de *cómo sería nuestra iglesia si Jesús fuera el pastor*, nos toca en el presente capítulo analizar por qué entiendo que sería una iglesia centrada en la santidad, la misericordia y el amor como ejes de la misión y la acción cotidiana. Como hemos dicho, los estándares exigidos por Dios al respecto de la santidad no han cambiado a lo largo de toda la Escritura (Gn 17:1; Ex 3:5; Lv 20:26; Jos 3:5; Is 6:5; 35:8; Mt 5:48; Rm 6:22; 1 Co 3:16; 2 Tm 1:9; 1 P 1:15, 16; Hb 12:14; entre otros); aunque Dios usó hombres y mujeres vulnerables y pecadores, esto no es óbice para entender que Dios ha bajado la vara de la santidad al respecto de aquellos que lo sirven.

¿Qué es la santidad?, se preguntaba el famoso pastor y teólogo anglicano inglés J. C. Ryle en su libro *Santidad. Su naturaleza, sus obstáculos, dificultades y raíces*. El autor comienza señalando expresamente las cosas que para él no son santidad; escribe:

Santidad no es…

- Conocimiento, eso es lo que tenía Balaam.
- Una profesión externa, eso es lo que hacía Judas Iscariote.
- Realizar muchas cosas, eso es lo que hacía Herodes.
- Celo sobre ciertos asuntos religiosos, eso es lo que tenía Jehú.
- Moralidad y respetabilidad de conducta, como las tenía el joven rico.
- Disfrutar de escuchar a predicadores; los judíos de la época de Ezequiel hacían eso.
- Andar en compañía de gente piadosa; Joab, Giezi y Demas hacían esto.[217]

---

[217] Ryle, 2015, p. 53.

Por el contrario, al tratar de definir *qué es la santidad*, el autor señala:

> Santidad es el hábito de ser de un mismo sentir con Dios. [...] El hombre santo se esforzará por rechazar todo pecado conocido y guardar todo mandamiento conocido. [...] El hombre santo luchará para ser como nuestro Señor Jesucristo.
>
> El hombre santo recordará...
>
> * que Cristo fue testigo fiel de la verdad,
> * que no vino para hacer su propia voluntad,
> * que su comida y bebida fue hacer la voluntad de su Padre,
> * que se negaba continuamente a sí mismo con el fin de servir a otros,
> * que era humilde y paciente ante insultos inmerecidos,
> * que tenía mejor opinión de los piadosos pobres que de los reyes,
> * que estaba lleno de amor y compasión por los pecadores,
> * que era valiente y firme en denunciar el pecado,
> * que no buscaba el elogio de los hombres, cuando lo hubiera podido recibir,
> * que iba por todas partes haciendo el bien,
> * que estaba separado de la gente mundana,
> * que se mantenía siempre en oración,
> * que no permitía que ni siquiera sus relaciones más cercanas, le impidieran hacer la obra de Dios que tenía que hacer.
>
> Estas son cosas que el hombre santo tratará de recordar.[218]

En efecto, la santidad es un proceso que nos llevará, por la obra del Espíritu Santo en nosotros, toda la vida; de hecho, día por día su obra en nosotros nos irá modelando para hacernos cada vez más semejantes a Cristo.[219] Notemos las fuertes palabras de san Pablo: «Sean imitadores de mí, como también yo lo soy de Cristo» (1 Co 11:1); el apóstol les dice a los discípulos en Corinto y a cada uno de nosotros: mírenme a mí, hagan todo lo que yo hago, dado que yo imito a Cristo, replico su comportamiento, y si lo hacen, en definitiva estarán haciendo

---

[218] *Ibid.*, pp. 53-54.

[219] Escribe Sergio Scataglini: «Si usted no está buscando el fuego de su santidad, usted está en un camino diferente al que estableció Jesús. "Pero ¿qué es el fuego de Dios?", se preguntará. Es el toque transformador de Dios, que le hace a uno odiar el pecado con vigor renovado y, en fe, nos hace perseguir apasionadamente la santidad» (Scataglini, 2000, p. 17).

lo que haría Cristo en medio nuestro. Pensemos por unos instantes si cada uno de nosotros pudiera decir a los nuestros, con la misma firmeza y convicción que tenía san Pablo: imítenme a mí, hagan todo lo que yo hago, si lo hacen estarán replicando el comportamiento que el Señor tendría si estuviera con nosotros. Sin lugar a dudas sería revolucionario. Esta premisa sigue siendo un desafío para nosotros.

Por otra parte, nos dice el trascendente pasaje de la primera epístola del apóstol Pablo a la iglesia de Corinto en el capítulo 13, versículo 1: «Si yo hablara lenguas humanas y angélicas, pero no tengo amor, he llegado a ser como metal que resuena o címbalo que retiñe»; solo cito el verso primero, pero en realidad hasta el versículo trece, el apóstol nos habla de la excelencia del amor. Todo lo que podamos realizar, todo lo que podamos lograr o hacer, por más importante que sea, viene a ser como la nada misma a menos que lo que hagamos esté imbuido del mismo sentir que hubo en Cristo Jesús (Flp 2:5), esto es, en amor. Es que a Dios, más que los resultados obtenidos (que son importantes) le interesan, de conformidad con lo que señala la Palabra, las motivaciones que nos impulsan y la profundidad del amor que nos moviliza (Mc 10:35). Por ende, debemos entender como motivaciones inapropiadas para servir a Dios el orgullo (Pr 8:13), el legalismo (Ef 2:8, 9), la falsa culpa (Col 2:13), el egoísmo (Mt 6:1-6; Mc 12:28-40; Flp 1:15-18; 3 Jn 9; 2 P 2:14, 15) y la vanagloria (Sal 10:3; 2 Tm 3:1, 2; 1 Jn 2:16).

En síntesis, en el presente capítulo trataré de dar cuenta de cómo sería una iglesia centrada en la santidad, la misericordia y el amor. Una iglesia que se transforme en la voz de los que no tienen voz y sea capaz de volver a atraer a todos los que en algún momento se apartaron de ella, pero no simplemente por ser original en las tácticas a utilizar, sino por volver a abrazar, consolar, aceptar y fundamentalmente amar como lo haría Jesús: incondicionalmente y sin transigir con el pecado.

## El desafío del amor y la santidad como prioridades de la iglesia

En el capítulo anterior dijimos que uno de los peligros que la iglesia tiene en este tiempo es el de la ambición de poder y el populismo religioso; el poder, el brillo, lo que aparentemente es importante representan siempre una fuerte seducción, pero en el fondo son simplemente vanidad (2 Co 4:18). Cuando leemos con detalle las Escrituras, vemos que Dios no mira lo que miran los hombres y la perspectiva divina es absolutamente diferente y superior a la nuestra. Veamos algunos ejemplos conocidos por todos: si nosotros hubiéramos visto a Abraham o a Sara, simplemente hubiéramos observado a dos ancianos, no a los padres de una multitud incontable como la arena del mar o las estrellas del cielo; en Moisés hubiéramos visto a un prepotente asesino, no a un libertador; al pensar en Rahab veríamos simplemente a una mujer pecadora, pero Dios miró en ella a alguien capaz de guardar a sus siervos; si fijáramos nuestros ojos en Gedeón, solo veríamos a alguien pobre, no a un general de los ejércitos de Dios; pensemos en David, un simple pastor de ovejas en el sentido literal del término, alguien atractivo, pero carente de apoyo y relevancia alguna, incluso para su familia, pero Dios vio en él a un rey, y de su descendencia vendría Cristo, quien reina por toda la eternidad. Qué decir de Isaías, Jeremías, Nahum, Jonás, Miqueas o Habacuc, hombres simples, limitados, tercos, pero Dios modeló el corazón de cada uno de ellos hasta hacerlos sus siervos. Finalmente, pensemos en los doce discípulos: pescadores en su mayoría, hombres del vulgo, comunes; jamás el Imperio romano hubiera imaginado que por sus ministerios, Dios haría proezas hasta revolucionar por medio de la fe y el amor del evangelio el imperio mismo.

Es que Dios tiene un sentido del humor muy particular (1 Co 1:23-29), usa a los débiles para avergonzar a los fuertes, a los insensatos para humillar a los sabios, a los pobres para manifestarle su poder a los ricos. La clave sigue estando en los dichos de san Pablo: «Predicar a Cristo y a este crucificado». Pero Dios, como señalamos muy someramente, usa a aquellos que son frágiles, débiles, ancianos, desprovistos de todo atractivo para el mundo, los olvidados, los que nadie tiene en cuenta, los desposeídos, aun los que no pueden entender con facilidad para perfeccionar su poder y mostrarle al mundo que lo único que Dios necesita es alguien que no solamente crea en su Palabra, sino que le crea a Él. Ese es uno de nuestros grandes problemas: creemos en Dios, pero nos cuesta creerle a Dios, y esto no es menor en nuestra vida cristiana.

Cuando le creemos a Dios, entonces nos esforzamos en hacer su voluntad, sacrificamos nuestra voluntad para cumplir la suya, sus prioridades están por encima de las nuestras y la obediencia se torna una forma de vida. De este tipo de personas habla el autor de la epístola a los Hebreos cuando sentencia que son capaces de ser usadas por Dios para realizar maravillas, pero indignas a los ojos del mundo (Hb 11:33-40).

A todos y cada uno de los muchos siervos usados por el Señor a lo largo de la historia los movilizaron el amor y la misericordia de Dios por las personas; su motivación eran convertirse en instrumentos útiles en las manos del Señor, aunque su naturaleza se resistiera (Jr 20:7-9; Rm 7:19-25). No obstante, hay una particularidad que funge como común denominador entre todos los nombrados: pese a los altibajos, resalta la obediencia fundada en el amor a Dios y al prójimo, además de la santidad como única forma de contentar el corazón de Dios y agradarlo (Mt 5:48; Hb 11:6).

Hoy más que nunca, debemos recuperar y profundizar —como un desafío esencial para la iglesia— el amor como eje central de nuestro quehacer y nuestro ser, además de la santidad como marco, modelo y directriz necesaria que guíe nuestros pasos. Ninguna de estas dos virtudes de la fe cristiana (el amor y la santidad) son opcionales para la iglesia. Al mismo tiempo, debemos reconocer que pese a la simpleza de ambas palabras, y de creer que en el fondo las llevamos a la práctica en nuestras vidas cotidianas, nos resta a cada uno de nosotros mucho camino por recorrer hasta que la imagen de Cristo se forme en nosotros y el resto de las personas pueda ver que estuvimos con Jesús y perciba la diferencia (Hch 4:13). Este es el principal desafío que tenemos en un contexto de necesidades imbricadas, amar y ser santos, elementos necesarios para favorecer que Dios nos use como instrumentos en sus manos.

## La novedad de una iglesia para todos, incluso para los exiliados evangélicos

Como ya hemos visto a lo largo de estas páginas, durante su ministerio Jesús condenó rotundamente el pecado, se le opuso y lo enfrentó, pero siempre mostró un profundo y renovado amor por los pecadores; de hecho, murió por ellos y por cada uno de nosotros para que seamos libres, limpios y restaurados a la condición de hijos de Dios. Cuando hablo de una iglesia para todos, estoy significando mucho más que una mera declaración o intencionalidad formal. Debemos reconocer que incluso los que nacieron en un hogar cristiano son pecadores separados de Dios hasta que acepten a Jesús como Señor y Cristo de sus vidas. Todos somos pecadores perdonados y transformados por el amor de Jesús y la obra del Espíritu Santo en nosotros, además de miembros, dirá san Pablo, de la familia de la fe. Ahora bien, algo completamente sintomático es que la familia no se elige, es la que tenemos, y nuestros hermanos en la fe no se eligen, simplemente se aceptan en el entendimiento de que todos somos parte de un mismo cuerpo, cuya única cabeza es Cristo.

La iglesia no debe ser una familia disfuncional, con miembros distantes, separados los unos de los otros, o peleados entre ellos. La iglesia es una comunidad de fe que ha sido transformada por la sangre de Cristo a precio de su propia vida y por tanto posee un profundo compañerismo. Cuando Dios nos llamó a la *comunión* con Jesucristo nuestro Señor (1 Co 1:9), de igual forma nos llamó a la *comunión* con toda la familia de la fe (1 Co 5:2). No es una opción aceptar o no a nuestro hermano, no es una opción amar o no a nuestro hermano, es un mandato, dado que él es parte nuestra, somos un cuerpo y nos necesitamos mutuamente, como explica el apóstol Pablo. No se trata de un compañerismo cortés y formal, es mucho más que eso: somos un cuerpo unido por nuestras decisiones individuales, pero también unido por mucho más que una decisión humana: unidos por la persona y obra de Cristo. Lo señalado es muy simple de escribir o decir, y todos estamos de acuerdo con ello; no obstante, a la hora de vivirlo, de ponerlo en práctica, no es tan simple. Este es el gran desafío, contextualizar nuestra fe, transformarla en actos concretos.

Jesús sabía que Judas Iscariote lo iba a traicionar (Jn 13:26), pero no por eso dejó de amarlo (Jn 13:1). Vemos con claridad en este extremo que Jesús no modificó su amor por Judas; sin lugar a dudas, le dolió la traición, y es a veces lo que nos pasa a lo largo de nuestra vida cristiana. Pueden herirnos, lastimarnos, pero siempre debe ser más intenso el amor por nuestros hermanos. En este contexto fue que el Señor les dijo a los Doce:

> Un mandamiento nuevo les doy: «Que se amen los unos a los otros»; que como yo los he amado, así también se amen los unos a los otros. En esto conocerán todos que son mis discípulos, si se tienen amor los unos a los otros. (Jn 13:34, 35)

Otro aspecto de ser una iglesia para todos tiene que ver con la multiculturalidad. En nuestro contexto de altas ondas migratorias con motivo del cambio climático, de guerras,[220] de rebeliones internas, miles de personas se convierten en refugiados o desplazados involuntarios, incluso dentro de un mismo país. Por ende, será cada vez más normal que en nuestras congregaciones haya extranjeros en medio de nosotros, y parte de nuestro deber cristiano no solo es aceptarlos, sino además respetar sus culturas y entenderlas, ayudarlos en todo lo que podamos y mostrarles la misma compasión y aceptación que Dios le exigió al pueblo de Israel, recordándoles que ellos también fueron extranjeros en tierra extraña (Lv 19:33, 34; 1 Cr 29:15). De hecho, todos somos extranjeros en la tierra y buscamos la ciudad por venir, en la cual estaremos por siempre en la presencia de Dios (Hb 13:14).

Una iglesia para todos no hace acepción de personas ni es excluyente, tanto desde lo conceptual o filosófico como desde la praxis; pensemos en alguien con movilidad reducida y reflexionemos por unos instantes sobre si nuestros templos tienen rampas de acceso, baños para discapacitados, accesibilidad a las áreas principales, bautisterios preparados. Esto, que es algo meramente lógico y primario, es toda una novedad cuando pensamos en nuestros edificios más antiguos; no obstante, deberíamos preocuparnos por hacer las modificaciones necesarias dado que, a simple vista, esto demuestra que la congregación no es inclusiva.

También debemos esforzarnos por tener hermanos que interpreten el mensaje y el culto a personas son sordas o necesitan lengua de

---

[220] Según las Naciones Unidas, a junio del 2023 hay en el mundo 110 millones de refugiados en el mundo con motivo de los distintos escenarios bélicos existentes. Cf. Naciones Unidas, 2023b.

señas, así como accesibilidad sonora para hermanos con disminución de su capacidad visual o ciegos. Debemos tener maestros y líderes capacitados en cómo tratar a y trabajar con personas que se encuentran dentro de los rangos variados del espectro autista "TEA", manejando sabiamente desde los niveles de ruido ambiente de los cultos y la intensidad de las luces, hasta las clases de escuela dominical o estudio bíblico, respetando su forma comunicacional y de aprendizaje). Cuando pensamos en estas cosas, debemos reconocer que a la mayoría de nosotros nos queda mucho camino por recorrer para que nuestra iglesia sea realmente para todos[221] y para que todos puedan habitarla como un solo cuerpo.

Pero si avanzamos un paso más hacia un tema más complejo y actual, qué haríamos si vinieran a nuestra iglesia personas homosexuales o con tendencias homosexuales; seguramente una gran cantidad de congregaciones no sabría cómo trabajar con ellos, como lidiar con el tema o quizás simplemente los excluirían, pensando que igual son pocos. Ya hace unos diez años teníamos tal preocupación, que se ve reflejada en una entrevista que le hiciera el periódico Protestante Digital al psicólogo español Esteban Figueirido, presidente del Grupo de Psicólogos Evangélicos en España, sobre las terapias reparativas. Ante la pregunta: ¿Cómo puede la iglesia ayudar a los homosexuales?, el especialista respondió algo que comparto, y consignamos *in extenso*:

> Estamos muy verdes en este asunto. Como comentaba en el artículo de la revista "Básicos" de la Editorial Andamio, es necesario entender el apoyo y la comprensión que necesita una persona en medio de esta lucha. Hay un llamado claro a que la iglesia esté comprometida en reflejar el amor de Dios. Los cristianos tenemos la costumbre de clasificar y valorar con mayor gravedad todo tipo de pecado sexual. Es necesario recordar que la Biblia condena la práctica homosexual, pero

---

[221] Pensemos por unos instantes en que *Bartimeo*, como dice Nancy Buceta de Gauna, ni siquiera «tenía un nombre que le fuera propio, sino solo el de su padre. El nombre Bartimeo significa "hijo de Timeo". A su vez, Timeo significa "el honorable". Entonces, podríamos traducir el nombre Bartimeo como "el hijo del honorable» (Buceta de Gauna, 2023, p. 15); sin embargo, Jesús lo hizo llamar para presentarlo ante Él y fue el primero en reconocer que Jesús era el Mesías (Mc 10:47, 48).

no la tendencia homosexual. La homosexualidad implica un estilo de vida que puede ser abandonado y perdonado. Las personas solo se condenan por su negativa a aceptar a Cristo como Señor y Salvador. Dios ama a la persona homosexual, pero Dios no acepta la conducta homosexual de la misma forma que Dios no acepta ninguna de nuestras prácticas pecaminosas, antes o después de nuestra conversión. Así que esa actitud de amor, comprensión, apoyo, paciencia, etc., es la que debería caracterizar a la iglesia, puesta para compartir el evangelio y vivirlo en la práctica del apoyo a cualquier persona que lo necesite.[222]

Allá por el año 2018, escribí un artículo en el periódico Evangélico Digital para mi blog "Con sentido", que titulé: "Que nuestra convicción no deje de lado el amor". En dicho artículo, decía lo siguiente: «Percibo un movimiento pendular extremista, en el afán de implantar los valores cristianos, que puede llegar a vaciar la esencia del cristianismo: amor y compasión». Y agregaba más específicamente:

En este contexto de voces que se levantan para llamar «a lo bueno malo y malo a lo bueno, y convierten la luz en tinieblas, y las tinieblas en luz, y lo amargo en dulce y lo dulce en amargo» (Is 5:20, 21), la iglesia debe hacer oír el mensaje de la gracia, pero además la estruendosa voz del amor y la misericordia. Esta será la mejor forma de levantar la cruz y causar una revolución que acerque el reino de Dios y su justicia.[223]

Podríamos seguir enumerando probabilidades de todo tipo de personas que podrían llegar a nuestras iglesias; en todos los casos, ese "otro" está sintetizado en el concepto de *otredad*, muy utilizado en los campos de la sociología y la antropología. Notemos que hace unos 200 años, Immanuel Kant, en su breve opúsculo *La paz perpetua*, pretendía analizar cómo tener una paz duradera partiendo de la realidad del otro, y discurría afirmando algo obvio, pero importante: vivimos en un planeta, una esfera donde todo se mueve, y estamos destinados a vivir para siempre en la proximidad y compañía del otro. Jesús a lo largo de su ministerio respetó y se acercó al otro, pero sin romper su particularidad y dentro de su ámbito cultural, tal como hemos visto. Nos dice Ríos Cabello: «El otro constituye, destruye, ayuda y complica,

---

[222] Hofkamp, 2013.
[223] Marzilli, 2018.

posiciona y cuestiona».[224] Estamos diseñados por Dios como seres sociales; no podemos dejar de lado al otro o vivir sin el otro. De allí la importancia de armar nuestro esquema y ministerio eclesiástico pensando en el "otro" que no tiene a Dios en su corazón todavía y lo necesita tal como un día lo necesitamos nosotros. En definitiva, eso en palabras de Jesús es: «Amarás al prójimo como a ti mismo» (Mt 22:39), un mandato divino de amar al otro, al distinto, al diferente de nosotros, al que no es como nosotros, tal como a nosotros mismos.

Cabe preguntarnos en humildad: ¿Realmente alguno de nosotros puede pensar que si Jesús fuera pastor de nuestra iglesia tendría algún tipo de trato discriminador, egoísta, de altivez, despreciativo o carente de amor hacia alguna persona, por más pecadora que la misma sea? ¿Podemos pensar, por un solo instante, que no dejaría las noventa y nueve ovejas para ir a buscar a la perdida? Realmente no me imagino a Jesús siguiendo la dinámica eclesial, incluso la cúltica, sin tener en cuenta a Dios, pero también a las personas; o que pudiera diseñar la estrategia de las actividades anuales (el calendario) sin pensar en la esencia de la Gran Comisión, pero también sin pensar en que todos, más allá de sus situaciones personales, estuvieran involucrado en ser iglesia. No me imagino a Jesús sin salir a la comunidad para mostrarle el amor y la compasión de Dios que se renueva día por día, abrazando a los marginados, sanando a los enfermos, restaurando a los pecadores, aceptando a todos, aunque no comparta sus acciones. A veces estamos tan ensimismados en nuestra cultura evangélica que perdemos de vista la cultura de Jesús, que acercaba el reino de Dios a todos y amaba a todos.

## ¿Por qué las personas deberían venir a nuestra iglesia?

Cuando los pastores entramos en la vorágine que nos plantea el día a día de las actividades eclesiásticas y las responsabilidades ministeriales tendemos a perder de vista la alta rotación de asistentes que se da en nuestras iglesias y la decisión que toman los "exiliados evangélicos" de elegir congregarse a su manera —quizás vía *online*— a fin

---

[224] Ríos Cabello, 2011, p. 7.

de evitar los potenciales compromisos que pudieran surgir. Como ya mencionamos, siempre resuenan en mis oídos las palabras que Jesús le dijo al Padre en la oración que refleja el apóstol Juan en el capítulo 17 al respecto de sus discípulos: «Los guardé y ninguno se perdió» (v. 12); aunque no debemos olvidar que previamente había confesado al Padre que los había discipulado correctamente, y podía aseverar que pese a sus errores y dificultades, guardaban la Palabra. Señala el texto: «Eran tuyos y me los diste, y han guardado tu palabra» (Jn 17:6).

En efecto, la alta rotación o circulación de los asistentes a las iglesias coadyuva a producir inestabilidad al respecto de la responsabilidad de los creyentes como discípulos del Señor y, por ende, las congregaciones van sufriendo un deterioro que tiende a producir desánimo en el liderazgo y, finalmente, opacidad en la institución.[225] En las últimas décadas se ha profundizado la tendencia a que los asistentes a los cultos tengan un alto sentido de rotación y desafiliación. Los asistentes se tornan esporádicos u ocasionales; esos *creyentes de autogestión* (como ya dijimos) circulan con el único objetivo de saciar su expectativa emocional o coyuntural. Bernardo Stamateas, pastor y psicólogo de una megaiglesia bautista y principal responsable de la red apostólica Ministerio Presencia de Dios, sistematizó, en un documento llamado *Me voy de la iglesia*, diez causas que según su opinión son las causales que impulsan al alejamiento de las personas de las iglesias. Las resumimos a continuación:

1. Se van porque sufren maltrato (maltrato de pastores, de líderes, de ujieres, de otros miembros, de peleas entre pastores o líderes).
2. Se van por estar en una iglesia sin propósito (las iglesias sin propósito están muertas y aburridas; las personas van, escuchan mensajes que no les sirven para nada, que no tienen ninguna trascendencia en sus vidas, y se van).

---

[225] Al respecto de la rotación de las personas entre las distintas confesiones, señala Giménez Béliveau: «El campo religioso en América Latina se caracteriza desde hace tiempo por la movilidad, el tránsito y el nomadismo» (Giménez Béliveau, 2007, p. 28). La autora señalada incluso habla de dos tipos de circulación: una sucesiva, en la que el fiel pasa de un grupo a otro, se adapta al nuevo contexto y toma sus formas y modismos; y la otra simultánea, que se da cuando este fenómeno se hace en paralelo y el creyente se nutre de distintas tradiciones, símbolos y creencias.

3. Se van porque no los dejan servir y desarrollar su don (hay personas que tienen un profundo deseo y una santa insatisfacción por servir a Dios, trabajar y desarrollar su potencial, y sienten que tienen un techo).
4. Se van por el legalismo (el legalismo mata, me consta).
5. Se van por estar en iglesias almáticas —y ¿qué es ser almático? Es un vínculo pegajoso, intenso, simbiótico—.
6. Se van por la falta de interés en la gente que se congrega (otro motivo que he observado es que hay gente que va a una iglesia y nadie la saluda, nadie la discipula, nadie se interesa por ella).
7. Se van porque han sido disciplinados (gente que ha cometido errores, ha pecado, pero se ha arrepentido; ha reconocido de corazón su error y su pecado, pero le ha caído la disciplina con cadena perpetua).
8. Se van por burocracia (existen iglesias llenas de estatutos, formalidades).
9. Se van por pastores sin compromiso (no marcan la visión, no son padres espirituales, sino sencillamente empleados que, como nadie controla ni vigila, en general se pasan más tiempo durmiendo que trabajando).
10. Se van por el pecado pastoral (mucha de la gente que se retira de las iglesias es por haber visto, comprobado y descubierto la doble vida de sus pastores).[226]

A la fecha muchas son las iglesias y asociaciones pastorales que están redoblando esfuerzos para volver a atraer a los exiliados evangélicos, para que las personas que dejaron de congregarse a partir de la pandemia del COVID-19 regresen y los alejados se reconcilien con el Señor; no obstante, hay preguntas que deberíamos hacernos antes: ¿Por qué las personas deberían venir a nuestra iglesia? ¿Qué ofrece nuestra iglesia a las personas? La primera respuesta que viene a nuestra cabeza es casi instantánea y tiene que ver con la admonición del libro de Hebreos: «No dejando de congregarnos, como algunos tienen por costumbre, sino exhortándonos unos a otros, y mucho más al ver que el día se acerca» (10:25), o pensamos en todo lo escrito por el apóstol Pablo al respecto de nuestra responsabilidad como parte del cuerpo. Pero esa es una respuesta simple, la más lineal. Todos sabemos lo importante que es congregarnos y sentirnos parte del cuerpo, sin

---

[226] Cf. Stamateas, 2008, pp. 1-10.

embargo, debemos reconocer que no todas las personas piensan de la misma manera.

Debemos considerar en profundidad qué hay en nuestra iglesia que motiva a las personas a desear congregarse y compartir con el resto de los hermanos. Dicho de otra manera, ¿qué pasa por la mente de las personas cuando, al no asistir a la iglesia, sienten que les falta algo y la extrañan? En realidad, la respuesta no es difícil cuando la confrontamos con el ministerio de Jesús; los Evangelios dan cuenta de que las personas por multitudes seguían al Señor. Había en Él cualidades particulares que no encontraban en el resto de los religiosos de su época; más allá de los milagros y los portentos, fueron el amor, la compasión y la misericordia los que distinguieron el ministerio de Jesús.

Jesús amaba profundamente a las personas y sin lugar a dudas ellas lo notaban, lo palpaban por sus actos concretos. Es cierto: fueron también las que en su momento gritaron, por presión de la autoridad religiosa, pidiendo crucificarlo, pero no por ello debemos olvidar que las personas se sentían contenidas y comprendidas por Jesús más allá de sus pecados y maldades. Jesús se volvió un refugio, una esperanza esencial para las personas. En nuestro contexto es muy importante, en mi visión, que las personas se sientan amadas incondicionalmente, y esto no es solo tarea de los pastores, sino de cada uno de los miembros de la congregación. De allí la importancia del discipulado. Una sola palabra fuera de lugar puede ser muy difícil de manejar para las personas.

Una iglesia que vaya más allá del aspecto, los pecados y los estigmas de las personas será una iglesia que, sin consentir el pecado, mostrará amor por los pecadores al punto de poder recibirlos, contenerlos, abrazarlos y predicarles con pertinencia para que el Espíritu Santo pueda transformar sus vidas. Una iglesia para todos es una iglesia que contiene y atrae a las personas, sostenida por líderes que priorizan esa cercanía, además de la santidad y el amor, por encima de su carrera ministerial. Recordemos una famosa frase de MacArthur hacia los pastores que se hizo viral en las redes:

> Usted debe predicar la palabra de Dios, no la suya; usted es el mensajero, no el mensaje; usted es el sembrador, no quien cosecha; usted

es un representante, no la autoridad; usted es un administrador, no el propietario; usted es un lector, no el autor; usted es un mesero, no el cocinero. Cuando usted logre comprender estas cosas, Dios le enviará ovejas hambrientas para que las cuide.[227]

Es vital que podamos entender que Dios no pondrá en nuestras manos ovejas que no podamos cuidar como Él lo haría, y nos exigirá o pedirá cuenta por cada una de ellas. No podemos descuidar ni percibir como un número más aquello que Él consiguió a precio de sangre. Debemos amar lo que Él amó con intensidad, y el resto lo hará su Santo Espíritu.

Jesús no solo amó a las personas, sino que inmediatamente, luego de impactar sus vidas, las dotó de un propósito que antes no tenían. De hecho, vemos muchos pasajes en los Evangelios (como el de la mujer samaritana) en los cuales casi al instante, luego de la intervención del Señor, las personas salían diciendo lo que Él había hecho por ellos, dando testimonio de la obra poderosa en sus vidas. Las personas necesitan recuperar el propósito en sus vidas, una motivación que vaya más allá de sus expectativas y los impulse a vivir con una finalidad. Muchas veces las personas se quedan en las iglesias por meses sin tener nada que hacer, sin una finalidad que cumplir, al punto de que terminan yéndose sin la posibilidad de servir o sin aprender la importancia de compartir lo que Jesús hizo por ellos. El amor de Jesús nos da propósito en nuestras vidas; como diría el Evangelio de san Lucas: «Al que mucho se le perdona mucho ama» (7:47). El amor de Jesús hace que no podamos callar: «Muchos de los samaritanos creyeron en Él por la palabra de la mujer que daba testimonio, diciendo: Él me dijo todo lo que yo he hecho» (Jn 4:39).

---

[227] MacArthur, 2009, p. 35.

# CAPÍTULO XIV

## Sería una iglesia que viviría en la plenitud del Espíritu Santo

Cuando hablamos de que la iglesia que pastorearía Jesús viviría en la plenitud del Espíritu Santo no estamos haciendo alusión a las distintas posiciones teológicas y pneumatológicas que existen en la actualidad, ni pensando que la plenitud del Espíritu Santo es propia de una denominación particular. Por el contrario, siguiendo los preceptos neotestamentarios, entendemos que todos los cristianos hemos sido llamados a depender enteramente del Espíritu de Dios en nuestro caminar cotidiano con Cristo. Esto no es un tema de pentecostales, bautistas, presbiterianos, metodistas o cualquier otra denominación, sino de permitir que el Espíritu de Dios dirija y gobierne nuestra vida.

Ahora bien, para poder disfrutar de una vida plena, vital y productiva, es menester que en primer lugar podamos ser obedientes a Dios y a su Palabra; solo a partir de la fe y la obediencia es que el Espíritu Santo morará en plenitud en nuestras vidas. Lógicamente, Él irá trabajando en nuestro ser interior para hacernos cada día más semejantes a Jesús y esto redundará en poder contemplar la gloria de Dios incluso en los detalles más simples de nuestra cotidianidad. Todos y cada uno de nosotros debemos reconocer que solos no podemos llevar adelante la obra del ministerio, que no podemos enfrentar los problemas o los momentos de crisis o angustias (que llegarán indefectiblemente) con nuestros medios y recursos; de ahí la necesidad de refugiarnos en el poder de Dios y bajo su poderosa mano en todo tiempo. Cuanto más dependientes somos de Dios, más gracia recibimos. No debemos olvidar que nuestras batallas se ganan de rodillas y siendo fieles al Señor, no con nuestra humana sabiduría.

Lo señalado requiere que la iglesia esté entonces atravesada por la oración y la adoración como prioridades que nos permitirán sustentar la obra del ministerio bajo una humilde dependencia del Espíritu Santo. Aunque no nos demos cuenta, en la medida en que seamos cercanos en intimidad con Dios y mostremos nuestra humildad de espíritu, entonces, como diría san Pablo, nos haremos fuertes en nuestra debilidad, pero con sus fuerzas y sustentados por su poder.

Por años nos distrajo la cultura del evento y la plataforma; esa cultura se transformó en un peligro, dado que pensábamos que por la belleza del show y las luces estábamos en medio del poder de Dios. Pero cuando analizamos dicha perspectiva nos damos cuenta de que muchas veces las luces vinieron a reemplazar el poder, el evento reemplazó el fuego, y la escena vistosa a los milagros y portentos que solo puede realizar el Espíritu de Dios. Pese a lo vistoso del culto, de a poco fuimos perdiendo el real fuego del Espíritu en medio nuestro, obrando poderosamente en la salvación y restauración de las personas.

Nada puede reemplazar el poder del Espíritu Santo; caso contrario, nos volveremos tibios. Nada puede reemplazar en nuestros ministerios la dependencia y la obediencia a Dios. Nunca debemos olvidar de que somos solamente pámpanos injertos en la vid verdadera, y solo la savia que corre en ella es la que nos da vida y aliento para avanzar y desarrollar nuestros ministerios conforme al corazón de Dios. Una iglesia que no vive bajo la plenitud del Espíritu Santo será, pues, una iglesia que tarde o temprano terminará menospreciando la cruz y perderá una correcta visión de la misión (Ap 3:17, 18).

## Relación entre obediencia, plenitud y la gloria de Dios

A lo largo de las Escrituras, vemos de manera reiterada casos de hombres y mujeres que fueron poderosamente usados por el Señor para llevar adelante su voluntad y propósito en medio de su contexto, pero fueron imperfectos y vulnerables; solo por mencionar algunos casos: Abraham era un anciano cuando Dios lo llamó a ser padre de muchedumbres, Jacob era un engañador serial, Moisés fue un asesino, Aarón fue débil de carácter, Rahab fue prostituta, Gedeón tenía complejo de inferioridad, David fue adultero y asesino, Salomón fue un promiscuo, Pedro negó a Jesús, Juan era muy sanguíneo, Tomás era incrédulo y Pablo persiguió a la iglesia. Debemos reconocer que Dios, junto a su gracia y soberanía, siempre mostró el cuadro completo de la fragilidad humana. Por ende, vemos los pecados de los héroes de la fe (Hb 11), así como también la obra de Dios en ellos y a través de ellos.

Cuando analizamos el caso del Señor Jesús y los discípulos advertimos que no llamó a hombres religiosos, con estudios, reconocidos socialmente o de posición económica; por el contrario: convocó a hombres trabajadores, toscos, rudimentarios. Sin embargo, cuando recorremos la vida de cada uno de ellos, pese a los altibajos y errores, concluimos que de manera distintiva y sin merma eran obedientes y radicales.

Pensemos en dos ejemplos básicos y particulares que nos ofrece el Nuevo Testamento. En primer lugar, Jesús le pide a Pedro que vaya al mar, que abra la boca del primer pez que saque y tome un siclo de plata de su interior para pagar el impuesto del templo en nombre suyo y de Pedro (Mt 17:24-27). Pedro era un pescador experimentado, era su oficio familiar y personal; de hecho, Jesús lo invitó a seguirlo mientras realizaba su oficio. Seguramente nunca había sacado de la boca de un pez una moneda de plata, pero obedeció sin cuestionar la orden de Jesús. En segundo lugar, antes de la entrada triunfal en Jerusalén, Jesús les dijo a dos de sus discípulos que fueran a buscar un pollino que estaba atado en la entrada de la ciudad; así lo hicieron sin dudar y lo llevaron en conformidad con las instrucciones recibidas. Como vemos, la obediencia es un requisito *sine que non*; acatar una instrucción divina es una característica fundamental que exige Jesús a sus seguidores, incluso si no lo entendemos. Y es que la obediencia no es el cumplimiento de un conjunto de reglas, sino fundamentalmente un acto de profundo amor por Dios, una dependencia absoluta y una confianza más allá de lo previsible o razonable.

Conviene aclarar que Jesús no hizo un casting ni un muestreo selectivo para elegir a los Doce; los Evangelios claramente señalan que

Jesús pasó un prolongado tiempo en oración delante del Padre y luego llamó a los discípulos, seguramente bajo la dirección del Espíritu Santo.

> En esos días Jesús se fue al monte a orar, y pasó toda la noche en oración a Dios. Cuando se hizo de día, llamó a sus discípulos y escogió doce de ellos, a los que también dio el nombre de apóstoles: Simón, a quien también llamó Pedro, y Andrés su hermano; Jacobo y Juan; Felipe y Bartolomé; Mateo y Tomás; Jacobo, hijo de Alfeo, y Simón, al que llamaban el Zelote; Judas, hijo de Jacobo, y Judas Iscariote, que llegó a ser traidor. (Lc 6:12-16)

Ahora bien, lo mencionado debería hacernos considerar que hay una profunda relación simbiótica entre la obediencia, la vida en plenitud del Espíritu Santo y la manifestación de la gloria de Dios. No es posible, bajo ninguna circunstancia, pensar que Dios violentará los principios inalterables que Él mismo estableció en su Palabra. La obediencia sigue siendo un requisito ineludible para cada uno de nosotros, y Dios es sumamente explícito en cuanto a los beneficios de obedecer (Lv 26:3-13; Dt 7:12-24; 28:1-14) o las maldiciones de la desobediencia (Lv 26:14-46; Dt 28:15-68).

Jesús nos dio el mayor ejemplo de obediencia que aparece en las Escrituras; su obediencia al Padre lo llevó a la muerte y muerte de cruz por cada uno de nosotros. En reiteradas ocasiones, vemos a Jesús afirmar explícitamente y sin titubear que Él obedecía al Padre: «Mi alimento es hacer la voluntad del Padre que me ha enviado, y llevar a cabo su obra» (Jn 4:34); «el Hijo no puede hacer nada por su cuenta, sino lo que ve hacer al Padre» (Jn 5:19); «yo no puedo hacer nada por mi cuenta. [...] No busco mi voluntad, sino la voluntad del que me ha enviado» (Jn 5:30); «he bajado del cielo no para hacer mi voluntad, sino la voluntad del que me ha enviado» (Jn 6:38); «mi doctrina no es mía, sino de aquel que me ha enviado» (Jn 7:16); «yo hago siempre lo que le agrada a él» (Jn 8:29). «no he venido por mi cuenta, sino que él me ha enviado» (Jn 8:42); «las palabras que os digo, no las digo por mi cuenta» (Jn 14:10); «el mundo ha de saber que amo al Padre y que obro según el Padre me ha ordenado» (Jn 14:31); «no se haga mi voluntad, sino la tuya» (Lc 22:42). Lo señalado marcó la vida de los discípulos y selló de manera indeleble a la iglesia primitiva (Rm 12:2; 1 Co 15:58; St 1:22; 1 Jn 2:17; 3:21, 22; entre otros).

La obediencia es uno de los factores principales por la cual la plenitud del Espíritu de Dios se manifiesta en nuestras vidas con el fin de mostrar la gloria divina a las naciones. Esto fue lo que pasó con Abraham o Moisés en el desierto, con Josué o David en el campo de batalla, con Ana o Isaías en el templo, con Jeremías en la cisterna, con Daniel en el foso de los leones, con Pedro y Juan o Pablo en la cárcel, o con Juan en Patmos. Siempre la gloria de Dios se manifestó ante aquellas situaciones o circunstancias límite al respecto de las cuales no había posibilidad humana alguna de resolución, para mostrar fundamentalmente su amor inagotable hacia sus escogidos. En la medida que haya una genuina y sincera obediencia a la Palabra de Dios, y que podamos anhelar vivir en la plenitud del Espíritu Santo (Sal 42:1, 2; Is 26:9), veremos a cada instante la manifestación de la gloria de Dios, tanto en las simples cosas de la vida como en aquellas que solo Él puede resolver.

Sin embargo, a veces perdemos de vista los milagros cotidianos que Dios realiza en nuestras vidas, aquellas cosas simples que hemos naturalizado absolutamente y damos por sentado (el aire que respiramos, despertarnos sanos, estar bajo un techo, tener comida, estar cerca de los que nos aman, tomar un vaso de agua, entre muchas otras cosas). No necesitamos ver un milagro portentoso para dejarnos deslumbrar por la misericordia y la gracia de Dios que se renuevan día por día en nuestras vidas. Necesitamos tener plena consciencia del obrar de Dios en nosotros, tanto en las grandes cosas como en las pequeñas, dado que nuestro Padre está en todos los detalles de nuestras vidas.

## Sería una iglesia que se refugiaría en el poder de Dios

Al estudiar el comportamiento de la iglesia primitiva en la Palabra de Dios, observamos que cuando el enemigo redoblaba sus esfuerzos y acechanzas contra los santos, respirando sobre ellos amenazas de muerte e instigando a las autoridades y principales sacerdotes para impedir el crecimiento de la naciente iglesia, los discípulos se refugiaron, al igual que Jesús, en la oración y el poder de Dios.

Y ahora pues Señor mira sus amenazas, siervos que con todo denuedo hablen tu palabra, mientras extiendes tu mano para que se hagan sanidades y señales y prodigios mediante el nombre de tu santo Hijo Jesús. Cuando hubieron orado, el lugar en que estaban congregados tembló; y todos fueron llenos del Espíritu Santo, y hablaban con denuedo la palabra de Dios. (Hch 4:29-31)

Y ellos salieron de la presencia del concilio, gozosos de haber sido tenidos por dignos de padecer afrenta por causa del nombre de Jesús, y todos los días, en el templo y por las casas, no cesaban de enseñar y predicar a Jesucristo. (Hch 5:41, 42)

Ninguno de nosotros puede pensar que la iglesia primitiva por sus propios medios, argumentos y habilidades podía alcanzar todo el imperio sin contar con el poder del Todopoderoso. Cuando analizamos todos y cada uno de los pasajes del libro de los Hechos (particularmente) notamos que vez tras vez el Espíritu Santo interviene poderosamente, librándolos de los peligros, fortaleciéndolos en el momento de prueba, dándoles argumentos para su defensa, y obrando distintos portentos para que los incrédulos crean. El texto bíblico señala, por ejemplo, una ocasión cuando el sumo sacerdote y los saduceos estaban llenos de celos y tramaron el encarcelamiento de Pedro y Juan. Sin duda, los saduceos manejaban el poder religioso, y cada vez que sospechaban que algo o alguien podía amenazar su poder, o al menos opacarlo, actuaban con real furia. No en vano el Señor había dicho de ellos que eran una *generación de víboras*.

Los saduceos eran religiosos formales sumamente incrédulos al respecto de todo lo que tenía que ver con lo espiritual:, no creían en la resurrección, ni en los milagros, ni en la sanidad, ni en los ángeles. No podían aceptar (por su estrechez y negación) que anteriormente Jesús y ahora sus discípulos revolucionaran al pueblo con señales y prodigios extraordinarios. Ante esto, la reacción fue la misma: atemorizar a los creyentes para que dejaran de predicar al pueblo, amedrentarlos para que no hicieran milagros en el nombre del nazareno. La reacción apostólica fue la misma que la de Jesús: «Les era necesario hacer caso a Dios antes que a los hombres» (Hch 4:19).

Mientras Pedro y Juan hacían su alegato de defensa, expresamente señalaron: «Y nosotros somos testigos suyos de esas cosas, y también el Espíritu Santo, el cual ha dado Dios a los que le obedecen» (Hch 5:32). Esto no ha cambiado; el Espíritu de Dios sigue manifestándose a aquellos que hacen la voluntad de Dios y la anhelan. Hoy corresponde a la iglesia exaltar el nombre del Señor y en obediencia servir en la plenitud del Espíritu Santo. En este contexto de defensa, se levantó la voz de un fariseo llamado Gamaliel, del cual la Palabra dice que era doctor de la ley (*nomo-did'askalos*), que fue escuchado por la mayoría saducea y concluyó con sabiduría:

> Y ahora os digo: apartaos de estos hombres y dejadlos, porque si este consejo o esta obra es de los hombres, se desvanecerá, más si es de Dios, no la podréis destruir; no seáis tal vez hallados luchando contra Dios. (Hch 5:38, 39)

Luego de ser azotados, Pedro y Juan salieron gozosos y continuaron predicando en el templo y por todas partes el evangelio de Jesucristo.

En este punto, caben al menos dos reflexiones generales. En primer lugar, Gamaliel, aun sin saberlo, fue usado por el Espíritu Santo a fin de promover la libertad de Pedro y Juan, y alertado por sus propios labios, el sanedrín fue advertido acerca de que la iglesia era obra de Dios. En segundo lugar, señalar que también la iglesia, a veces, corre el riesgo de no saber interpretar la voluntad y la obra de Dios, pudiendo ocasionalmente encontrarse en oposición al Señor, a lo deseado en su corazón.

Pese a todo, al concluir la primera parte del libro de los Hechos, los apóstoles, en franca desobediencia al Señor, solamente habían predicado el evangelio en Jerusalén; este fue el principal motivo de una persecución, por la que fueron obligados a dispersarse y regar todas las ciudades del Imperio romano con la Palabra. Lo importante de notar en este punto es que la iglesia primitiva, y particularmente los discípulos en sí, fueron investidos, llevados, guiados, alentados, confortados, inspirados, usados y confirmados por el Espíritu Santo. La iglesia solo pudo haberse expandido como lo hizo por medio de la portentosa mano de Dios, por la inobjetable obra del Espíritu Santo y por la grandeza y eficacia de la Palabra de Dios; hoy debemos seguir dependiendo del mismo poder que obró a lo largo de todo el plan de Dios y seguirá haciéndolo hasta que estemos con Él por la eternidad sin fin.

## Sería una iglesia centrada en la adoración y la oración como prioridades

En el próximo punto profundizaremos en los alcances de la cultura de la plataforma que signó por décadas a muchas iglesias evangélicas, desenfocándonos de la esencialidad de la misión y la vida comunitaria de las comunidades de fe. A tal efecto es importante resaltar que cuando el libro de los Hechos desarrolla y analiza lo que hacía la iglesia primitiva, se observan los siguientes puntos: comunión entre los hermanos (Hch 2:44), adoración y alabanzas (Hch 2:47), participaban de la Cena (Hch 2:46) y permanecían en la doctrina y enseñanza de los apóstoles (Hch 2:42). En comparación con el libro de Hechos, gran parte de todo lo que acontece en nuestros cultos tiene que ver más con la tradición y con aspectos culturales que con el fondo que señala la propia Palabra de Dios.

Cuando analizamos las bases fundamentales de las dinámicas cúlticas actuales, vemos que más allá de las denominaciones a las que pertenezcan las distintas iglesias, y salvando las variaciones menores, todas tienen como base subyacente un mismo patrón elemental en el desarrollo de los cultos. Siguiendo a Frank Viola y George Barna, podemos enumerarlas de la siguiente manera:

Quite las alteraciones superficiales que distinguen el culto y usted encontrará la misma liturgia prescrita. Aquí está como se ve:

- *El saludo*: Entrando al edificio, un ujier o alguien designado a saludar.
- *La lectura bíblica u oración*: Usualmente por el pastor o líder de la música.
- *El culto musical*: Un líder musical profesional, coro o equipo de adoración dirige a la congregación a cantar. Si usted es parte de una iglesia del estilo carismático, esto duraría de unos 30 hasta 45 minutos. De otra manera será más corto.
- *Los anuncios*: Dados por el pastor o algún líder de la iglesia.
- *La ofrenda*: A veces se llama "el ofertorio", usualmente es acompañada por una música especial del coro, o un solista.
- *El sermón*: Típicamente es un discurso de 30 a 45 minutos entregado por el pastor.
- *Una oración pastoral* después del sermón.

- Una *invitación al altar*.
- *Más música* dirigida por el coro o equipo de adoración.
- La *Cena del Señor*.
- *Oración* por los enfermos o afligidos.
- *Anuncios finales*: Generalmente dados por el pastor o algún "laico" afortunado que recibe una oportunidad de decir algo en el culto.
- *La bendición*: Esta es la bendición [despedida] o canción que termina el culto.

Con unas modificaciones menores, esto representa la liturgia observada religiosamente, semana tras semana, por unos 345 millones de protestantes del mundo. Y, por los últimos 500 años, pareciera que nadie lo ha cuestionado.[228]

Vale la pena agregar el siguiente párrafo (con el que concuerdo en al gunas cosas), escrito también por los autores mencionados y que tiene que ver con las formas cúlticas actuales.

Cada domingo usted asiste al culto para ser atendido, vendado y recargado, igual que todos los demás soldados naufragados. Sin embargo, esto nunca realiza el cumplimiento. La razón es muy simple. El Nuevo Testamento nunca relaciona el tiempo que uno pasa sentado en un ritual osificado que nosotros etiquetamos mal como "iglesia" con algo que tiene que ver con la transformación espiritual. Crecemos por funcionar, no por mirar y escuchar sentados pasivamente.[229]

Cuando analizamos lo establecido en el Nuevo Testamento al respecto de la comunión de los hermanos y sus encuentros para adorar a Dios, nos damos cuenta de que la adoración, la admonición a los hermanos y la enseñanza fluía de manera más vívida, espontánea y siempre dirigida por el Espíritu Santo. Hay dos premisas que tenemos en el Nuevo Testamento. La primera de ellas es la necesidad de no conformarnos a ritualismos y tradiciones de hombres, que tienden a anquilosar la espontaneidad de nuestra relación con Dios. Señala la Palabra: «Ustedes han desechado los mandamientos divinos y se aferran a las tradiciones humanas» (Mc 7:8; cf. 7:9-13; Mt 15:2-6; Col 2:8). Por supuesto, esto no significa improvisar culto tras culto, ni ser

---

[228] Viola & Barna, 2011, p. 16.

[229] *Ibid.*, p. 32.

desprolijos o inconsistentes; todo debe hacerse, como dice san Pablo, «decentemente y con orden» (1 Co 14:40). Más bien, se debe permitir más la obra del Espíritu Santo guiándonos a adorar a Dios que el empecinamiento en seguir pasos y mecanismos rituales que terminan opacando la obra del Señor en medio nuestro. En segundo lugar, debemos recordar la exigencia que nos puso el Señor Jesús en cuanto a la adoración a Dios en espíritu y verdad —lo que el Señor reveló a la mujer samaritana y el Evangelio de san Juan registra—.

> Pero la hora viene, y ahora es, cuando los verdaderos adoradores adorarán al Padre en espíritu y en verdad; porque ciertamente a los tales el Padre busca que lo adoren. Dios es espíritu, y los que lo adoran deben adorar en espíritu y en verdad. (4:23, 24)

La respuesta de Jesús es posterior a la afirmación que le hace la mujer samaritana en el versículo 20 del mismo capítulo: «Nuestros padres adoraron en este monte, y ustedes dicen que en Jerusalén está el lugar donde se debe adorar». En la época del Maestro subsistía una disputa no menor entre judíos y samaritanos; ambos sostenían que, bajo el antiguo pacto, Dios había establecido un lugar específico para la adoración (Dt 12:5; 16:2; 26:2). Los samaritanos aceptaban solo los libros del Pentateuco, y por eso escogieron el monte Gerizim, en virtud de que allí Abraham construyó el primer altar para Dios (Gn 12:6, 7) y los israelitas proclamaron las bendiciones de la obediencia a los mandamientos de Dios (Dt 11:29). Por su parte, los judíos, que básicamente reconocían todo el canon del Antiguo Testamento, aceptaban que Dios había escogido a Jerusalén como el lugar donde se lo debía adorar (2 Cr 6:6; Sal 48:1, 2; 78:68, 69; 132:13). Jesús básicamente le dice a la samaritana que los lugares en los cuales se adorase a Dios serían intrascendentes en poco tiempo, seguramente refiriéndose al nuevo pacto. Ahora bien, cuando Jesús se refiere a la frase «en espíritu y en verdad», no está haciendo alusión al Espíritu Santo, sino al espíritu humano, y no a conformarse simplemente a los actos externos, sino fundamentalmente internos. Dios es espíritu; por ende, es menester que quienes lo adoren lo hagan verdaderamente, en espíritu y en verdad. La adoración verdadera no consiste en formalidades, sino en un derramamiento de nuestro espíritu, alma y cuerpo delante de Dios, reconociendo quién es Él, lo que hizo por nosotros y nuestro amor por Él en virtud de nuestra salvación (Is 29:13; 48:1; Jr 12:1, 2; Mt 15:7-9).[230]

Si ahondamos un poco más en el pasaje del Evangelio de san Juan, capítulo 4, versículo 24, el texto griego señala: πνεῦμα ὁ θεός, καὶ τοὺς προσκυνοῦντας ἐν πνεύματι καὶ ἀληθείᾳ προσκυνεῖν δεῖ. Siguiendo a Pérez Millos, podemos concluir que dado que Dios es πνεῦμα ("Espíritu"), los que lo adoran "necesariamente" (δεῖ) deben hacerlo en espíritu, esto es, exento de las formalidades que imponen los hombres:

> Si Dios es Espíritu, lejos de toda materialidad, no es necesario acudir a una montaña como Gerizim, ni a un lugar como Jerusalén para adorarle. Los adoradores verdaderos no solo adoran en espíritu y en verdad, sino que han de hacerlo solo de esta manera.[231]

Podemos graficarlo de manera más simple. Supongamos que en nuestra iglesia el culto principal comienza el domingo a partir de las 10:00 de la mañana, ¿cuándo llega Dios a la iglesia? ¿En el momento en que llega el primer hermano, o los músicos para practicar, o el pastor para abrir la iglesia, o los líderes, o cuando están todos los asistentes ubicados en sus bancas? En realidad, Dios no llega nunca a la iglesia y está siempre en ella, dado que está en nosotros y con nosotros; donde nosotros estamos, está Dios, y a donde vamos, Él va. Dios es omnisciente y omnipresente, está más allá de las dimensiones de ubicuidad y tiempo, que son parámetros netamente humanos. Entonces, si conforme a lo que dice la Palabra podemos creer que el Espíritu de Dios mora en nosotros y está en nosotros, más allá de la importancia de la adoración comunitaria, ¿necesitamos adorar a Dios en una franja temporaria establecida dentro del día domingo y conforme a lo que establece la tradición eclesiástica manifestada a través de las formas cúlticas? La respuesta es *no*. Dios está más allá del culto, pero a su vez espera recibir nuestra adoración en espíritu y verdad junto a nuestros hermanos, de manera comunitaria, uniéndonos a su vez a las miríadas

---

[230] Cf. MacArthur, 2011, p. 170.
[231] Pérez Millos, 2016, p. 437.

de miríadas de ángeles en los cielos que de día y de noche adoran a Dios (Ap 5:11).

Por otra parte, si Jesús fuera pastor de mi iglesia, sin lugar a dudas sería una iglesia que pondría un foco especial en la oración; recordemos que Jesús invirtió gran parte del tiempo de su ministerio en la oración. De hecho, antes de designar a sus discípulos, antes del primer milagro, antes de un acontecimiento importante, en medio de los momentos más difíciles de su vida, vemos a Jesús orando; en reiteradas oportunidades aparece la expresión «pasó toda la noche orando» o «se apartó al monte a orar» (Hb 5:7; Lc 3:21; 5:16; 6:12; 9:18; 11:1; 22:32; Mt 14:23; 26:36-44; Mc 1:35; 6:46; 14:32-35; Jn 11:22; 14:16; 17:1-25; entre otros). En efecto, la oración no es un acto litúrgico, no es una formalidad a cumplir ni un requisito a tildar cada día; por el contrario, debería ser un momento único, exclusivo, distintivo de intimidad con nuestro Padre. Un momento en el cual abrimos nuestro corazón y expresamos, desde lo profundo de nuestra alma, lo que nos pasa, aunque Dios ya lo sepa, donde manifestamos nuestro amor y pasión por Jesús y, por tratarse de un diálogo, dejamos que el Espíritu de Dios hable a nuestros corazones.

La oración es entonces un tiempo delante de Dios en el cual encontramos contención, refugio, protección, consuelo, ánimo, exhortación, lágrimas, risas, renovación, fortaleza, restauración, perdón, misión, adoración, dirección, sanidad, consejo. Por sobre todas las cosas, el Padre nos muestra de manera renovada su amor por cada uno de nosotros. Cuando logramos entender que la oración es anhelo por estar en la presencia de Dios (Sal 42:2; 63:1; 73:25; 119:20, 81; 143:6; Is 26:9; 55:1; Am 8:11; entre otros), valoramos su importancia y le damos el tiempo que merece, sin formalismo, sin mecanismos preestablecidos, sino con sinceridad, espontaneidad y reverencia, sabiendo que tenemos el privilegio de hablar con nuestro creador y sustentador.

La iglesia de Jesús sería una congregación centrada en la adoración y la oración como prioridades. No hay mejor lugar que estar a los pies del Señor y escuchar su voz; de hecho, es lo que haremos por toda la eternidad. Por el momento, solo nos estamos entrenando para estar en su presencia sin fin; aquí en la tierra seguimos viendo como en un espejo, veladamente, pero un día, como dice san Pablo (1 Co 13:12), lo veremos cara a cara y nos postraremos delante de Él confesando que Jesús es el Señor.

## El peligro de centrarnos en la cultura de la plataforma y el entretenimiento religioso

Todos debemos ser conscientes de que cada generación es responsable de alcanzar a su generación para Cristo y formar a los que nos sucederán para que hagan lo mismo. En ese espíritu, nuestro modelo es Cristo, quien abrió la brecha, nos mostró el ejemplo a seguir. Siempre resuenan en mis oídos las frases reiteradas que aparecen en los Evangelios sobre la forma como ejercía su ministerio: «Recorría Jesús las aldeas [...], llegando a la ciudad de...». La realidad es que, habiendo pasado el tamiz de lo concreto y tangible, Jesús estaba donde se encontraban los necesitados, pero también delante de las autoridades y los prominentes, nunca quieto, sino yendo de un lugar a otro y atendiendo a las personas.

En ese sentido, como dijimos anteriormente, hemos dado prominencia al evento y en parte hemos descuidado lo esencial, el foco central. La iglesia no fue llamada a realizar activismo interno como principal tarea, sino a salir, a estar en la calle; por ende, el porcentaje de nuestro esfuerzo debería estar mayormente centrado en la formación y el envío de discípulos para penetrar en las profundidades de las tinieblas y arrebatar la mayor cantidad posible de personas para que puedan conocer a Jesús como Señor y sean salvas.

De la mano de la cultura del entretenimiento, nuestros ojos y oídos se acostumbraron a la dulce melodía de *estar bien, sentirnos a gusto, disfrutar*; todo ello no es malo *per se*, salvo cuando se convierte en un fin en sí mismo y nos distrae de la misión verdadera. Sin darnos cuenta, pensamos que el poder del Espíritu Santo estaba en las luces y eventos, y nos acostumbramos, en un punto, a no ver el portento extraordinario al que estaba acostumbrada la iglesia primitiva, por lo menos con la misma frecuencia.

Pensemos por un momento en un pez, en cualquiera de los millones de peces que viven en océanos, mares y ríos; cada uno de ellos, en su vasta diversidad, creados por Dios. Lo único que conocen es el agua, nunca vieron ni verán la tierra; de hecho, no saben siquiera que existe, y no pueden entender lo que no conocen, lo que nunca han visto. Diríamos que su mundo es el agua. Esto —que no deja de ser un hecho concreto y fáctico— es lo que de alguna manera le pasó a muchos cristianos: se acostumbraron a los ríos de vida eterna y se olvidaron de que allí a lo lejos (no podemos decir que no lo conozcamos) hay un mundo que gime esperando que lleguen aquellos que les traerán las buenas nuevas de salvación para poder cambiar su realidad.

De pronto nos aferramos tanto al agua que se tornó nuestro espacio esencial (el culto, el activismo), y nos olvidamos de que Dios nos llamó a ir al mundo, incluso al que no conocemos, al otro, al distinto, al que no comprendemos, al que no imaginamos, al que ignoramos. De esto se trata la misión: de sentir como Dios y mirar con sus ojos, no con los nuestros. Jonás nunca hubiera pensado en Nínive por sí mismo, pero Dios siempre tiene pensamientos mejores que los nuestros. Para Jonás, pensar en los ninivitas (al igual que para Pedro, pensar en los gentiles) era casi como si un pez pensara en la tierra, pero el Espíritu Santo siempre es disruptivo, se mueve por el amor, no por nuestros prejuicios.

Volviendo, debemos repensar que el entretenimiento, aunque sea eclesiológico, es simplemente eso. El Diccionario de la Real Academia Española define en su primera acepción la palabra entretener como: «Distraer a alguien impidiéndole hacer algo». Eso es particularmente lo que sucedió en los últimos años: nos distrajimos, y esa distracción nos impidió hacer lo más importante —llevar adelante prioritariamente la misión y la proclamación del evangelio—.

A partir de la pandemia, esto ha quedado expuesto de manera dramática. Como dijimos, volvimos al inicio: la iglesia somos cada uno de nosotros y el templo es simplemente un espacio físico. Las luces tarde o temprano se apagan y, de hecho, los dones y las lenguas cesarán; las luces no harán falta, pero nos seguirán por toda la eternidad el amor, la gracia y la gloria de Dios. Jesús vendrá a buscar a los que son como Él, no a los que simplemente cumplen con los ritos, pensando que con eso alcanza. Recordemos: «Vendré otra vez, y os tomaré a mí mismo» (Jn 14:3).

No estamos diciendo que no debemos usar la tecnología, ser lo más profesionales que podamos para adorar a Dios, ni procurar un lugar adecuado. El punto es que nada de ello puede hacernos perder la visión ni convertirse en un fin en sí mismo. Cada minuto que pasa sin hacer lo importante es un minuto perdido que nunca recuperaremos, y del cual deberemos de dar cuenta. Un minuto que perdemos no es "dinero", como dice el famoso refrán, sino vida que ya no vuelve. Todo lo que nos distraiga de hacer lo que Jesús haría en nuestro lugar es simplemente no darle prioridad al propósito de hacer discípulos.

# CAPÍTULO XV

## Sería una iglesia sacrificial y de servicio

Si Jesús fuera el pastor de nuestra iglesia, desde mi perspectiva, no caben dudas de que la misma sería una congregación cuyo estigma estaría dado por su servicio, casi al punto del sacrificio en varios aspectos: en la entrega, en la predicación, en el compartir con los necesitados y fundamentalmente en la consagración. Expresa el libro de Romanos: «Por tanto, hermanos, les ruego por las misericordias de Dios que presenten sus cuerpos como sacrificio vivo y santo, aceptable a Dios, que es el culto racional de ustedes» (12:1). El concepto de sacrificio que tenemos en el siglo XXI es diferente del que tenían los primeros cristianos. Para gran parte del mundo occidental, el sacrificio tiene que ver mayormente con una acción extraordinaria, un acto concreto, la entrega material de dinero o de un bien para el cumplimiento de la misión; en el fondo, seguimos valorando nuestra individualidad y manteniendo el control de nuestras vidas y acciones. No obstante, para los primeros cristianos, el sacrificio tenía que ver con la sujeción de sus vidas a la autoridad del *Kyrios*; era, por ende, una entrega total, absoluta y sin reservas que iba desde sus bienes hasta su propia vida martirizada por Cristo.

Notemos que el apóstol Pablo utiliza la expresión *les ruego*; algunas versiones traducen *les exhorto*, dado que se utiliza el vocablo Παρακαλῶ —más precisamente: *les estoy rogando o suplicando*—. La exhortación de Pablo es realizada con afecto entrañable hacia los receptores de su carta, apelando a las misericordias de Dios. Les pide: «Presenten sus cuerpos en sacrificio vivo, santo, aceptable» (o agradable) —en griego: σώματα ὑμῶν θυσίαν ζῶσαν ἁγίαν τῷ θεῷ—. La entrega de la persona, del cuerpo, reviste el sacrificio en sí, incluso como un acto de desprendimiento propio que llega hasta la muerte por Cristo. Esto es la acción sacrificial: una respuesta de fe y obediencia. Jesús lo dice en otros términos: «Se fiel hasta la muerte» (Ap 2:10). En palabras de Pérez Millos:

> Literalmente una ofrenda viviente. El compromiso sacrificial del creyente que se entrega plenamente y sin reservas a Dios. En la mente de Pablo estaba, probablemente, el sacrificio del holocausto del Antiguo Testamento. Esto concuerda con la demanda del discipulado, que exige la renuncia a todo, incluyendo la propia vida (Lc 14:26, 27, 33).[232]

Nos cuesta entender, en definitiva, que nuestra vida es de Dios y nosotros solamente la administramos. Esto debe llevar a la iglesia, o sea, a cada uno de nosotros, a tener una actitud de vida sacrificial, lo cual provocará un impacto social sin precedentes en nuestras comunidades. Pensemos por unos instantes en personas que en el día a día cumplan los mandamientos divinos, los preceptos dados por Jesús en cada ámbito social, que actúen como Él actuaría. Sería algo provocador desde todo punto de vista. Tendríamos una empatía con el dolor del prójimo absolutamente diferente; la realidad social se transformaría, pese a todo lo malo, en una valiosa oportunidad en las manos de Dios para llevar el mensaje del evangelio y vislumbrar con nuestros propios ojos las maravillas de Dios en nuestro alrededor.

Por otra parte, cuando reflexionamos en una iglesia que priorice extender el reino de Dios en la tierra, debemos asumir que, cuando se analiza la parábola del sembrador, en última instancia el sembrador no puede hacer nada para que la semilla crezca; la misma crece por el poder biótico de Dios, que está en toda la naturaleza y permite que los seres biológicos desarrollen su vida. Jesús dirá, en otras palabras: «¿Quién de ustedes, por ansioso que esté, puede añadir una hora al curso de su vida?» (Mt 6:27). El reino crece por la obra del Espíritu Santo, las personas tienen convicción de pecado por la obra del Espíritu Santo y son bendecidas y restauradas por Dios mismo, no por nuestro esfuerzo o capacidad. Lo único que hacemos nosotros es

---

[232] Pérez Millos, 2011, p. 878.

plantar la semilla, brindar las condiciones necesarias para que crezca fuerte y firme; esto tiene que ver con la iglesia, con nuestro entorno espiritual como cuerpo de Cristo.

Podemos afirmar, siguiendo al Rev. Lic. Jorge Bravo,[233] que el reino de Dios crece de manera imperceptible, constante e inevitable. Esto es, aunque *a priori* no nos demos cuenta, Dios sigue interviniendo en la historia, transformando vidas, extendiendo su iglesia. Esto nos coloca en una posición de colaboradores por gracia divina de la obra de Dios; de ahí que a su vez la iglesia deba tener un carácter sacrificial y de servicio.

## Una iglesia de profundo impacto social. Sería la voz de los que no tienen voz

Cuando hablo de una iglesia de profundo impacto social, estoy pensando en una iglesia que por su dinamismo y conocimiento de la comunidad pueda insertarse en todas las esferas y ser vista como referente de amor, misericordia y ayuda a los necesitados. En efecto, una iglesia activa bajo la dirección del Espíritu Santo es la que conmovió a sus entornos sociales a lo largo de la historia; pese a las críticas, la persecución y los desplantes, nadie podía dejar de reconocer que las sociedades eran transformadas cuando llegaba el mensaje de la cruz.

Nota indispensable para esto es involucrarnos en la comunidad, conocer sus necesidades y características, al mismo tiempo que mantenemos la santidad y la obediencia. Mayoritariamente, hemos construido nuestra eclesiología en función de estructuras y cargos eclesiásticos, y quizás debiéramos darle prioridad, en el orden de nuestra eclesiología, a los dones y ministerios con los que contamos entre nuestros hermanos, para que, a partir de sus distintos llamados, cubran la mayor cantidad de realidades posibles. En algún momento, debemos asumir que los pastores no somos el centro de la iglesia, que al igual que en la iglesia primitiva, todos tenemos dones y fuimos llamados a proclamar a Jesucristo donde estamos y con el lenguaje que

---

[233] Bravo, s/f.

manejamos (arquitectos, ingenieros, abogados, médicos, economistas, políticos, artistas, etc.).

La iglesia primitiva llevó adelante una misión integral. El hombre es una unidad multidimensional compleja, y el evangelio debe llegar a él como ser único en sus distintas dimensiones o esferas de acción. Reiteramos: el hombre es una compleja unidad, tiene necesidades espirituales, físicas, emocionales, intelectuales, familiares, laborales, sociales, económicas, etc. La iglesia neotestamentaria ministró cada una de estas necesidades. Es imposible que la iglesia cumpla su misión a menos que sea integral y tenga un importante impacto social.

Cabe ahora hablar del desafío que la iglesia tiene por delante para ser la voz de los que no tienen voz, asumiendo con valentía la tarea que tenemos por delante y llevándola a cabo en el nombre y bajo el poder de Dios. Como dijimos, la desigualdad social, la injusticia, la pobreza, las deficiencias sanitarias, las enfermedades y la desocupación son indicadores sociales que el COVID-19 vino a potenciar y profundizar en nuestro ambiente latinoamericano, pero también a nivel global, incluso en los países más desarrollados.

A lo largo de las Escrituras, vemos el llamado de Dios a su pueblo para cuidar a los pobres, los huérfanos, las viudas, los enfermos, en definitiva, a las personas que tienen riesgo social y son vulnerables. Esto no significa dignificar la pobreza en sí misma, o confundir el hecho de que cuanto más pobres somos, más santos somos, sino dar el auxilio temporal que necesitan, ayudarlos a desarrollarse y facilitarles el trabajo como fuente necesaria para resignificar la dignidad humana, incluso en la forma de microemprendimientos o aprendizajes de oficios. La voluntad de Dios desde la creación es que ganemos el pan con el sudor de nuestra frente, no por medio de subsidios estatales que solo generan más pobreza en el largo plazo, además de dependencia al respecto del poder de turno (aunque nadie esté exento de necesitarlos por un tiempo y ante una coyuntura de crisis). Cada acto de Jesús tendía a dignificar a las personas; el milagro se transformó en el medio eficaz para dimensionar la necesidad de las personas, y denunciar al mismo tiempo las necesidades humanas. Jesús demostró con su acción diaria que la intervención de Dios en la vida de las personas conlleva siempre dignificación, restauración, y que confronta la indiferencia, la corrupción y el pecado.

Nadie puede negar o disminuir el valor que tuvo para la sociedad romana la influencia cristiana. Toda la cultura del primer siglo de nuestra era fue permeada por el testimonio cristiano: desde los emperadores hasta los gobernadores, los senadores, comerciantes, artesanos o el pueblo en general, todos vieron con asombro la vida de los seguidores de Jesús, quienes se tornaron la voz de los marginales, los menesterosos, los necesitados. No se ajustaban a sus patrones de idolatría, espiritualismo, liberalidad, concupiscencia, egoísmo, maldad, crueldad, despotismo y tantas otras cosas más; sus criterios sociales eran muy diferentes, eran los valores del reino.

Quizás esta sea una de las responsabilidades que tenemos entre manos, una de las más difíciles de cumplir: la de ser, de cara a nuestro mundo cotidiano, culturalmente incorrectos, pero sociológicamente correctos, salirnos de los moldes del estándar, de la normalidad del mundo, pero respetando la configuración de la vida en sociedad y las pautas sociales —salvo que deliberadamente nos expongan a la desobediencia a Dios o nos obliguen a hacer algo que Él no prevé—. En otras palabras, ajustar nuestros valores, nuestra conducta, nuestras acciones, nuestros principios a los del reino (la cultura de Jesús) y no a los parámetros sociales que nos rodean. Solo así la sociedad en su conjunto podrá percibir la diferencia; solo así podrán saber que hay una alternativa para su estilo de vida y una esperanza para su triste futuro, cargado de insatisfacción y desesperanza; solo así podrán descubrir lo que significa vivir plenamente. Nunca debemos olvidar que Jesús jamás toleró la violencia, el autoritarismo o el uso de la fuerza para alcanzar los ideales del evangelio. La iglesia no transformó el Imperio romano por la fuerza de la violencia o usando los métodos del propio imperio, sino por la fuerza del amor, la diferencia y la proclamación.

Winston Churchill solía decir en su tiempo: «El problema de nuestra época es que la gente no quiere ser útil, sino importante»; parece que el mundo no ha cambiado mucho. Por ende, debemos mencionar, aunque parezca innecesario, que ser la voz de los que no tienen voz no es solo amoldar nuestro discurso para hablar más de los necesitados o los pobres, sino adecuar nuestras acciones y servicio para ser los oídos que Dios utilice para escuchar a los necesitados, los ojos con los cuales vea a los que sufren, las manos que use para levantar al caído, y la boca que emplee para llevar el mensaje del evangelio. Este no es un tiempo para resaltar nuestra importancia o trayectoria, sino nuestra condición de siervos que se dan a sí mismos. En definitiva, ser útiles, no importantes.

## Una iglesia que entendería la realidad social y tendría creatividad

Hemos hablado del peligro de la inconsistencia. Señalamos que las personas perciben las diferencias y sobre todo el contraste entre los hechos y el discurso. Cuando hablamos de que tenemos por delante el desafío de entender la realidad social, estamos hablando de manejar el contexto, pero fundamentalmente, como iglesia, de la necesidad de redescubrir la empatía como herramienta principal de acercamiento hacia las personas.

Mucho se ha escrito sobre el tema; aquí rescataremos particularmente lo señalado por Jeremy Rifkin en su libro *La civilización empática*, donde señala que la «empatía es el medio por el que creamos vida social, hacemos que progrese la civilización».[234] Podemos definirla como la habilidad que tienen las personas (creadas a imagen de Dios), ya sea en su nivel emocional, cognitivo o psicológico, mediante la cual son capaces de ponerse en la situación (ocupar el mismo lugar) por la que atraviesa un tercero al que no necesariamente conocen, pero a quien, por dicha capacidad, pueden llegar a comprender. Es una habilidad que se desarrolla, profundiza y dimensiona con el correr de los años.

Estamos en medio de una sociedad pospandémica, signada por la entropía —entendida como la medida del desorden de un sistema (hay nuevos actores sociales que pujan por tener poder, incertidumbre,

---

[234] Rifkin, 2010, p. 17.

anomia, descontento social, asistencialismo dirigido, entre otras cosas)— y la estadística —definida como una herramienta descriptiva de la realidad, obviamente fría y distante, pero útil para analizar la realidad social—. Cuando nos sentamos a reflexionar sobre lo ocurrido en los últimos meses, nos damos cuenta de que solo hablamos de estadísticas: transformamos a las personas en meros números que representan a los *contagiados*, los *recuperados* o los *fallecidos* por el COVID-19. Esto es adecuado y correcto para un análisis científico de la realidad y la elaboración de estrategias sanitarias, económicas y sociales, pero también algo absolutamente deshumanizador. Debemos darnos cuenta de que detrás de cada número hubo personas, familias, realidades que requieren mucho más que formar parte de un dato o de la gestación de una política determinada. Eran familias que quedaban en crisis, ya sea por la pérdida de un ser querido o del trabajo, o por crisis económicas, y la iglesia debía y deberá ministrarlos, ayudarlos, acompañarlos en el proceso de restauración. Esto se repite a lo largo de nuestros países y realidades. Las estadísticas son simplemente un método para actuar de manera más pertinente.

A la luz de lo señalado, es evidente que la iglesia está llamada por el Señor a ser una comunidad encarnacional, la máxima expresión de la empatía y el amor. Debemos encarnarnos en medio de nuestra ciudad, de nuestro contexto, encarnando (viviendo) los valores del reino. Uno de los hitos más importantes de la vida y el misterio de Jesús fue su encarnación: se hizo hombre y habitó entre nosotros. Dicen las Escrituras:

> En el principio era el Verbo, y el Verbo era con Dios y el Verbo era Dios. [...] Y aquel Verbo fue hecho carne, y habitó entre nosotros (y vimos su gloria, gloria como del unigénito del Padre), lleno de gracia y verdad. (Jn 1:1, 14)

> Porque he descendido del cielo no para hacer mi voluntad, sino la del Padre. (Jn 6:38)

> Pero cuando vino el cumplimiento del tiempo, Dios envió a su Hijo, nacido de mujer y nacido bajo la ley. (Gl 4:4)

> El cual siendo en forma de Dios, no estimo el ser igual a Dios como cosa a que aferrarse, sino que se despojó a sí mismo tomando forma de siervo, hecho semejante a los hombres. (Flp 2:6, 7)

Jesús se hizo carne, se acercó al hombre, fue uno más de nosotros, experimentó la necesidad, la angustia, el temor, el dolor, el abandono, el desprecio y la injusticia, sufrió hambre, sed, congoja. Desde allí, ministró, habló con un lenguaje claro, simple y comprensible, se acercó a la cultura manteniendo los valores del reino, fue distinto en su propio contexto, pero absolutamente cercano a las necesidades de las personas.

La encarnación de Jesús habla del amor de Dios por cada uno de nosotros, de su cercanía, de su presencia continua en medio nuestro a través del Espíritu Santo, de su entrega y sacrificio incondicional por todos los hombres. No hubiera sido posible la misión de Jesús sin su encarnación previa; la cruz no hubiera ocurrido sin el pesebre y la tumba vacía no sería una realidad sin el dolor de la muerte. Sin embargo, a veces pensamos que la misión no requiere encarnación, o que no implica sacrificio. Suponemos que alguien irá o alguien lo hará, pero es una premisa falsa. Dios nos llamó a cada uno de nosotros y así debemos vivirlo. Es allí donde nos volvemos agentes encarnacionales del amor de Dios.

Finalmente, cuando entendemos el misterio de la encarnación y del sacrificio, de la prioridad de predicar el evangelio, debemos usar nuestra creatividad, nuestra capacidad de inventar, de imaginar, a partir del conocimiento del contexto. Debemos orar, pensar, pasar tiempo a solas con el Espíritu Santo para que, a través de nuestra creatividad, podamos pensar en la mejor estrategia para llevar adelante la misión.

Estamos atravesando un tiempo especial. Tenemos ante nosotros un contexto de crisis pospandémica, y esto hace que debamos entender que no podemos seguir usando los métodos que usó la iglesia en el siglo XX. No solo porque las personas cambiaron, sino porque cambió el mundo. Debemos tener en claro, en este nuevo paisaje social, que para ministrar en nuestra comunidad o donde Dios nos haya llamado con pertinencia y eficacia, deberemos acudir a la fuente de toda sabiduría para recibir las mejores y más creativas formas de llevar a cabo la misión.

## Una iglesia de servicio encarnado y sacrificial

Ampliando lo señalado en el capítulo doce, los evangélicos hemos estado tan centrados en la gloria —cierta y verdadera— que perdimos de vista la necesidad de ser coparticipes del sufrimiento de Cristo, tal como señala el apóstol Pablo (2 Co 1:6-8). Y en la medida en que la gente no pueda visualizar en nuestra vida la práctica de nuestra fe, les costará internalizar el mensaje que transmitimos. Por eso el apóstol Juan decía:

> Lo que existía desde el principio, lo que hemos oído, lo que hemos visto con nuestros propios ojos, lo que hemos contemplado y lo que han tocado nuestras manos, esto escribimos acerca del Verbo de vida. Y la vida se manifestó. Nosotros la hemos visto, y damos testimonio y les anunciamos a ustedes la vida eterna que estaba con el Padre y se manifestó a nosotros. Lo que hemos visto y oído les proclamamos también a ustedes, para que también ustedes tengan comunión con nosotros. En verdad nuestra comunión es con el Padre y con su Hijo Jesucristo. (1 Jn 1:1-3)

Cada una de las afirmaciones, enseñanzas y declaraciones de Jesús y sus discípulos estuvieron respaldadas por acciones: dar de comer a la multitud, sanar al ciego, revivir al muerto, formar discípulos, buscar a las ovejas descarriadas. Lo mismo debe acontecer con nosotros. No es posible que la gente pueda entender en plenitud el evangelio si no ve en nosotros frutos dignos de arrepentimiento. Todo ministerio cristiano encuentra su esencia, pertinencia y vitalidad en el hecho de tener una fuerte correspondencia, coherencia y sustento entre lo que predica/enseña y lo que hace. Sin duda necesitamos preguntarnos si nuestros ministerios en verdad encarnan y vivencian el evangelio o solo proponen una religión más. Deberemos construir, por la vivencia de nuestras vidas, únicamente la imagen de Jesús en nuestra comunidad, no la de nuestros ministerios. Es lo único que impactará a las personas: Jesús, no nosotros (Jn 14:9-11). Nunca se trató de nosotros, siempre fue Él. Por favor, es hora de entender que todo lo que hace un líder es una declaración teológica que habla de nosotros, pero también de Dios.

# CONCLUSIONES

En este libro me he dedicado a analizar el ministerio de Jesús, el contexto en el cual se produjo y, sobre todo, las características principales de la relación de Jesús con las diferentes subculturas de su tiempo. Indagamos sobre los roles que cumplían las distintas autoridades políticas y religiosas del Israel del primer siglo, y asimismo analizamos las múltiples intervenciones realizadas por Jesús en el desarrollo de su ministerio en todos los niveles sociales.

Sin lugar a dudas, Jesús fue, es y será Mesías y rey por la eternidad. En su persona se cumplieron todas y cada una de las profecías bíblicas. En ese sentido, su obra en la cruz no solo conquistó las ataduras de la muerte y venció al mal, sino que nos permitió, por su obra y por la gracia de Dios, acceder a una salvación inmerecida, gracias a la cual estaremos por los siglos sin fin adorándolo en su presencia.

A lo largo de su ministerio, Jesús mostró que era diferente, que no encajaba en los patrones socioculturales establecidos por el *statu quo* de su época. En medio de una tierra de Israel bajo dominación romana —que era, en líneas generales, pobre, con constantes revueltas e ideas de conspiraciones—, vino a traer luz y anunciar un reino que no era de este mundo, sino que procedía del Padre. A lo largo de este recorrido teórico, vimos la forma en la cual Jesús se relacionó de manera multicultural con todo tipo de personas, incluso aquellas de las categorías y estratos más bajos y pecaminosos a los ojos de los religiosos y la casta sacerdotal. Formó básicamente a doce hombres, que serían los que desarrollarían los fundamentos de la iglesia y los responsables de iniciar el cumplimiento de la Gran Comisión. Hubo tres premisas rectoras, a mi entender, que atravesaron todo el ministerio de Jesús —la santidad, el amor y la misericordia—, y me esforcé por resaltar este punto a lo largo de todo el texto.

Aunque pudiera parecer que Jesús iba en contra de los mandatos establecidos en la ley dada a Moisés, en realidad lo que hizo con sus acciones, palabras, enseñanzas y gestos fue cumplir acabadamente la misma. Dicho cumplimiento no estuvo atado a los valores seudoespirituales establecidos por los escribas y fariseos, sino que era conforme al corazón de Dios. Incomodó a los poderosos, dejó al descubierto a los religiosos y reveló cada día la falta de misericordia de los que fueron llamados por Dios para practicarla por medio de la obediencia en sus acciones. Jesús no solamente disgustó a los poderosos, sino que en términos espirituales vino a revolucionar el mismo infierno; por ende, Satanás y sus huestes se abalanzaron despiadadamente contra Él con el único propósito de destruirlo e impedir que hiciera la voluntad de Dios al finalizar la obra de la salvación en la cruz.

Un día, el infierno se alegró, el Imperio romano descansó de una potencial amenaza y los religiosos disfrutaron la victoria sobre alguien que los acusaba de ser, al menos, *hipócritas* (Mt 23:27). No obstante, al tercer día, Jesús resucitó, y libre de las cadenas de la muerte, ascendió al cielo y se sentó a la diestra del Padre. Entre paréntesis, vale la pena decir que el mensaje de la resurrección del Señor fue central en la vida de la iglesia primitiva. Escribe James Dunn:

> Está fuera de discusión que la afirmación nuclear de los primeros cristianos era que Dios había resucitado a Jesús de entre los muertos. Comoquiera que se enfoquen los relatos evangélicos sobre la resurrección, nadie puede discutir que, ya desde los primeros días después de la crucifixión de Jesús, hubo personas convencidas de que él se les había aparecido vivo, resucitado. Es asimismo evidente que esa convicción se extendió enseguida entre los primeros cristianos. La afirmación de que Jesús había sido resucitado de entre los muertos es el mensaje central y principal de la predicación en Hechos.[235]

Analicé las relaciones de Jesús con los enfermos, los recaudadores de impuestos, los invisibilizados y excluidos, su acercamiento e interacción con los leprosos, los pecadores de todo tipo, los endemoniados, las mujeres, los niños, los religiosos y las autoridades romanas. Por otra parte, fue necesario mencionar la correlación de Jesús con los

---

[235] Dunn, 2009, p. 260.

CONCLUSIONES | 339

pecadores y su pertinaz actitud contra el pecado en sus diversas formas. No es menor resaltar el hecho de que Jesús convivió con pecadores, anduvo y comió con ellos, pero nunca pudo ser confundido con ellos, y finalmente murió por cada uno de ellos (y por supuesto, por cada uno de nosotros).

A partir de los rasgos principales del ministerio de Jesús, en la segunda parte del libro exploré una pregunta que nos lleva a la reflexión: *¿Cómo sería mi iglesia si Jesús fuera el pastor?* Los aspectos que necesitamos revalorizar y en los cuales debemos reflexionar para el cumplimiento de una misión apegada a los principios vistos en la primera parte del presente libro encuentran su aspecto práctico a esta altura. Por ende, en el capítulo undécimo hablamos de una iglesia encarnada en la sociedad, la cual debe transitar una delgada línea entre la necesidad de influenciar a la sociedad o ser influenciada por ella. Claro está, siempre hay una retroalimentación, dado que la cultura va permeando de múltiples maneras; no obstante, siempre deben prevalecen en nosotros los valores de la cultura de Jesús. Para lograr una influencia eficaz sobre nuestras comunidades, será menester (símil onda que se produce en el agua calma al arrojar una piedra) ir paulatinamente permeando la verdad de la Palabra de manera vívida a partir de nuestros testimonios personales, tal como sucedió a lo largo de la historia, comenzando desde nuestras casas.

Debemos asumir que la iglesia debe cumplir un rol social fundamental, que es el de permear los valores del reino y alcanzar a la mayor cantidad posible de personas con el evangelio. Entre tanto, no es menor la batalla cultural frente a una sociedad cada vez más indiferente a los valores cristianos. Por décadas, la iglesia vivió puertas adentro y promovió diferentes tipos de eventos, clínicas, conferencias, seminarios, encuentros con el afán de buscar la unción, el poder, el éxtasis espiritual. Hoy necesitamos experimentar el éxtasis en su real sentido epistemológico y etimológico; recordemos que la palabra deriva del griego *ékstasis* (Εκστασις), y que alude literalmente a *estar fuera*. Necesitamos vivir nuestra fe en plenitud fuera del templo, trascendiéndonos a nosotros mismos.

En una creciente moda irreverente y autónoma, el hombre hipermoderno se jacta de su distancia con la institución eclesial y piensa que por sus propios medios puede acceder al bienestar espiritual, un craso error al cual no hemos sabido responder con toda la magnitud necesaria. Es menester librar la batalla en el campo espiritual, en primer lugar, donde se encuentra el verdadero enemigo, y luego ir a donde está quien se alejó o rechazó el mensaje, sin esperar que venga a nuestro terreno de seguridad espiritual. Y no ir con discursos teológicos, sino con manifestación de frutos de amor que abunden en buenas obras y misericordia; de allí la imagen de Jesús al respecto de una iglesia que sale a la conquista y, al hacerlo, las puertas del Hades no pueden prevalecer contra ella (Mt 16:18).

Abordamos luego la necesidad de reconocer que, para enfrentar las batallas mencionadas y cumplir nuestra tarea misional, necesitamos redescubrir una nueva dependencia en obediencia y santidad hacia el Espíritu Santo, entendiendo que nuestros recursos y capacidades ministeriales actuales no son suficientes para enfrentar la tarea que tenemos por delante. Necesitamos imprescindiblemente que el Espíritu de Dios nos guíe y lleve a contextualizar adecuadamente nuestro entorno para aplicar con idoneidad los principios del evangelio para llegar a las personas de la manera más poderosa.

En el capítulo duodécimo concluimos que, si Jesús fuera pastor de nuestra iglesia, la misma estaría centrada en la cruz, no en las premisas que impone la época de la liviandad, lo pasajero y lo fugaz; nuestro compromiso con Cristo no puede ni debe, bajo ningún punto de vista, tornarse algo relativo, ocasional o etéreo, manejado por nuestros caprichos y necesidades manipuladoras. Un genuino discípulo de Cristo es aquel capaz de morir a sí mismo cada día para permitir que Cristo viva en él. El acto de entrega, obediencia, fidelidad y santidad debe estar por encima de nuestras mezquindades. Cuando hablamos de estar centrados en la cruz, debemos entender que ello significa tener un ministerio encarnado y sacrificial, y que no es viable desde el punto de vista bíblico un amor que no se entrega, no sufre, no se compromete o no es capaz de priorizar al otro.

El amor debe ser *visto* por los que nos rodean. No dije *oído*, porque la realidad es que primero las personas nos observan antes de escucharnos, y si ven consistencia entre lo que vivimos y lo que decimos, recién allí nos escuchan; caso contrario, simplemente oyen como si fuera un ruido de fondo. Jesús tuvo solidez en su vida, al igual que sus primeros seguidores, quienes tenían consistencia y vivían conforme a lo que el Señor les enseñó. De ahí que los llamaran Χριστιανός (*christianos*), esto es, seguidores de Cristo. Las personas se daban cuenta de que no eran ellos los que tenían la habilidad o la capacidad para hacer lo que hacían, reconocían que «habían estado con Jesús» (Hch 4:13) y se maravillaban por eso.

En el capítulo décimo tercero afirmamos que la iglesia que Jesús pastorearía sería una iglesia centrada en la santidad, la misericordia y el amor. Esto es esencial. Cuando valoramos la importancia de ser antes que de hacer (dado que lo segundo es consecuencia directa de lo primero), observaremos que, dadas las características actuales de nuestro mundo, la iglesia debe esforzarse por evitar el entretenimiento o el ritualismo; por el contrario, es menester atraer a los exiliados evangélicos y a los que aún no conocen al Señor con actos palpables de misericordia y amor que los seduzcan, en primera instancia, para luego predicarles el evangelio. Estos son los pasos naturales establecidos por el Señor en Lucas 9 y 10 en la misión de los Doce y los Setenta; sin explicación lógica, algunas iglesias se alejaron de los mismos e invirtieron ese orden.

El capítulo décimo cuarto afirma que también será cardinal (tal como lo ha sido a través de la historia de la humanidad) ser una iglesia que viva en la plenitud del Espíritu Santo. Cuando observamos la vida y obra de los hombres y mujeres de fe en la Biblia, percibimos que cuando hubo una crisis importante o trascendente, aparecieron instrumentos de Dios que, llenos de la gracia divina, fueron usados para transformar la realidad. Ante el hambre del antiguo Egipto, surgió José; frente a la esclavitud y la opresión, Moisés; del tiempo de incredulidad y complacencia, surgió Débora; del tiempo de idolatría y maldad, surgió Daniel; cuando el paganismo dominaba la tierra, Dios levantó a la iglesia. Siempre será el Espíritu Santo el encargado de modelar la historia, nuestra realidad y la de nuestras comunidades. Necesitamos dejarnos usar por Él, depender absolutamente de su autoridad y no confiar en nuestras habilidades o experiencia.

Finalmente, en el décimo quinto capítulo hemos afirmado que la iglesia que pastorearía Jesús sería sacrificial y eminentemente de servicio a los demás. Servimos a los demás cuando somos sus voces frente a la autoridad que los ignora o maltrata, cuando levantamos la bandera de sus derechos inalienables, cuando podemos llegar a sus vidas bajo la guía del Espíritu Santo con un mensaje de esperanza y salvación, pero a su vez, ayudándolos en su necesidad inmediata para transformar paulatinamente la realidad que les toca, dotándolos de las herramientas necesarias para que puedan hacerlo en el mediano y largo plazo —escuelas de oficios, trabajo social, educación elemental, bolsas o comunidades de trabajo, entre otras cosas—. Nunca debemos olvidar que el trabajo dignifica a las personas y les da un sentido de bienestar que los eleva en una espiral ascendente que también beneficia a la sociedad en su conjunto.

Para poder realizar lo mencionado, es indispensable que conozcamos nuestra comunidad, que podamos relevar sus necesidades, sus prioridades, sus características, su idiosincrasia, y que con dicho conocimiento preliminar, podamos acudir al Padre en oración para que por medio de su Santo Espíritu nos dé creatividad en los métodos y esfuerzos para alcanzar a las personas y erigirnos como baluartes de verdad para la sociedad que nos rodea. No se trata solo de relaciones humanas ni de un discurso apropiado; fundamentalmente, es necesario tener un carácter cristiano probado y cristocéntrico para que las personas noten la diferencia y ansíen tener lo que nosotros tenemos. Se trata de que, desde la oscuridad, vean la luz a la distancia y la anhelen. Se trata de servir a nuestra comunidad hasta el sacrificio, a fin de que por el amor que hay en nuestros corazones puedan ser conmovidos y transformados más fácilmente por el Espíritu Santo.

Entiendo que el ministerio de Jesús nos brinda principios espirituales y ministeriales más que adecuados, inalterables y eternos que pueden guiar nuestra difícil tarea ministerial en el presente milenio para que sea conforme a lo que Dios desea. Tendemos a espiritualizar el ministerio de Jesús y esto es correcto, pero insuficiente; debemos además valorar los aspectos más simples y cotidianos del ministerio del Señor, dado que de ellos podemos abrevar no solo sabiduría y dirección, sino un ejemplo de amor, misericordia y santidad que puede inspirarnos a superar nuestro quehacer día tras día. La Biblia es clara: cielo y tierra pasarán, y la iglesia, los dones y los ministerios pasarán, pero nuestras obras y la fe probada a fuego lento perdurarán por siempre. Un día nos presentaremos delante de Dios con nuestras manos llenas de frutos de justicia que exaltan su nombre. A esto fuimos llamados: a consumir nuestra vida por Jesús, a vivir como Jesús vivió y finalmente a reinar por toda la eternidad con Jesús.

Finalmente, y solo a modo de reflexión, examinémonos: ¿Qué debo hacer o cambiar en mí para ser más semejante a Jesús? Miremos hacia nuestro interior, analicemos retrospectivamente en nuestra mente y corazón las acciones realizadas delante de Dios, y bajo la dirección del Espíritu Santo revisemos cuidadosamente cuáles son nuestras prioridades y motivaciones (Sal 33:13-15; 139:2, 3; 147:4; Jb 31:4; Jr 17:10; Dn 2:22; Mt 10:30; entre otros). Preguntémonos seriamente: ¿Cómo sería mi iglesia si Jesús fuera el pastor? ¿Qué haría Jesús si fuera pastor de mi iglesia? ¿Cuáles serían sus prioridades? ¿En qué se concentraría? ¿Qué cambiaría? ¿Cuánto tiempo le dedicaría a la gente? ¿Qué haría Jesús para alcanzar a las personas de mi comunidad? Preguntas todas que nos darán varias pistas para que, basados en las pinceladas dadas en el presente libro, podamos direccionar nuestros ministerios hacia lo que Dios espera de cada uno de nosotros. Mantenernos en las pisadas del Maestro es el eje para que su voluntad se perfeccione en nosotros de tal forma que podamos ser agentes de transformación. Amén.

# BIBLIOGRAFÍA

Aguirre Monasterio, R. (1993). "Sociología de la cruz en el Nuevo Testamento". *Revista latinoamericana de teología*. Vol. 10, No. 29: 127-141.

Aguirre Monasterio, R. (2010). *Así empezó el cristianismo*. Editorial Verbo Divino.

Aguirre Monasterio, R. (2014). "La mirada de Jesús sobre el poder". *Revista Teología y Vida*, n.º 55, pp. 83-104.

Algranti, J. (2011). "La religión como cultura material: socio-génesis de los circuitos editoriales en el mundo católico y evangélico". *Horiz. antropol.* 17 (36). Dic.

Algranti J.; Mosqueira M. & Settón, D. (2019). *La institución como proceso. Configuraciones de lo religioso en las sociedades contemporáneas*. Editorial Biblos.

Backhouse, E. & Tylor, C. (1986). *Historia de la iglesia primitiva*. Tomo I. Editorial CLIE.

Banco Mundial. (2 de abril de 2024). *Pobreza*. https://www.banco-mundial.org/es/topic/poverty/overview#1

Baudrillard, J. (2023). *La sociedad del consumo. Sus mitos sus estructuras*. Editorial Siglo XXI.

Bauman, Z. & Donskis, L. (2017). *Ceguera moral. La pérdida de sensibilidad en la modernidad líquida*. Editorial Paidós.

Berger, P. (2016). *Los numerosos altares de la modernidad. En busca de un paradigma para la religión en una época pluralista*. Ediciones Sígueme.

Berger, P. & Luckmann, T. (1997). *Modernidad, pluralismo y crisis de sentido. La orientación del hombre moderno*. Paidós.

Bericat, E. (2017). "Cultura y sociedad". En Iglesias de Ussel, J.; Trinidad Requena, A. & Soriano Miras, R. M. *La sociedad desde la sociología. Una introducción a la sociología general*. Tecnos.

Berkhof, L. (1977). *Introducción a la teología sistemática*. Libros Desafío.

Bonhoeffer, D. (1962). *Letters and Papers from Prison*. The MacMillan Company.

Bonhoeffer, D. (1969). *Sociología de la iglesia. Sanctorum Communio*. Editorial Sígueme.

Bonhoeffer, D. (1995). *El costo del discipulado*. Simon and Schuster.

Bourdieu, P. (2006). "Génesis y estructura del campo religioso". *Revista Relaciones*, n.º 108, Vol. XVII.

Bravo, J. (s/f). "El reino de Dios crece a pesar nuestro". *Rev. Lic. Jorge Bravo-Caballero*. https://www.angelfire.com/pe/jorgebravo/sermon113.htm

Buceta de Gauna, N. (2023). *Una iglesia para todos. Fe, esperanza y amor para las personas con capacidades diferentes*. Editorial Mundo Hispano.

Byler, D. (1993). *El diablo y los demonios según la Biblia*. Biblioteca Menno.

Castellani, L. (2020). *Cristo y los fariseos*. Vórtice-Jauja.

Catholic.net. (s/f). "¿Qué es la ideología de género?". *Catholic.net*. https://es.catholic.net/op/articulos/41418/cat/447/que-es-la-ideologia-de-genero.html#modal

Corbí, M. (2007). *Hacia una espiritualidad laica. Sin creencias, sin religiones, sin dioses*. Editorial Herder.

Corporación Latinobarómetro. (2018). "Informe 2018". *Latinobarómetro*. https://www.latinobarometro.org/latContents.jsp?CMSID=InformesAnuales&CMSID=InformesAnuales

Costas, O. E. (1984). *Christ Outside the Gate: Mission Beyond Christendom*. Orbis Books.

Couto, É. (2007). "Conceptos de transmisión de la enfermedad en Mesopotamia. Algunas reflexiones". *Historiae*. Roma. N. 4, pp. 1-23.

Cruz Soto, L. A. (2010). "El concepto de autoridad en el pensamiento de Aristóteles y su relación con el concepto de autoridad en el comportamiento administrativo". *Contaduría y Administración*. N. 231, mayo-agosto, pp. 53-78.

De La Torre, R. (2012). "La religiosidad popular como "entre-medio" entre la religión institucional y la espiritualidad individualizada". *Revista Civitas*. Vol. 12, n. 3, pp. 506-521.

De La Torre, R. (2013). "Una agenda epistemológica para replantear las maneras de entender la secularización en América Latina. Relación entre modernidad y religión". En Giménez Béliveau, V. & Giumbelli, E. (Eds.). *Religión, cultura y política en las sociedades del siglo XXI*. Biblos.

Deiros, P. A. (1998). *La acción del Espíritu Santo en la historia (las lluvias tempranas: 100–550)*. Editorial Caribe.

Deiros, P. A. (2006). *Diccionario hispano de la misión*. Versión electrónica: http://pibbethel.no-ip.org/biblioteca/wp-content/uploads/2013/10/Pablo-A-Deiros-DICCIONARIO-HISPANO-AMERICANO-DE-LA-MISION-x-eltropical.pdf

Deiros, P. A. (2008). *La iglesia como comunidad de personas*. Publicaciones Proforme.

Dunn, J. D. G. (2009). *El cristianismo en sus comienzos. Comenzando desde Jerusalén*. Tomo II. Editorial Verbo Divino.

Eagleton, T. (2001). *La idea de cultura*. Editorial Paidós.

Eboch, C. (2016). "Sacudiendo los hechos acerca de la sal". *Chem Matters*. https://www.acs.org/content/dam/acsorg/education/resources/highschool/chemmatters/spanishtranslations/chemmatters-feb2016-spanish-translation.pdf

Edersheim, A. (1988). *La vida y los tiempos de Jesús el Mesías*. 2 Vol. Editorial CLIE.

Edersheim, A. (1990). *Usos y costumbres de los judíos en los tiempos de Cristo*. Editorial CLIE.

Fabre Platas, D. (2001). "Conversión religiosa e imaginario social: el discurso como elemento de análisis". *Revista de Ciencias Sociales*. 8 (25), pp. 277-308.

Fernández Ubiña, J. (2006). "El Imperio romano como sistema de dominación". *POLIS, Revista de ideas y formas políticas de la Antigüedad Clásica*. Vol. 18, pp. 75-114.

Figueras, P. (2016). *Introducción al cristianismo primitivo. Los primeros siglos del cristianismo*. Editorial CLIE.

Flavio Josefo. (1997). *La guerra de los judíos*. 3 Vol. Gredos.

Frigerio, A. (2000). "Secularización y nuevos movimientos religiosos. Universidad Católica Argentina". *Lecturas Sociales y Económicas*. Año 2, n.º 7, pp. 34-50.

Fuentes, L. del C. (2018). "La religiosidad y la espiritualidad ¿Son conceptos teóricos independientes?". *Revista de Psicología*. Año 2018. Vol. 14, n.º 28, pp. 109-119.

García-Ruiz, J. & Michel, P. (2014). "Neo-pentecostalismo y globalización". *Tesis Paper*, 4. https://hal.archives-ouvertes.fr/hal-01025311/document

Geertz, C. (2001). *La interpretación de las culturas*. Gedisa.

Gil, L. (1998). "Las curaciones del Nuevo Testamento". *Cuadernos de Filología Clásica. Estudios griegos e indoeuropeos*. 8, 9. Disponible en: https://revistas.ucm.es/index.php/CFCG/article/view/CFCG9898110009A

Gil Arbiol, C. (2017). "El Dios de Jesús y las fronteras culturales y religiosas". *Revista Cuestiones Teológicas*, 44 (102), pp. 453-467.

Giménez, G. (1997). *La sociología de Pierre Bourdieu*. Instituto de Investigaciones Sociales de la Universidad Nacional Autónoma de México. Publicación digital. http://www.kaleidoscopio.com.ar/fs_files/user_img/textos_sociologia/2016_Gilberto%20Gimenez_BOURDIEU.pdf

Giménez-Béliveau, V. (2007). *Espacios trasnacionales y pluralización religiosa. Apuestas conceptuales y desafíos metodológicos desde América Latina*. Ceil-Piette/Conicet. Disponible en: http://ceil-piette.gov.ar

Green, M. (1976). *La evangelización en la iglesia primitiva*. 5 Vol. Ediciones Certeza.

Green, M. (1997). *La evangelización en la iglesia primitiva*. Nueva Creación.

González, J. L. (1994). *Historia del cristianismo*. Vol. 1. Editorial Unilit.

González, J. L. (2022). *Comentario al Evangelio de Lucas y a los Hechos de los Apóstoles*. Editorial CLIE.

González Echegaray, J. (2002). *Los Hechos de los apóstoles y el mundo romano*. Editorial Verbo Divino.

Hamman, A. (2010). *La vida cotidiana de los primeros cristianos*. Morgan Editores. Versión electrónica.

Henry, M. (1999). *Comentario Bíblico de Matthew Henry*. Editorial CLIE.

Herca, J. (2007). "Clases sociales en tiempos de Jesús". *Buscando a Jesús*. https://buscandoajesus.Flpes.wordpress.com/2012/07/clases.pdf

Herca, J. (2013). "Los impuestos en tiempos de Jesús". *Buscando a Jesús.* https://buscandoajesus.Flpes.wordpress.com/2013/11/impuestos.pdf

Himitian, J. (1994). *Jesucristo es el Señor.* Editorial Logos.

Himitian, J. (2020). "La Gran Comisión, según los cuatro Evangelios". https://jorgehimitian.com/wp-content/uploads/2020/11/LA-GRAN-COMISION-SEGUN-LOS-CUATRO-EVANGELIOS.pdf

Houtart, F. (2014). *Palestina del siglo primero y el actor socio-religioso: Jesús. Ensayo sociológico.* Instituto de Altos Estudios Nacionales.

Howes, D. (2014). "El creciente campo de los Estudios Sensoriales". *Revista Latinoamericana de Estudios sobre Cuerpos, Emociones y Sociedad.* N.º 15. Año 6. Agosto-noviembre. ISSN: 1852-8759, pp. 10-26.

Hutter, J. (5 de septiembre de 2018). "Autoridad y autoritarismo (2)". *Protestante Digital.* https://protestantedigital.com/teologia/45444/autoridad-y-autoritarismo

Jeremías, J. (1980). *Jerusalén en los tiempos de Jesús. Estudio económico y social del mundo del Nuevo Testamento.* Editorial Cristiandad.

Johnson, P. (2010). *La historia de los judíos.* Ediciones B.S.A. para Zeta.

Jones C., L. (1998). "El mundo en que vivió Jesús. Aportes de la arqueología y la historia". En Schnackenburg, R. (Ed.). *La persona de Jesucristo reflejada en los cuatro Evangelios.* Herder.

Juárez Huet, N.; de la Torre, R. & Gutiérrez Zúñiga, C. (2022). "Religiosidad bisagra: articulaciones de la religiosidad vivida con la dimensión colectiva en México". *Revista de Estudios Sociales,* 82, 10. http://journals.openedition.org/revestudsoc/53454

King, D. (2004). *¡Experimentando el toque milagroso de Jesús!* King Ministries.

King, M. L. (1973). *Inconformista transformado. La fuerza del amor.* Editorial Aymá.

Kistemarker, S. J. (2006). *Los milagros de Jesús.* Ediciones Berea.

Klausner, J. (1989). *Jesús de Nazaret. Su época, su vida, sus enseñanzas.* Editorial Paidós.

La otra H. (28 de junio 2021). "Dibujando a Judith Butler, defensora de la teoría queer y el feminismo". *La otra H.* https://laotrah.com/filosofia/judith-butler-teoria-queer/

Laclau, E. (8 de octubre de 2004). *Hegemonía, política y representación.* Subsecretaría de la Gestión Pública, República Argentina.

Laporta, J. M. (2015). "El mito de la contracultura cristiana". *Llum de nit.* https://josepmarclaporta.blogspot.com/2015/08/el-mito-de-la-contracultura-cristiana.html

Laver, R. (2018). *Líbranos del mal. La corrupción y el desafío para la fe y la iglesia cristiana en América Latina.* Regnum Books International.

León Azcárate, J. L. (2011). "Yo soy Yahvé, el que te sana (Ex 15:26): Enfermedad y salud en la Torá". *Theologica Xaveriana.* Vol. 61, n.º 171, pp. 65-96. Enero-junio.

Lipovetsky, G. & Charles, S. (2004). *Los tiempos hipermodernos.* Editorial Anagrama.

Lobato, A. (1979). "La filosofía cristiana de la libertad". *Sapientia.* N. 34 (133-134). https://repositorio.uca.edu.ar/handle/123456789/14796

Luckmann, T. (1973). *La religión invisible.* Ediciones Sígueme.

MacArthur, J. (1991). *El Evangelio según Jesucristo.* CBP.

MacArthur, J. (2009). *La predicación: Cómo predicar bíblicamente.* Grupo Nelson.

MacArthur, J. (2011). *Comentario MacArthur del Nuevo Testamento: Juan.* Editorial Portavoz.

MacArthur, J. (2014). *El poder de Jesús sobre lo sobrenatural.* Gracia a vosotros.

MacArthur, J. (2021). *El llamado de Cristo a reformar la iglesia. Lo que el Señor espera de su pueblo.* Editorial Portavoz.

Mardones, J. M. (1995). *Análisis de la sociedad y la fe cristiana.* PPC Editorial y Distribuidora.

Marzilli, P. (2008). *Transformemos nuestra ciudad. Redescubramos los principios apostólicos para un crecimiento que impacte nuestra ciudad.* Distribuidora Alianza.

Marzilli, P. (27 de noviembre de 2018). "Que nuestra convicción no deje de lado el amor". *Evangélico Digital.* https://www.

evangelicodigital.com/con-sentido/4178/que-nuestra-conviccion-no-deje-de-lado-el-amor

Marzilli, P. (2019). *Cambios, desafíos e incógnitas en la iglesia que conocemos (Influencia y expansión de la Nueva Reforma Apostólica en las iglesias evangelicales. Un estudio enfocado en la Iglesia Bautista de la Ciudad Autónoma de Buenos Aires y el Primer Cordón del Conurbano Bonaerense).* Tesis Doctoral, Pontificia Universidad Católica Argentina.

Marzilli, P. (2020). *La iglesia ante la nueva normalidad, reflexiones y desafíos.* Publicación digital. https://latino.wmu.edu/wp-content/uploads/2020/08/Libro-Desafi%CC%80os-del-Covid19.pdf

Míguez, N. O. (1996). "Contexto sociocultural de Palestina. Cristianos originarios (30–70 d. C.)". *Revista de Interpretación Bíblica Latinoamericana,* n.º 22, pp. 21-32.

Morgan, C. (1983). *Las enseñanzas de Cristo.* Editorial CLIE.

Movimiento de Lausana. (2010). *El Compromiso de Ciudad del Cabo.* Lausana.

Naciones Unidas. (2023a). *Informe de los Objetivos de Desarrollo Sostenible.* https://unstats.un.org/sdgs/report/2023/The-Sustainable-Development-Goals-Report-2023_Spanish.pdf

Naciones Unidas. (2023b) "El número de desplazados forzosos alcanza los 110 millones de personas". *Noticias ONU.* https://news.un.org/es/story/2023/06/1521932

Niebuhr, R. (1968). *Cristo y la cultura.* Ediciones Península.

Ocasio, D. (2010). *Olor a ovejas. Perspectivas y principios para el servicio.* Editorial Vida.

Organización Internacional para las Migraciones. (2022). "COP27: Abordando la movilidad humana provocada por el cambio climático". *OIM. ONU Migración.* https://www.iom.int/es/cop27-abordando-la-movilidad-humana-provocada-por-el-cambio-climatico

Ossorio Crespo, E. (29 de diciembre de 2003). "Así fue... San Mateo, recaudador de impuestos". *La ventana de la agencia.* https://www.agenciatributaria.es/AEAT.educacion/Satelite/Educacion/Contenidos_Comunes/Ficheros/SAN_MATEO.pdf

Pérez, J. J. (2010). *La influencia del cristiano, sal y luz*. Publicación Iglesia Bautista de la Gracia.

Pérez Millos, S. (2011). *Comentario exegético al Nuevo Testamento, Romanos*. Editorial CLIE.

Pérez Millos, S. (2016). *Comentario exegético al Nuevo Testamento, Juan*. Editorial CLIE.

Pericás, E. M. (2009). *Jesús y los espíritus. Aproximación antropológica a la práctica exorcista de Jesús*. Ediciones Sígueme.

Pericás, E. M. (2010). "El contexto histórico y sociocultural". En Aguirre Monasterio, R. (Ed.). *Así empezó el cristianismo*, pp. 49-100. Verbo Divino.

Petra-Micu, I. & Estrada-Avilés, A. (2014). "El pensamiento mágico: diseño y validación de un instrumento". *Investigación en Educación Médica*. Vol. 3, núm. 9, enero-marzo, pp. 28-33. Universidad Nacional Autónoma de México.

Petrella, I. (7 de marzo del 2020). "Dios no ha muerto. En este siglo, la religión está más viva que nunca". *Diario La Nación*. https://www.lanacion.com.ar/opinion/dios-no-ha-muerto-en-este-siglo-la-religion-esta-mas-viva-que-nuncatradicion-y-modernidad-nid2340365/

Pew Research Center. (13 de noviembre de 2014). *Religión en América Latina: Cambio generalizado en una región históricamente católica*. https://www.pewresearch.org/wp-content/uploads/sites/7/2014/11/PEW-RESEARCH-CENTER-Religion-in-Latin-America-Overview-SPANISH-TRANSLATION-for-publication-11-13.pdf

Pont Vidal, J. (1998). "La investigación de los movimientos sociales desde la sociología y la ciencia política. Una propuesta de aproximación teórica". *Revista Papers*. N.º 56.

Platt, D. (2011). *Volvamos a las raíces de una fe radical*. Editorial Unilit.

Rabbia, H. H.; Morello, G. SJ; Da Costa, N. & Romero, C. (Eds.). (2019). *La religión como experiencia cotidiana: Creencias prácticas y narrativas espirituales en Sudamérica*. Fondo Editorial.

Rambo, L. (1993). *Psicología de la conversión religiosa: ¿Convencimiento o seducción?* Editorial Herder.

Rifkin, J. (2010). *La civilización empática. La carrera hacia una conciencia global en un mundo en crisis.* Paidós.

Ríos Cabello, P. (2011). *La otredad como principio de una ciudadanía global.* Conferencia Foro de Interculturalidad. Universidad Autónoma Metropolitana Xochimilco.

Rodaway, P. (1994). *Sensuous Geographies Body, Sense and Place.* Routledge.

Rodríguez, A. S.; Pintos, D. & Riquelme, A (2022). "Las invisibilidades sociales en la Didáctica de las Ciencias Sociales. Una interpretación crítica". *REIDICS (Revista de Investigación en Didáctica de las Ciencias Sociales).* N. 10, pp. 228-247.

Rojas, A. (18 de diciembre de 2022). "Estar en el mundo sin ser del mundo". *Evangélico Digital.* https://www.evangelicodigital.com/creer-y-comprender/25313/estar-en-el-mundo-sin-ser-del-mundo

Rostas, S. & Droogers, A. (1995). "El uso popular de la religión popular en América Latina: una introducción". *Alteridades*, Vol. 5, n.º 9, pp. 81-91.

Rostovtzef, M. (1981). *Historia social y económica del Imperio romano.* 2 Vol. Editorial Espasa Calpe S. A.

Ryle, J. C. (2015). *Santidad. Su naturaleza, sus obstáculos dificultades y raíces.* Chapel Library.

Sanabria Sánchez, F. (2007). "¿Creer o no creer? He ahí el dilema". En Tejeiro, C.; Sanabria Sánchez, F. & Beltrán, W. *Creer y poder hoy: Cátedra Manuel Ancízar.* Universidad Nacional de Colombia.

Scataglini, S. (2000). *El fuego de su santidad. Prepárese para entrar en la presencia de Dios.* Casa Creación.

Schürer, E. (1979). *Historia del pueblo judío en tiempos de Jesús.* 2 vol. Ediciones Cristiandad.

Semán, P. (2000). "La recepción popular de la Teología de la Prosperidad". *Revista Universidade Rural.* Série Ciências Húmanas, Serópedica, Rio de Janeiro, v. 22, n. 1, p. 107-118.

Sorj, B. (2011). *Judaísmo para todos.* Centro Edelstein de Pesquisas Sociais. Scielo Books.

Sproul, R. C. (2015). *¿Qué es la Gran Comisión?* Reformation Trust.

Stam, J. (2 de julio de 2017). "Formas de manipular en la iglesia". *Protestante Digital*. https://protestantedigital.com/magacin/39479/Formas_de_manipular_en_la_iglesia

Stamateas, B. (2010). *Me voy de la iglesia*. Publicación digital. https://es.scribd.com/doc/195896229/Me-Voy-de-La-Iglesia

Stegemann, E. & Stegemann, W. (2001). *Historia social del cristianismo primitivo. Los inicios en el judaísmo y las comunidades cristianas en el mundo mediterráneo*. Editorial Verbo Divino.

Stott, J. (1991). *La fe cristiana frente a los desafíos modernos*. Ediciones Nueva Creación.

Stott, J. (1998). *El Sermón del Monte. Contracultura cristiana*. Ediciones Certeza.

Suárez, A. L. & López Fidanza, J. (2013). "El campo religioso argentino hoy: creencia, autoadscripción y práctica religiosa. Una aproximación a través de datos agregados". *Revista Cultura y Religión*, Vol. VII, n.º 1, enero-junio, pp. 98-115.

Theissen, G. (1985). *Estudios de sociología del cristianismo primitivo*. Ediciones Sígueme.

Theissen, G. & Merz, A. (1999). *El Jesús histórico*. Ediciones Sígueme.

Toniol, R. (2023). *Espiritualidad encarnada. Políticas públicas, usos clínicos e investigaciones médicas en la legitimación de la espiritualidad como factor de salud*. Editorial Otros Cruces.

Touraine, A. (1994). *Crítica de la modernidad*. Fondo de Cultura Económica de Argentina.

Valle, J. (25 de abril de 2022). "Pastores autoritarios, o abusos ministeriales". *Unidos contra la apostasía*. https://contralaapostasia.com/2022/04/25/pastores-autoritarios-o-abusos-ministeriales/

Vermes, G. (1996). *La religión de Jesús el judío*. Anaya & Mario Muchnik.

Villalpando, W. L.; Lalive D'Epinay, C. & Epps, D. (Ed.). (1970). *Las iglesias del trasplante. Protestantismo de inmigración en la Argentina*. Centro de Estudios Cristianos (CEC).

Viola, F. & Barna, G. (2003). *Paganismo ¿en tu cristianismo? Explora las raíces de las prácticas de la iglesia cristiana*. Editorial Vida.

Weber, M. (1991). *La ética protestante y el espíritu del capitalismo.* Versión digitalizada. Premia Editora de Libros S. A.

Weber, M. (2002). *Economía y sociedad. Esbozo de sociología comprensiva.* Fondo de Cultura Económica de México.

Williams, G. H. (1983). *La Reforma radical.* Fondo de Cultura Económica.

Wynarczyk, H. (2009a). *Ciudadanos de dos mundos. La entrada de los evangélicos conservadores a la vida pública desde los 80 en la Argentina.* Tesis de Doctorado. Pontificia Universidad Católica Argentina. Buenos Aires.

Wynarczyk, H. (2009b). "Con la mirada en el cielo posaron los pies en la tierra. Auge y protesta colectiva de los evangélicos en la Argentina, 1980–2001". En Chiquete, D. & Orellana, L. (Eds.). *Voces del pentecostalismo latinoamericano II. Identidad, teología, historia.* Red Latinoamericana de Estudios Pentecostales (RELEP). Pp. 47-76. Versión online: http://www.relep.org/descargas/Libro-Voces-del-Pentecostalismo-Latinoamericano-II.pdf

Wynarczyk, H. (2010). *Sal y luz a las naciones.* Editorial de la Universidad Nacional de General San Martín.

Wynarczyk, H. & Oro, A. P. (2012). "El pentecostalismo en América Latina". *Cristianesimi senza frontiere: le chiese pentecostali nel mondo. Religioni e Società Rivista di scienze sociali della religione.* Edizioni Borla.

Wynarczyk, H. & Oro, A. P. (2013). "Contro il mondo – per il mondo. Il pentecostalismo in America Latina". En Trombetta, P. L. (Comp.). *Cristianesimi senza frontiere: le chiese pentecostali nel mondo.* Edizioni Borla.

## Como muestra de gratitud por su compra,

visite www.clie.es/regalos
**y descargue gratis:**

*"Los 7 nuevos descubrimientos sobre Jesús que nadie te ha contado"*

Código:
**DESCU24**